中華文化专题史系列丛书>>>

中国會館史

◎王日根/著

中国出版集团学术著作出版资助项目
获厦门大学新世纪优秀人才支持计划（NCETXMU）资助

中国出版集团 東方出版中心

目　　录

绪　论

中华民族是一个颇具凝聚力的民族,其团体意识自古及今,延续了五千年。对此,前人已在家族制度方面做了大量的研究和探索。但其不足之处是很显然的,一者家族组织无法囊括全部基层社会,家族发展亦非始终一贯,宋以前的家族多是政治上的显赫者,宋以后才有了庶民化的家族的普及形态。再者,家族制度与自给自足的自然经济相伴随,它以宗族成员的安土重迁为前提。因此,我们还必须看到家族制度以外的村社制度,看到由此培植起来的乡土观念以及乡土观念的外延形态。中国人并不一定安土重迁,而是颇具流动性;中国人并不仅仅面朝黄土,而且也放眼于蓝色的大海,特别是在宋元以后的各历史时期,人口流动与向外发展成为中国封建经济不断传播和发展的主要载体。无论如何,人口流动意味着走向陌生的环境,向外发展则标志着分占别人的资源,这其间势必导致诸多矛盾,如何保存自己,如何协调矛盾,如何求得长久的彼此相安、相助、相利乃至相长,都要求有一种务实的解决途径。由此,会馆这种民间的自发性的社会组织应运而生,它以乡土为纽带,以传统优良的道德观、价值观为指导,以相互定期与不定期的聚会、娱乐及彼此的互律为活动方式,力图建立起一种和谐稳定,能以不变应政治、经济、文化发展之万变的社会秩序,从而程度不同地实现了商品经济与道德建设、社会变迁与秩序稳定的平衡发展。明清社会的发展与会馆的建设紧密相连。

人们已普遍认同这样的结论:中国封建社会有自己的运行规律。主要表现在:(一)中国封建经济呈辐射性地向周边发展,这时常使生产力与生产关系的矛盾得以缓和,增设地方行政治所、移民垦荒等常使经济落后地区呈现出大的发展。王朝中后期的改革运动以及王朝晚期的农民战争得以消解与遏制生产力与生产关系矛盾的激化，从而使封建秩序不断得以重建。因而有人称中国封建社会具有很强的自我调节功能。（二）中国封建中央集权不断强化，成为封建生产方式的保护伞。明清时期中央集权对社会基层控制的日益间接化，实际上不是中央集权减弱的标志，而是因为社会基层的各级组织集团多把中央王朝的大旨作为自己的宗旨，表面的自治实质上是社会秩序更加稳定的表现。时常发生基层组织与上层政治的矛盾斗争，也只能看作是二者相互关系的调适过程，有时是基层组织对上层政治腐败的抵抗，有时是基层组织对自我能力的过高估计而产生的异动，最后二者仍处于一个共同体中。（三）中国封建社会实施的文化灌输政策是无孔不入的，儒家学说为统治者与被统治者所共同信奉，从而使现实的人们不断为建构儒家的理想国在不同的起跑线上向着共同的目标奋发进取。其中，科举制度的实行是一种强有力的推进器，它诱使庶民阶层由此跨入了仕途，又逼使官绅阶层必须由此才能永葆世泽，这便奠定了中国封建秩序长期维持的思想根基。（四）在中国封建社会演进过程中，或因地理条件的差异，或因政治中心与经济中心的变迁，各地政治、经济的发展颇不平衡，这为商品经济开辟了广阔的发展空间。

人们习惯把唐宋之际看作传统社会发生重要变革的时期。此前，中央政权曾通过控制土地分配抑制社会的两极分化，通过普及基层行政设置来强化社会控制。即使是身在外地的官员一般也以集贤院和邸舍统合之。社会控制的覆盖面是全方位的。在此之后的宋朝政府推行了田制不立的经济政策，更广泛地以科举制度选拔官员，从而引起了社会的广泛流动，包括人口居住地的流动和社会身份地位的变动，这种巨大的社会变动本是社会发展的必然产物，却也对固有政治体制提出了挑战。在市场发育过程中，政府的干预虽多强而有力，但覆盖范围终究有限，民间社会进行自我管理的空间便越来越大。

明清时期是中国封建社会的最后阶段,也是以上诸规律得以充分展示的时期。由于政治相对承平,因科举制度和官吏易籍就任制度而激发起来的地域政治观念首先便在官员荟萃的京师发育成长起来。永乐年间安徽芜湖人、北京工部主事俞谟便首先把买自路姓的一块房屋基地交由同邑京官晋俭设置芜湖会馆,从而翻开了明清时期会馆建设的第一页。随着明代皇权旁落,内阁时常在政治舞台上扮演重要角色,京师各地域性的官僚性会馆纷起频出,蔚为风气。如果说其初仅为同籍官僚娱乐宴谈的俱乐场所,那么其后便日益显示出与科举结合的趋势。因而这类会馆无论对明清时期政治,还是对明清各地方文化的发展都曾发生过重要影响。

明清时期经济领域内的变迁更引人注目,明中叶以后商品经济的长足进步具备了较过去任何时候都更深厚和更扎实的基础。社会生产力的发展引起了地区间经济区域的形成,并且在地区间便利的经济交流中各具分工。封建政府的商业政策、赋役政策的演变使越来越多的人把经商视作改变自己贫贱地位的门径,而社会风俗的演变又使商人的社会地位有所提高,商人们主动通过捐纳、报效、兴办社会公益事业来赢得社会的认同,也通过代表自己阶层的知识分子的舆论体系来确立自己的社会形象。因而,明清商业便以商品种类繁多、经商人员来源广泛区别于以前各朝,商人成为明清社会中具有广泛影响的阶层。他们在政治、经济、文化思想等各个领域都显示了自己的存在,他们也在力图以自己的意愿去规划社会,寻求在其中的适当位置,跻身于修造会馆是明清商人的重要举措,也寄予了他们的信念追求。

明清社会变迁的又一个重要特征是流动性阶层所占比例较大,除了行商之外,移民风潮几乎席卷了农、工、儒等各个阶层。求生、求利、求富既成为移居者的一般心理需求,同时也决定了明清移民活动的多向性与延续性。在移民集中的地区,官方行政机构或尚不完善,或干脆付之阙如,土客矛盾、客客矛盾都可能导致社会的动荡与不安，而会馆这种主要以地缘为联系纽带的基层社会组织因最贴近移民的心理需要便具有了广泛的发展前景。

因此，明清会馆是多种形态并存的，加入兴办会馆行列的主要有官绅、商人以及其他移民，其存在范围从京师至于穷乡僻壤。有的地区密集，有的地区则稀疏；有的会馆雕梁画栋，檐宇连绵，规模至为恢弘，有的会馆则构屋随便，孤房独室，显得十分简陋。

但是，会馆的最基本特征在于它的同乡籍性和基层社会的自我管理组织性。其主要功能就在于为同乡籍的流移者提供服务，实施管理。本书将从社会史的角度，着重讨论明清以来的会馆组织与社会变迁问题。会馆组织是中国封建政治、经济、文化发展变迁的产物，同时又反作用于整个社会，把明清会馆与明清时期的市场机制、人口迁移、科举制度等重大事象联系起来加以考察，将有利于我们从一个新的角度把握明清社会的运作机制，认识明清社会的变动趋向。

当然，作为一项科学的研究，必须能在前人的基础上有所突破，有所创新，所以我们有必要作一个大体的学术史回顾与评述。

关于明清会馆的研究，大体始于 20 世纪 20 年代。1925 年 5 月，郑鸿笙发表了《中国工商业公会及会馆、公所制度概论》[①]，似为会馆研究的第一篇论文。他认为会馆、公所与一般社团不同，它们规定入会者须交纳会费和认捐一定数额的钱款，以作基金；又与以盈利为主要目标的经济团体不同，同乡团体的会产是专用于祭扫、享宴和慈善公益事业，因而它具有财产团体和公益团体的双重性质。实际上，作者所言的会馆公所是民国时期部分会馆公所的情况，从中并不能让人了解会馆公所演变与发展的全貌。

30～40 年代，有一批学者致力于中国社会性质的研究。像陶希圣、潘光旦等人关注家族问题一样，窦季良等人则更多地注重诸如

① 《国闻周报》第 2 卷第 19 期（1925 年 5 月）。

会馆这类同乡性社会组织的研究。窦氏的《同乡组织的研究》[①]从乡土观念（观念培成、层次扩延、分割局面、自然趋势）、组织演化（组织渊源、制度完成、鼎盛时期、新体蜕化）、集体象征（自然选择、类型演进、制度凝固、新兴意识）、功能分析（创建时期、渐盛时期、寖假衰微、功能转化）等方面对包括会馆在内的同乡组织进行了较为全面的论述，堪称会馆史研究方面的重要里程碑。不过，因为作者所做的研究多集中于四川地区，因而主要是移民会馆的研究，对于诸如北京、上海、苏州等大都市中的会馆缺乏讨论，而且，作者囿于四川一隅，也没有从整个社会经济变迁的大背景下去考察会馆问题，因而他的研究所得出的结论往往并不具有普遍意义。有的即使用于四川也有失偏颇，因而其缺憾是很明显的。

到50年代，随着一批马克思主义史学家对中国社会性质研究的深入，人们开始较多地关注会馆问题，在众多的论述资本主义萌芽的论文中，较多论者干脆把它比附欧洲资本主义前期的商业基尔特。把会馆在明清时期的较大发展看作是中国传统社会向资本主义过渡的重要前提。在早期，无论是李文治先生的《中国近代农业史资料》[②]，还是彭泽益先生的《中国近代手工业史资料》[③]，几乎都把会馆作为行会组织看待，这当然与当时的学术背景有关，这种认识在后来也有所修正。

随着资本主义萌芽问题研究的进一步深入，一批史学工作者又不断拓展资料领域，并在整理碑刻及其他文献资料方面做了许多扎实的调查工作。有关会馆方面的几本资料集奠定了其后会馆史研究的资料基础，同时也规范了会馆研究者的思维，人们几乎都较多地着眼于会馆的经济意义而不及其他，这样，视野就被大大地

---

① 窦季良：《同乡组织之研究》，正中书局1945年版。
② 李文治：《中国近代农业史资料》，三联书店1957年版。
③ 彭泽益：《中国近代手工业史资料》，中华书局1962年版。

限制了。如今，当我们重新翻检这几部资料集[①]时，发现有许多为当时人所忽视的字句实际上包含了更深刻的社会变迁意义。由于资料集的编者们多注重资料的完整性，所以为我们的重新研究仍能提供许多有意义的资料。

从50年代到80年代，会馆史的研究基本上是在资本主义萌芽研究的框架下进行的。比较有代表性的研究成果有：李华《明清以来北京的工商业行会》[②]、洪焕椿《论明清苏州地区会馆的性质和作用——苏州工商业碑刻资料剖析之一》[③]、雷大受《漫谈北京的会馆》[④]、顾延培《上海最早的会馆——商船会馆》[⑤]、贺海《北京的工商业会馆》[⑥]等。他们的共同点都是把会馆视作工商业行会，为资本主义萌芽研究提供资料依据。胡如雷先生甚至认为："明清之际，我国才真正形成了类似西方行会的工商业组织，或称会馆，或称公所，或称行，或称帮。"[⑦]他径直把行会、会馆、公所、行、帮都划上等号。汪士信先生认为明清商人会馆经历了从会馆到公所的过渡，它们是中国式的行会。[⑧] 应该说，这些论点作为一个时代思想的表露实际上也为后来的进一步研究提供了基础。

到1982年，吕作燮发表了《明清时期的会馆并非工商业行

---

① 它们包括：《江苏省明清以来碑刻资料选集》，江苏人民出版社1959年版；《明清苏州工商业碑刻集》，江苏人民出版社1981年版；《上海碑刻资料选辑》，上海人民出版社1984年版；《明清以来北京工商业会馆碑刻选编》，文物出版社1980年版；《明清佛山碑刻文献经济资料》，广东人民出版社1985年版。

② 《历史研究》1987年第4期。

③ 《中国史研究》1980年第2期。

④ 《学习与研究》1981年第5期。

⑤ 《中国财贸报》1981年5月16日。

⑥ 《北京日报》1981年11月27日。

⑦ 胡如雷：《中国封建社会形态研究》，三联书店1982年版，第271页。

⑧ 汪士信：《论明清商人会馆》，《平准学刊》第3辑下册；《我国手工业行会的产生、性质及其作用》，《中国社会科学院经济研究所集刊》第2辑。

会》[①]一文,成为对过去研究之片面性的一种反拨,实具振聋发聩之效。它启示人们重新思考会馆这一具有中国特色的社会团体的社会意义。1984 年,吕作燮又发表了《明清时期苏州的会馆和公所》[②]一文,阐述了自己对会馆与公所的区别的认识,再次给人们以反思的激励。同时,吕氏还发表《南京会馆小志》[③],在南京会馆资料征集方面做了过去为人们所忽视的工作。在第一篇文章中,作者赞同日本学者的西欧行会等于中国的"行"的看法,认为早期会馆与工商业毫无关联,对过去被认为是北京工商业会馆的会馆作了辨析,认为单就纯商业性会馆计算,总共是 21 所,占北京会馆总数的 5% 弱,而突破地域界限的行业性工商会馆,仅占北京会馆总数的 2% 强。从比例上看来,北京工商业会馆只占少数,而具有行业性行会特点的工商业会馆则更占少数。故"将北京的会馆或部分工商会馆与行会等同起来,是缺乏根据,特别将会馆与后来的同业公会等同起来,那就近乎荒谬的了"。作者又以苏州、汉口、上海作为代表分析了工商重镇的工商业会馆,认为见于这些城市的行业性会馆多属于地域性行帮组织,而在四川各县乡镇出现的会馆则是移民会馆。在第二篇文章中,作者列举了苏州会馆公所名称与分布,指出前者具有地域的特点、外来的特点、帮派的特点和松散联合的特点,会馆只能由乡绅、官僚或商人中的头面人物才能创建,而公所与会馆相比则显示出行业的特点、商业的特点和联合比较严密的特点。这一结论在其后引起争论,持否定态度的人发现,一者因为各地有各地自然情况的不同,再者两个概念经常无法区分的现象也确实多有存在。

徐鼎新认为:上海的同乡团体含有一定程度的同业组合的因素,而同业团体中又形成若干地域帮口。开埠以后,上海同乡团体

---

① 《中国史研究》1982 年第 2 期。
② 《中国社会经济史研究》1984 年第 2 期。
③ 《南京史志》1984 年第 5 期。

发生的分化和组合，反映了近代各商帮力量的消长，同业团体的变化则表现为新型行业团体的出现，其结构打破了狭隘的地域界限和旧有行业的范围，在一定程度上超越了乡谊联系和行会束缚。近代上海同业团体的近代化过程是缓慢的，到20世纪初，会馆、公所等传统组织少数演化为纯同乡团体，而大多数改组为同业公会（联合会）。[①] 王笛对近代重庆城市社会组织的研究表明，重庆的会馆、同业行会和公所也体现了同乡与同业双重组合的结构特征。以会馆为代表的社会组织的设立是移民适应城市新环境的需要。会馆是同籍移民社会活动的重要场所，既可以联络感情、沟通消息，又可以为他们解决许多实际困难，在与土著居民发生矛盾和摩擦时，还可以维护移民的利益。后来，会馆逐渐发展成为在政治、宗教、社会等方面对整个城市都有相当影响的组织，会馆首领"八省首事几乎参与了涉及城市管理和建设的各项事务。[②] 二者的研究都认为会馆与公所没有不可逾越的鸿沟。方志远认为会馆和公所二者有递进的关系。会馆是起始的名称，公所是继起的名称。会馆者，聚会之馆舍，叙的是乡情友谊，气氛应是宽松的；公所者，公议之场所，议的是利益分配，气氛则是严峻的。[③]

近期以来，会馆已受到众多研究者的重视，除了前些年陆续问世的几部近代城市史涉及会馆之外，这方面的论文也不断涌现。如刘正刚《清代四川的广东移民会馆》[④]、《清代四川的广东移民经济活动》[⑤]、陈连营《客商与清代河南农村经济》[⑥]、萧云玲《论明清

① 徐鼎新：《旧上海工商会馆、公所、同业公会的历史考察》，见《上海研究论丛》第5辑。

② 王笛：《清代重庆移民社会与城市发展》，《城市史研究》第5辑。参见隗瀛涛主编《近代重庆城市史》第六章。

③ 方志远：《人口流动与城乡商品经济》，人民出版社2001年版，第564页。

④ 《清史研究》1991年第4期。

⑤ 《中国社会经济史研究》1992年第4期。

⑥ 《中州学刊》1992年第2期。

会馆的宗族性、地缘性、官府性及其他》[①]、陈忠平《宋元明清时期江南市镇社会组织述论》[②]、蔡鸿生《清代苏州的潮州商人：苏州清碑〈潮州会馆记〉释证及推论》[③]等论文都分别从不同的角度论及会馆。再有林国平《福建科举会馆的兴衰嬗变及其原因》[④]、王民、林国平《明清两代北京闽中会馆的教育职能及其演变》[⑤]和乐正《城市结构功能的近代变迁》[⑥]值得一提，前二文把北京的福建会馆作了分阶段的论述，指出北京闽中会馆的兴衰与政局稳定与否、京都的设置与迁移和科举的兴废、地方文化发展、经济来源及管理人员的优劣密切相关。北京闽中会馆为福建科举事业的发展作出了积极的贡献。会馆在近代社会变迁中能建立京师闽学堂、宣南法政专门学校、春明女子中学等以适应时势的发展，但因这种适应多是被动应付式的，故会馆也呈现出衰落局面。乐正则认为会馆公所发展至近代，仍然继续发挥其有效作用，对中国社会的近代化有积极意义。近年来许檀、刘凤云、王云、李刚、宋伦、涂上飚、李芳菊等学者在市镇研究中亦大量涉及会馆，如刘凤云还专门研究了明清城市的文化空间，确立了会馆在这一空间的作用。[⑦]

---

① 《江西师大学报》1989 年第 4 期。

② 《中国社会经济史研究》1993 年第 1 期。

③ 《潮汕文化论丛》（初集）广东教育出版社 1992 年版。

④ 《福建论坛》（文史哲版）1992 年第 1 期。

⑤ 《教育评论》1991 年第 2 期。

⑥ 《中山大学学报》（哲社版）1993 年第 1 期。

⑦ 这方面的成果有：刘凤云：《明清城市的文化空间》，中央民族大学出版社 2001 年版。许檀：《清代河南朱仙镇的商业——以山陕会馆碑刻资料为中心的考察》，《史学月刊》2005 年第 6 期；《清代河南赊旗镇的商业——基于山陕会馆碑刻资料的考察》，《历史研究》2004 年第 2 期；《清代河南的北舞渡镇——以山陕会馆碑刻资料为中心的考察》，《清史研究》2004 年第 1 期；《清代中叶的洛阳商业——以山陕会馆碑刻资料为中心的考察》，《天津师范大学学报》（社会科学版）2003 年第 4 期；《清代河南的商业重镇周口——明清时期河南商业城镇的个案考察》，《中国史研究》2003 年第 1 期等。

有些研究中国近代经济史的学者在研究商会问题时追溯及会馆，有的把会馆到商会的演变看成是新的取代旧的的自然过程，有的认为会馆与商会之间虽然名称各异，但内部共性颇多，而且商会的出现并没有宣布会馆的消亡，有的说会馆是同乡性的，商业是同业性的，会馆是松散的联合，而商会则有严密的组织性。[①] 实际上，商会是近代西方的舶来品，其移植中国或可以有"橘生于淮北则为枳"之可能，或也会出现"削足适履"的不适应。继续探讨将会是很有意义的。

我们还见到过去有不少学者在自己的著作中表明过自己对会馆的看法。早在20世纪50年代，傅衣凌就在《明清农村社会经济》[②]一书中讨论到江西兴国的抗租会馆，反映了作者对明清社会诸多特殊现象早就有所关注，并做了较精当的分析和概述。吴承明在《中国资本主义与国内市场》[③]中也提出了客商落籍后成为坐贾继而发起设立商人会馆的观点。再如段本洛、张福圻分析了苏州手工业会馆[④]，韩大成补足了几条明前中期的会馆资料[⑤]。蒋兆成认识到杭嘉湖地区存在商人会馆向手工业会馆转化的趋势[⑥]。这些都极有价值。李华、陈学文等对地方性商人的研究中亦多涉及会馆问题，他们较多地致力于收集资料，并时有灼见，是我们进一步研究会馆问题的重要材料。近年来，罗一星在《珠江三角洲

---

① 这方面的研究成果主要有：朱英：《辛亥革命时期新式商人社团研究》，中国人民大学出版社1991年版；唐力行：《商人与中国近世社会》，浙江人民出版社1993年版；虞和平：《商会与中国早期现代化》，上海人民出版社1993年版；马敏：《过渡形态：中国早期资产阶级形成之谜》，中国社会科学出版社1993年版。

② 傅衣凌：《明清农村社会经济》，三联书店1961年版。

③ 吴承明：《中国资本主义与国内市场》，中国社会科学出版社1985年版。

④ 段本洛、张福圻：《苏州手工业史》，江苏古籍出版社1989年版。

⑤ 韩大成：《明代城市研究》，中国人民大学出版社1991年版。

⑥ 蒋兆成：《明清杭嘉湖社会经济史研究》，杭州大学出版社1994年版。

传统工商城市的发展形态——明清佛山的经济发展与社会变迁》①中就佛山会馆展开了论述，指出佛山会馆包括手工业会馆和商业会馆，手工业会馆中出现了东家行、西家行的分野，乡仕会馆的设立则表明会馆组织在明清佛山的社会整合中发挥着积极作用。刘正刚在《清代四川的闽粤移民研究》②中集中阐述了清代四川闽粤移民会馆的设置、分布、建筑规模和社会功能。还有严昌洪在《中国近代社会风俗史》③中也提出了自己对会馆公所的看法，他指出：会馆公所是封建时代经济文化高度发达、城市繁荣、人口流动量增加的产物，特别是经济领域里的变化为会馆、公所的建立既提出了需要，又提供了可能。不应以会馆或公所的名称来区分这类社会组织的性质，应该按各个组织的组建动机、人员构成、活动内容来确定其性质，是同乡会还是行会，是商人组织还是手工业组织，或者兼而有之，无论如何，它一般都具有"祀神、合乐、义举、公约"四项功能，有的会馆还为会员伸张正义、代办冤狱，以集体力量谋求官府出面保护。延至近代，会馆传统的慈善事宜已降到次要地位，而切磋智识才能，即研究商务、交流商情、提高商智、培养商才则成为会馆的重要职能。研究商情商务使会馆成为商战阵地，政治参与意识的加强使会馆的作用范围有所开拓，会馆兼办教育使会馆更增加了新的功能。这显然主要是从经济意义上的会馆立论的。还应提到的如冯尔康等著《清人社会生活》④、朱英著《辛亥革命时期新式商人社团研究》⑤等都有关于会馆的专门论述。

综而论之，中国内地几十年的会馆研究在如下方面取得了显著的成绩：（一）各地会馆资料的征集出版为今后的会馆研究提

① 厦门大学博士学位论文，1992 年 4 月。

② 厦门大学博士学位论文，1993 年 4 月。

③ 严昌洪：《中国近代社会风俗史》，浙江人民出版社 1993 年版。

④ 冯尔康、常建华：《清人社会生活》，天津人民出版社 1990 年版。

⑤ 朱英：《辛亥革命时期新式商人社团研究》，中国人民大学出版社 1991 年版。

供了宝贵的资料库。(二)会馆史的研究较多地体现在工商业会馆方面,一般能在“会馆”与商帮、与行、与近代同业公会的区分上给人们以明确的印象。(三)一些学者把会馆组织放在整个社会中进行研究的尝试也已见端绪。但是,关于会馆研究的不足也是显而易见的:1. 不少学者或研究科举会馆,或研究工商会馆,或研究移民会馆,并把三者绝对化,多强调其间的不同,却少挖掘其内在深层的共性,而这对深入揭示明清社会的特质很有意义;2. 不少论文囿于对一地的研究,喜欢以偏概全,以致互成壁垒,这不利于具有普遍意义的结论的形成和对会馆史的深入探讨;3. 较少有从文化角度进行探讨的研究,这也不利于揭示会馆这一社会现象的全貌及其与明清社会整体变迁的相互关系。

在香港,全汉昇的《中国行会制度史》[①]在论及明清时期时,就用“会馆”为标题,表明他的看法是,明清行会表现为会馆的形式。他具体论述了会馆发生的原因、会馆的范围、客帮与会馆的关系、会馆的组织、会馆的经费、会馆的事业等问题,让人们能产生关于明清会馆之形成、发展、维持及其对社会经济的影响的大体认识,实质上作者提供给读者的主要也是工商会馆的情形。

在台湾出版的周宗贤著《血浓于水的会馆》[②]基本上反映了作者对会馆的总体认识,其中包含了会馆的由来、沿革、范围与种类、经费、组织、事业和台湾的会馆等内容,书中比较有价值的部分在于大量的彩色插图以及“台湾的会馆”一章中,由此证实了我国无论在大陆还是在台湾都普遍存在会馆这种社会组织的论断。陈运栋在《台湾的客家人》[③]中提出“汀州会馆是汀州府籍客家人渡台落脚之地,为两殿、两廊、两护龙构成的四合院式建筑”,从而支持

① 全汉昇:《中国行会制度史》,新生命书局1934年版。
② 周宗贤:《血浓于水的会馆》,台湾“行政院”文化建设委员会印行。
③ 陈运栋:《台湾的客家人》,台湾台原出版社1978年版,第66页。

了周宗贤的观点。再有许雪姬曾就日本统治时期台湾的中华会馆进行过研究。[①] 1994 年 8 月，台湾大学历史系邱澎生先生发表了《由"会馆、公所"到"商会"：试论清代苏州商人团体中的同乡关系》一文，文中谈到，在初期，会馆的设立经常以设神置祠作为掩护，其后，经济的功能愈加明显，体现出公所的色彩，再后变为"商会"，更具有了同行性和明确规章，这是因为中央政权对商业的发展有巨大的影响。另外还有石锦在《近代中国社会研究》[②]中分析了士大夫阶层在苏州会馆中的作用，这些都显示了台湾会馆史研究的新进展。

关于海外华人会馆的研究也已取得了较大的成绩。如吴华辑《新加坡华族会馆志》[③]三册，颜清湟著《新马华人社会史》[④]，还有东南亚各国专史也纷纷开辟"会馆"章节，再因为东南亚各国华人会馆虽源在大陆但后起者多，许多会馆纷纷出版本馆的纪念刊，这些都堪为进一步研究海外华人会馆的重要参考材料。应该说，在我国关于海外华人的研究中已有不少人或多或少地关注到会馆问题，但多数尚属描述性的。

在日本，关于明清会馆史的研究也颇具实证特色并深含功力，以致无论如何，我们要想对会馆再作研究，决不能不参考日本学者的研究成果，利用日本学者下了巨大工夫所收集到的大量资料。

早在 20 世纪 20 年代，以仁井田陞为首的一批日本汉学家致力于以实地调查为特色的关于中国社会特质的研究，取得了一大批引人注目的硕果。他们有关会馆的成果集中体现在《北京工商

---

① 许雪姬：《日据时期的台湾中华会馆》，见台湾《中央研究院近代史研究所集刊》第 20 辑。

② 石锦：《近代中国社会研究》，李敖出版社 1990 年版。

③ 吴华：《新加坡华族会馆志》，南洋学会（South Seas Society P. O. Box 709 Singapore）出版。

④ 颜清湟：《新马华人社会史》，中国华侨出版公司 1991 年版。

ギルド资料集》[①]中，这套资料除收集大量的碑刻资料，还包括了编者们的实地访谈以及与文献资料相对照所作的考证与诠释，反映了他们对北京工商会馆的总体认识，这套资料的编辑出版也深刻地影响其后日本的中国会馆史研究，参加这个班子的和田清、加藤繁、根岸佶、仁井田陞、今崛诚二等分别结合自己的专长展开了对中国会馆史的研究。

和田清的《关于会馆公所的起源》[②]一文就会馆的起源问题提出了自己的见解，认为作为会馆公所的先驱的商人组织在唐宋时代已经存在。其后加藤繁在《唐宋时代の商人组合"行"》[③]一文中则认为，相当于西欧的行会组织的组织应是中国的"行"，而会馆则是明以后出现的一种社会组织。在唐宋时代，同业商人组织，叫做"行"。而"行"这一个词，同时又指同业商店的街区而言。从秦汉年间直至唐代，在中国的都市里都规定了商业区域，至少在原则上商店应该设在这个地方，而把这种商业区域叫做"市"。因此，金银行、鱼行，都可以解释为各设于市内的金银商的街区和鱼店的街区。从上所述，可以窥知，在唐代，商店根据它的种类聚合在一起，成为一团，把它叫做"行"。因此，当时中央地方的各个都市中的市，就是由好多的行形成的。在行内开设店铺的同业商店，自己也形成一种组织，它的组织也称为行。而属于这种组织的商人，叫做行人、行商、行户等。从官府方面来看，行似乎被认为是为了行役而存在的。他指出："欧美的中国研究者立即把会馆一词当作基尔特，但是相当于基尔特的，却是行。""考察会馆的由来时应该注意到的，就是会馆和坐贾客商的关系。完整地说来，所谓会馆，是明代嘉靖隆庆以后，集中在北京的各省官吏士子等按照他们

① 《北京工商ギルド资料集》，东京大学东洋文化研究所出版，到目前已出七辑。

② 《公所会馆の起源に就いて》，《史学杂志》第33卷第10期，第803~811页。

③ ［日］加藤繁：《唐宋时代の商人组合"行"》，《白鸟博士还历纪念东洋史论丛》。

的乡籍的差别而设置的憩息燕集的场所，似乎北京以及各省的商人会馆也是模仿这种性质的。中国的商人，大别为坐贾和客商。坐贾是当地土著的商人，客商是外来的行旅商人，但是，外来的商人也不一定在暂时居住后，就离开这个地方，也有居住几年的，也有居住了十几年或者十几年以上，和别的同乡互相提携在商界扶植势力，开辟了一个新行的。这些人和土著商人几乎没有什么区别，但是为了尊重乡贯的习俗，为了在法规上也不轻易允许转籍，仍旧叫做客商……无论在北京，无论在各省，起初设立会馆的，大约是久住的客人，不久本地的商人也就模仿起来……外来的商人为了谋求团结的巩固，棺柩的停藏、和义园的管理等等，对设置共同建筑物的必要，比土著商人迫切得多。假如这个推论不错的话，商人会馆不是从历史悠久的本地商人的行发生的，而却产生于客商在某地定住下来，扩张势力，形成一个新的行的场合。从而，商人会馆的发生，难以说是本地的行发展壮大的必然的结果，而显然是因为和其他都市的通商关系密切起来，其他地方的商人定居下来的人有所增加，也就是商业更加发展的缘故。”其后，加藤繁在《清代北京的商人会馆》①文中列举了九所商人会馆的经营情况，他总结说：“清代的北京会馆以及设立会馆的行的性质，有种种异同之处，决不是单一的。有的会馆作为一种组织的力量很弱，不过举行共同祭扫而已，多数的会馆内部团结相当巩固，必要时可以发挥相当的威力。会馆的成员大概是同乡人，也有少数不是如此，有单是坐贾的会馆，又有包括坐贾和客商的会馆，有的会馆既是联谊的团体，又是商业的团体，以前也有人认为会馆和公所是以联谊为主和以营业上的协作为主的两种”，“商人会馆也许不能看成是在明朝末年起开始创设的”。加藤氏的研究澄清了会馆与行的相互

① ［日］加藤繁：《中国经济史考证》（东京，1952～1953），吴杰译，商务印书馆 1959 年版。

关系问题，在坐贾与行商及他们与会馆的关系上都提出了自己的看法，也为后来研究者提供了继续研究的空间。

根岸佶有《上海的行会》[①]和《中国的行会》[②]两书行世。大谷孝太郎则把对上海会馆的调查与研究写成《上海的同乡团体及同业团体》一文，认为上海一地商人团体的发展愈后而乡土的结合愈凝固，它们之间壁垒森严，分割市场，很不利于资本的聚集。会馆反映了近代中国经济发展一个方面的特质。

仁井田陞《中国的社会和行会》[③]是作者关于会馆研究的集成之作。他认为：为了理解中国社会的内部构造，一方面要理解家族、宗族、村落等各种集团，一方面要理解基尔特即商工业者的同行的结合，特别要把清代到现代为止的北京行会和西欧中世纪的行会加以对比，追究它的特质。这表明仁井田氏已把他的研究进一步向社会史方面拓展。在该书中，他凭藉大量的第一手资料，详细分析了行会的分化和分类、行会与社会结合的诸关系、行会的组织结构、行会的职业伦理、行会的对外抗争、行会的衰亡等方面。和仁井田陞一起在北京从事调查的今崛诚二也写了《行会史》[④]、《中国商工行会的素描——以内蒙古农村机构向行会过渡为中心》[⑤]、《河东盐业同业公会的研究》[⑥]、《中国行会商人的构造》[⑦]、《近代开封的商业公会——崩溃过程中的封建社会的形势》[⑧]。这些都论述了行会这一社会组织在城市社会中的地位。其《中国的

① 《上海のギルド》(东京，1951)。
② 《支那ギルドの研究》(东京，1949)。
③ 《中国の社会とギルド》，岩波书局1951年版。
④ 《现代中国辞典》，昭和25年(1950)初版，昭和27年(1952)再版。
⑤ 《史学研究纪念论丛》，昭和25年(1950)版。
⑥ 《史学杂志》第55卷第9、10期，第56卷第1期，昭和19~20年(1944~1945)。
⑦ 《近代中国的社会与经济》，昭和26年(1951)。
⑧ 《东洋的社会》，昭和23年(1948)。

自耕农基尔特的构造——小商品生产阶段的历史作用》[①]则又把关注的焦点放到农村与城市的连接处，认为“自耕农基尔特”的一般形成期是在清乾隆至道光年间，但推测它的开端是在明朝末年。另外，横山英《中国商工业劳动者的发展和作用——以明末的苏州为中心》[②]、幼方直吉《帮、同乡会、同业公会和它们的转化》[③]、泽峙坚造《北京市商会的同乡性》[④]、宫崎市定《明清时代的苏州和轻工业的发展》[⑤]、白山反正《中国的行会和它的独占政策》[⑥]、增井经夫《会馆录数种》[⑦]也是有关会馆的论文。

综观这一时期日本汉学界对会馆的研究，应该说是功绩卓著的，但是，或许是服务于日本文化优越论的论调，或许是因为较多地偏重于基尔特角度的研究，致使他们较多地看到事物的一面，或者是事物的局部，无法对中国行、会馆的本质作更深入的开掘。

由于会馆在明清以至近代中国的演变中是一种长期起作用的组织，特别是在关于中国社会近代化问题的探讨中，会馆这种基层社会组织到底在扮演着什么样的角色，又不断引起众多学者的重新思考。

在日本汉学界，像川胜守这类对明清社会经济史整体研究已取得突出成就的专家们都对会馆倾注了精力。川胜守在《明清江南农村经济史研究》[⑧]一书中认为：明清江南农业经济的发展奠基于商业的发达或社会都市化的基础之上，而且其背景正处于国家（省府州县市镇）的行政网及商人（会馆、公所、客商及牙行）的

① 《社会经济史学》第18卷第1、2期，昭和27年（1952）。

② 《历史学研究》第160号，昭和27年（1952）。

③ 《近代中国的社会与经济》，昭和26年（1951）。

④ 《经济论丛》第52卷第5期，昭和14年（1941）。

⑤ 《东方学》第2辑，昭和26年（1951）。

⑥ 《北海道学艺大学〈学艺〉》第2卷第2期，昭和25年（1951）。

⑦ 《东亚问题》终刊号，昭和19年（1944）。

⑧ ［日］川胜守：《明清江南农村经济史研究》，东京大学出版会1992年版。

巧妙合作关系上。他还在《明清时代的北京、苏州、上海之广东会馆》[①]一文中提出商人会馆的设立是对士大夫会馆的一种模仿。商人们借用了士大夫用惯了的会馆这种组织形式纠集自己的力量形成团体,从而既增强了自己的力量,也力图用会馆的规约来规范自己的行动。不可否认的是,商人在中国传统社会终究是为人不齿的一群,他们仍需要借助于士大夫的庇护,即使是商人创建的为商人服务的会馆,也还得请士大夫撰写碑记,以显示自己的政治后盾。作者认为,明末以后到清前期,广东人在北京、苏州、上海之会馆活动领先于其他各省商人,这是可以确定的。作者依据会馆来分析地域性商帮势力的强弱,其角度是比较新的。把会馆放在社会变迁中加以考察也表明作者视野的进一步拓展。寺田隆信近年来也较为关注会馆问题,他在《关于北京歙县会馆》[②]一文中对会馆与商业资本、会馆与科举制度等关系问题进行阐述,从歙县会馆看,其主要作用是服务于科举,提高本乡声誉与增强本乡实力,它的发展壮大很大程度上得益于商业资本的资助。在《清代北京的山西商人——附天津估衣街的山西会馆》[③]一文中作者补充了他早年行世的《山西商人的研究》[④]一书中关于商人会馆研究的缺憾,无疑他较重视商人在会馆中的作用以及会馆对商业发展的作用。从他们的这些研究中,我们看到日本汉学界对中国会馆史研究在不断走向深化。

在欧美,中国会馆史研究也已产生了一批研究成果。如 D. J. 马克格温《作为商业贸易组织的中国基尔特或会所》[⑤]、H. B. 马士

---

① 叶显恩主编:《清代区域经济史研究》,中华书局 1992 年版。

② 《中国社会经济史研究》1991 年第 1 期(傅衣凌学术纪念专号)。

③ 《郑天挺纪念论文集》,中华书局 1991 年版。

④ 《山西商人的研究》,张正明中译本,山西人民出版社 1986 年版。

⑤ D. J. Macgowan: Chinese Guilds or Chambers of Commence and Trades Unions, Journal of North China Branch of the Royal Asiatic Society(1888 - 1889).

《中国行会论》[①]、S. D. 盖伯《关于北京的一项社会调查》[②]、J. S. 伯吉斯的《北京的行会》[③]等，他们较一致地把中国会馆与西方基尔特相等同，认为它们都属于工商业行会。

费正清堪称美国的汉学权威，他认为，明清中国的商人会馆是商人们模仿官僚士大夫而建立起来的旨在联络同行业人士的一种互助组织。在中国，士子们有同年、同窗、师生等多重关系，可以互相援引，而商人们却缺乏这种组织，商人们模仿设立这种组织就在于通过相互间的帮助来提高保护自身的能力。如上海的宁波会馆或是北京的广州会馆等商人组织，有时亦能权宜地提供在外士子膳宿之便。结果，同乡会馆大为增加，组成分子则多为同乡或是同行。但是，直到 19 世纪，这些自愿性的组织却很少注意到如何巩固商人的利益与力量，各行各业的行会与交易地点，依然是零散分布于各自的范围内。[④]

以《中国科学技术史》而著称的英国的李约瑟依然用他敏锐的中西比较的目光审视会馆。他说："中国的商人之间还是有很多互助合作的，中国的商会尽力设法保护它的会员们的利益。有一次，我在福建长汀，很愉快地住在一所很华美的旧式旅馆里，里面有亭台楼阁，画栋雕梁，甚为精雅，原来这就是一个商业公所。在那里接待各处来的客商，前来办理销购业务，所以，中国的商会也是社会上的一部分团结力量，只是它不像欧洲的商会那样具有政治上的重要作用。"[⑤]

曾经以人口史研究著称于世的美国的何炳棣在其《中国会馆

---

① H. B. Morse：The Guilds of China，1909.

② S. D. Gamble：Peking：A Social Survey，1921.

③ J. S. Burgess：The Guilds of Peking，1928.

④ 《剑桥中国史·晚清篇》（1800～1911 年）上。

⑤ ［英］李约瑟：《四海之内》，劳陇中译本，三联书店 1987 年版，第 49 页。

史论》[①]中突破了过去一向仅把会馆视作行会的陈说，把会馆分成试馆、工商会馆和移民会馆三类，主要探讨了试馆形成的原因，包括籍贯制度、科举制度和官员易籍就职制度，他利用自己长期接触到的丰富的地方志资料、会馆志资料及笔记小说资料，对各类会馆的数量与分布作了统计，其中还描述了会馆的诸多特例，指出会馆在近代演变中地域观念有日渐消逝的趋势。何氏的研究大大地开拓了人们的视野，并且在很大程度上启示了我国的史学工作者。

随着欧美盛行的社会整体史研究热潮的到来，欧美汉学家中也涌现出一批致力于整体研究与细部研究的学者。他们多从细部着眼，以小见大，注重社会整体的相互关照，因而显得颇有说服力。其中，威廉·罗关于汉口的研究尤值得注意。[②] 在他的书中，他分析了 19 世纪中国都市与西欧都市的共通性、商业中心与市民层的形成、汉口的都市自治、汉口商业活动、政府财政与商税的关系及清政府为此而采取的政策、都市社会的形成与商人地位的提高、汉口商业发展与地方官的相互依存关系、官僚对商业的投资、商人进入政界、汉口移民社会组织之间的关系、融通意识的产生、商人组织在汉口自治中的作用。他指出："中国会馆兼有同乡、同业组合的双重特征"，故称作"复合结构"。另一名美籍学者尼依达也同样强调社团的商业方面，很多同乡会社团局限于从事某种特定商业行业的人（例如延邵会馆的成员限定从福建南平和邵武两个邻府来的纸商，而浙慈会馆限定从浙江宁波府、慈溪县来的裁缝人即他们有的在原籍已经在行业上专业化了，他们典型地按同籍组织在一起，原籍特征便不易消逝）。美国学者顾德曼通过对民国初期以来上海同乡组织的研究，提出会馆与同乡会都是一般同乡组

① 何炳棣：《中国会馆史论》，台湾学生书局 1966 年版。

② William T. Rowe：Hankow：Commerce and Society in a Chinese City 1796 -1889, Stanford University Press 1984; Hankow：Conflict and Community in a Chinese City 1798 -1895, Stanford University Press 1989.

织,民国时期同乡组织的发展说明了:(一)在组织特征上,各界的层次区别逐渐明朗;(二)新社团的形成意味着与旧式会馆的分道扬镳,但并非对立;(三)各社团同乡圈按更小的地理单位划分,主要是因为移民人口的增长。[1] 顾德曼还以成立于20世纪30年代的上海浦东同乡会为例,提出同乡感情并不一定真有传统,"同乡概念只要有用就会存在"。同乡团体是上海市民心态和社会环境的一个重要组成部分,因为它行使了重要的半官方机构的职能。她还认为:20世纪30年代非常活跃的同乡组织显示出一种"民众意识"的存在,它在一定程度上表明了一种"公共领域或市民社会的萌芽与发展"。[2] 新思潮新方法被应用到会馆史研究中,已显示了会馆研究向纵深发展的趋向。受这种学风的影响,新加坡的吴振强在《厦门的兴起》中也指出:"在城市中,以神庙为中心的活动具有重要意义,这种活动是地方社会组织的重要形式","许多本应由士绅承担的道德上和社会上的义务都由商人承担起来了,官府让商人承担这些义务,对商人来说不仅仅是一种勒索,而且也是一种荣誉,这种情况使商人得以与官府和士绅建立密切的私人关系,这种关系对于他们的商务活动无疑是有利的"。[3] 这也从社会管理角度对会馆的功能作了有新意的探讨。在港台,在祖国大陆,借鉴有关祭祀圈理论研究商人会馆与祭神活动相互关系的学者亦有不少。如刘志伟、陈春声、郑振满、梁洪生、邵鸿等,如郑振满、梁洪生、邵鸿所作的个案研究(关于莆田涵江江口平原的商业会馆研究,关于江西流坑、吴城商人会馆的研究)显示出历史学与社会学、人类学相结合的趋向,具有一定深度,也反映了他们与国

---

① 《新文化、旧风俗、同乡组织和五四运动》,见《上海:通往世界之桥》(下)。

② 《三十年代上海同乡会——兼论公共领域与市民社会的问题》,见《上海:通往世界之桥》(下)。

③ 《厦门的兴起》,Trade and Society: The Amoy Network on the China Coast (1683 - 1735),新加坡大学出版社1983年版。

际学术界“接轨”的努力。有的留学欧美的中国学者融通中西,如王笛关于长江上游公共领域、公共空间和街头文化的研究就很值得注意。①

综观日本欧美关于中国会馆史的研究,应该说成绩是颇为显著的。日本学者以扎实的史料考订见长,欧美学者则多以新理论、新方法作为深化研究的辅助;日本学者注重会馆的经济意义,欧美学者则更注重会馆的社会管理意义。但总的看来,把会馆作为一种基层社会组织,专门作政治、经济、文化的全方位的考察仍不见有。显然,中国会馆史研究仍是大有可为的。

基于对上述学术史的认识,笔者一方面继续挖掘了一些会馆史资料,另一方面借鉴了有关社会整体史研究的方法,力图对明清会馆与社会变迁的相互关系作一个全面的和系统的研究,故在本书的篇章结构上大体作了如下安排。

第一章首先检讨了过去对会馆概念的认识,从而提出了自己对会馆的界定,接着从历时性与共时性的角度考察了会馆发展的阶段性和地域差异性。从历时性角度看,笔者不同意把会馆追溯到汉代的邸舍,而认为会馆在明以后才开始出现,到明中叶是它的初始阶段,这一时期的会馆多为官绅阶层的俱乐场所与志同道合者的汇聚之所,其规制尚不太严密,且可以住女眷等。从明中叶到清咸同年间这一段时期是会馆的兴盛期,主要体现为数量不断增加,类型亦日显复杂,譬如在京师的会馆就有官绅会馆、试馆、商业会馆等类型。从设置者看,如苏州的会馆,官、绅、商、民所占比例又各有不同,会馆成为当时社会经济繁荣发展的重要标志之一。当然,就具体会馆看,其起、兴、亡又各有差异。清末以来可以说是会馆步入衰微蜕变的阶段,有的功能也有所变化。但在海外华人

① 王笛:《街头文化:成都公共空间、下层民众与政治,1870~1930》,中国人民大学出版社2006年版。

中的会馆却一直延续不衰，直至目前。海外华人会馆渊源于中华本土，却又具有了自己的诸多特征，如同乡会馆与宗亲会馆并存，商人在会馆中是主角，会馆多以商务与教育为自己的首要任务等。而会馆存在地域差异性，但那主要由会馆所处地区政治、经济发展的不同功能侧重所决定，可大体分成京师省城、工商都市、郡县场镇、移民集中区域等类型。明清会馆地域分布显示出沿海沿河地区分布多，而内陆地区分布少，东部地区分布多，而西部地区分布少，会馆发展与商帮发展具有相辅相成的特征。近代以后，随着移民的西进和内陆的经济开发，会馆也呈现明显增多的趋势。

第二章考察了明清市场机制、人口流动、科举制度发展与会馆的相互关系，揭示了市场机制是明清社会变迁的关键机制，商品经济的发展把全国的大中小城市都卷入庞大的市场网络之中，有的地域商人长期活跃于其中，以致形成了大的地域商帮。长途贩运沟通了沿海与内地、山区与平原之间的相互联系，商人寄籍的现象日见增多。在人口流动中显示出与过去不一样的特征，即政府政策与移民自愿相结合、商业性与经济性并重以及多向性与持续性等诸多特征，它影响了明清科举的发展。特别是对明清服务于科举事业的会馆的大量捐助反映了商人资本的雄厚及商人阶层在明清政治舞台上的地位。这诸多社会背景相互影响、相互渗透，使明清会馆以更大的规模、更繁复的形式勃然兴盛。

本章还就各类会馆的组织制度与组织结构、会馆的权力配置与内部关系，会馆的经费来源与收支管理等问题进行分析，以探明各类会馆内部兴衰的原因。

第三章首先考察了明清社会阶级关系变化的新特征，即“四民”观念的模糊化、贫富贵贱的迅速变化和阶级利益的明朗化，这些新特征的出现曾令官府行之已久的官僚行政体制束手无策，而会馆作为一种自发的和民间的社会组织在实现会馆内部整合、移民社会整合与中外文化整合方面发挥了自己的作用，消除了封建政府在新事物出现后的恐慌。从会馆内部整合看,其“祀神、合乐、义举、公约”是基本功能,而这主要以乡土作为联系纽带,它具有强有力的凝聚力,使流动了的同乡人在客地有所管理、有所约束、有所互助、有所发展。从移民社会的整合看,不同籍的人们移到同一地区,他们可以冲破本地域的界限,凭借会馆与别会馆进行交流,共同商讨地方事务,包括商务、公共设施建设、地方治安等,各会馆亦谋求与土著的经济、文化交流,以致引起地方社会风俗的变迁。从中外文化的整合看,晚清以来延续至今的海外众多的华人会馆恰是一个重要的基地。而在国内各通商口岸设置的涉及外事的会馆亦在中外文化交流方面发挥了积极的作用。本章对封建政府与会馆的关系也进行了探讨,认为封建政府对待会馆多采取默认的政策,从而与对家族采取大张旗鼓的提倡政策形成对照。这主要因为会馆以管理流动人员为目标,而流动人口本身就可能成为封建统治的异己力量。而从会馆角度言,它也较多地追究本身存在的合法性,有的以官管理、以商出资的形式表现出来,有的则申请官府备案庇护,还有的把对会员的道德训教、行为规范放在会馆诸事务之首,这些都反映了会馆对封建政府的依附性,亦表明了封建政治的影响力是无所不在的。显然,会馆并非完全与封建统治和谐一致,会馆与政府的对抗、斗争同样存在。

第四章分析明清会馆与明清文化发展的相互关系。从会馆实物方面考察了会馆建筑设置、区位分布的情形。从建筑设置看,会馆规模既有不同时期的变化,又在同一时期千差万别,但普遍讲究符合礼制。在官绅会馆、商人会馆、移民会馆中,商人会馆往往规制更宏,移民会馆则相对简陋。从区位分布看,会馆在京师省城、商业城市、手工业城市与移民区域的分布亦各有规律。譬如在京师,明代曾有大量会馆分布于内城,而清代则因“内城禁喧嚣”的文化政策而使会馆大多集中于外城,显示了封建政府不同的文化追求。在上海、苏州等商业中心,会馆亦大多分布于商业区内,而在以手工业为主的景德镇,会馆则分布于该城市的周围,它们追求交通的便利和生产本身的便利。在移民区域,会馆设置多显示出分散的特征。本章分析了会馆的神灵崇拜,认为神灵崇拜是会馆存在的精神纽带与象征。明清会馆神灵崇拜经历了从单一神(乡土神)到以乡土神为主的众神兼祀的发展演变,这既因为众多乡土神的内在精神有其共通性,也因为会馆在不断发展过程中从互异走向一致,从而必然走向融合。当然,正像民间的多神祭祀一样,会馆的多神并存亦包含了浓厚的实用功利性。在政治中心的京师,会馆神灵的设置更偏重于乡贤的炫耀,在某种程度上又与文化的融合相悖离,成为地域观念发展的重要基地。明清会馆神灵的设置又较多地反映了封建统治的政治要求,奉祀的神灵皆为传统文化美德的化身,因而能发挥规范人心的作用,对于处于流动中的客籍人来说,这实是一种有效的整合纽带,能收到"以神道设教"之效。在明清社会变迁中,它能在很大程度上保存传统文化中的优良文化品德。在明清会馆神灵的设置中,行业神崇拜受到重视,这可成为一面旗帜、一种约束,在吸引同籍同行商人,激励人们向外发展,以集体力量来共同开辟发展道路方面都发挥了积极作用。因而,明清会馆文化的取向大体包括:沿海文化与内陆文化的互渗、士绅文化与庶民文化的交融、文化继承与文化更新三个方面。会馆文化在明清文化的重构方面显示出发扬传统与追求更新的双重文化趋向,从而影响了 中国近代历史的发展进程。

结语阐明的是会馆的历史地位。会馆作为一种社会组织,在明清以来社会的结构性变迁中发挥了自己的作用。事实上,明清基层组织颇多,有官设社会组织如里甲、保甲、厢坊等,民设社会组织如家族、乡族、会社等。但是,明清市场机制的发育与成长,赋税徭役制度的变更,为人口的迁移及人身依附关系的削弱提供了便利,在不少地方,形成了土籍与客籍的区别,有的地区流寓甚至超过了土著。如果说土著适合于用家族、用保甲里甲厢坊来管理的话，那么，对于流寓，就不是上述各种组织所能收效的，这里存在着行业的多重性、人员的流动性、文化的复杂性、规模的庞大性，这时，会馆的社会管理功能便在上述各种组织的管理之外，显示出自己的优越性来。会馆是一种既以家族为母体但又超越家族的社会组织，它标志着中国传统的社会管理体制的进一步完善，或许也可看作是一种新的创造。它管理的对象是处于流动中的人们，它所树立的精神支柱是乡土神、通祀神以及会馆的创业者，它要求会众在变迁的社会中既能发扬传统，又能适应社会变迁，为会众们提供各种可能的便利，它能满足同乡人在外籍寻找乡情依托的需要，它能使同乡人走向外部世界时不仅凭个人的奋斗，更能依恃团体的资助，因而取得成功的可能性就更大。专业性的同乡行业会馆一般也不以限制同行间的竞争为目的，而更趋向于为同行的发展创造更公正更合理的环境，它超越家族组织，使明清社会群体又有了大的发展，因此可以说，会馆在从家族观念走向更广大的乡的观念直至国的观念的过程中起着中介作用。

总而言之，笔者既站在前人的肩上，充分吸收前人的研究成果，又试图建立起自己关于会馆研究的完整体系，在会馆的社会整合、会馆的内部运作、会馆的文化内涵等方面作了一些努力。在这两方面是否做得恰当，都有待专家学人的继续批评。同时，我还企求关注社会现实的人们能在阅读本书时得到某些启发，并惠赐批评意见。

第一章 “源涓流长，有容乃大”

——中国会馆的源流与演进

自明初开始，会馆制度与中国封建社会秩序的演进相仿佛，始而像平静的涓流，终至汇纳百川，蔚成大观。会馆在维持社会平稳发展，推进中国社会近代化方面起着积极作用。

第一节 会馆的界定

会馆既然是个老题目，必然不乏众多研究者，而众多研究者又形成了各自不同的对会馆的认识。但总体上说是两种意见，一种认为会馆是工商业者的行会，一种认为会馆是同乡组织。对于前者，日本学者加藤繁已指出与西欧封建社会中后期基尔特相对应的是中国唐宋以来的“行”，他说：“欧美的中国研究者立即把会馆一词当作基尔特，但是相当于基尔特的却是行。”①基尔特的特征在于：（一）它是一种排外组织，加入基尔特必须具备两个条件，即有一定的经济能力、从事本行业的活动。（二）它又是一个特权组织，受到国家政权的保护，并要求遵循国家授意的规章制度。②而中国的会馆与基尔特不可同日而语。

对于后者，则几乎是被学界普遍认可的一种定义，如“会馆是一种地方性的同乡组织，创建会馆的目的在于‘以敦亲睦之谊，以

---

① 《唐宋时代的商人组织“行”》，［日］加藤繁：《中国经济史考证》（上），吴杰译，商务印书馆1973年版。

② 张冠增：《中世纪西欧城市的商业经济垄断》，《历史研究》1993年第1期。

叙桑梓之乐，虽异地宛若同乡’，每逢年过节或每月之朔望，同乡欢聚一堂，祭神祀祖，聚餐演戏。北京是全国的心脏，皇室贵族以及各地官僚和富商大贾集聚在这里，并竞相成立会馆”①；如“会馆是明清时期异乡人在客地建立的一种社会组织，它产生于明朝建都北京之后，发展于明朝中叶嘉靖万历时期，并逐渐在全国的通都大邑兴起，清朝已达到了它的兴旺时期，差不多有异乡人聚居较多的地方，就有会馆的出现，具有相当的普遍性，是研究明清历史不可忽视的一种社会结构”②；又如“会馆是同乡人士在京师和其他异乡城市所建立，专为同乡停留聚会或推进业务的场所，狭义的会馆指同乡所公立的建筑，广义的会馆指同乡组织”。③ 也有的人把会馆的存在与发展和商品经济的发展、人口流动等社会背景联系起来，有人把会馆分为一般同乡人的会馆和商人的会馆。④ 有人认为会馆可以是同乡组织，但也可以是同行组织，它是商品经济发展的象征，商人在会馆设置中有重要作用，甚至试馆亦然。⑤ 有人指出：“在北平有广东会馆、四川会馆等等，在上海有广东会馆、宁波会馆、湖广会馆等等，这些组织是以慈善的机能来助同乡人，我们认为毫无疑义的就是这些省区会馆首先是商业资本的组织。”⑥ 如海关监督说浙江的云贵会馆“这个会馆是这两省中有产阶级和商人的代表联合起来的”。而南京的会馆，“这些俱乐部的会员，当然是从商业阶级而来的”。山西各地会馆，“这些会馆的发生特

① 李华：《明清以来北京工商会馆碑刻选编·前言》，文物出版社1980年版。
② 吕作燮：《南京会馆小志》，《南京史志》1984年第5期。
③ 何炳棣：《中国会馆史论》，台湾学生书局1966年版，第11页。
④ [日]加藤繁：《清代的北京商人会馆》，见《中国经济史考证》第3卷，第101页。
⑤ [日]寺田隆信：《清代北京的山西商人》，《郑天挺纪念论文集》，中华书局1990年版，第561～582页。
⑥ 全汉昇：《中国行会制度史》，第104页。

别是由商人方面发起的”。[①] 还有人则认为：“所谓会馆，系寓居异乡城市中同一乡贯的官绅商民所建的馆舍，这是中国封建社会中后期，由于商品经济不断发展，外出商民不断增加与城市中土著非土著矛盾日渐加剧而出现的一种封建组织。”[②]以上可谓众说纷纭，但也各有其合理性。也许各自研究的侧重点不同，于是就着重强调了会馆的某个方面，因而笔者认为，对会馆这样一种结构性的社会组织作一个全面而准确的界定是很有必要的。

首先，会馆是明清社会政治、经济、文化变迁的特定产物，它不仅是明清时期商品经济蓬勃发展的必然，亦与明清科举制度、人口流动相伴随。明清时期交通的便捷、生产力的发展为贩运商业的发展提供了广阔的天地，南来北往的商人推进了国内物资的流通，可是由地域文化熏染出的不同语言、文化习俗又构成了商人们谋求发展的障碍，同籍商人的会馆由此有了内驱力，他们起而模仿官绅会馆并发扬光大之。科举制度的发展助长了地方主义观念的盛行，人们为谋求本地入官数的增多，不惜由官捐、商捐来建立会馆，为本籍应试子弟提供尽量周全的服务，如闽中会馆甚至为试子提供考前辅导和考后打通关节的服务。[③] 在移民集中的区域，会馆则成为克服土客矛盾、客客矛盾的场所。

其次，在社会功能上，会馆最初是作为同籍在京之人聚集之所而出现的，其后在不断发展过程中，功能日益增加并规范化，“祀神、合乐、义举、公约”[④]是其基本功能。神灵崇拜为会馆树立了集体象征和精神纽带，合乐为流寓人士提供了聚会与娱乐的空间，人

---

① 全汉昇：《中国行会制度史》，第 104 页。

② 韩大成：《明代城市研究》，中国人民大学出版社 1991 年版，第 406 页。

③ 王民、林国平：《明清两代北京闽中会馆的教育职能及其演变》，《教育评论》1991 年第 2 期。

④ 《上海碑刻资料选辑》，上海人民出版社 1984 年版，第 359 页。

们会在节日期间“一堂谈笑，皆作乡音，雍雍如也”。[①] 义举则不仅为生者在身处逆境时由此解脱，更注重给死者创造暂厝、归葬的条件。而公约则要求会员遵循规章制度，维护集体利益，从而维护社会秩序的安定。有的人于会馆创建之初便要求会馆能发挥编户齐民、辅助治化的功能。立足于此，会馆有时还可以在解决内外纠纷，以致反抗外国资本主义的压迫方面发挥作用。

再者，会馆的表现形式多种多样。从范围看，除了以行政区划为单位外，还有因经商的地区相同而建的会馆，如泉郊会馆，厦郊会馆；又有同业组织为应付当地土著的压迫和保护自己利益而组合的会馆，如颜料行会馆、药行会馆等；从建构看，有的会馆规模宏大，有正殿、附殿、戏台、看楼、义冢、义田、议事厅，有的会馆仅为一小室，以供一神或数神为满足；从经费来源看，有官捐、商捐、喜金、租金、抽厘、放债生息等名目，各个会馆又各有侧重；再从内部管理看，有的官绅掌印，有的是商人主管，有的还可能是手工业者或农民自理。

总之，会馆是明以来同乡人士在客地设立的一种社会组织，它适应社会的变迁而产生，又不断改变着自己的形态，在对内实行有效整合的同时，又不断谋求与外部世界的整合。在会馆的演进过程中，不仅存在着时代发展的阶段性，而且又包含了地域发展的差异性。

第二节　会馆发展演进的阶段性

一、会馆前史

有人把会馆的渊源追溯到汉朝的邸舍[②]，对此何炳棣先生已

---

① 李景铭：《闽中会馆志·郭则云序》。

② 据《汉书·朱买臣传》和《后汉书·史弼传》周寿昌注，汉代的郡邸是安置每年入京上计官员的所在，其中言及郡邸的出卖当视为公产的临时变通做法。

作过辨正,他根据汉时大鸿胪卿属官之中既有郡邸大丞专管京师的诸郡郡邸,便断定郡邸决非明清会馆式之私人同乡组织,而更宜视作各郡驻京的办事处。[①] 晚明史学家朱国桢曾在《涌幢小品》中说:“汉时郡国守相置邸长安,唐有进奏院,宋有朝集院,国朝无之。惟私立会馆,然止供乡绅之用,其迁除应朝者皆不堪居也。”[②]由此,我们认为,明代以后出现的会馆与过去的郡邸、进奏院、朝集院并不具有源流关系。汉代的邸舍等为官设机构,而明以后的会馆则纯属私设,属民间结社。这也许与中国封建社会前期中央集权比较直接而后期中央集权日显间接化的趋势相吻合,前期的邸舍包含了后期的会馆的基本功能,但后期会馆则显得更加灵活,更有活力,更能适应形势的变迁,也更能在广泛的空间发挥作用。

从商业性会馆的渊源言,有的人追溯到更久远的历史。古籍中确实早就有神农时代日中为市的说法,周时就有肆行,战国时期各国亦已有市场的管理模式——入行。到唐代,有关行的记载更加普遍。汪辟疆校录《唐人小说》中,有一篇署名杜光庭的《虬髯客传》述及当时太原的马行。虬髯客对人说道:“某日午时,访我于马行东酒楼,下有此驴及瘦驴,即我与道兄俱在其上矣。”[③]唐段成式《酉阳杂俎》续集卷三《支诺皋记》下述及扬子县有鱼行,唐代宗时戴孚《广异记》中提到药行。在其他相关文献中,白米行、米行、大米行、油行、肉行、五熟行、屠行、绢行、布行、磨行、生铁行等已时常出现。

进入宋代,行的称呼更加普遍。宋孟元老《东京梦华录》记载了北宋京师汴梁(今开封)的果子行、姜行、纱行、牛行、马行、大小货行、肉行、鱼行以及师姑绣作等诸行、作。马端临《文献通考·

---

① 何炳棣:《中国会馆史论》,台湾学生书局 1966 年版,第 12 页。

② 朱国桢:《涌幢小品》,中华书局 1959 年版,第 86 ~ 87 页。

③ 汪辟疆:《唐人小说》,上海古籍出版社 1978 年版,第 216 页。

市籴考》记载：北宋神宗熙宁六年(1073)郑侠奏议跋曰："京城诸行，以计利者上言云：官中每所需索，或非民间用物；或虽民间用物，间或少缺；率皆数倍其价，收买供官。今立法：每年计官中合用之物，令行人众出钱，官为预收买，准备急时之用。如岁终不用，即出卖，不过收二分之息，特与免行……才立法随有指挥：元不系行之人，不得在街市卖易与纳免行钱人争利，仰各自诣官投充茶行，负水、担粥以至麻鞋、头髪之属，无敢不投行者。"这是政府加强对市场进行管理以及政府向市场采购的一般状况。官府让从业人员投归行会，入行者即可享受免行钱的待遇，把未入行者排除在市场之外。此时，官府的主导作用较为明显。耐得翁《都城纪胜·诸行》中说：

> 市肆谓之行者，因官府科索而得此名，不以其物小大，但合充用者，皆置为行，虽医卜亦有职。医客择之差，占则与市肆当行同也。内亦有不当行而借名之者，如酒行、食饭行是也。又有名为团者，如城南之花团，泥路之青果团，江干之鲞团，后市街之柑子团是也。其他工伎之人，或名为作，如篦刀作、腰带作、金银镀作、钑作是也。又有异名者，如七宝谓之骨董行，浴堂谓之香水行是也。大抵都下万物所聚，如官巷之花行，所聚花朵、冠梳、钗环、领抹，极其工巧，古所无也。

在南宋临安，工商诸行同业组织、商业、服务业的多名为行、团，工匠作坊行业多的则称为作。《西湖老人繁胜录·诸行市》记述得更为详细：

> 川广生药市，象牙玳瑁市，金银市，珍珠市，丝锦市，生帛市，枕冠市，故衣市，衣绢市，花朵市，肉市，米市，卦市，银朱彩

> 色行，金漆卓凳行，南北猪行，青器行，处布行，麻布行，青果行，海鲜行，纸扇行，麻线行，蟹行，鱼行，木行，竹行，果行，笋行，京都有四百十四行。略而言之：闹慢道业，履历班朝，风筝药线，胶矾斗药，五色箭翎，银朱印色，茶坊吊挂，琉璃泛子，粘顶胶纸，染红牙梳，诸般缠令，修飞禽笼，修罘罳骨，成套筛儿，接象牙梳，诸般要曲，札烫斗，丁看窗，修砧头，照路遣，扫金银……

这些史料既说明了宋代工商业的兴盛，也说明了政府对其管理达到了较为细密的程度。工商业活动还在官府的直接控制之下。

陶宗仪《南村辍耕录》说：“今人谓驵侩为‘牙郎’。本谓之‘互郎’，谓主互市事也。唐人书‘互’作‘牙’，‘互’与‘牙’字相似，因讹而为‘牙’耳。”[①]唐末五代至两宋，牙人或牙行在市场交易过程中的作用日益显著。唐宪宗元和时，商人有欠陌钱者，“令本行头及居停主人等检察送官”；德宗建中时，凡有交易，均由市牙“随自署记”。[②] 入宋以后，边境互市，“募牙侩引蕃货赴市易务中

① 陶宗仪：《南村辍耕录》卷十一《牙郎》。

② 《旧唐书》卷四八《食货上》：（元和）四年闰三月，京城时用钱每贯头除二十文、陌内欠钱及有铅锡钱等，准贞元九年三月二十六日敕：“陌内欠钱，法当禁断，虑因捉搦，或亦生奸，使人易从，切于不扰。自今已后，有因交关用欠陌钱者，宜当令本行头及居停主人牙人等检察送官。如有容隐，兼许卖物领钱人纠告，其行头主人牙人，重加科罪。府县所由祗承人等，并不须干扰。若非因买卖，自将钱于街衢行者，一切勿问。”卷四九《食货下》：建中四年六月，户部侍郎赵赞请置……除陌法：天下公私给与贸易，率一贯旧算二十，益加算为五十。给与他物或两换者，约钱为率算之。市牙各给印纸，人集。其有隐钱百者没入，二千杖六十，告者赏十千，取其家资。法既行，而主人市牙得专其柄，率多隐盗。公家所入，曾不得半，而怨雠之声，嚣然满于天下。至兴元二年正月一日赦，悉停罢。

贾”;而茶农的借贷、茶质的品评,也“皆牙侩主之”。①《宋史·食货志》不仅将市场管理中的某些环节视为牙行的职责,而且谴责官府对市场运行的过多干预:“市易之设,本汉平准,将以制物之低昂而均通之。其弊也,以官府作贾区,公取牙侩之利,而民不胜其烦矣。”②

从马可·波罗的游记可见,元代杭州行业甚多,业户达到一千余户。从金石文献中,可见到长兴州至少存在五熟行、香烛行、银行、玉麈行、度生行、浇烛打纸印马行、篙师行、净发行、裁缝行、锦鳞行、碧缘行、糖饼行、曹行、五色行、正冠行、双线行、果行、彩帛行、厨行、饭食行、酒行等二十一种同业行会组织。《大元圣政国朝典章》中说:“诸街市货物,皆令行人每月一平其直,其比前申有甚增减者,各须称说增减缘由,自司县申府州,由本路申户部,并要体度事实,保结申报。”这表明官府仍对各行进行直接控制,甚至每月都要了解市场价格状况。

明清时期,行仍继续存在,行业活动中专业性的牙行已不仅由官府指定,而且也有了私牙经官府注册领取牙帖并缴纳牙税。无论官牙还是私牙,本来都是为了维护商业秩序。《大明律·户律·市廛》规定:“凡城市乡村诸邑牙行及船埠头,并选有抵业人户充应,官给印信文簿,附写客商船户住贯姓名,路引字号、物货数目,每月赴官查照。私充者杖六十,所得牙钱入官。官牙埠头容隐

① 《宋史》卷一八六《食货志下八·市易》:(元丰)二年,经制熙河路边防财用李宪言:蕃贾与牙侩私市,其货皆由他路避税入秦州。乃令秦、熙、河、岷州、通远军五市易务,募牙侩引蕃货赴市易务中贾,私市者许纠告,赏倍所告之数。卷一八四《食货志下六·茶下》:元祐元年,侍御史刘挚奏疏曰:“蜀茶之出,不过数十州,人赖以为生,茶司尽榷而市之,园户有茶一本,而官市之,额至数十斤。官所给钱,靡耗于公者,名色不一,给借保任,输入视验,皆牙侩主之,故费于牙侩者又不知几何。”

② 《宋史》卷一八六《食货志下八·市易》。

者，杖五十，革去。”[①]

《大清律例·户律·市廛》也照录该文。乾隆八年六月“上谕”说：

> 民间贸易，官为设立牙行，以评市价，所以通商便民，彼此均有利益也。是以定例，投认牙行，必系殷实良民，取有结状，始准给帖充应。盖殷实则有产业可抵，良民则无护符可恃，庶几顾惜身家，凛遵法纪，不敢任意侵吞，为商人之害。[②]

雍正十一年十月“上谕”说：“各省商牙杂税，额设牙帖，俱由藩司衙门颁发，不许州县滥给，所以防增添之弊，不使贻累于商民也。”[③]

官府设立牙行是想达到规范市场、形成良好贸易环境的目的。实际运行中，有些地方执行得较好。如湖南衡阳人黄代宾在广西全州为牙户，当他误得估客三千金而估客并不知情的情况下，并没有贪为己有，而是全还给估客。江西东乡人陈登瀛在湖北汉口为牙户，亦以笃实的态度为商客服务。他们以信誉取信于各地商人，既推动了商品交易，自己也都发了财。

官府设置牙行，是力图发挥下列作用：

1. 校勘度量衡器。明初兵马司负责该业务，牙行成立后，接任此事。乾隆五十六年，山西巡抚熊光祖等鉴于当地盐市戥秤混乱，“仍立官秤牙行”，以行划一。[④]

2. 平准物价。《清史稿》说：“乾隆二年，以钱价久不平，饬大

---

① 《大明律》卷第十《户律·市廛·私充牙行埠头》，薛居正《唐明律合编》。

② 《清高宗实录》卷一九五，乾隆八年六月己卯。

③ 《清世宗实录》卷一三六，雍正十一年十月丁亥。

④ 《清史稿》卷一二二《食货志四·盐法》。

兴、宛平置钱行官牙以平钱价。"[1]起先这是税课司的职责，后来也转归牙行。

3. 从事商业中介活动。《清史稿》说："凡漕船载米……到水次，即有牙侩关说，引载客货。"[2]

4. 囤积居奇、包买包卖。

明代中后期及清代，各地市场中牙行的设立已十分普遍。同治《长沙县志》记本县牙行：草潮门外，粮食行一十六户、煤炭行一户；大西门外，粮食行六户，煤炭行一户、白炭行二户、红白京纸行一户、船行一户、缨纬帽行一户；本城外，鱼行二户；下泯市，鱼行一户；乔口市，鱼行一户；东山市，粮食行一户；飞石嘴，粮食行一户。以上城乡市镇，共额设牙行三十五户，每年额征税银一十六两四钱四分四厘三丝二忽八微。[3] 同治《永州府志》载，该府所属宁远县有牙行十户，"原额"牙税为十三两，平均每户一两三钱。

《湖南商事习惯报告书》对湖南牙行有这样的述说："牙行，其性质为商号之特种。凡成市之地，视其货物之集聚及运送之频烦、蔚然称大宗者，商人熙来攘往，或输出，或输入，许牙商设立行户，居间媒介以便之。而牙行为工农业者伙矣。牙行之种类，货物如盐米、粮食、豆麦、土果、水果、南货、广货、红茶、黑茶（临湘为盛）、莲实（湘潭为盛）、冬笋（益阳为盛）、菸叶（郴州为盛）、洋土药、药材、五倍子（常德为盛）……油朱砂（洪江、常德、津市并盛）……桐油、秀油（洪江、常德为盛）、靛（常德为盛）、簟（益阳为盛）……稻草纸、球纸、色纸（以上三色常德特别）、棉花（津市为盛）、麻丝、棉纱、洋纱布、大布、绸布、夏布、梭布、洋线布、皮货（以上八色常德为盛）……但属牙行，必请牙帖，湘省牙帖自咸丰十年东征局议定

---

① 《清史稿》卷一二三《食货志四·钱法》。

② 《清史稿》卷一二二《食货志四·漕运》。

③ 嘉庆《长沙县志》卷八《赋役》。

截数，永不增添。光绪十年，复依部章准：凡新开集场，或某处大宗货色尚有无行可投，暨行户稀少辽远者添补设立。三十四年间，续办牙捐，仍循旧例：凡设立牙行者，准其捐添新帖，或旧帖捐换新帖，而牙行之设立日益加多。其请帖费用，照章缴纳，内城外、省外长沙县属之靖港以及湘潭、益阳、武陵、衡阳、清泉各县并澧州所属之津市、会同所属之洪江均作为繁盛，其余三百串；偏僻上则七百串，中则三百串，下则一百串。惟盐行捐添新帖者按照则次，十成七折上兑。其旧帖转换新帖者，旧帖准抵四成，成数减半，作抵其应缴捐项亦先减半呈缴，其余一半参酌安徽办法，自宣统元年起，改为岁捐，每岁繁盛盐行完银六十四两，偏僻盐行完银四十四两，其余各行每岁繁盛上则完银四十两，中则二十两，下则十二两；偏僻上则二十八两，中则十二两，下则四两。其降则行帖应岁捐，总以帖本一百串缴银四两扣算。其每年应完牙税银两仍照旧章完纳。……其请帖时，须由牙厘总局、布政使司及地方官厅书吏办理案牍，发给印帖，不无需索，辛资多至数十百串，或十数串，少亦三五串不等。又各地方官吏向有查帖验帖之举，视牙商利益之厚薄，为供亿之重轻，名曰查帖费、验帖费。各属以常德、津市、湘潭为最。此其费用，皆陋规也。……常德一带有种行商，不必请领牙帖，只在本府请岁纳昌平税银，由府发给执照，准其开行，代客买卖，额定八十九家，不得多设，亦特别也。”①

从这段记载，可见牙行有下列特征：1. 牙行属于特殊商号，主要起中介作用，帮助官府承担管理商业活动的任务；2. 各行都力求设立牙行，数量多少往往根据行业的繁荣程度；3. 牙行的设立必须得到官府的批准，取得营业执照。申请营业执照的费用与其所管理行业相关，往往利润高的行业牙行费用高。

牙行发展过程中，某种程度上变成了官府财政收入的一个来

---

① 《湖南商事习惯报告书》第一编《通例》第一章《商号》。

源，每当需要开支时，往往会从牙行入手，牙行在承担了官方的沉重任务时，往往又把负担下移，摊到过往的商户头上。于是，在牙行管理中出现的诸多弊端，常常是官府败坏的表现形式。

清末出版的《湖南商事习惯报告书》所汇集的商业条规中，保存了一些牙行行规。如安化《马辔市牙行条规》末款称："设立牙行乃万商安憩之所，今岁煌煌宪谕，验换新帖，煞费堕金，岂容奸商巧骗行用，致干公究？查市上有种逞刁之徒，每烟土客来埠，不投行户，竟至伊家，胆敢千万土药，任意过秤，随去点钱付行。忍心罔利，任意骗用，领帖开行者甘心任尔骗乎？从兹大整行规，严查密访，一经查获，照章议罚，决不姑宽。"株州《粮食杂货行条规》也说："我等请凭宪帖开设牙行，既不屑鄙吝难堪，亦不能过为苛刻。"巴陵《粮食行条规》说："粮食牙行，代客买卖，无论新墙以及外客商，均须买卖到行，公平落价，二比明盘，不得私在河下及米店落价，庶无欺瞒情弊，以广招徕。"长沙《灰行条规》说："我等石灰买卖颁请牙帖，开设灰行，纳税承差，宪章历奉，向定城厢内外，上至南关外南湖港，下至北关外毛家桥，概归行发卖。间有射利之徒，私贩悄卖，一经查获，除公同禀究外，将灰起至各宪辕听差应用，我等不得私吞于咎，以昭公允而杜弊端。"这些规定一方面反映了私牙与官牙的相互配合，另一方面也表明，未经官府发帖的私牙也有出现，并干扰了正常的商业活动。官府通过"行"体现其对商业活动的直接管理。

二、崭露头角

包容了多重身份的会馆作为民间自设组织从明初开始出现，如今又在海外华人社会中继续勃兴，以致现在在国内也有某些会馆再度复兴的趋势。在这七个世纪中，随着社会的发展演变，会馆的发展演进也呈现出明显的阶段性，这是会馆动态性发展的基本表现。从明初开始，到明中叶，可以看作是会馆的形成时期。

会馆的出现，依据目前发掘的史料大体可上溯到明永乐年间。首先是安徽芜湖人在北京设置了芜湖会馆：

> 京师芜湖会馆在前门外长巷上三条胡同。明永乐间邑人俞谟捐资购屋数椽并基地一块创建。①

> 俞谟，字克端，永乐元年选贡，任南京户部主事，转北京工部主事。在京师前门外置旅舍数椽并基地一块，买自路姓者，归里时付同邑京官晋俭等为芜湖会馆。正统间路姓后人构讼争地，谟子日升持契入质，归芜湖会馆。至今公车谒选胥。攸赖焉。②

这里，俞谟作为京官买地建造旅舍，或许是作亲朋寓居之所，或者可看作官吏涉足商业活动的开始。当他辞官归里时把这份产业交给同乡京官晋俭作为芜湖会馆，我们可以把它看作是芜湖乡人聚会的一个场所。这实际上是芜湖京官已形成同乡团体的表现，势必又将有利于芜湖的公车谒选。对于寓居京师的官员来说，能集中于会馆共叙乡情乡谊，这也是人之本能的一种驱动，这时的会馆体现的是最直观的意义，即集会之馆舍。它没有正式的规制，也没有顾及其后的维持办法，因为寓京的芜湖人士尚不太多，因而也毋需作任何限定。应该说，这种状况维持了一个相当长的时期，直到明中叶后社会经济积累到一定程度，商业活动大量增加之后才发生变化。因为这一时期流寓京师者亦多为官绅。他们毕竟是循规蹈矩，颇有积极进取精神和强烈社会责任感的一群儒家知识人。

---

① 《芜湖县志》卷十三《建置》。

② 《芜湖县志》卷四十八《人物志·宦绩》。

支持上述结论的论据还可举出一些。如江西浮梁在京师的会馆位于“北京正阳门外东河沿街，背南面北，其一在右，明永乐间邑人吏员金宗舜鼎建，曰浮梁会馆”。[①] 又如广东会馆由“永乐间王大宗伯忠铭、黎铨部岱与杨版曹胪山所倡建……厥后会馆改建于达摩厂”。[②] 同治《南城县志》卷二之三《馆驿》：“南城会馆在京城正阳门外东，长巷三条胡同。明时为豪猾侵占，参政罗汝芳、侍郎朱大器捐赎修葺。中为正厅，翼以两房，东西二小院，房各六间，门厅一，门房二，正厅和厨房三间。大门上额曰：南城会馆　罗汝芳书。”官僚们的活动场所却被豪猾们蚕食，幸有罗汝芳、朱大器等享有盛名的官僚出面，才得以赎回。其他有些会馆就被别人据有了。如管天申《永丰县会馆记》记载了广信府永丰县（清雍正时改广丰县）会馆创建及产权变化的情况：

> 吾丰会馆在长巷二条胡同，坐东向西，原业楼店一间，万历辛卯（十九年）冬，吾邑朝觐四人宗泰管君、李达詹君、可达程君、子亨韩君，各捐赀五两，管则倍之，共二十五两。又吾邑椽吏二十二人，科资二十五两，总五十两，鸠工将楼店折改一厅，暨大门三间，规模大略可观。甲寅（万历四十二年）秋，将大门内空庭两边各盖小房一间，左过会长居住，右则为吾邑下马驻足之所也。乙卯（四十三年），崇庆刘君率作科资，添置厅之右屋三大间及厨房小室，又买置大门右平屋三大间，渐次恢拓，亦极宽敞，焕焕乎巨观矣。
>
> 国朝壬辰（顺治九年），邑孝廉伯雏纪君、肇华潘君公车往叩其门，则闭而不纳。二君惊讶者久之，细询情由，竟为本省孝廉朱志远占住，辄妄称己业，仍复典与他人包柏庭，得价

① 乾隆《浮梁县志》卷七《建置志》。

② 同治七年邓华熙：《重修广东旧义园记》（藏于中国历史博物馆）。

> 若干;包又转典与袁员甫,得价若干。种种支吾,真赝皆不可知。总缘志远出居扬州,无从对质,会馆凡易三主,可叹也。纪、潘二君念其愈久而愈滋弊,党力与主约八十金,以补要典之数。一时价虽未偿,而会馆根底从此定……厥后冯君(镛)以榷关事竣,复命抵京,捐赀八十两,赎回纪、潘原约,复修理亮葺,共费七百余金。比大台潘君以候选入部,出赀二十四两,时申(莅)江南怀远任,随赍奉二十四两,以助冯君,协襄盛美。自是会馆焕然一新,甲于他邑。是役也,纪、潘二君事之于前,中与冯、潘二君持之于后,冯君慨捐重赀成之于终,而旧馆不致废坠者,皆由吾数人,亦深望后之来者悉吾数人之心力,以绵于无既也。①

会馆的维持其实是一项更困难的事情,往往必须依靠具有一定政治地位的人的倡导和管理。

显然,在永乐帝迁都北京后,南方各省官员对鼎建会馆便投入了极大的热情,在他们的积极倡导下,会馆这种同乡官员聚会之所便以民间自助的形式出现于历史舞台之上。

清初周亮工曾在《闽小纪》中描写了一件福州会馆的轶事,可使我们窥其内貌。

> 武宗时,闽佥宪林文公缵赴京谒补。舟抵潞河,适武宗巡幸至,突入舫。文缵俯伏船头,上鞭指之曰:汝何从之?随入舟。时文缵家咸匿舱下,止一婢抱缵六岁儿立舱中。上问曰:此何人?缵奏曰:臣子。上抱置膝曰:相好,当与朕为子。缵奏曰:恐臣子无福。上又指婢曰:仍命此女抱携之。时护跸人至,踉跄促去。儿入宫,思父母,日夜啼,百计诱之终弗

① 同治《广丰县志》卷九之三《艺文》。

> 止。文缵亦入都，与素识大珰谋，欲出儿，珰乘机奏曰：此儿诚薄福，啼既弗止，不如舍之，且收留寄养，祖宗有禁。上曰：林某浼汝作说客耶？日再啼，当弃之水。珰惧，亟与文缵谋，觅善泅者伏河侧，儿啼不止，上果弃之河中，泅者故拉儿入水。伺上回，急出之，儿僵矣。文缵抱哭不已，久之始苏。文缵补官岭南，亟携儿去，不久，又休致归。杜门课子，二十一岁举于乡，又四年成进士，名璧。世宗出武宗朝官人，前婢亦在列。婢无归，问闽绅姓名，人谓须至福州会馆。询乃得，婢至馆，问有林绅否，时璧适在寓，以为询己也。急出应，及见，婢曰非公，我所询者老年人，问何名，曰林文缵。璧大惊，曰此我父也，汝何从知之。婢语之故。璧又问曰所抱之子何名，婢言乳名并所生时月，璧泣曰我也。遂与婢抱首哭，养之寓中，携归乡，文缵见之，亦泣，从其志，奉佛茹素，终其天年。文缵至九十五岁，无疾而殁。璧性慷直，与时不合，屡言屡蹶，文缵与分宜为同年，璧体父志，终不附分宜，官亦止佥宪，居无一椽，家于祠堂，小童共炊爨，亦世之所仅见者。廉介详于郡志。公曾孙惠州太守崇孚而语予如此。①

李景铭循此考证，不仅证实确有其事，而且证明“此时所谓福州会馆者，非今南下洼之福州老馆，乃郭文安所谓在东城之福州会馆，亦即八旗未没收以前之福州会馆也。可见各省之设会馆，在明武宗世宗时，早已有之，林璧已成进士，仍寓馆中，则会馆非仅为试子暂居之地，且可为官绅侨寓之所。璧闻婢语，遂抱首哭，养之寓中，是同寓福州会馆，则明代旧制，会馆可以住女眷，亦可推知矣。璧父子不附权贵，居京则寓会馆，归乡则家祠堂，此守廉介家风，不唯

① 周亮工：《闽小纪 · 林佥宪》。

一郡之施,抑亦一馆之荣也”。[1] 由此可见自永乐到正德嘉靖时,会馆仍主要是官绅聚会的一种场所,有的官绅甚至长期寓居其中,并允许女眷入居。李景铭说“明代旧制,会馆可以住女眷”,我们认为,还不如说早期会馆本无定制,为乡绅提供力所能及的服务就是它的宗旨和初意。更值得强调的是,这时的会馆不仅仅可以聚乡情,寄乡思,而且也包含了互相劝励、廉洁为公的理想追求,即“唯礼让之相先,唯患难之相恤,唯德业之相劝,唯过失之相规,唯忠君爱国之相砥砺,斯萃而不失其正,旅有即次之安矣”。[2] 实际上在作为留都的南京也有类似的会馆组织,见于文献记载的有福建莆田文献会馆在明朝嘉靖年间建于广艺衡,广东潮州会馆亦于此时创建。[3]

当然,我们也能见到京师以外会馆的特例。在明正德时(1506~1521),“姚江王守仁令……安福邹守益徙游青原山,讲良知之学,其后会讲者吉水罗洪先……皆相继会青原,当道为创潜心堂于僧舍右,又建五贤祠祀王守仁,配以邹、罗、聂[豹]、欧[阳德],万历间吉水邹元标……倡姚江之学……于谷口之旁,建九邑会馆”。[4] 这是当地非经常性讲学聚众的所在,也可称为“会馆”,在王学极盛的16世纪,吉安每个属县都有“会馆”,而且不久都有“公田备饩”,这虽是自16世纪初叶起江西一个区域的现象,却也体现了会馆设计者对理想道德的追求,以及“以道德化俗”的期盼,与京师的会馆有着一致的目标追求。虽然它们都没有严密的规制,但这一时期的会馆已奠定了一个基调,它们都是志同道合的同乡人的聚会之所,后世效仿和景从者不绝若缕。有的同乡官僚在会馆规劝德行不好者改邪归正,如《二十年目睹之怪现状》中,

---

① 李景铭:《闽中会馆志》卷一《福州会馆》。

② 李景铭:《闽中会馆志》卷三《汀州会馆》。

③ 吕作燮:《南京会馆小志》,《南京史志》1984年第5期。

④ 乾隆《青原山志》卷十八。

伯述道:“他是我们历城(山东历城县也)同乡。我本来住在历城会馆,就因为上半年,同乡京官在会馆议他的罪状,起了底稿给他看过,要他当众与祖父叩头伏罪,又当众写下了孝养无亏的具结,说明倘使仍是不孝,同乡官便要告他。当日议事时,我也在会馆里,同乡中因为我从前当过几天京官,便要我也署上一个名。”①当然有时规劝也不一定有效。“他那位令祖,因为他虽然衣锦还乡,却不曾置得丝毫产业,在家乡如何过得活。便凑了盘川,寻到京里来,谁知这位令孙却是拒而不纳。老人家便住到历城会馆里去。那时候恰好我在会馆里,那位老人家差不多顿顿在我那里吃饭,我倒代他养了几个月的祖父。后来同乡官知道这件事,便把弥轩叫到会馆里来,大众责备了他一番,要他对祖父叩头认罪,接回宅子去奉养,以为他总不敢放恣的了,却不料他还是如此。”②有的人为了省钱,也想办法住到会馆去。《二十年目睹之怪现状》中说:“辅成直跳起来道:‘这还了得!我明日便依你的话,搬到会馆去住,乐得省点浇裹。’雪舫道:‘这一着也未尝不是;然而你既赁了宅子,自己又住到会馆里,怎么见得省?’辅成道:‘哪里的话!我既住到会馆,便先打发了老妈子,带着小孩子住进去了。’雪舫道:‘早就该这样办法的了。’”③显然,面对个体的情况,会馆作用的有限性也会表现出来。

另外,明代对福建等东南地区的管理主要是军事性的,渐而由军事性转为行政性,在这种转变过程中,一种叫兵会馆的组织就成为这种取向的一种试验。时人王慎中在《兵会馆记》中说:

---

① 吴趼人:《二十年目睹之怪现状》第七十三回　书院课文不成师弟　家庭变起难为祖孙。

② 吴趼人:《二十年目睹之怪现状》第七十三回　书院课文不成师弟　家庭变起难为祖孙。

③ 吴趼人:《二十年目睹之怪现状》第七十回　惠雪舫游说翰苑　周辅成误娶填房。

泉州之有兵会馆,始于三衢程侯秀民之议,而皖城方侯克之。至首以德教开导其民,使知向方,断狱、理财、治军之政,亦以次举。览程侯之所图,而功绪未竟,檄知事周扬使董其役,而馆成矣。规模条画,具克如议,而修治战舰,募置水卒舆夫,教习训练之法始密,可以待非常之警而垂于无穷。其时郡丞庐陵胡君文宗、通守武进吴君岳节,推山阴罗君椿、晋江尹曹县朱君纲,并以一时之贤为佐属于此。侯尤虚明光大,集众贤之长,不欲独出于己,故能不泥前人之议,以卒其绪功。朱君谓予:“侯于此役,所以保有四境,填卫七邑之民,非独吾邑专享其赐。纲实与效其力,而知其成之不易,其可不有以告来者,使知议之所由始,且诏勿废。”予曰:“可哉!盖孔子不言军旅之事,而恶夫以不教之民战者。”古之所以教民,其具虽详,其要可得而知已。明其礼分,等杀于君臣长幼之间,而厚其恩爱于所以为父子、兄弟、夫妇者是已。其为教如此,岂为欲用之于战,而战有时而不可已。则非素教之民,不可得而用?故以善人为邦,不至于七年犹未可。以其民即戎也,是虽君臣、长幼、父子、夫妇之道得,而五兵之器、六伐七伐之法,不使耳目手足素闲而习操之,而辄用之于战,亦何以异于弃是民哉!先王之治,修其本而不弛其防。享其至安,而常备其有患,以其习操兵器,素闲战针之法,又知其所以为君臣、长幼、父子、兄弟、夫妇之道。居常无事,有勇而不为技,其好义知方,可以待一日之变,而无喜斗乐攻之心,四境之内晏然不戒,而邻敌外侮亦不敢至其境。盖其民虽可以战而不用也。虽其不用,而必使之可以战,此其道所以易行而得。舆民相收,求生存于无弊者以此也。王道缺,教民之本坏,乱而不修,而泽竭政熄,盗贼攘窃之祸滋起。用民之战,亦益多民之死于不教之战,徇习以为固然,而不知为上之弃我也。盖变故兴于仓卒,则瞿顾勃色而思。可用之民,召发训齐之未暇,既已得志而去,常见为后事而不及。至于苟安而暂息,上下相偷,训齐召发,又谓无事而徒劳也。坏乱玩靡,循环于无穷,盗寇攘窃之行,将相悔而起,而无有任其咎者。嗟乎!后世之民之多弃也。程侯既不以后事自轻,议由此作;侯又不以无事自娱,当境土既辑,官府闲暇之时,留意于此,而所为导之以德教者,尤拳拳焉。可以与战而无所用之,将近于王者之民。所谓修于几席尊俎之上,而消弭奸宄于千里之外,其此役也。①

在当时的政治统治相对薄弱地区,在军事性管理向行政性管理转变的过程中,兵会馆实际上是提前开通了以孔孟思想进行教化的渠道,同样包含了以教化服人,造就良民,建立儒家理想社会秩序的追求。接受教化的民众,可以转化为良民,而迟迟不开展教化,民众也容易转化为盗贼,成为敌人,增加海防的负担。由此可见,会馆之陶冶德行的道德教化意义一直贯穿于会馆的发展过程中,成为中国传统优良道德之维持的一个基地。

三、群星璀璨

我们把明中叶到清代咸同时期称作"群星璀璨",是因为在此期间,各类会馆纷起频出、竞相争胜,呈现出会馆繁荣兴盛的景象。

正像安徽芜湖会馆在创建后很自然地转向服务于"公车谒选"一样,明中叶以后,会馆服务于科举一时蔚成风气。来自不同地域的官吏非常渴望自己乡井的子弟科举及第以便入朝为官,他们开始把会馆逐渐转而作为安顿来京应试之子弟的理想场所。他们每逢春闱秋闱时便搬出会馆,为应试士子提供住所、饮食之便利,也有的在原会馆之外再添设新的会馆作为接待应试子弟的场所。如《高安县会馆记》说:"前朝惟吾乡会馆最多,而高安之馆有

① 王慎中:《遵岩集》卷八《兵会馆记》,《四库全书·集部》。

二:一在内城,毁于明季;一在外城,为匪人所鬻。”①

清道光《山阴会稽两邑会馆记》②勾画了会馆之服务于科举的大体演变过程:“古者征举至都,国中有馆舍以处之,厥后名存实亡,诸馆皆系于学,其入馆也有常数。明时,乡贡士及庠生之优者,皆令居太学,学舍不能尽容,多馆于其乡在朝者之邸第,未闻立馆以萃试子者。自举人不隶太学,而乡贡额加宏,于是朝官各辟一馆,以止居其乡人,始有省馆,既而扩以郡,分以邑,筑室几遍都市,是不徒夸科目之盛,竞闾里之荣,特虑就试之士离群废学,有以聚而振之也。”史料记载,为了满足进京应科举的试子的食宿需要,早在南宋时,都城临安每于“八月十五日放贡举应试……其诸处贡院前赁待试房舍,虽一榻之屋,赁金不下数十楮。”③这表明出赁房舍供赴试举子食宿的事情在宋代已普遍。词人辛弃疾早年赴金中都燕京(今北京)应试时,住在城西南的悯忠寺里,说明寺院亦可成为赴试举子的食宿之处。元杂剧《金凤钗》中有“闭了选场,在状元店中修习一年”的情节,又说明了宋元时民间已有挂“状元店”招牌专门接待举子的客店。明清时,京城的一些民户在临近考期的时候,便出赁单间客房以供赴试举子食宿。清《天咫偶闻》中记载:“每春秋二试之年,去棘闱最近诸巷,西则观音寺、水磨胡同、福建寺营、顶银胡同,南则裱褙胡同,东则牌坊胡同,北则总捕胡同,家家出赁考寓,谓之‘状元吉寓’。”不过这种“状元吉寓”房租昂贵,一般举子负担不起。正因为如此,举子们有的只好依傍同乡的京官,京官或辟出一室以寓乡人,或干脆捐出作为公产。由此,专门服务于科举的会馆便应运而生。

为了维护会馆的固有精神风貌,有些会馆一改过去兼容并包

① 朱轼:《朱文端公集》卷一。
② 仁井田陞:《北京工商ギルド资料集》第1册,第101页。
③ 吴自牧:《梦粱录》。

的习惯,对住馆人员作了一定的限制,因为寓京人员有日渐增多的趋势,成分上也日渐复杂。万历时人沈德符也敏锐地发现了这一变化。他说:

> 京师五方所聚,其乡各有会馆,为初至居停,相沿甚便。惟吾乡无之,先人在史局时首议兴创,会假归未成。予再入都,则巍然华构矣,然往往为同乡贵游所据,薄宦及士人辈不得一庇宇下,大失初意。①

这里,"其乡各有会馆"是说有余资的在京官吏一般都会竭力设置代表故乡利益和实力的会馆,沈德符先人也曾倡议设置,并马上得到同乡官员的响应,遂兴建会馆,并成为"巍然华构"。既然是同乡贵游创设,当然首先为同乡贵游所据。朱国桢也说当时的部分会馆"止供乡绅之用,其迁除应朝者皆不堪居也"。② 应该说这表明作为专供官绅聚会的会馆继续存在。

从会馆的区位看,崇祯年间(1628~1644)刘侗、于奕正说:"内城馆者,绅是主;外城馆者,公车岁贡是寓。"③这正好反映了两类会馆的分野。我们可以更恰切地说,这时会馆依服务对象已可分为三种:由官绅设于内城并为官绅服务的会馆,设在内城兼顾官绅与科举的会馆,设在外城专服务于士子的会馆。其中,第三种会馆呈迅猛发展趋势。据乾隆嘉庆时人汪启淑《水曹清暇录》记载:"数十年来,各省争建会馆,甚至大县亦建一馆,以至外城房屋基地价值昂贵。"当时人还总结说:"盖士之至京师者多,则设会馆不能俭。"④

---

① 沈德符:《万历野获编·正篇原序》卷二十四。

② 朱国桢:《涌幢小品》卷四。

③ 刘侗、于奕正:《帝京景物略》卷四。

④ 转引自李家瑞:《北平风俗类征·市肆·会馆》。

李景铭《闽中会馆志》记载了在北京的10所创建于明代的福建会馆，大体反映了它们之作为服务于官绅又兼顾科举的基本情形。

（一）福州会馆，又称福州老馆，建于万历年间，由叶向高独资购置，馆址在东城某巷。

（二）漳州东馆，创建于明末，由旅京漳州官僚集资购置，馆址在冰窖胡同。

（三）建宁会馆，创建于明末，由旅京建宁官僚集资购置，馆址在粉房琉璃街下洼南首。

（四）邵武会馆，创建于万历三十四年（1606），由黄克谦等捐资购置，馆址在正阳门外东草厂二条。

（五）汀州北馆，创建于万历十五年（1587），由裴应章等捐资购置，馆址在前门长巷下二条。

（六）延平会馆，创建于万历年间（1573～1620），由旅京延平官僚集资购置，馆址在粉房琉璃街。

（七）同安会馆，创建于明末，由旅京同安官僚集资购置，馆址在内城。

（八）福清会馆，创建于万历年间（1573～1620）由叶向高独资购置，馆址在内城。

（九）莆阳会馆，创建于明末，由旅京莆田官僚集资购置，馆址在高家寨。

（十）漳浦会馆，创建于明末，由旅京漳浦官僚集资购置，馆址在小椿树胡同。

闽县程树德说：“京师之有会馆，肇自有明，其始专为便于公车而设，为士子会试之用，故称会馆。自清季科举停罢，遂专为乡人旅京者杂居之地，其制已稍异于前矣。”①这里明确表明了会馆

① 李景铭：《闽中会馆志》卷首《程树德序》。

的阶段性。会馆首先是公车聚停之所,后加入服务科举的功能。清代闽县陈宗蕃也说:“会馆之设,始自明代,或曰试馆。盖平时则以聚乡谊,大比之岁,则为乡中试子来京假馆之所,恤寒畯而启后进也。”[①]两者兼顾,既显得经济,又相得益彰。像漳郡会馆,“凡缙绅先生与夫孝廉明经上舍游宦之往来,莫不送迎有礼,至有依而去,有思春秋享祀,岁时伏腊而聚膝欢呼,以故宾至如归,万里天涯犹然戚里过从也。由是百余年间,科名与宦绩并盛,冠盖绎络如织,吾郡一隅,遂甲七闽,而与天下名郡邑相雄长”。[②] 这里表明会馆有两方面的基本功能:一是会馆作为同乡送往迎来的基本场所;二是会馆成为寓外人士节日聚欢的所在,它建立起的乡井氛围使人们解除了旅外客居之愁思,产生了全然回到故乡的感觉。

从明代福建各会馆的设置看,既有府、州一级的会馆,又有县一级的会馆,创建形式有独资和集资购置两种。从会馆的规模看,“大都视各地京官之多寡贫富而建设之”。[③] 如省府福州老馆有“中东西三院,大房四十五间,小房四间”及馆后义冢一座。延平会馆有“房屋数十间”,福清会馆“馆舍较狭于福州会馆,不过居十分之一而已”。[④] 由于这些会馆依然是官僚出资创置,故他们多把握着会馆的管理大权。

封建官僚倡导和资助会馆的创设使会馆成为地方经济文化实力的象征。各地会馆纷纷建成,官僚独资和合资创建会馆几乎衍成时尚。除了《闽中会馆志》中提到的“叶文忠向高、李文贞光地、蔡文恭新三相国、陈望坡尚书……皆舍宅为馆”[⑤]外,其他地方的官员也竞相致力于此,如戴璐引陈泽州《三晋会馆记》云:“尚书贾

① 李景铭:《闽中会馆志》卷首《陈宗蕃序》。
② 光绪《漳郡会馆录·原序》。
③ 徐珂:《清稗类钞》第1册,中华书局版,第85页。
④ 李景铭:《闽中会馆志》卷一、卷二。
⑤ 李景铭:《闽中会馆记》卷首《陈登懈序》。

公，治第崇文门外东偏，作客舍以馆曲沃之人，曰乔山书院；又割宅南为三晋会馆，且先于都第有燕劳之馆，慈仁寺有饯别之亭。”还有“寄园为高阳李文勤公别墅，其西墅又名李园，狄主人亿于此设宴，见姜西溟诗，其后归赵恒夫给谏吉士，改名寄园……给谏，休宁人，子占浙籍中式，被某劾之，谪官助教，久住京师，以寄园捐作全浙会馆”。[1] 再有京师全楚会馆为故相张江陵之故宅。[2] 四川会馆相传为秦良玉至京驻师之地，后改石芝庵，旋作会馆。[3] 又如清代绳匠胡同内的休宁会馆为明清时代京师的“会馆之最”，原是明代相国许维桢的宅第。坐落在后孙公园的安徽会馆为同治年间(1862～1874)李鸿章、瀚章兄弟倡导，淮军诸将响应，共同购置孙承泽的别墅故地兴修而成。[4] 显然这些会馆的兴建主要靠官僚捐资。李鸿章撰《新建安徽会馆记》说：“京邑四方之极，英俊鳞萃，绂冕所舆。士之试京兆礼部者，各郡县类有行馆为之栖止，而中朝士大夫休沐盘簪，又必择爽垲建馆宇，相与燕饮为乐，若直隶、关中、湖广、江右、全浙之属，难以缕数。而吾皖顾阙然，未有兴作。鸿章少侍京邸，侧闻长老绪论谋成之而未果。今上御极之七年，西捻荡平，畿甸无事，鸿章述职入觐，暇与乡人士吏部侍郎胡公、工部侍郎鲍公等咨诹及之，佥谓兹举不可久阙。会淮军凯撤，其将领大半皖产，愿醵万金为倡，不足，四川总督吴公泊、鸿章兄弟各解赀相助；又邮书告皖人之宦于四方者，咸踊跃趋事。乃属内阁侍读江君等董其成。于是度地正阳、宣武之间，地名后孙公园，退谷别业旧址在焉。地势衍旷，水木明瑟，池馆为宜。以价得李氏故宅，廓而新之……中正室奉祠闵、朱二子，岁时展祀。前则杰阁飞甍，嶕峣耸擢，为征歌张宴之所。又前曰文聚堂，宏伟壮丽，东偏若思敬堂、藤

---

① 戴璐：《藤荫杂记》卷六《东城》。
② 《万历野获编》卷一。
③ 戴璐：《藤荫杂记》卷六《东城》。
④ 参见王仁兴：《中国旅馆史话》，中国旅游出版社1984年版，第45页。

间吟屋，宽闲深靓，可以觞宾。其后曰龙光燕誉者，则以侍外吏之朝觐税驾者也。迤北有园广数亩，叠石为山，捎沟为池，花竹扶疏，嘉树延荫，亭馆廊榭，位置妥帖。凡馆之中，屋数百楹，庖湢悉备。经始于八年二月，落成于十年八月，共糜白金二万八千有奇。”①

北京的湖广会馆是湖南、湖北两省旅京人士建立的，自嘉庆十二年（1807）集资兴建，位于虎坊桥西南隅，较早为乾隆元年（1736）进士、浙江盐运使张惟寅所居，后易手给乾隆二十五年（1760）进士、历任左都御史、吏部尚书、协办大学士、兵部尚书、体仁阁大学士、太子少保的刘权之，再易手给乾隆二十六年（1761）状元，官至东阁大学士，兼管礼部事务，加太子太傅的王杰，乾隆五十五年（1790）进士，官至刑科给事中的叶继雯亦曾入居。嘉庆十二年（1807），刘权之等联络两湖人士，修建了湖广会馆。道光十年（1830）正月，湖北天门人、左副都御史蒋祥墀与湖南道州人、顺天府尹、工部尚书何凌汉倡议集资重修，用银五千余两，主要修缮了殿宇和戏台。道光二十九年（1849），湖南湘乡人、礼部侍郎曾国藩等倡议重修，八月兴工，十月完工。光绪十八年（1892），湖南茶陵人谭锺麟制军与湖北江夏人张仲炘再主持重修，用银18 994两余，使湖广会馆达到了较宏大的规模。

《闽中会馆志》记载了清前期京师福建会馆的建设情况：康熙年间由旅京晋江官僚万中庵独资购置的晋江邑馆，康熙五十四年（1715）由旅京安溪官僚李光地舍宅而建的安溪会馆，乾隆九年（1744）由旅京官僚陈耻园等集资购置的泉郡会馆，乾隆初年由旅京官僚集资购置的永春会馆，乾隆二十六年（1761）由旅京龙溪官僚黄叶庵舍宅而建的龙溪会馆，乾隆三十七年（1772）由旅京烟商段云龙舍宅而建的龙岩会馆，乾隆年间由旅京汀州官僚集资购置的汀州南馆，雍正初年由邑人徐万安独资购置的仙溪邑馆，雍正四

① 杜春和：《李鸿章与安徽会馆》，《安徽史学》1995年第1期。

年(1726)年由旅京漳州官僚集资购置的漳州西馆以及道光十二年(1832)由旅京官僚陈若霖舍宅而建的福州新馆。①

据清人吴长元所辑《宸垣识略》可知,从清入关至乾隆年间,京师的会馆共计182处。其中:

> 东城会馆之著者,东河沿曰奉新、浮梁、句容,打磨厂曰粤东、临汾、宁浦,鲜鱼口曰南康,孝顺胡同曰长沙,长巷头条胡同曰武林、南昌、汀州、江右,长巷二条胡同曰广丰、浦城、泾县,长巷三条胡同曰金溪、元宁、临江、南城,长巷四条胡同曰岳阳、贵池、上新、德兴、新城、南雄、乐平、休宁,高庙胡同曰芜湖,深沟口曰江山,高井胡同曰宁州、进贤、五河,鸾庆胡同曰襄阳、粤西,墙缝胡同曰泸溪,草厂头条胡同曰广州、麻城、金箔,二条胡同曰邵武、黄冈、应城,三条胡同曰南陵、太平,五条胡同曰宝庆、仙溪、黄梅,六条胡同曰孝感,七条胡同曰南安、袁州、惠州,八条胡同曰辰沅、汉阳,九条胡同曰蕲州,十条胡同曰上湖南、湘潭、长郡,新开路曰常山、曲沃、安陆,南芦草园曰京江,席儿胡同曰石埭、德化、庐陵,大蒋家胡同曰贵州、旌德、云间、吉安,小蒋家胡同曰阳平、晋翼、旌德,冰窖胡同曰漳州,东猪市大街曰南康,三里河大街曰淮安,薛家湾曰鄞县,阎王庙前街曰宜黄、云梦,石虎胡同曰严陵,半壁街曰金华,东小市曰慈溪,崇文大街曰山东,广渠门内炉圣庵曰潞安。(补)冰窖胡同曰平镇。

> 西城会馆之著者,西河沿排子胡同曰江夏,三眼井曰婺源,延寿寺街曰潮州、长元,吴柴儿胡同曰邵阳,杨梅竹斜街曰含和,廊房三条胡同曰浮梁,施家胡同曰青阳,煤市街曰漳郡,

① 李景铭:《闽中会馆志》各卷。

> 于井胡同曰赣宁，百顺胡同曰晋太平，王广福街曰汾阳、新建，留守卫曰高安，石头胡同曰黄岩，西猪市口曰潞安、赣宁、奉天、九江、平定、仁钱、翼城、浙绍，李铁锅斜街曰襄陵、三原、延定、肇庆，外郎营曰琼州，韩家潭曰广东，樱桃斜街曰贵州，章家桥曰渭南、朝邑，玉皇庙曰富平，梁家园曰惜字，孙公园曰泉郡，铁老鹳庙曰大荔、浦城，麻线胡同曰郢中，南柳巷曰建宁、华州，北柳巷曰南丰，青厂曰广西、凤翔、汉中，四川营曰延安、四川、海宁，椿树头条胡同曰绩溪、龙溪，二条胡同曰永春、郃阳，仇家街曰雷阳，骡马市曰中州、三晋、直隶，铁门内曰宣城，顺城门大街曰关中、才盛、翼城、韩城、歙县、直隶、建昌、咸长、抚临、永济，香炉营头条曰江山，上斜街曰山右，将军教场头条曰云南、山左，土地庙斜街曰全浙，彰义门大街曰洪洞、河东、贵州、江甘仪，烂面胡同曰常昭，南半截胡同曰元宁，北半截胡同曰吴兴，绳匠胡同曰中州、休宁，延旺庙街曰云南，保安寺街曰丰城、河间、奉新，羊肉胡同曰奉新，贾家胡同曰江震，潘家河沿曰齐鲁，横街曰全浙、淮安，南下洼子曰鄞县，粉坊街曰延平、廉州、天津，下洼子曰福州、福清，东砖儿胡同曰浦城，牛血胡同曰巴陵，鹞儿胡同曰平介。(补)外郎营曰潮州、泾阳。[①]

从以上所引可以看出，明清时代各地在京的会馆，有的两省仅有一所会馆，有的一县竟有数所会馆。这种情况，一是由“各地京官之多寡贫富”的原因所造成。譬如江西籍官员较多，故京师江西会馆独占鳌头。新城会馆创于嘉靖后期，南昌会馆创建于隆庆、万历之间。[②] 新建会馆和吉安府因奉祀文天祥而得名的怀忠会馆，创

① 吴长元辑：《宸垣识略》卷九、卷十。

② 同治《南昌县志》卷二《建置》。

建于万历前期。[①] 上高和新昌两县在万历三十五年(1607)已因“旧馆湫陷”而重建新址另建扩充。[②] 乐平县会馆为“买余干(会馆)旧址”创建。[③] 像袁州府属萍乡等四邑合建之府馆,鄱阳、德化、高安等县的会馆也都创建于明季。[④] 清人统计江西在京会馆达66所。[⑤] 二是由明清时代各地文化发达程度的不同所致。江南与东南沿海各省文化比较发达,应试者众,会馆就较多。福建素有“海滨邹鲁”之称,明清福建在京会馆亦达27所,以致形成了“顶子多”的盛况。三是由这一时期商业发展所促成。且看创自明代嘉靖年间甚至更早时期的歙县会馆:

> 万历十四年武英殿大学士礼部尚书许文穆公国碑记云:徽歙会馆者,歙从事诸君所建也。自嘉靖季年,杨[忠]、鲍[思]诸君倡其始,许[标]、刘[嵩]诸君蒇其成,旧在菜市中街,狭隘不称,乃营西城陬,为堂之重室九个,经始于嘉靖四十一年十二月庚辰,落成于四十二年十二月甲子,博士鲍君额其馆曰“崇义”。[⑥]

这表明,在嘉靖时,营造西城会馆,商人在其中有重要作用,杨忠、鲍思、许标、刘嵩都属徽歙大姓。他们以商业资本资助子弟读书为官,资助会馆建设也顺理成章。入清以后,商人捐资数量更增,徽州商人在兴办社会公益事业中起着示范性的作用。乾隆时福建龙

---

① 同治《新建县志》卷十八《祠祀》。又见刘侗、于奕正《帝京景物略》卷一《文丞相祠》。

② 同治《上高县志》卷三《建置》。

③ 同治《乐平县志》卷四《建置》。

④ 同治《萍乡县志》卷二《建置》,同治《鄱阳县志》卷七《祠祀》,同治《德化县志》卷二十二《祭祀》。

⑤ 参阅王仁兴:《中国旅馆史话》,中国旅游出版社1984年版,第95页。

⑥ 《续修会馆录节存原编记序》,见道光《重续歙县会馆录》。

岩旅京烟商段潭波亦愿舍宅为馆,馆址设在石头胡同,主要服务于同乡子弟入京应试,同时京员也可以侨居。其规约规定:"住馆之例,京官让候补候选,候补候选让乡试会试廷试,不得占住,以妨后人,其余杂事人等,不许住宿。"①商人为服务于官绅和服务于科举的会馆捐资出力反映了商人对于封建政治的依附和投靠。这种会馆在各省府城市亦纷纷建成。

不过,这一时期由商人设置专门服务于商业的会馆也不断出现。因此,与其说是商人对官僚设置会馆的一种模仿,不如说是商人们势力强大之后对官僚会馆、试子会馆对商人"不许住宿"禁令的一种示威,一种抗争,同时也在谋求一种承认。如《创建黄皮胡同仙城会馆记》说:

> 称会馆,何为也?为里人贸迁有无,祃祀燕集之所也。其称仙城,何也?昔馆西城,士大夫私焉,系之广州也。今馆中城,商旅私焉,不系之广州,所以别也,而又称仙城,犹广州也。始里之辐辏京师者,则有若挟锦绮者,纨纻者,绢縠哆罗苎葛者,莫不曰:吾侪乃寄动息于牙行,今安得萃处如姑苏也?既而裹珠贝者,玻璃翡翠珊瑚诸珍错者,莫不曰:吾侪久寄动息于牙行,今安得萃处如湘潭也?既而辇药之若桂若椒者,果核之若槟若荔者,香之若沈若速若檀若美人选若鹧鸪斑者,莫不曰:吾侪终寄动息于牙行,今安得萃处如吴城也?凡数十年,是图会馆也。康熙五十一年,冯卓吾者,以其所住中城中西坊二铺之居,求售二千金,屋虽不雄丽,而坚致过焉。且以近正阳门,而密迩诸广行也。里人亟谋敛货头,不及,即相率以义借凑焉,如其值购得之,遂为馆……中设关帝祀焉……里人升

① 李景铭:《闽中会馆志》卷四《龙岩会馆》。

堂，奠位凝肃，瞻仰神明，若见若语。桑梓之谊，群聚而笃。[①]

依据这块碑记，我们可以形成这样的认识：京师会馆过去多鄙视商人，哪怕是商人出资兴建的会馆一般也不让商人使用。而商人作为流寓之人，他们也需要同乡人之间的交往，他们设置会馆，还可以共同对付牙行，实施自我管理和自我约束。金华商人于乾隆九年(1744)“金、兰、东、义、永五邑同乡，佥命建馆……不独逆旅之况赖以消释，抑且相任相恤，脱近市之习，敦本里之厚，本来面目，他乡无间，何乐如之”。[②] 同样表达了商人自觉实行管理的心理要求。北京临襄会馆碑记言：“油市之设，创自前明，后于清康熙年间移至临襄会馆，迄今已数百年……履信蹈义，弊端毫无，足征当初定法良善。”[③]这里说明油市亦归于会馆的管理之下，实在是社会管理完备化的标志。还有如雍正十三年(1735)《创建晋翼会馆碑记》中也说：“岁壬子冬，布行诸君子，以乡人之萃止于兹者，实繁有徒。虽向来积有公会，而祀神究无专祀，且朔望吉旦群聚类处，不可无以联其情而洽其意也。议于布巷之东蒋家胡同，购买房院一所，悉毁而更新之，以为邑人会馆。”联络乡情，寄托乡思，同时也为了沟通商情，使商人更明确了建立为商人服务的会馆的意义。山西众商在商业会馆的建设上就颇为致力。如颜料会馆、临襄会馆、晋翼会馆、潞安会馆、河东会馆等是纯粹的商业会馆，也有的是士商合建的会馆，如太平会馆，“太平固夙推大邑，不惟赴试闱应铨选者踵趾相错，即挟赀财通贸易逐什一之利者更猬集纷纭”。[④] 其他如临汾会馆(东馆、西馆)、盂县会馆、襄陵会馆

---

① 李华：《明清以来北京工商会馆碑刻选编》，文物出版社1980年版，第15页。

② 《金华会馆碑记》，《明清苏州工商业碑刻集》。

③ 《明清以来北京工商会馆碑刻选编》，第26页，《山右临襄会馆为油市成立始末缘由专事记载碑记》。

④ 仁井田陞：《北京工商ギルド资料集》第2册，第887页。

（南馆、北馆）、浮山会馆亦为商人会馆，会馆成为商业发展的重要表征，同时又推进了山西商人在北京的势力的发展。

一般认为，商人会馆初见于万历时期的苏州。清人顾禄《桐桥倚棹录》卷六记录下了六所会馆的简况：

> 岭南会馆，在（苏州虎丘）山塘桥西，明万历间广州商建，清康熙五年（1666）重修。
>
> 冈州会馆在宝安馆东，清康熙十七年（1678）义宁商建，俗称扇子会馆。
>
> 雍凉公墅即全秦会馆，在毛家桥西，俗呼陕西会馆。
>
> 东齐会馆在全秦会馆西，清顺治间胶、青、登商建。
>
> 东官会馆在半塘西，天启乙丑（1625）建，康熙十六年（1677）移建宝安会馆于岭南会馆东，俗称老会馆。
>
> 全晋会馆在半塘桥，清乾隆三十年（1765）山西商建。前有白石牌坊，俗呼白石会馆。

其实，这一时期出现于苏州的商人会馆还远不止这些，但是，来自京师的清初官宦纳兰常安却大为惊叹：

> 南廒在苏州阊门外，为水陆冲要之区，凡南北舟车，外洋商贩，莫不毕集于此。居民稠密，街弄逼隘，客货一到，行人几不能掉臂，其各省大贾，自为居停，亦曰会馆，极壮丽之观。[①]

人们称苏州“为东南一大都会，五方商贾，辐辏云集，百货充盈，交易得所，故各省郡邑贸易于斯者，莫不建立会馆”[②]。会馆数量的

① 纳兰常安：《宦游笔记》卷十八。

② 《姑苏鼎建嘉应会馆引》，《明清以来江苏省碑刻资料选集》，第351页。

多少甚至可以作为衡量商业繁荣的一个标志。如果说官绅会馆、试子会馆呈现出由京师向各省城市扩展的话,那么商业会馆则首先在京师以外的商业重镇崭露头角,进而进军京师,又向全国各地扩散。因此,在北京、上海、天津、汉口、广州、福州等地,商业性会馆也随着商业的繁荣而不断涌现。商业性会馆成为明清会馆中数量最多的一部分,散布于全国各大都市和工商城镇。不过,值得一提的是,即使是工商业都市,士商合建的会馆也屡有出现,这可视为商人与士子的相互妥协,亦可看作是士子社会责任感之驱使。因为商人主观上的自卑与商人地位客观上的卑微总使他们无法摆脱对官府的依附,而士子则多抱有整治好社会的使命意识。苏州的兴安会馆建于康熙年间(1662～1722),为福建莆田、仙游士商共建。[①] 宛陵会馆建于康熙二十六年(1687),为江西宁国士商共建。[②] 在福州、广州、汉口等地类似的例子亦所在多有,只是因各地与政治中心距离远近不等,官与商的所占比例亦各有差别。

何炳棣先生曾把会馆的研究作为他研究移民史的一个索引,并收集了地处长江沿线的江西、湖广、四川等地的有关移民设置的同乡会馆的资料。[③] 循此而往,我们得知在东北、在台湾这种移民会馆亦同样存在。这种会馆大多以庙、寺、宫、观标明自己的存在,因为移民本身带有商业性,实质上与大都市和工商市镇的工商会馆有着同样的目标追求,但由于移民们所从事的多为开发性的农业、手工业或商业活动,所处环境亦与都市和市镇有异,故亦颇具自己的特色。这类会馆的大量存在也成为明清会馆取得巨大发展的重要标志。如果说商人会馆还较多地受到政治因素的影响的话,那么移民会馆则较多地把经济因素放在首位了。

---

① 乾隆《吴县志》卷十八《艺文》。

② 乾隆《吴县志》卷十八《艺文》。

③ 何炳棣:《中国会馆史论》第五章《会馆的地域分布(下)》。

应该说,会馆的兴盛不仅仅体现在新会馆的创建上,而且也表现在建立后的会馆的严格管理上,各类会馆的新旧规约集中反映了会馆管理的加强及其对社会变迁的新适应。会馆的严格管理与稳定维持成为明清会馆兴盛的又一表征。以福建漳州会馆为例,其规制就经历过几次更易而渐趋完备。

(一) 顺治十八年(1661)规约:

——本馆轮流京官一位收掌簿籍,主持宾祭,为馆长,正三考官,一位为馆副,锁钥、料理会馆中一应事务,务各一年交代。

——馆中每半年清算,交代下手另置簿一本,将该充馆银定数备载簿内,每遇该充者,写公帖连簿送与新誊,随后敛收,倘有未交馆长,移公书,督趣之。

——会馆为下马暂住之所,久住毋得过十日,毋得寄私物填塞公所,如非乡会之期,有闲房许照规税住,如携眷亦不许税住,以妨后至。

——题喜金,初到则国学壹两,明经壹两,新乡榜贰两,新会榜肆两,会元及第倍之,文武一体特用及世爵恩荫荐辟三考等则八九品者壹两,七品三两,六品肆两,五品以上捌两,三品以上拾陆两,铨官则外郎壹两,明经贰两,乡榜叁两,会榜伍两,册封恤科差回伍两,典试关仓等差陆两,太守陆两,各司道捌两。大参按察拾两,方伯拾伍两。巡抚京堂贰拾两,尚书侍郎贰拾肆两,相公叁拾两。起复补官则照各衔充半,京官则每年贰两。入觐进表则两司拾两,太守捌两,府佐州县各陆两,首领佐贰各贰两,武衔则照文官品秩充银如其数。

——房租每月大房定伍钱,小房定叁钱,所以充公费、备修理。凡欲住房者各于初住日先交一月租银,方许久居,毋得任意拖欠,致坏公事,馆副亦不得徇情。其椅桌器具俱照房内安顿,如有损坏,赔补原物,以供后人,亦不许擅移厅堂公物入私房享用。

——乡会中式,馆长副请在京士大夫设音觞燕会,登匾题名。

——乡官丁忧,会长副备香烛祭仪壹两,相率一吊,同乡诸友丁忧者,吊仪叁钱,或遭不测,盘费无资者支公银伍两为葬义冢。

——馆中旧例:有待客茶果银,每月肆钱伍分,会副支销,每日客至待茶,岁首诸同郡绅士到馆相待茶果,则照壹两销算。

——新客到馆受茶饭之礼,例应答礼,至期馆副将所办酒席开单送阅,客倍数答礼如例。虽家眷僮仆多寡不等,亦只办正副席各壹张,使会副不得冒滥,其答礼银两或有假低短小,必系班从作弊,会副当日送还换补,如有徇情滥收,以致存留低银亏少数目俱会副代赔,若下手接受,即不干上手之事。

——馆中公会并应序齿,以洽乡谊,若名分相碍,坐于应让者肩下。至陪宴,上官便当序爵,不必以年齿固逊。

——房屋家伙俱着看守长班照管,及禀报传送应行事宜,馆长给禁示一张,取馆役甘结一张,馆役每年工食银陆两。候积贮有余日,会长酌给,仍不许长班指称系伊亲戚人等借宿。

——各上台及同乡出京入京馆役打探某日由某门进预报,如有迟误,每一事迟误罚银贰钱,其各上台及同乡升补命下并吉凶诸事,禀报亦如之。

——本府公祖父母或荣选命下出京,或朝见进表入京,俱设公宴一筵,丰俭随时斟酌,主席照公宴品位,临行郊饯一筵,杀于公席,主席只用手盒,例有答礼,即登簿公用。

——馆长收银不用银,馆副用银不收银,其有积余交馆长收贮,不得徇情那借分厘,只可置房。士夫不堪居处者,庶几有赁值之例,无占住之虞。

——会馆设收支二簿,会副司之。遇有出纳,白馆长开支登记数目,或置器物等项,皆细记之,仍于左壁编出纳数目以明会长副心迹,右壁编约束条款以一会长副事权。新入京者送录一本,使共知之。

——会副须亲督住馆长班焚香点灯洒扫庭堂照管诸事,遇客至馆,请支公银待饭一顿,丰俭随宜,仍开明总单交馆长登记上簿。其新旧交代,新者必查馆内原物门窗椅桌,一切受授明白,如有失落,旧者赔补,责有攸归。

——春秋祭本郡城隍之神,春以上元,秋以中秋,馆长副公办香烛牲醴,先期请知馆友,如期行礼。馆长主献,祭毕会饮,以齿为序,食取胙余,不至丰饮,取献酢不及乱,其五月十一日祝神诞,系今新增礼亦如之。

——义冢,岁清明中元日馆长副公办香烛牲醴,率馆友到行祭扫礼。如周围垣墙遇有崩颓,即会估修整,不可任其倒坏,致成荒冢。

——癸未蔡会魁润生原借旧馆公银壹百两,系旧馆长卢户部念杞出银,旧馆副朱云泽收约,又行家陈士械原收叶戴二先生所捐银尚欠伍拾两,文约俱存,虽身故,各宜清出以充公费,如以久远故延,公举告追。①

这份规约对会馆的经费来源(包括喜金、房租等)、会馆支出(包括香烛祭仪、待客茶果、饮宴等)、会馆内部运行(包括执掌、簿籍、修缮、保管、移交等)都作了明确具体的规定,这就在很大程度上克服了过去仅靠官吏临时的、偶发的自愿捐助的不稳定性,使会馆能够大体保有经常性的运作经费,使会馆的各项功能得以正常发挥。

---

① 光绪《漳郡会馆录》卷一《漳州会馆规约》。

笔者翻阅这一时期的其他规约，内容也基本相同。只是房租喜金收入及宴祭开支的具体数目因各馆实际情况不同而存在差异。[①]住馆者必须交纳房租，这可以纠正过去“免费住用”的误解。在朱克敬的《雨窗消意录》中记载的京绅董邦达的一则轶事从反面印证了这种规定的普遍性：“富阳董邦达，少年以优贡生留滞京师，寓武林会馆，资尽，馆人迫之，徙于逆旅，质衣装以给。”[②]

（二）康熙二年（1663）新增规约：

> ——候选官员住馆，原系权宜，至掣签后班役车马纷杂，恐致损伤房屋，且妨碍后来之人，当即日别赁移居。如遇入都人众，无处安顿，不论已选未选，俱当迁出，以让后至，其僮仆安歇之处，尤当速行搬出，以明尊卑之分，至前厅东西间止许下马，不宜久住。

---

① 寺田隆信：《关于北京歙县会馆》，《中国社会经济史研究》1991 年第 2 期（傅衣凌学术纪念专号）。

② 朱克敬：《雨窗消意录》甲部卷三。葛虚存：《清代名人轶事·境遇类》记述：富阳董邦达少时，以优贡生留滞京师，寓武林会馆。资尽，馆人迫之，徙于逆旅，质衣装以给。无何装尽，逆旅主人又逐之。窘无所之，有刘媪者，奇其貌，谓必不长贫贱，馆之家，属勤业以待再试。董日夜淬厉，期得第自振，且酬媪德。榜发，仍落第，恚甚，谋自尽，踯躅街市，未有所也。倚一高门痴立，俄有人启门，呵问谁某，董告以下第生，其人大喜，邀入款语，出红笺倩书谢柬，署名则侍郎某也。既而留食，互述生平，知为侍郎司阍仆，以荐初至，适书谢柬，大为主人称赏，因请留董代笔，薄奉旅资。董方失路，欣然诺之。自是一切书牍，皆董拟草，往往当意，侍郎益信任仆。居顷之，侍郎有密事，召仆至内室拟稿，仆惶窘良久，不能成一字，侍郎穷诘，乃以实告。侍郎大骇，急延董至厅，具衣冠见之，且谢曰：“使高才久辱奴辈，某之罪也。”因请为记室，相得甚欢。侍郎家有婢，敏慧得夫人意，夫人欲嫁之，婢不可，强之，则曰：“身贱终随舆隶，必欲如董先生者乃事之。又安可得，故宁不嫁耳。”夫人以告侍郎，侍郎哂曰：“痴婢，董先生神志不凡，行且腾上，肯妻婢耶？”会中秋，侍郎与董饮月下，酒酣，从容述婢言，且愿纳为妾，董慨然曰：“某落魄京师，尽京师不加一睐，公独厚爱之，彼女子亦有心，何敢言妾？正位可也。”侍郎终以为疑，谋诸夫人，女婢而婿董焉。逾年，董举乡试，成进士，后官吏部侍郎，生子为富川相国。相国登庸时，太夫人犹在。

——会馆原为候选候补入觐进表乡试会试廷试恩荫历监奉差公干等设,其余杂事人等不许住宿,以防生事混扰。

——馆租每间各定银叁钱,前院二厢房各定银贰钱,不得任意增减。

——凡馆内器物欠缺,馆长发银付馆副购买,不得私自创置,如不达知馆长自购买者,虽系应用之物,亦责本人偿价,不许支销公银,以杜冒费之弊。

——新旧科举人到京会试,例有宴集公会,以敦年谊,今议定上科者首事敛各科每位银伍钱于场后,择日启请新科赴席,新科每位出银叁钱为犒赏之费,务要戏酒整治,以光盛典。

——大门内馆屋壹间,公佥勤谨,长班一人住居其内,供馆中启闭洒扫、送迎之役,每季支馆银壹两伍钱,给伊公食。如服役怠玩,即时逐出,另换长班居住,不许原住旧长班藉端留恋不出,如有此等,以公送究。①

从这新增规约中看,已显得更具有可操作性,也更切实际,弥补了过去规约在执行过程中可能出现的漏洞。再看嘉庆四年(1799)十月龙岩会馆新增规约的五条规定:

——凡嘉庆应交喜金,到京后务即送交馆长,以便登录,如不交出,不得刊入,并不许其住馆,其从前未交者,于下次到馆日即宜补交,倘馆长不催,瞻徇住馆,所有未交之款,即须馆长赔偿。

——本馆大小间房租,务照定规按月送交馆长,如有拖欠,不得住宿,其从前未交者,下次到馆补交,方许住馆,倘馆

① 光绪《漳郡会馆录》卷一《漳州会馆规约》。

长瞻徇,须馆长赔偿。

——本馆所存银两,原以预备修理之费,果有充裕,即宜增置产业,从前因本馆之人借用以致拖欠,殊失前贤创馆立约之心,嗣后本馆人永不许借用,以杜弊端。

——每年二月初三祭馆之日,馆长将终年出入费用各项当众结算,以昭公正,亦不致有积年未清之弊,如逢会议之年,于文武祭馆之日清算。

——馆长如有轮流更值,务宜遵照旧规,公同核算收支,以便交代。

以上议增规约,亦系适用于石头胡同之旧馆。[①]

这些新规约的增加更加落实了馆长的责任,因而更保证了会馆的维持与发展。各商业性会馆、移民会馆也各以自己的日臻完善的规约来延续自己的存在与发展。

值得一提的是,京师众多会馆因为服务于科举,因为有经常的送往迎来,宴饮、娱乐是其基本功能之一,故会馆在建筑设置上有趋宏之势。戏台几乎成了会馆的必备构件,有的会馆甚至是在娱乐场所的基础上建成。如李家瑞在《北平风俗类征》中记载:“宣武门外大街南行近菜市口有财神会馆,少东铁门有文昌会馆,皆为宴集之所,西城命酒征歌者,多在此,皆戏园也。”[②]“凡得鼎甲省分,是日同乡京官开会馆,设宴演戏,遍请以前各科鼎甲,迎新状元,其榜眼探花亦如之,鼎甲传胪用大红长条贴门,与得试差同。”[③]由此可见,这类娱乐场所经常用作同籍官员为本籍科举考试成绩优异者举行庆贺的场所,据夏蔚如《旧京琐记》云:“堂会演

① 李景铭:《闽中会馆志》卷四《龙岩会馆》。

② 李家瑞:《北平风俗类征·宴集》,第317页,引《京尘杂录》。

③ 李家瑞:《北平风俗类征·宴集》,第328页,引《南京旧事》。

戏,多在宣外财神馆、铁门文昌馆。至光绪甲午后,则湖广馆、广州新馆、全浙会馆继起,而江西馆尤为后进,率为士大夫团拜宴集之所,以此记载观之,是财神馆当时本为堂会演戏之所,非专寓于闽人,他省人亦可借用之。郑稚辛孝廉孝柽亦云同光间常至该馆观剧,闽浙总督巡抚新到任者,出京时,闽之同乡京官恒借此演剧饯之,成为定例。光绪初年,始改作福建会馆,是王可庄殿撰之所倡也。"[①]除了财神会馆变而为福建会馆外,还有天和会馆演为浙绍乡祠之例。[②] 有的会馆规模也很庞大,水榭楼台,应有尽有,这恐与当时整个社会风俗是相适应的。

京师会馆的建设顺应了政府社会管理的需要,因而官僚阶层积极参与其中,发挥了规范和引导其发展方向的作用。

在工商业都市或市镇,商业性会馆对商业秩序的追求也成为其得以发展的重要前提。一些会馆的"行规"、"条规"、"章程"和"俗例"等,往往经同行议定,有的还经过报官立案,得到官府的批准承认,在发生业务纠纷时成为行业内部调处和官方裁判的准则。内容涉及从业资格、入会费用、行业质量与计量标准、原料分配与生产规模、货物价格、招收雇工的手续、工价和人数限制、开业地点选址、对违犯行规者的处罚方式以及供奉和祭祀的神灵等方面。按照这些详备的规定运行者往往能保持健康发展的态势。

明清以后,晋、陕、江右、徽等各大地域性商帮大都有经营药材的专业商帮。据 1911 年汉口会馆公所联合会的调查,在约两百处工商会馆公所中,药业行会会馆或公所有若干处,如清顺治十三年(1656)建立的药材行帮公所三皇殿,位于循礼坊沈家庙后;清康熙二十八年(1689)由怀庆府河内、武陟、温、孟诸县经营纯粹怀药的药商建的怀庆会馆,位于循礼门堤内,乾隆年间重修,改名为覃

① 李景铭:《闽中会馆志》卷一《福建会馆》。

② 李家瑞:《北平风俗类征·宴集》,第 317 页,引《金台残泪记》。

怀药王庙,怀帮经营西药者,被排除在外而于乾隆四十四年(1779)加入了怀帮经营西货、京杂货的覃怀中州会馆;兼采中外原料药材整售零卖的成药帮结成行会,先在横堤南城公所,后于道光、光绪年间先后购地建神农殿于大官街升基巷;江西临江会馆仁寿宫在小官街,曾于清嘉庆、咸丰时两次毁于兵匪之手,后于同治四年(1865)由本乡油蜡、药材两个专业行帮重建。在清末《湖南商事习惯报告》辑有《怀帮药材公议条规》、《生药店条规》及《药店条规》,规定条文均具体、明确。这对于维护同业利益、协调业户关系等具有重要作用。因此,光绪十八年(1892)五月十四日的《申报》报道了当时扬州药业会馆落成时业户们的欢娱情景:“扬城内外,大小药铺不下数十家,生涯不为不旺,而会馆尚未建造,个中人引以为憾。遂于上年集议,凡药材行代客买卖,每百金抽收买客银三钱,卖客银二钱;大小药铺每售货至百千,抽提三百。日积月累,为数颇有可观。上年经药业首董曹君,即以此款在城内南柳巷选购地基,建造药业会馆一所,禀请地方官出示立案,以垂久远。近日落成,堂皇富丽,颇壮观瞻。曹君肆筵设席邀约同业诸君畅饮,并雇小清音一堂,清歌侑酒,猜拳行令,其乐陶然。”专业性的会馆表明商业活动进一步扩大、行业区分进一步细化,商业形势也更加复杂,因而会馆更加注重行业规范建设,成为会馆相互砥砺、相互救济、相互规劝作用的进一步延伸。

可以说,在会馆发展时期,会馆几乎遍布了全国各地,北至东北、内蒙古、甘肃等地,南至闽粤台直到海外,东至沿海,西至新疆,会馆以各自不同的姿态活跃于该时期的历史舞台上,呈现出群星璀璨的兴盛景象。

在会馆取得重大发展的时期,公所之名也逐渐增多。过去一般认为,会馆是同乡组织,公所是同业组织。其实并不尽然。有的同业组织也称会馆,如上海的丝业会馆、汉口的金箔会馆、佛山的轩辕会馆(服装业)等。也有的同乡组织称公所,如上海的浙绍公所、四明公所、锡金公所、广肇公所、京江公所、浙金公所,重庆的云贵公所,苏州的浙绍公所等。也有的从会馆改称公所,如同业的上海茶业会馆于1855年与丝业合组,称丝茶公所,苏州的南枣公所由南枣会馆演变而来,同乡的苏州宣州会馆改为烟业公所等。有的从公所改称会馆,如同乡组织上海潮惠公所、关山东公所分别改称为潮惠会馆、山东会馆;同业组织上海本商公所改称本商会馆。这种改变,有的是为了与原有母组织区别,如潮阳帮和惠来帮糖、烟、洋药各商自潮州会馆析出后,一度改称潮惠公所;有的是为了与同类组织相区别,如上海的南市钱业公所与北市钱业会馆等。对这种情况,《上海县续志》说得明白:“或称会馆,或称公所,名虽异而义则不甚相悬,故不强为区分。”[①]造成这种情况的原因在于:1. 由于会馆的设置是以联谊同乡为最初起因,因此加入会馆的人们便可能在某个行业或某几个行业产生共趋效应,从而更易形成自己的地域特色,在这种情况下,同行与同乡关系是重合的。假如是同籍又同行,则称为会馆或公所都已不成问题。2. 人们对不是同籍同行的会馆也经常或称会馆,或称公所。上海《兴修泉漳会馆碑》说:“会馆者,集邑人而立公所也。”[②]祝其公所碑说:“窃昔年青口镇富商……来申贸易,议起公积创立会馆,坐落大东门外……门额刊石祝其公所。”[③]像苏州的宣州会馆建于乾隆初年,为安徽宁国府商人所建,到嘉庆间所属各县分设公所辅之,这里公所似乎隶属于会馆之下,有的则是整体建筑称会馆,包括神殿、客寓、义冢等,而其中的办公议事交易场所称公所,如宁波的钱业会馆内设有钱业公所,买卖银洋、银角,俗称“做进出”。因此,会馆与公所在很多场合往往不易区分。倘若真要说出两者的区别,其

① 《上海县续志》卷二《建置》。
② 《上海碑刻资料选辑》,上海人民出版社1984年版,第235页。
③ 《上海碑刻资料选辑》,上海人民出版社1984年版,第304页。

主要点当在于:会馆往往较多地讲究仪貌,公所则更多地注重实效。因此,有的公所会逐渐扩大规模演成会馆,也有的会馆内又分化出公所,或者说消除其他功能而仅执行公所的职能。会馆的最初职能在联络乡谊,所以它力求把会馆的顾恤、赈济、发展经济和共同进步作为自己的目标。但是随着商品经济的发展,各会员能力的差异必然导致彼此之间的尖锐矛盾,于是,有些人就力求建立不要承担太多义务的公所,以求适应参加激烈竞争的要求,倘若由此致富,取得了较多的资本,他们又力求创设会馆以举办较多的公益事业,赢得社会的尊重。因此,似乎可以说,公所往往是中小商人谋求发展的处所,会馆则往往是大商人跻身于仕途或攀附仕途的根据地。而中小商人则既可栖身公所,又可寄居会馆。一般有官绅作会董,“官董其事,商司其册”是其基本的规范。在各地方城市,外籍在该地设立的会馆时常由旅居该地官僚与商人联合创建,连曾国藩也乐于为设在安徽芜湖的湖南会馆捐资,也有的商人捐得虚衔,刻在会馆碑记中,以壮己声威。实际上,会馆和公所的名称变化往往也不一定能及时地反映其实际内涵的变化,到1920年吴县知事温绍梁在布告中曾这样总结说:“盖纯正商业,建有公所,虽为同行议事之处,其中仍含有慈善性质,各业类同此旨意。”[①]公所之模仿会馆或趋向于会馆的倾向仍很明显。如苏州纸业两宜公所“习斯业者,异乡人氏居多,而年老失业、贫病身故及孤寡无考者甚众”,有鉴于此,“爰集同业,议立两宜公所于吴邑北正二图宝林寺前西首,专办同业老病、孤寡、义园诸善举”。[②] 绚章公所也因为蜡笺业“类多异乡人氏,或年老患病,无资医药,无所栖止,或身后棺殓无备,寄厝无地”,考虑到“同舟之谊,或关桑梓之情,

① 《明清苏州工商业碑刻集》,第230页。

② 《明清苏州工商业碑刻集》,第97页。

不能坐视”而建立的。[①] 正因为如此,公所往往与会馆并没有严格的区分。

进入近代以来,客观形势的更加复杂化使会馆的发展又增加了新的契机。“中西互市以来,时局日新,商业日富,奇货瑰宝,溢郛填壖。而握其枢者,实赖资本家斥母财以孳息,俾群商得资其挹注,于以居积而乘时。顾商战之要,业欲其分,志欲其合,盖分则竞争生,而商智益开;合则交谊深,而商情自固,公所之设,所以浚商智联商情也。”[②]在上海,为此而建立的会馆不断出现,像潮州会馆于乾隆四十八年(1783)由“潮属海、澄、饶三邑绅商捐资契买洋行街地基公造会馆一所,供奉天后圣母。一并于照壁后相连架造公栈两间,为各绅商登岸驻足之所”。[③] 嘉庆年间(1796~1820)又“于洋行街捐厘公建潮州八邑会馆,奉天妃焉”。[④] 延至咸丰同治初,会馆都有效地为潮州人在上海的经济活动和商业经营提供了便利,其他如山东会馆、江西会馆、四明公所亦是这方面的例子。

四、蜕变分化

我们把咸同以后看作是会馆的蜕变分化时期,是因为1840年的鸦片战争改变了中国历史的进程,外国资本主义的入侵首先从经济领域开始,然后再向政治、文化领域延展。因此,我们看到作为工商性的会馆对此作出了积极的反应。

它们中有的更加强了自己行业组合的特色,如重庆的浙江会馆做了如下规定:一议公信。为“避独行病商之弊”,凡瓷货投行发售,本行厘金减半,本客粗瓷每子3厘,细瓷每子1分9厘,“照

① 《明清苏州工商业碑刻集》,第98页。

② 《上海碑刻资料选辑》,上海人民出版社1984年版,第399页。

③ 《苏松太兵备道为赎回法人强占之地永为潮州会馆产业告示碑》,《上海碑刻资料选辑》,第425页。

④ 《创建潮惠会馆碑》,《上海碑刻资料选辑》,第325页。

数归公，以资公用”。若有差徭杂费则“归行承办”，并在公项内每年每帮给银200两，“免其侵移客本之患”。二议别帮。向来江浙瓷货与河南、湖北、川省一体，自乾隆五十五、五十六年间（1750～1751），“紊乱前规，分开彼此”，今后仍按旧规，凡有瓷帮公事，“无分江浙，合而为一，永以为好”。三议公所。结算之后如有盈余，“存于各司栈，代理生息，以作修葺置业守成之举”。四议过江。水客无论粗细瓷器仍纳厘金，“每子银六厘”。五议阳奉。凡阳奉阴谋者一经查出，“另罚修葺码头”，罚银“每磁一子二分以充公用”。[①] 由以上会馆碑文条款可以看到，会馆虽称“浙江会馆”，但实是由“磁帮众商公建”，当然其中是以浙江商人为主，但这种规约的制定却表明了重庆整个瓷业市场的有序化和规范化，至少维持住了一种和谐调适的平稳状态。另外，有人统计过上海会馆的演变：1840年以前地缘性会馆占商人组织的30%，而至1840年以后（统计至1911年）则锐减为3%，汉口的情形也相类似，地缘性会馆从50%降至6%。

有的会馆则把自己的经营目标直接转向对外。据统计，到1911年时，上海共有工商业行会92个，其中成立于1840年以后者达71个。[②] 又有人根据清代汉口有设立年代的114所会馆的记载作了分年号的统计：

顺治	1	乾隆	12	咸丰	9	宣统	3
康熙	16	嘉庆	1	同治	20	民初	9
雍正	1	道光	5	光绪	37	合计	114

由此证明，会馆设立与汉口在清代前期发展较快、中期因社会

① 《嘉庆六年仲夏月磁帮众商士公建浙江会馆碑文》，《巴县档案》嘉庆财政卷二。

② 虞和平：《鸦片战争后通商口岸行会的近代化》，《历史研究》1991年第6期。

动乱发展停顿、至开埠之后迅速发展的过程大体一致，且中西接触后此种商业组织仍强劲发展。[①] 这充分表明会馆组织不可忽视的内在生命力与外在适应性。

还有的通过集合会馆与分散公所的形式来壮大自己的集团力量，如上海的万世丰会馆、潮州八邑会馆的组合与分化都是为了争取在对外贸易中处于有利地位。[②] 像李鸿章即已认识到利用商人团体树立经济上的民族主义意识，与外国势力开展竞争。由此，会馆的建立便常得到在上海做官的同乡官员可观的财政、政治支持。这些官员成为会馆的重要政治庇护力量，体现了官方与非官方的相互配合。由于会馆的连接，同乡商业网络还超越上海一地范围，形成跨地域的网络系统，从而在商业竞争和慈善救助方面更加具有力量。顾德曼的研究显示：上海的各地会馆组织不仅把捐助的范围推及家乡，也在上海的公共建设上投入自己的力量，进一步扩大了会馆组织的社会影响力。[③] 有的会馆还加入到外地赈灾的事业中。如：上海浙江商人会馆捐助 1876 年苏北水灾；1877 ~ 1878 年中国北方省份如河南、直隶、山西和陕西遭受了非常严重的大范围干旱和饥荒，他们发起了更大规模的募捐活动。1877 年，广东买办郑观应和浙江商人慈善家经元善一起参与了山西救济机构的组织工作，受到浙江商人慈善行为的激励以及郑观应、广肇公所董事徐润的鼓励，其他旅居上海的广东商人 1878 年也向灾区作了大量捐赠，惟恐在《申报》捐赠名单上榜上无名。[④] 会馆越来越在社会事务中显示自己的存在，也显示了超越狭隘同乡观念并走向国

---

① 郭莹：《晚清汉口城市控制系统的演迁》，《江汉论坛》1994 年第 1 期。

② 唐力行：《商人与中国近世社会》，浙江人民出版社 1993 年版，第 279 页。

③ 顾德曼：《家乡、城市和国家——上海的地缘网络与认同，1853 ~ 1937》，上海古籍出版社 2004 年版，第 89 ~ 90 页。

④ 顾德曼：《家乡、城市和国家——上海的地缘网络与认同，1853 ~ 1937》，上海古籍出版社 2004 年版，第 90 页。

家观念的趋势。各会馆已不再仅孜孜于把别的会馆作为对手,它们已逐渐地显示出合作以共赢的国家意识。

会馆超越狭隘乡土范围的公益活动常常是对官僚集团的倡导的响应,因而也多能得到官僚集团的庇护。李鸿章对广东商人为北方饥馑进行的慈善救济就颇存感念,他很乐意地成了他们几家官办或官督商办企业的董事,甚至愿意为他们从事的鸦片活动奏请皇上批准。①

上海的各地会馆为官府分担了不少事务,甚至官府常借用会馆的会所举行会议,给人留下会馆与政府利益一致的印象。会馆在预防盗匪和暴动、在大众节日时维持秩序、调解争端闹事和防止罢工等方面也都为政府作出了贡献,因而也赢得了一定的权威。

19 世纪 70 年代初的一份告示反映了会馆在节日活动中自我维持社会秩序方面与官方的配合。"洋泾浜地方,每届七八月两月,有闽、广、宁、绍等处民人兴赛盂兰盆会,轰动一时。不肖之徒藉以聚众滋事,乘间偷窃,流弊不可胜言,历经禀蒙预行查禁在案。兹查前项赛会在迩,禀祈照会加饬县严谕闽广潮惠宁绍各帮会馆董事,并出示南北两帮一体禁止,不准赛会,以靖地方等情。"②面对官府的布告,会馆纷纷发表告示,承诺维持城市秩序。广肇公所警告本省同乡不要在 7 月份"招惹麻烦",还传达了道台的禁令,警告队伍不准进入县城和外国租界。会馆声明,将把制造麻烦和谣言的分子解送当局,并拒绝帮助那些破坏法律的人。③

尽管小刀会起义已显示会馆武装可能走向与政府的对立一面,但是,当小刀会起义被镇压后,政府逐步把会馆武装引导到守卫城市方面,或对付太平军,或用以抵御外侮,有时还负责消除本

① 顾德曼:《家乡、城市和国家——上海的地缘网络与认同,1853 ~ 1937》,上海古籍出版社 2004 年版,第 91 页。

② 《申报》1872 年 8 月 9 日。

③ 《北华捷报》1870 年 8 月 4 日。

乡籍的不利因素。譬如,1907 年,上海华界当局关闭了 500 多家鸦片窝点,局势出现动荡。由于每家窝点都雇佣了许多人,三四千人因此而失去工作,许多失业者都与帮会有联系,反抗当局密谋的传闻迅速传播。得到消息后,广肇公所迅速采取行动,为被解雇的同乡提供回乡的运输工具。①

会馆竭力争取扩大自己的公众权威地位,亦竭力谋求官方的保护和支持,事实上,得不到官方允许的团体是不可能长期维持下去的。

因为会馆需要仰仗官方的支持,所以会馆亦很愿意为官方做力所能及的事务。官府的工作效率往往体现在对会馆这类组织的有效依赖上。譬如征税事宜,商人团体的参与能有效地防止走私和偷税漏税行为。会馆帮助官方征税决不全是义务性的,对于它自己,一方面能借机提高自己的权威,另一方面则能为自己谋求政策的优惠,而把负担转嫁到竞争对手那儿。顾德曼认为这是会馆功能的重大扩展。到 1890 年代,政府与会馆、公所在厘金征收的合作使会馆在包缴政府额定税款之后,仍能有很丰厚的利益。

会馆参与城市社会管理,体现了会馆与当地官方利益的协调和互补。顾德曼说:"国家对会馆的依赖、上海的同乡官员频繁出席会馆会议、会馆经常承担官方机构维护秩序的职能,使同乡组织日益进入全市性的官僚网络之中。"②会馆几乎成了准官僚机构。

会馆功能的增益还体现在它能成为近代社会中推进技术革新和制度变革的重要基地。上海的会馆领导们与其他商业精英一起参与自强、求富运动,成为其中的积极倡导者、投资者和参与者。会馆的团体性便于集中资本,以与外国企业竞争。像上海的拜石

① 顾德曼:《家乡、城市和国家——上海的地缘网络与认同,1853 ~ 1937》,上海古籍出版社 2004 年版,第 93 页。

② 顾德曼:《家乡、城市和国家——上海的地缘网络与认同,1853 ~ 1937》,上海古籍出版社 2004 年版,第 98 页。

山房和同文书局分别属于宁波帮和广东帮，在引进外国技术方面构成成功的榜样。

清朝政府也在力求培植华商与外国企业的竞争能力，或是通过减税，或是通过官方保护、财政资助和抑制干涉，不断给具有一定实力的商帮或大型民族企业以助力。会馆间的协调和配合则能够把一个公司的事务变成全体同乡人的事务。他们认识到“彼外人之能以商战争雄者，惟其对于内则精益求精，对于外则同德同心故也”，华商欲在商战中获胜，必须“协力经商，同心御侮”。[①] 苏州水木业公所在述其创建缘起时强调：设立公所，建立团体，其精神“在捍御外侮，而爱护其同类”，其命脉“在联合心志，而切靡行其智识才能”，“以之对外则优胜，以之竞争于世界则生存，而自立之效果始成”。[②] 苏州银楼业安怀公所也强调“联群情，结团体，互启新知，勿私小利，使吾业于商战界上，占进步而操胜算”，“与东西各国互相争胜”。[③] 会馆、公所的趋新倾向都很明显。

会馆支持创办报纸是会馆社会影响力扩大和社会威望提高的重要体现。广东会馆通过容闳、唐景星、容纯甫及广东一些茶叶商人筹集一万银两资金，在一幢与广东商人控制的轮船招商局毗邻的大楼里创办了《汇报》，并得到知县叶廷眷的支持。《汇报》最初免费分送，成为暂与《申报》分庭抗礼的中国人自己办的报纸。当然，具有同乡性质的会馆还是多少存在着一些地域壁垒的，即使是《汇报》也仍然兼顾民族性和同乡利益。

会馆逐渐演变为一种社会机构，上海的会馆可以为公共租界救火联合会提供资金，也可以出面直接与外国在华势力打交道。外国当局会依靠会馆来维持租界中国居民的秩序。上海租界的工

① 《上海碑刻资料选辑》，第353页。

② 《上海碑刻资料选辑》，第322页。

③ 《明清苏州工商业碑刻集》，第174～175页。

部局于1910年承认宁波行会、广东行会、山东行会、南京行会、无锡行会、山西票号行会、直隶和八旗行会、汇兑银行行会、金业行会、典当商行会、湖州丝茧商行会、茶商行会、洋货商行会等14个主要行会形成的团体组织。当租界需要处理一些具体事务时,往往需要借助于会馆的居间协调。譬如当义和团运动期间,租界内的华民纷纷迁出租界,这很让工部局恐慌,只好求助于会馆等组织。又譬如租界当局还会以鼠疫流行为由,推行公共卫生条例,这其中产生的谣言和不理解也往往引起诸多紧张。会馆的化解也显得非常重要。

会馆在处理这些事务时既不是一味迁就外国人,也特别注重保护自己的民族利益。正因为如此,它往往较官方机构更能达成事端的解决。

具有高度组织性的会馆、公所便于在处理中外纠纷中发挥作用,当工部局对黄包车夫加征执照税时,由于执业者多为来自苏北的移民,他们缺乏声望、资源和组织,故难以形成巨大的反抗力量。与之相对应的宁波商人就不同,他们组建的四明公所面对法国殖民者要在四明公所墓地上筑路的挑战,与法租界展开交涉,前后两次(1874、1898年)均以胜利而告终,都显示了会馆之团结力的强大以及会馆在近代商战中的积极作用。① 经历过这两次事件后,同乡中的部分下层代表进入会馆的领导层,使会馆更呈现出一种壮大的趋势。

近代同行会馆往往更注重行业规范的建立,如上海药行齐行较准:"沪邑大东门内有药皇庙者,本埠药行聚议处也。本月二十五日各药行、药店伙伴齐集庙中,公平较准秤称,凡同行秤药应照会馆秤十二两八钱为准,以后各家一律遵照,无论进出货物均须从

① 顾德曼:《家乡、城市和国家——上海的地缘网络与认同,1853～1937》,上海古籍出版社2004年版,第116～126页。

同,倘有参差大小不同之处,一经察出,定行重罚。”[①]同行间通过每月一次这样的聚会,可以实现彼此间的相互监督,从而规范商业秩序。

再看《申报》的两则消息:一则是光绪五年(1879)十一月二十日《鱼贩齐行》目下说:“汉皋地方辽阔,商贩辐辏,各业皆有帮口,有会馆,既可以议规整条,复可以敦睦乡谊,两有裨益,故官宪亦不之禁。今闻各鲜鱼行贩,亦议条规于张美之巷陶圣庵岳庙前,醵金演戏两日,谓从此通镇鱼行贩子,凡簿籍载有姓名者,准其贩卖。若簿籍无名,所有乡担以及穷民欲求升斗之需,将鱼贩入集市,一概不准出卖。须遵章先赴公所缴入业公项钱五串文,始准入业,其余条规亦多。然即此一端已足害事。现届冬季农隙之时,无告穷民设偶贩鲜入市,势必攘夺驱逐。懦弱者或能逆来顺受,强横者纠众殴斗,在所不免。有地方之责者,宜早为禁止也。”[②]这是鱼贩们既规范自我又念及社会稳定的体现。再一则是光绪十八年(1892)十一月初六日记载:“日前有乡妇数人,以所织之布携至粤垣城西打铜街门前发售。该店以为搀夺其利。谓布行向有厘务,不得私行贩卖,即逐该妇他往。迨之次日,妇复抱布求售,该店竟夺其布,得二十匹,指为私贩,送交布行会馆议罚。妇即纠同妇女约二十人,先向该店理论,随之会馆剖辩……布行董事知该店所为于理不顺,即将布匹交还,戒其自后不宜再卖。”[③]如果说前一个例子体现了同行们对不规范商业行为的正当抵制的话,那么后一个例子就表明会馆能公允地处理行内与行外同业间的纠纷。

近代工商业会馆致力于倡导、扶持开通商智、调查商情等旨在

---

① 《新报》光绪三年九月二十六日,彭泽益主编:《中国工商行会史料集》下册,中华书局1995年版,第695页。

② 彭泽益主编:《中国工商行会史料集》下册,中华书局1995年版,第732页。

③ 彭泽益主编:《中国工商行会史料集》下册,中华书局1995年版,第612~615页。

推动行业现代化的活动。如上海振华堂洋布公所成立于咸丰三年(1853),到19世纪末20世纪初,公所议董们在集议时一致认为:在“世界潮流趋新革故”的新形势下,洋布公所应“一遵新法,俾洽时宜”,决定“重定规则”,以适应时代潮流。在重订的公所规则中载明:公所宗旨是为了“联络同业,维持公益,研究商学,以冀同业之发达”,规定公所必须适时“增益删改,而臻于完善之域”。[①] 在新当选的一批富有改革创新意识、重视布业改良和推广商学的总董、协董、议董的主持推动下,洋布公所大兴办学之风,培养了一批新式人才。其适应时代变迁的努力是不难看到的。

过去普遍认为,会馆公所的减少就意味着社会的进步,似乎一进入商会阶段,社会便会出现脱胎换骨的变化。其实不然,新事物从来就不可能在一张白纸上出现。反之,有人认为会馆公所的趋新变化是新兴的资本家阶级代替了传统的旧式商人,其实亦不然。旧的事物时常可以在新形势下发生渐变。如创于20世纪上海的山东会馆就敏锐地察觉到形势逼人,旧轨难循,必须及时转轨更张的紧迫性,在其碑文中指出:往昔山东旅沪的商民“商于斯者”,“犹循旧规,力与为敌,以朴为经,以勤为纬,尚能矗立于中外互市之秋”,而在新的商战形势下,则必须通过“会馆之成合,群策群力,共谋恢张,揽利权之要,而驰域外之观”。[②] 同样反映了强烈的趋新变化倾向。

正因为如此,会馆在清代后期依然有一个较大的发展。如《申报》光绪十八年(1892)五月十四日记载:“扬城内外,大小药铺不下数十家,生涯不为不旺,而会馆尚未建造,个中人引以为憾。遂于上年集议,凡药材行代客买卖,每百金抽收买客银三钱,卖客银二钱,大小药铺每售货至百千,抽提三百,日积月累,

① 彭泽益主编:《中国工商行会史料集》上册,中华书局1995年版,第695页。

② 《创建山东会馆碑》,《上海碑刻资料选辑》,第195~196页。

为数颇为可观。上年经药业首董曹君即以此款在城内南柳巷选购地基，建造药行会馆一所，禀请地方官出示立案，以垂久远。近日落成，堂皇富丽，颇壮观瞻。曹君肆筵设席，邀约同行诸君畅饮，并雇小清音一堂，清歌侑酒，猜拳行令，其乐陶然。扬郡近年以来，不论大小行业，皆有公所回，地方之繁富，商务之兴隆，即此亦可概观也。”扬州会馆的兴盛简直就是商业兴盛的标志。又如《字林沪报》光绪十七年（1891）十月二十一日记载：“粤人雕题画栋，金碧辉煌。又如淮南北商客之旅于斯土者，亦颇繁盛，各商于售卖盐斤内，按引抽厘，集款在石码头兴建淮盐公所，杰阁危楼，涂垩璀璨，约计两处工程，逾七八年之久，所费不下数万金，现皆落成。广东会馆择日于本月初五日，淮盐公所择于本月十二日谢土破台，开门演戏，选定庆喜、荣升两京班，互相演戏。两班主以会馆公所祀神酬客，蝉联而下，皆需两月之久，于是竭力经营，往上海添置绣金绸缎，新制行头，并从京沪聘请优伶红菊花、麻子红、赵三、王小、洪福等十数人到汉。开门之日，堂上衣冠齐楚，贺客盈庭，台上则袍笏鲜明，霓裳雅奏，观者则人山人海，逐对阶来，洵极一时之盛已。”演戏亦是聚合人众，引导人们思想归正的有效途径。

我们觉得：会馆并没有因为商会的出现而遽然消失。在政府呼吁发展商业、开展“商战”之时，许多地方商会纷纷建立起来，人们都以为：“商会者，所以通商情保商利，有联络而无倾轧，有信义而无诈虞，各国之所能孜孜讲求者，其商务之兴如操左券。”①光绪三十年（1904）政府设立商部，各地商业会议公所或改成商务总会，或改为商务分会，有的在其下还有商务分所。像天津商务公所的设立，是针对“大抵天津商人势散而识拙，故见利则互相争，而见害则各不相救，知有己而不知有人，其甚者则欲假公以济私，以

① 《天津商会档案汇编》（1903～1911）上册，天津人民出版社 1989 年版，第20 页。

致步步难行，节节闭塞，至于今日而疲困极矣”的情况，故“商务公所原为市面窒塞而设，所有办法以疏通二字为主义”。“天津商情涣散，互相倾轧，现设商务公所以资联络，拟令各行商业大者公举董事二人，小者一人，以便详求受病之原及救急之法，和衷共济，一洗从前旧习。”①《设立天津商务总会应行办法刍议》（光绪三十年，1904）中说：“惟中国自海禁大开，商埠日辟，番舶互市，利权外溢，华商艰窘日甚一日，商务衰颓，固不必讳。就津市而论，往年街面计存官行各款为数甚巨，藉资通融，尚可敷衍。庚子以后，银根空虚，钱法大坏，商务凋敝，元气未复，加以经商者铺张扬厉，浮华太甚，以至官行各款无敢寄存者，是以市面愈加滞塞，通国类然，天津尤甚，非实力整顿，大事培养，不足以联商情而挽颓风。今立商会，兴利除弊，藉得补救，诚一商务之大转机也。”②表达了对设立商会的无限期望。

据1925年出版的《上海指南》记载：当时上海的工商团体中，仍有会馆60个，公所179个，两者合共239个，反而比1922年增加了11个，它们以团体代表的身份参加进上海总商会，成为“合帮会员”的重要组成部分。徐鼎新先生从1922年上海总商会的组织构成的分析中看到在沪同乡、同业团体代表组成的“合帮会员”中，呈现出新旧工商团体平分秋色的局面，而且会馆、公所的入会数和会员代表数，均超过新型的同业公会联合会、同乡会的数字。③

在四川，《川东道川东商务局申报重庆商务总会开会日期并拟定会章禀》中说：“一经言之商会，非因事体烦难，艰于虑始；即或别存意见，恐有捐摊，兴办迟迟。”川东道叹曰：“窃闻非常之

① 《天津商会档案汇编》（1903～1911）上册，天津人民出版社1989年版，第2～3页。

② 《天津商会档案汇编》（1903～1911）上册，天津人民出版社1989年版，第37页。

③ 张仲礼主编：《近代上海城市研究》，上海人民出版社1990年版，第524页。

原,黎民惧焉,因亦人情之常,然未有若此兴商会,该商民等畏缩因循,如此之甚者也。”[①]从历史事实看,清政府对商会虽在政策上积极鼓励,但并没有很多具体的行动,从商会会董的选举、商会会董的身份、商会的经费来源等方面都说明了这一点。[②] 商部也认为:“商会者,并非本部强令各商联合,不过使各产自相为会,而由本部提倡之,保护之,使官与商息息相通,力除隔膜之弊。”[③]此外,清政府亦未在商会中派驻督办,各商会办报、办学及举办其他社会活动,商部也从未插手干预,因此可以说,清末商会处于较为自主的状态。重庆商民对设立商会的畏缩或许是清政府革新精神不足、商会徒具虚名,而传统会馆组织作为民间自设社会组织已不断作出了适应社会形势的变化,人们毋须新设商会的反映。

从史料看,商会虽制定了具体而微的规章,但许多规章并不能切实施行。如北京酒行商会“成例以距都门四十里地以内不准私开酒店局,以杜零星贩卖之便。近来各城外开设私酒店局不一而足,匪徒贩卖城内,到处零售,以致行中生意日见疲微,国课日形亏乏”。[④] 在广西藤县,广东籍商人是当地商人的主体,这里也设立商会,但作用不显。在县商会外,有新会米柴丝桂各商家,用古岗堂名,在粤馆公议,办事沿用惯习,无文法之规则。“现虽立有商会,而新会大资本之米柴竹丝桂杂货商户十余间,仍用古岗堂名,在会馆办事。无论事之大小,均与商会不相往来。因商会各董事多系小本生意,既无巨资,不过假商会之名,为敛钱营私,抵制地方之计。”“后到商人,不用纳捐入会,只要遵会馆规章。不遵,则会

---

① 《四川官报》乙巳第一册“分牍”。

② 朱英:《辛亥革命时期新式商人社团研究》,中国人民大学出版社 1991 年版,第 141 页。

③ 《商部接见商会董事章程》,《东方杂志》第 1 年第 1 期。

④ 《宣统二年京师外城巡警总厅抄送各商行规史料》,《历史档案》1995 年第4 期。

馆有不保护之限制。无罚则。”[①]这是会馆在地方发挥实际作用的明显事例。

在苏州盛泽镇商务分会会员名册中,体现出本籍商人占据绝对优势的地位,从“苏州商务总会”由1905年至1911年的六届会员名录来看,“本籍”董事的名单远高于任何一个单县的“外籍”董事总数,而大多数分会职员名册也反映了同样情况,这表明苏州商会实际上已衍为本地籍商人主导的商人团体,这是土籍与客籍矛盾的反映,归根到底依然是同乡关系的表现形式。

因此,笔者认为,大凡为了提高商会的地位而着意贬抑会馆的地位的论说都是值得商榷的,实际上,无论会馆,抑或商会,都是社会变迁中社会组织建设的反映,其中势必有一些不同,但决不是泾渭分明、毫无传承与共通之处的。我们理解商会与传统会馆、公所的区别恐在于更立足于从政治的角度、从社会的角度去规范经济活动的进行,而传统会馆、公所最初所追崇的是道德与经营活动的理性原则,但会馆、公所亦在社会变迁中(如帝国主义的入侵、清政府的国策的演变),不断增益自己的新功能,以至最后自然而然地融入商会组织中,有时还在商会组织中扮演主角。

中国商会是借鉴外国在华商会的经验并直接受其影响而建立的。早在道光十四年(1834),英商率先在广州设立了商会;在光绪三十年(1904)中国商会成立之前,外商已在广州、香港、上海、天津设立了六个商会。据统计,从1834年至1923年止,外商在中国的二十一个通商口岸设立商会六十一个,其中,洋商总会五个,英国商会十七个,日本商会九个,法国商会八个,美国商会六个,德国商会五个,比利时商会四个,意大利商会三个,俄国商会两个,荷

① 彭泽益主编:《中国工商行会史料集》下册,中华书局1995年版,第966页。

兰、挪威商会各一个。[①]

外国商会在对华贸易中的作用，令中国商、政及知识界有识之士意识到我们应该用自己的商会与外国商会开展对话，展开竞争。从光绪二十一年(1895)起，维新人士即积极筹备，到光绪二十九年(1903)设立商部，职掌商务、铁路及矿务等，后将工部并入改称农工商部，把两年前设于上海的商业会议公所改名为上海商务总会。该年商部颁布《商会简明章程》二十六款。章程第二款规定：“凡各省、各埠，如前经各行众商，公立有‘商业公所’及‘商务公会’等名目者，应即遵照现定部章，一律改为‘商会’，以归画一，其未立会所之处，亦即体察商务繁简，酌筹举办。至于官立之保商各局，应由各督抚酌量留撤。”第三款规定：“凡属商务繁富之区，不论系会垣、系城埠，宜设立商务总会，而于商务稍次之地，设立分会，仍就省份隶于商务总会。如直隶之天津，山东之烟台，江苏之上海，湖北之汉口，四川之重庆，广东之广州，福建之厦门，均作为应设总会之处，其他各省由此类推。”据统计，从光绪二十八年(1902)至1912年，全国各地总计成立商会九百九十八个，其有十三个省在五十个以上。商会数最多的是四川，九十六个；其次是浙江，八十四个。商会数最少的是新疆，三个；其次是贵州、察哈尔、绥远，均为五个。[②]

清末，外国势力在某种程度上逐渐征服了清政府，这却也使商人阶层在某种程度上疏远了清政府，他们认识到清政府逐渐蜕变为他们强国努力的障碍，会馆组织便成为他们在坚持反帝维权的同时转向反清革命的基地。上海的旅居者商人团体在收回原籍省份路矿权运动，发动同乡反对清政府出让国家权益的行径方面起了极为重要的作用。许多上海旅居者也积极参与了立宪运动和收

① 虞和平：《商会与中国早期现代化》，上海人民出版社1993年版，第62～63页。

② 虞和平：《商会与中国早期现代化》，上海人民出版社1993年版，第75～76页。

回路权运动。

在帝国主义的侵略面前,清政府与部分官绅曾不断尝试过"自强"、"求富"、"君主立宪"等救国方案,结果都没有把中国带出困境。20世纪初,清政府被迫宣布实施包括教育改革在内的所谓"新政",从1909年9月起令建各级学堂,"将各省所有书院于省城均改设大学堂,各府厅直隶州均改设中学堂,各州县均设小学堂。并多设蒙养书院"。[①] 首先以新式教育的设置与普及想达到提高国民素质的目的,同时决定自1902年开始加试策论,一切考试均不准用八股文程式,分步骤地废除科举制度。这样,像北京闽中会馆的职能也相应地发生了变化,从原来围绕封建科举轴心的活动转向进行近代资本主义的新式教育运动。1902年初,在"各省竞立学校,助行宪政"的趋势下,由陈壁出面,以福建会馆为依托,通过向各省同乡官绅募捐、福建地方财政补助、中央政府拨款等三条途径,筹集白银两万余两,在福建会馆附近购买"破坏民房,拓地十余亩,就南北两列,建屋三层",建设"京师闽学堂",以第一层为办公之所,第二三层为教室,先后聘请江春霖、周景涛、张琴为学务监督。其后又有宣南法政专门学校与春明女子中学的创办。陈宗蕃埋怨:"鼎革以还,国家之政令既弛,推之一乡,亦复如是。因以为己利者有之,藉以为政争者有之,扰攘纷纭,莫可究诘,于是馆政馆章,破坏陵夷而不可收拾。当时所谓聚乡人、联旧谊、恤寒畯、启后进之微意,荡然尽矣。"[②]我们认为,这些或可看作是旧式会馆对社会变迁的新适应。当时人潘节文兴奋地说:"追至东西风化,渐及神州,欧美文明行于大陆。燕赵乃兴文之地,京师乃首善之区,学堂林立,艺厂云兴。有志者不甘蛰伏,惟愿雄飞,于是负笈担簦,跋山涉水,离乡里,入都城。或志于政治,冀造福于

① 《光绪朝东华录》卷四。

② 李景铭:《闽中会馆志》卷首《陈宗蕃序》。

人民；或学在陆军，期振威于世界。休暇日也，均聚首谈心于一室，设立学校。会馆之盛有如此者，满人不德，汉室中兴，爱国奇男，热心志士，以黑铁之血，铸自由之花。废专制为共和，竞民权于帝纲，国会既然成立，议员由是诞生，而为邵属所最信仰之诸公，遂联袂翩翩来京，肩监督政府之职权，尽保护人民之义务，名儒硕士，聚于一堂，光复后会馆之盛有如此者。”①于是，在1925年元旦，闽人集于福建会馆商议省长人选，同时并讨论本省赈灾办法。“先是福建沿海一带飓风为灾，船舶漂流，无数渔民生计断绝，而长江一带有患水灾者，北京乃有华洋赈灾委员会之设，由海关附加税款，按各省灾情轻重，酌量分配，闽省约可得二十万金，然须以灾情之照片为凭，而风灾一过，渺无踪迹，且被灾当时，虽有拔木翻船之惨，事隔数月，追摄何从？卒以同乡会议之请求及列席委员会同乡黄厚诚漪午之谅解，免提证明，如数助赈，最后赈款寄交民政厅长蔡凤讥查收，酌量配给，是为福建会馆对于乡闾最努力之一事。”②会馆几乎成为地方与中央的中转站，其地位之煊赫，更非同寻常。方兆鳌说自己在司福建省馆事时“维时国事草创，地方与中央多有联系，事未易决者，大之如外交财政及地方政治，小之如商贾行旅，凡吾乡人有所愿望，而必经中央准驳者，皆以余为枢毂，而地方当路，亦群就余”。③ 会馆所管事务涉及政治、经济的方方面面，中央选拔官吏，由中央派往地方的官吏都由会馆来裁决，实质上这是当时政治制度不健全的重要表现。由于省馆职能加强，县、市地域组合的会馆多因事务萧索而纷纷倾圮。福州会馆的董事制已无法推行，福州新馆的理监会也早已废止，漳州会馆则已租与王化吉去开设煤厂，漳州西馆也只剩董事一人，其存留之澂怀八

---

① 李景铭：《闽中会馆志》卷三《邵武会馆》。

② 李景铭：《闽中会馆志》卷一《福建会馆》。

③ 李景铭：《闽中会馆志》卷首《方兆鳌序》。

友图题咏石刻则由乡人借作庋物之用，汀州北馆的旅萃堂匾额早已不知去向，汀州南馆则把前房租于他人，乡人出入后门，泉郡会馆虽规制尚称完备，但租与三顺店的房屋实质上也无法收回，延邵会馆成为纸商庇身之所，建宁会馆已"任风雨剥蚀，尘秽堆积"，邵武会馆也剩董事一人，会馆义地已租与他人。① 显然，随着其固有功能的丧失，福建在京的大部分会馆的辉煌时代已成过去。而福建会馆后曾一度蜕变为诗社，但却如昙花一现，很快便黯然失色。

科举制度废除后，北京的许多会馆演成同乡会，如薛肇基所说："辛亥以后，乡人之旅京者十数倍于曩时，品流不一，分谊因之疏逖。"②但在此前后也有不少革命志士、文人学者纷纷借助于会馆，取得了他们从事自己事业的相对安稳的一席之地。

广东省在京会馆与清以来广东籍名人便直接相关，如清初学者朱彝尊曾在海北寺街顺德邑馆的古藤书屋编写《日下旧闻》。上斜街东莞新馆曾是清初名将年羹尧的故居。上斜街的番禺会馆则曾是龚自珍的故居。康有为两次进京应试就住于南海会馆，其后该会馆成为康有为策划戊戌变法的重要据点。梁启超 18 岁进京应试，住在粉房琉璃街的新会邑馆，后来甚至在此馆举行婚礼。孙中山亦于 1912 年入居过香山会馆。

浙江省在京会馆中如鲁迅住过绍兴会馆，秋瑾烈士的战友徐锡麟住过绍兴会馆，并为修缮此馆捐过钱，盆儿胡同的鄞县会馆曾被用来召开"五四"时期"少年中国学会"的筹备会和学会成立一周年纪念会。杨乃武与小白菜的冤案亦是通过浙江会馆才得以昭雪的。另外，早在咸同时期，绍兴会馆甚至举办过幕师和差役的培训班。幕师班招生对象必须是在府州县已考中的"秀才"，经面

① 李景铭：《闽中会馆志》卷首《整理闽中会馆管见》。

② 李景铭：《闽中会馆志》卷首《薛肇基序》。

试、口试、笔试选优录取，差役班招生对象必须是在故乡私塾已读过“四书”、“五经”，体格健壮、举止大方、五官端正、谈吐清脆、未婚的青年人。[①] 也许还包含了挽救政治腐败规范政治行为的内在追求。

湖南省在京会馆中如谭嗣同曾住浏阳会馆，毛泽东曾住湘乡会馆，沈从文、丁玲、吴奔星等文坛名将亦住过湖南会馆。其后，这里甚至成为现代新诗刊《小雅》的社址。

安徽省在京会馆中有李鸿章积极扶助安徽会馆，米市胡同的泾县会馆曾作为1918年创刊的《每周评论》的编辑部。现代通俗文学大师张恨水在北京时住在潜山会馆。

五、趋新转型

民国初期，会馆走出精英主义的藩篱，逐渐显示民主化的倾向。它们采取民主形式，公布投票程序、会议通知、文稿函件、财务账目，或反复修改章程。会馆演变成了同乡会。连建筑也一改过去中央祭坛、戏台和庭院的传统建筑风格，选择世俗的多层的西式建筑样式，设演讲厅、产品陈列室、报纸阅览室、娱乐场所和办公室，下面是拱道走廊的购物场所。

再看上海洞庭东山会馆《倡捐巨款建造会馆记》：

> 自古言祭法者，凡有功于民则祀之，所以风示天下后世，甚盛典焉。窃谓国家固然，乡里亦然。我洞庭东山孤悬太湖之中，四面环水，可耕之地无多，故山人以善经商著称，泰西互市，尤以往来沪地为最多。近自欧化浸灌，沪上得风气之先，出其途者争思集合团体，筹办公益，皇皇然如恐不及。我山虽有莫厘三善堂、旅沪同乡会，而范围狭小，势犹涣散，欲扩大而

① 郝树权：《驻京同乡会馆是纯商业性质的》，《商业研究》1990年第1期。

固结之计,无便于创建会馆者。

或曰会馆宜建,顾安所得资乎?同人曰:千金之裘,非一狐之腋;万间广厦,非一木所成,欲集巨资,端赖众力。于是公议,捐洋五百元以上得为位,春秋祭祀,生存者供长生禄位,计分六等,数以千进。议既定,一面饬材庀工,一面分途募捐。沈延龄君进曰:此举诚善,昔我先祖父固尝有志于是矣,不幸未见为而见背诸君,果为之者,愿以万金相助。

嗣后,万振声君因其尊公梅峰先生总董三善堂,整顿规画,卓著成效,今者式廓鸿图,慨助洋银五千元,叶翰甫君性慷慨好施与,平日于乡里义举,无不尽力为之,亦助银洋五千元。同人曰:三君子者热心公益,慨捐巨款,计其数远逾定额,论其功实奠始基,而善则归亲,尤见仁人孝子之心,顺何以为报酬地乎?于是公议特辟一室,并列三龛,中奉沈吉成先生、子华先生神位,左奉梅万峰先生,右奉叶庆延先生神位,春秋祭祀,而更供三君子长生禄位于别室,盖施之者至优渥,故报之者亦宜优异,固不可以成例拘焉。

夫圣贤之道,亲亲而仁民,山人义声闻天下,前清道咸以前无论矣。同光而后,若沈氏、若万氏、若叶氏尝出其资以修建宗祠,置备义田,则亲亲之道得矣。今由宗旅推诸乡党,复出巨资以修建会馆,则仁民之道得矣。同人幸甚!会馆成立,仿国家崇德褒功例,列诸祀典,后之人观于春秋报飨、俎豆、馨香,于以兴起其尚义之心,而力任公益之事,其功德不更大而远乎?噫!可以吴君之力为多,例得并书。民国四年乙卯八月吾馨严国芬撰。①

传统会馆一般追求"祀神、合乐、义举、公约"四项功能,行会

① 彭泽益主编:《中国工商行会史料集》下册,中华书局1995年版,第894页。

所具有的“公约”功能仅是会馆功能之一。由上文可见,会馆建设所需要的捐助多来自于能捐助家族设置义田的富户,这就显得较为自然和水到渠成,而“祀神”被放到第一位,在四项功能中,既有经济性的,同时又有社会性的,四者相辅相成,彼此关联,而且祀神体现了对传统美德与完美人物的景仰,势必具有了较强的凝聚力,有积极意义。洞庭东山人意识到:“近世士大夫动曰结团体,讲公益,论者不察,辄以为新名词而鄙薄之,不知此即群策群力之说,欧美诸邦所以富甲天下者,由此道焉。中国人心涣散,苟图私利,极其流弊,贫弱随之。忧时之士慨然觉悟,故其说复昌于今日,观乎洞庭东山会馆益信。初我山人素善贾,精华萃江淮徐间,前清咸丰朝发匪蹂躏东南,商业荡然,征贵贱者群趋沪江。”后来建立起莫厘三善堂、旅沪同乡会,对同乡的关照极多,但时至今日,他们认为“天下事以一人之力为力,不若合众人之力为力,其收效大而易也。昔孔子有言:吾观于乡而知王道之易易也。今日此举不过东山一乡之事,而通力合作,筹款如此其易,成功如此其速,由一乡而推及一国,由一国而推诸天下,又何事之不可举,而功之不可成也哉?”①从会馆建设中的资金募集到会馆举行各种祭祀活动,其中都包含着倡导义和发扬义的内容,成为聚合人众的有效基地,它力求把本来较为散漫的人们团结起来,经由家族扩及乡土乃至更扩及整个国家,最后形成抵制外国侵略势力的强大力量,有这样的追求当是不能非议的。

民国时期,会馆还成为一些政治势力的代号。1912 年孙中山先生到京,寓“珠巢街香山会馆,乡人乃就宣外南横街粤东新馆开会欢迎”。8 月 25 日,孙中山以同盟会为基础,联合其他几个政党,在北京虎坊桥的湖广会馆成立了国民党。1914 年,广东各社团公民代表联合团就推举伍廷芳任广东省长,专函北京粤东会馆、

① 彭泽益主编:《中国工商行会史料集》下册,中华书局 1995 年版,第 892 页。

汉口广东会馆等，函称“诸公关怀桑梓，具有同情，请速通电主张，庶足救粤人于水火”，寻求他们的支持。[①] 1921 年 8 月 29 日，上海广肇公所粤侨商业联合会致北京粤东会馆函，要求联合致电广东省长。其文曰：“广州陈省长钧鉴，陈独秀邪说惑民，甚于洪水猛兽，迭电吁请驱逐。”[②]1924 年，广东商团自购枪械以自卫，被当局扣留，商团因此也向广东会馆求援。[③] 1925 年英国制造了广州沙基惨案，人们同样想到了京师的广东会馆。[④] 由此可见其政治影响力之大。会馆转化为革命志士和地方势力活动的场所，自然使清政府乃至民国政府要加强对会馆的监督和管理。

1915 年 12 月 14 日，北洋政府颁布《商会法》，计九章四十六条。《商会法》规定，“总商会及商会，均为法人”；“各地方最高行政长官所在地，及工商业总汇之各大商埠，得设立总商会”；“各地方行政长官所在地，或所属地工商业繁盛者，得设立商会”；甚至“同一行政区域”还可根据需要同时设置“两商会”。该年，全国各地商会总数达 1 242 个，至少有 245 000 名会员。显然，设置商会往往要考虑既有情况，在同一个城市内，两个甚至以上的商会依然可能存在，有的会馆继续在商会之外发挥作用。

1918 年 4 月 27 日，农商部颁布《工商同业公会规则》及《工商同业公会规则施行办法》，规定：“工商同业公会，以维持同业公共利益，矫正营业上之弊害为宗旨”，同业公会归属于总商会。“工商同业公会之设立，以各地方重要各营业为限，其种类范围，由该处总商会认定之”，其“规章经该处总商会查明，并汇报农商部备案”。同时规定，“同一区域内之工商同业者设立公会，以一会为限”，即一种行业不得重复设立公会。至于“本规则施行前，原有

① 《北京市档案馆全宗》J19 案卷号 279，北京档案馆藏。
② 《北京市档案馆全宗》J19 案卷号 276，北京档案馆藏。
③ 《北京市档案馆全宗》J19 案卷号 279，北京档案馆藏。
④ 《北京市档案馆全宗》J19 案卷号 282，北京档案馆藏。

关于工商业之团体,不论用公所、行会或会馆等名称均得照旧办理”,“但其现行章程规例,应呈由地方主管官厅,或地方最高行政长官,转报农商部备案,嗣后修改时亦同”。即原已设立的行会组织仍可继续存在,但要并入行业公会加以管理,执行《工商同业公会规则》。1923年4月14日颁布的《修正工商同业公会规则》第九条补充规定:“前项公所、行会或会馆存在时,于该区域内不得另设该项同业公会。”这样便确立了传统行会与新质的同业公会长期并存的局面。

1939年订的《上海泉漳会馆章程》规定本会馆应办如下事务:1. 保护旅沪同乡业务上之权益及顾全同乡之生命财产;2. 设立泉漳学校,培养同乡人才,促进泉漳文化并指导同乡子弟来沪求学;3. 设立泉漳医院,施救旅沪同乡之贫病及施舍医药;4. 设立泉漳恤济院,酌情施济旅沪同乡之孤寡贫弱老弱无能及施济同乡流落者之返乡路费;5. 设立泉漳书报社,搜集与乡人有关系之书报,以供众览;6. 设立泉漳公墓及殡舍,并酌情施舍棺木;7. 调查各种实业精详计划,分别汇编介绍同乡集资兴办;8. 调查各种国货及土产,编辑说明介绍同乡与国货厂家合作推销;9. 其他应该事业。对于藉本会馆名义在外招摇者,或侵害本会馆财产有确凿证据者,得分别轻重,停止其应享权利,或取消其理监事会员资格。其情节较重者,本会馆得诉诸法院惩办。会馆设立理事长、副理事长、总务股理事、财务股理事、教育股理事、慈善股理事、商务股理事,涉及教育、慈善和商业事务,在商业事务方面,主持同帮商务规例一切事宜,处理调解会员商行间所发生纠葛事件。相当于一级仲裁机构。会馆拥有一定的财力,可以租赁会馆房产取得租金,可以出资入股于1919年成立的豆饼业同业公会。①

泉漳会馆一直保持着祭祀妈祖的传统仪式,这不但没有成为

① 彭泽益:《中国工商行会史料集》,中华书局1995年版,第865~866页。

会馆发展的障碍,反而成为一项品牌,而且也成为凝聚同乡的一种巨大力量,神灵祭祀的维持保证了会馆具有充足的经费来源。泉漳会馆前殿供"天后",因"吾邑人旅寄异地,而居市贸易,帆海生涯,皆仰赖天后尊神显庇,俾使时时往来,利益舟顺,而人安也"。[①]第二进大殿供"关帝",因为"吾邑人聚首一堂,而情本桑梓,爱如手足,更仰赖关圣尊神灵佑,俾使家家通达义理,心一而力同也"。[②] 泉漳别墅则供奉观音,"以护幽灵,而资普济"。这些神灵的设置让福建同乡人心里得到了巨大的满足。

应该说,泉漳会馆也经历了一个不断趋新的过程。起初会馆没有详备的章程,后来逐渐有了章程。会馆的诸事务也逐渐循民主原则。"本会馆设理事及监事,由全体会员大会用记名式投票选举之;选举以得票多数者为当选,次多数者为候补,票数相等者用抽签定之;理事会由全体会员大会选举十一人组成之;监事会由全体会员大会选举三人组成之;理事及监事任期各一年,期满全体改选,连选得连任,但正副理事长不得连任原职四次;理事及监事辞职时,由候补者换次递补之。如遇正副理事长辞职,由副理事长代理之。如正副理事长俱辞职时,重新选举之。"作为本会馆最高机关的会员大会负责审核及议决理事会与各股之报告及建议;审核及议决理事会预算本会馆全年经济收支提案;选举理事及监事;修改本会馆章程及一切进行方针。充分体现了其民主性。

同乡的纽带并没有发生改变,所改变的只是运行机制,目的在于推进会馆组织的更新。由于学生运动的影响,会馆之外的同乡会往往较会馆具有更大的包容性。但这些组织并不完全与会馆决裂。一些新的团体依然在会馆的会所里活动。遇到重大事务,它

① 《上海碑刻资料选辑》,上海人民出版社 1980 年版,第 236 页。
② 《上海碑刻资料选辑》,上海人民出版社 1980 年版,第 236 页。

们之间仍采取联合通电、集会形式合作,或组成联合会。如蒋介石率军进行北伐时,许多上海同乡团体如全浙公会、全徽协会联合起来,表示要维护家乡和平,支持上海市政府的成立。

民国初期,上海同乡会馆已介入家乡事务。譬如潮州会馆干预到了家乡的赈济、公共工程、教育以及医疗税务。汕头六邑会馆(代表汕头本地商人)与上海潮州会馆保持着频繁的接触,协调糖、大米、花生的船运安排;出现问题时,则请求给予帮助。譬如1921年3月汕头六邑会馆抱怨轮船运费涨价,上海潮州会馆为降低运费与轮船公司进行了谈判,取得了成功。同年12月,一艘投保9万银元、装载了汕头货物的轮船驶离海岸后沉没。保险公司迟迟不支付赔偿,潮州会馆、广肇公所、粤侨汕头联合会一起迫使保险公司支付赔偿。1922年,潮州会馆代表汕头商店预定了一大批豆饼(用作肥料),认真解决了北方豆饼厂倒闭、豆饼价格变化、汕头委托人要求补偿等复杂情况。[①] 当时,广东时有自然灾害和战争的困扰,每当此时,广东士绅、官员都会向上海同乡呼吁帮助。凡潮州会馆、广肇公所往往都加入到提供救济的行列中。浙江宁波同乡会也积极对家乡灾害作出反应。譬如1921年8月,鄞县和奉化县遭遇洪水,同乡会建立了以朱葆三为首的宁波水灾集赈会,照管难民,掩埋死尸。该会还募集约74 000元,大部分捐给了组织当地救济的宁波道尹。[②] 同乡会还会对本乡政府的不端行为提出批评和谴责。譬如鄞县西部居民经常遭抢劫,于是便向上海同乡会诉怨,同乡会便敦促宁波警察局局长采取行动。鄞县东部的居民抱怨当地保卫队经常抢夺、欺凌平民,经同乡会向鄞县县长呼吁,成功地解散了保卫队。[③] 民国时期,战争等因素也强化了会馆

① 《潮州会馆议案备查》,1917年4月,1921年3月、12月,1922年。

② 《宁波旅沪同乡会月报》,1921年。

③ 《宁波旅沪同乡会月报》,1921年10月8、10、16日的信件。

在家乡与国家权力网络之间的调节作用。

会馆组织在努力改善家乡状况的同时,也把视线转向客居之地以外的其他同乡聚居地,在家庭事务、财产与名誉争端、慈善活动及官府的征税与滋扰方面发挥协调作用。在投入山庄(棺柩)、医院、义学及其他社会福利事业方面亦多有作为。而且在保护同乡、调解同乡之间、同乡与非同乡之间的争端等方面施加影响。

在京师等政治中心的官绅、试子会馆的蜕变显然不像工商性会馆的蜕变那样迅速,但科举制度的逐渐被动摇乃至最后被废除都迫使这类会馆不断发生着适应社会变迁的变化。

1912 年以后,闽南旅沪同乡会将泉漳会馆、三山福宁会馆作为会址。一些商界或政界头面人物往往既是同乡会的重要组织者,又参加会馆的一些重要活动,或者同时发起参加两个同乡会。如建汀会馆的创始人苏升同时又是花糖洋行公所的重要骨干。中南橡胶厂总经理庄怡生、陈友三等既是惠安旅沪同乡会的领衔发起人,又是泉漳会馆重建"敦叙堂"建筑委员会八名委员之一,庄怡生还是泉漳会馆理事。① 林玮,既是莆仙旅沪同乡会的三名发起人之一,又是仙游旅沪同乡会的发起人。② 苏福畤,龙岩旅沪同乡会主席,同时又是福建旅沪同乡会理事、救济委员会委员。③ 江一南是福建旅沪同乡会理事长,又是三山果橘会馆董事。④ 此种情况一直延续到 20 世纪 50 年代初。⑤

---

① 《泉漳特刊》1948 年 4 月,第 24 页。

② 《莆仙旅沪同乡会发起人略历表》,《仙游旅沪同乡会发起人略历表》,上海档案馆 Q6-6-969,Q6-5-1056。

③ 《龙岩旅沪同乡会》上海档案馆 Q6-5-1055。江一南:《福建旅沪同乡会一年来工作报告》,中华民国廿九年。

④ 《三山果橘会馆 1951 年 1~3 月工作情况总结》,上海档案馆 Q118-16。

⑤ 高红霞:《福建旅沪同乡团体述略》,《学术月刊》2001 年第 11 期。

会馆之所以能与同乡会等组织并存,是因为其运作也逐渐民主化,如泉漳会馆“设理事及监事,由全体会员大会用记名式投票选举之”。“理事及监事任期各一年,期满全体改选,连选得连任,但正副理事长不得连任原职四次”。[①]

据1947年泉漳会馆会员名单知,该会馆有团体会员共72个,其中银行3家,占总数的4.16%;商行与公司64家,占总数的4.16%;商行与公司64家,占总数的88.88%;工厂5家,占总数的6.94%。[②] 会馆依靠这些有实力的公司和商行,以抽厘、捐赠和房产租金,就能维持其较稳定的运行。1947年泉漳会馆大事年表显示:尽管刚历战争之创,但会馆照样维持一年12次理监事会联席会议制度,全体会员大会也召开过两次,并继续征集同乡登记入会,会馆设施的维修乃至新公墓的筹划都在有条不紊地进行。

泉漳会馆的生命力还在其积极参与政治与社会活动中显示出来。如1911年辛亥革命爆发,泉漳会馆“捐助军需五千元”,“又邀集公议房租助饷等,均极赞成。议决以三个月租金移助饷需”,同时,泉漳会馆还凭借其与海外的密切关系“函致南洋各埠劝募”。[③]

抗战期间,泉漳会馆在帮助、救济同乡难民方面做了大量有益的工作。他们准备了饼干、罐头、面包和水果等送往北站驻军处慰问,还组织中学生及同乡青年成立救护队,雇车开往前线,进行战地救护。更组织起泉漳同乡救济会,专事救济直接或间接受战争影响的同乡,供应食宿。仅三日便收容了约500人。数月后,又宣布包船送同乡回籍谋生,一周内自愿登记者600余人,最后会馆包

---

① 彭泽益:《中国工商行会史料集》,中华书局1998年版,第868页。

② 《1947年泉漳会馆会员一览表》,《泉漳特刊》,1948年版,第50~51页。

③ 《泉漳会馆助饷热》,《辛亥革命在上海史料选辑》,第633页。

租了太古公司的济南轮，将他们送到了厦门。

日本东亚同文会《支那经济全书》说：“会馆公所有假书院、庙、宫、殿、阁等名以设立者，有单独会馆公所之定名者。其内部之组织，虽有善举之敷设，而实则为商业所创立云。”①这里强调了商业往往以慈善组织的名义建立会馆，但会馆的主要功能仍在于为当时不被重视的商业提供庇护。因为中国自古以农立国，崇本抑末之说早深入人心。“官之于商，刻削之而已，困辱之而已。凡商情之向背，商力之盈亏，置若罔闻，不有会馆公所所以维持之，保护之，欲求商业之发达，岂不难哉！”②

1923 年 4 月 14 日农商部令第二六七号公布《修正工商同业公会规则》第九条：“本规则施行前，原有关于各工商业之团体，不论用公所行会或会馆等名称者，均得照旧办理，但其现行章程规例，应呈由地方实业行政主管官厅，或地方最高行政长官，转报农商部查核备案。嗣后修改时亦同。”“前项公所行会或会馆存在时，于该区域内不得另设该项同业公会。”③这表明公所行会已发生了顺应时势的变化，其实已与同业公会名异而实同。

《支那经济全书》还记录了边境省份在晚清和民国时期新建会馆的事例。如自开商埠的昆明，由于滇越铁路的建设使之成为一个商业中心，其会馆也有了明显的变化。1912 年以后增加了大量的各地会馆。昆明在 1917 年时就有江南（会员以上海、苏州、安徽等省人士为主）、八省（直隶、山东、河南、山西、陕西、安徽、甘肃以及江苏北部人组织的会馆）、两粤、湖广（会员以湖南人为主，也有少数湖北人）、建水（由省内临安府人组织）、芙蓉（由本省城人

---

① 彭泽益：《中国工商行会史料集》上册，中华书局 1998 年版，第 91 页。

② 彭泽益：《中国工商行会史料集》上册，中华书局 1998 年版，第 90 页。

③ 彭泽益：《中国工商行会史料集》下册，中华书局 1995 年版，第 988 页。

组织)、盐行(是茶商的会馆)、迤西(由云南省西部人士组织)、全蜀(会员共有一百四五十名)、浙江、贵州等11馆,其中有些是晚近才陆续建立起来的。在贵州,因有来自湖北、湖南、四川、江西的大量商人,会馆也不断向贵阳、贵定、玉屏、青溪、镇远、施秉、黄平、古州、黔西、都匀等大扩展。

……

透过上述纷繁的现象,我们看到会馆作为一种历史存在已处于蜕变和衰微中,但在很长一个时期内并没有消失,或许还发挥着一定的积极作用。当然,有时也会有消极的因素,如张勋复辟后在江西会馆大肆演戏。张作霖以奉天会馆来壮大自己的势力。

在移民区域的会馆在进入近代后显示出“准基层机构”的色彩。像重庆的会馆不仅彼此互相融合,而且在主持着“市政”的大部分工作。具体可分为六个方面:(一)警卫事项,包括保甲、团练、城防、消防;(二)慈善救济事项,包括育婴、掩埋、救生、赈灾、济贫、积谷、善堂管理;(三)公用事业如码头等;(四)商务事项如订立各商帮规程;(五)征收事项包括厘金及斗捐;(六)生产事项如试验种桑养蚕。当时的八省会馆成为社区建设的中心,弥补了官方管理机构在这些界域内的薄弱控制。其后因时移势易,八省会馆主办的事业逐渐移交地方主管机关办理。①

当然,笔者要指出的是,如上阶段性的划分只是一种从数量上所做的总体分析,而且几乎是一种静态的分析。倘若我们换一个角度去关注一个一个具体会馆,那么其创建发展与衰亡过程则互有参差,宛如家族制度一样。对会馆的个案分析将放在第二章各节中。

---

① 窦季良:《同乡组织之研究》,正中书局1945年版。

第三节　会馆发展的地域差异性

上文从历时性的角度描述了会馆发展的过程以及不同时期会馆的组成人员与功能，以下则从共时性的角度来讨论兴盛时期会馆发展的地域差异性。这里着重分析不同功能侧重的地区之间的差异。

一、首善繁盛

京师和省城是国家和各省的首善之区，同时也是会馆集中的地方，这是由京师省城作为政治、经济、文化中心的核心地位所决定的。最早出现于京师的会馆就是最早的会馆，它仅作为官僚仕宦的俱乐场所，后来有的会馆继续保持这样的传统，也有的添进服务科举的新功能，还有的专设试馆于城外，与此同时，侨居于京师的商人或投资于上述的会馆，或者另外建立商人会馆，呈现出多头并存的兴旺景象。

依朱一新、缪荃孙《京师坊巷记》和近人马芷庠《北平旅行指南》，我们可大体对在北京的会馆有初步的印象：

江苏会馆	北半截胡同
扬州会馆	菜市口路北
扬州新馆	珠巢街大院内路北
镇江会馆	官菜园上街
淮安会馆	麻线胡同路西
长元吴会馆	长巷上三条胡同
吴县会馆	延寿寺街
江宁郡馆	南半截胡同路西
元宁会馆	长巷下三条胡同路西

锡金会馆	前孙公园路北
吴江会馆	贾家胡同路东
徐州会馆	米市胡同
常昭会馆	烂缦胡同南头路西
云间会馆	大蒋家胡同
武进会馆	前青厂路北
宜荆会馆	教场头条胡同路西
昆新会馆	琉璃厂沙土园路东
如泰会馆	后孙公园
太仓会馆	宣外求志巷路北
南通会馆	宣武门大街路东
江阴会馆	米市胡同路东
宜荆会馆	校尉营
宜荆会馆	崇内贤孝牌
徽州会馆	鹞儿胡同
徽州全馆	三里河大街
凤阳会馆	排子胡同西头路南
太平会馆	草厂三条胡同路西
颍州会馆	海北寺街路南
庐州会馆	西柳树井
广德会馆	施家胡同东头路南
六安会馆	米市胡同中间
南陵会馆	草厂三条胡同路西
怀宁会馆	阎王庙路东
休宁馆	丞相胡同路西
休宁东馆	长巷上四条胡同中间路东
宣城会馆	铁香炉
歙县会馆	宣外大街达智桥

黟县会馆	南半截胡同路西
泾县会馆	南横街路北
泗州试会馆	东单牌楼干面胡同路北
婺源会馆	石猴街中间路西
婺源新馆	大耳胡同东头路南
旌德会馆	蒋家胡同路北
旌德新馆	果子巷内羊肉胡同内路南
和含会馆	杨梅竹斜街东头路南
桐城试馆	前内西城根路北
青阳会馆	施家胡同
泾县会馆	长巷头条
望江会馆	给孤寺夹道路西、一在兵马司路北
绩溪会馆	椿树头条路北
贵池会馆	长巷下四条路北
当涂会馆	琉璃厂东北园路南
望江邑馆	油房胡同
旌德会馆	大蒋家胡同
芜湖会馆	高庙
安徽会馆	后孙公园
全浙会馆	下斜街西头路西
全浙新馆	南横街东头路北
嘉兴会馆	南横街中间路北
宁波会馆	北五老胡同
浙严会馆	南五老胡同
浙慈会馆	晓市大街十九号
金华会馆	东晓市
严州会馆	大外郎营
宁浦会馆	打磨厂路北

仁钱会馆	西珠市口路南
海昌会馆	敫家坑路东
吴兴会馆	北半截胡同路西
萧山会馆	西河沿中间路南
山邑会馆	南半截胡同路西
常山会馆	新开路中间路西
慈溪试馆	小甜水井
鄞县会馆	薛家湾路北
鄞县西馆	盆儿胡同路西
浙瓯会馆	冰窖胡同路北
严陵会馆	石头胡同路东
兰溪会馆	东晓市中间路南
江山会馆	香炉营头条胡同
处州会馆	西砖儿胡同路西
宁波试馆	小甜水井
四明会馆	宣外三教寺
余姚会馆	琉璃厂路南
镇海会馆	东华门小甜水井
温州会馆	宣外教场五条
台州会馆	后孙公园
湖州会馆	宣外半截胡同
杭州会馆	长巷头条、一在虎坊桥
上虞会馆	余家胡同
绍兴会馆	南半截胡同
江西会馆	宣外大街
南康会馆	东珠市口路北
南康新馆	鲜鱼口小桥
南昌县馆	长巷下头条

抚州会馆	大吉巷
抚州新馆	香炉营头条路南
九江会馆	西珠市口路北
赣州会馆	西珠市口路北
赣宁会馆	西珠市口路北
袁州会馆	草厂七条路东
吉安二忠祠	鲜鱼口内路南抄手胡同路西
吉安新馆	潘家河沿路西
临江会馆	长巷上三条北头路东
临江会馆	长巷上二条北头路东
广信会馆	铁门
临江会馆	椿树头条胡同路北
南安会馆	草厂七条路东
义宁会馆	深沟南高井胡同路南
南昌郡馆	宣外大街
粤东会馆	打磨厂中间路南
广州会馆	草厂头条路西
潮州七邑会馆	延寿寺街路东
潮郡会馆	打磨厂
肇庆会馆	李铁拐斜街路南
惠州会馆	草厂七条胡同
高州会馆	潘家河沿路西
廉州会馆	粉房琉璃街路西
韶州会馆	蒋家胡同路南
琼州会馆	大外郎营
南雄会馆	长巷上四条南头路东
嘉应会馆	香炉营头条路南
台山会馆	西安门外

镇平会馆	虎坊桥路北
南海会馆	米市胡同
中山会馆	珠巢街
番禺会馆	上斜街路南
雷阳会馆	裘家街路东
顺德邑馆	海北寺街路南
东莞会馆	上斜街
东莞会馆	烂缦胡同
新会邑馆	粉房琉璃街、一在永光寺西街
平镇会馆	冰窖胡同东头路北
协中会馆	棉花头条路南
高郡会馆	贾家胡同路西
潮州新馆	丞相胡同路东
广州七邑馆	前孙公园路北
粤东新馆	南横街中间路北
顺德新馆	大井胡同
三水会馆	米市胡同内保安寺街
粤西老馆	銮庆胡同东头
广西新馆	北柳巷北口路东
广西三馆	海北寺街路南
广西南馆	教场五条
柳州会馆	贾家胡同中间路东
广西中馆	驴驹胡同路南
四川会馆	四川营路北
四川新馆	储库营路北
四川东馆	陕西巷
四川会馆	官菜园上街路北
夔府会馆	山西街

成都会馆	珠巢街路西
四川南馆	宣武门大街路东
全蜀会馆	永光寺西街
川西新馆	教场三条路北
重庆会馆	永光寺街路北、一在米市胡同
叙州会馆	后铁厂路南
潼川会馆	北半截胡同路东
川东老馆	棉花九条胡同
贵州会馆	樱桃斜街路北
贵州老馆	樱桃斜街路南
贵州新馆	棉花七条路北
贵州东馆	大蒋家胡同路北
贵州南馆	教场二条路北
贵州西馆	彰仪门大街路北
贵州北馆	教场六条胡同路北
云南老馆	齐化门北小街
云南南馆	西阎王庙街中间路西
云南北馆	教场头条路西
云南东馆	东便门棉花巷
理化会馆	崇兴寺路北
云征会馆	崇文门内江擦胡同路北
福州老馆	南下洼路北
福州馆	骡马市路北
延邵会馆	崇外樱子胡同路西
汀州会馆	长巷下二条路北
建宁会馆	南柳巷路东
泉郡会馆	后孙公园路北
漳州会馆	煤市街

邵武会馆	草厂二条路西
永春会馆	椿树二条西头路南
龙岩会馆	石头胡同路东
福清会馆	东砖儿胡同
同安会馆	板章胡同路北
仙溪会馆	草厂五条路东
晋江会馆	粉房琉璃街路东
晋江新馆	南柳巷路东
惠安会馆	延寿寺街内羊肉胡同路北
莆阳会馆	崇兴寺路东
漳浦会馆	煤市街路西
建宁会馆	冰窖胡同
仙游会馆	草厂五条胡同
东三省馆	西柳树井
奉天会馆	旧刑部街
吉林新馆	石老娘胡同
山左会馆	教场头条
济南会馆	宣外烂缦胡同
青州会馆	门楼胡同
汶水会馆	粉房琉璃街
齐鲁会馆	手帕胡同
山右会馆	明因寺胡同、一在鞭子巷
山西会馆	前外东小市
西晋会馆	东阎王庙后街
太原会馆	皮库胡同
平阳会馆	小蒋家胡同
潞安会馆	西珠市口
河东烟行会馆	彰仪门内大街

泽郡试馆	崇外花市四条
代州会馆	西河沿粗旗杆庙
平定会馆	板章胡同
晋太会馆	百顺胡同
汾阳会馆	王广福斜街
河东会馆	前外小蒋家胡同
盂县会馆	西珠市口紫竹林
介休会馆	北官园路北
三忠祠	土地庙上斜街
绛山会馆	椿树胡同
河南会馆	粉房琉璃街
中州老馆	骡马市大街
中州新馆	丞相胡同
中州乡贤祠	土地庙上斜街
开封会馆	贾家胡同
归德会馆	贾家胡同
归德会馆	草厂头条
怀庆会馆	潘家河沿
光州会馆	米市胡同路东
中州南馆	米市胡同路西
光州新馆	官菜园上街路西
岳武忠王祠	宣外达智桥路北
曲沃会馆	虎坊桥路北
襄陵会馆	余家胡同
翼城会馆	虎坊桥路南
灵石会馆	宣外大街路西
永济会馆	宣外大街路东
解梁会馆	粉房琉璃街

平介会馆	前外鹞儿胡同
闻喜会馆	宣外赶驴市
洪洞会馆	彰仪门大街
西晋会馆	彰仪门大街
赵城会馆	紫竹林
直隶老馆	骡马市路北
河间会馆	驴驹胡同路北
正定会馆	敫家坑路西
津南会馆	西珠市口
深州会馆	报国寺路南
唐县会馆	冰窖胡同路北
天津试馆	东珠市口
大宛试馆	西河沿
遵化试馆	崇外上二条
直隶乡贤祠	宣外下斜街
南丰会馆	北柳巷南头路西
泸溪会馆	深沟内墙缝胡同南口路北
南城会馆	长巷下三条西头路南
南城新馆	魏染胡同
金溪会馆	长巷上三条南头路东
广丰会馆	长巷上二条中间路东
德兴会馆	长巷上四条南头路西
新城会馆	长巷上四条南头路西
新城西馆	椿树胡同上三条
平乐九邑会馆	延寿寺街
萍乡会馆	粉房琉璃街中间路西
临川会馆	裘家街路西
奉新老馆	东河沿中间路西

奉新南馆	驴驹胡同东口
奉新北馆	果子巷内羊肉胡同
宜分万会馆	板章胡同路西
上新会馆	长巷下四条路北
鄱阳会馆	茶儿胡同路北
高安会馆	燕家胡同西小胡同路北
武宁会馆	北芦草园
武宁会馆	高井胡同南青云巷路西
进贤会馆	高井胡同南青云巷路西
新建东馆	长巷下头条路南
新建南馆	王广福斜街路西
丰城会馆	长巷下头条胡同路南
丰城南馆	保安寺街路北
安西会馆	板章胡同路北
庐陵会馆	大席儿胡同
浮梁会馆	东河沿路南
德化会馆	大席儿胡同路西
黎川会馆	椿树胡同
石棣会馆	大席儿胡同路东
永新会馆	报国寺对过路南
永新西馆	教场头条口路东
永州会馆	宣外贾家胡同
汉阳会馆	崇兴寺
南昌县东馆	长巷上四条路东
吉安老馆	抄手胡同
邦省会馆	草厂二条胡同
安福会馆	西草厂胡同路北
永丰会馆	宣武门大街

抚临会馆	宣外大街
惠安会馆	东羊肉胡同
湖广会馆	虎坊桥
湖南会馆	烂缦胡同
长沙会馆	草厂十条路东
上湖南馆	草厂十条路东
辰沅会馆	草厂十条路东
酉西会馆	杨梅竹斜街路北
长沙邑馆	椿树三条胡同
宝庆会馆	草厂下五条路北
常德会馆	高庙北头条路西
澧州会馆	海北寺街
湘潭会馆	南官园内粪厂路西
岳阳会馆	长巷下四条路北
善化会馆	宣外大街路东
巴陵会馆	高爵街南头路西
湘乡会馆	烂缦胡同路西
永靖会馆	宣外永光寺中街
郢中会馆	麻线胡同路东
湖北会馆	永光寺
襄阳会馆	南横街路南
汉阳会馆	草厂上八条胡同北头路西
宜昌会馆	虎坊桥路北
安陆会馆	新开路中间路东
兴国会馆	草厂头条路东
江夏会馆	排子胡同路南
黄陂会馆	潘家河沿南头路西
黄冈会馆	草厂头条路北

孝感会馆	草厂上七条胡同中间路西
云梦会馆	东阎王庙前街北头路东
麻城会馆	草厂头条路北
应山会馆	打磨厂中间路北
蕲水会馆	东柳树井路北、一在贾家胡同
京山会馆	草厂十条路东
武昌会馆	长巷上头条中间路西
咸宁会馆	椿树头条路北
郧阳会馆	教子胡同路西
钟祥会馆	打磨厂
沔阳会馆	十间房路北
天门会馆	宣外大街路东
蕲州会馆	磁器口路北
陆安会馆	麻线胡同
荆州会馆	三里河平乐园
关中会馆	宣外大街路西
汉中会馆	后青厂路北
甘肃会馆	教子胡同路西
凤翔会馆	后青厂路北
凤翔后馆	北极巷路西
榆林会馆	后青厂路西
凉州会馆	大外郎营
延安会馆	四川营路西
华州会馆	南柳巷路东
韩城会馆	宣武门大街路东
咸长会馆	宣武门大街路西
渭南会馆	八角琉璃井
朝邑会馆	前孙公园

泾阳会馆	大外郎营路东
蒲城会馆	铁老鹳庙路西
大荔会馆	铁老鹳庙路西
蒲城会馆	教场五条路北
三原会馆	五道庙路西
郃阳会馆	椿树上二条
甘肃北馆	宣外山西街
渭南老馆	潘家河沿
贵州会馆	樱桃斜街
云南会馆	朝阳门北小街
忻庆会馆	崇文门内西城根
梨园会馆	前门外东珠市口精忠庙内
西金行会馆	前门外庆云巷大院六号

首先,从上面所列我们不难看出,不少省府州县都在京师设立两所或两所以上的会馆,有的把会馆还作了区分,如山东有山东试馆一所,山东会馆一所。我们可以断定,山东试馆是服务于科举考试的专门会馆,而山东会馆则可能就是兼顾其他的会馆。在京师的广州会馆有两所,一所为"士大夫私焉",一所为"商人私焉"。[①]尽管士大夫会馆与商人会馆在办馆宗旨上是一致的,但是服务对象却是各有侧重的。

其次,地域性是会馆的基本联系纽带,但地域的大小却各不一样,有的以两省为单位,有的则小到以县邑为单位。在地域性的前提下,行业性会馆也纷然兴起,它们是地域性的同业人员取得京师该行业垄断地位的重要表征。

再者,各地域在京会馆的分布数额相差悬殊,为此日本学者川

① 李华:《仙城会馆记》,《明清以来北京工商会馆碑刻选编》,第1页。

胜守曾专门制表如下[①]:

省份＼分布		内城	正阳门外大街	正阳门外东珠市口	正阳门外西珠市口	崇文门外大街	广渠门内大街	宣武门外大街	广安门内大街
华北	河北			1	1	1		2	5
	山东					2		1	2
	山西	1	4	3	6	10	2	7	13
	河南		1		1	2		2	11
	陕西			1				5	19
	甘肃							3	
	盛京			1					
华中	江苏		5	1				3	18
	安徽		8	4	3	4	1	1	16
	浙江	2	2	1	2	10		3	16
	江西		29	5	3	5		5	19
	湖北		1	1		17		2	8
	湖南		2		1	7		1	4
	四川							4	11
华南	福建		5	3	1	2		2	14
	广东		2	1		5	1	1	18
	广西		1			1		1	16
	云南		1					1	3
	贵州	1	1					2	3
不明				2					6
合计		4	62	23	19	66	4	46	194

由此表可见,不仅不同省份在京会馆数多有差异,而且各省会馆的分布区位亦各有侧重,这表明各省流寓京师之人在谋求发展

① 叶显恩主编:《清代区域社会经济史研究》下册,中华书局 1992 年版。

的道路选择上也不一样，譬如江西会馆有六十六所之多，其中有二十九所集中分布在正阳门外大街，多把服务于科举放在首位，从而形成了明乃至清江西籍官员把揽朝政的显赫局面。而在山西会馆中，商人则占其中很大成分。像颜料会馆、临襄会馆、晋翼会馆、潞安会馆、河东会馆、临汾会馆、盂县会馆、襄陵会馆、浮山会馆等都是服务于商人的会馆。应该说，京师的科举会馆与商人会馆的发展是相互依存、共消共长的。诚如夏仁虎所言：

> 考试取士为清代登进人才唯一之途径。然至于末年，风气亦稍稍替矣，但京官仕途尚不芜杂。凡以别途进者限制极严，差缺升途皆无望也。其为纳赀为郎者，率皆科举之士，先纳一官，以为留京应试，揣摩风气之地，天下英才入吾彀中，殆人主牢笼才杰之长策欤？北京市面以为维持发展之道者有二：一曰引见官员，一曰考试举子。然官员引见有凭引期限，其居留之日短。举子应考，则场前之筹备，场后之候榜，中式之应官谒师，落第之留京过夏，远省士子以省行李之劳，往往住京多年，至于释褐。故其时各省会馆以及寺庙客店莫不坑谷皆满，而市肆各铺，凡以应朝夕之求馈遗之品者，值考举之年莫不利市三倍。迨科举既废，市面遂呈萧索之象，于朝于市，其消息固相通也。①

南方人由科举谋求发展与北方人由经商谋求发展形成了互补共进的态势。夏仁虎又曾说：“北京工商业之实力，昔为山左右人操之，盖汇兑银号、皮货、干果诸铺皆山西人，而绸缎、粮食、饭庄皆山东人。”②当然，比较多的会馆并没有这种职业的分工与偏重，而

① 夏仁虎：《旧京琐记》卷六《考试》。

② 夏仁虎：《旧京琐记》卷九《市肆》。

是对“历来服官者、贸易者、往来奔走者”尽行收容。吕作燮先生认为：“清朝北京的四百四十五所会馆……纯属同乡会馆，只要是同乡旅京人士，均可到会馆聚会和居住，而每三年一次的科举考试时，这些会馆都必须接待同乡士子住宿……更多的会馆是多用途的。”①对大部分京师会馆来说，多用途实有其必然性。首先，京师作为首善之区，来往京师的人势必很多，阶层成分也很复杂，但并非每一阶层都有能力创办会馆，经济实力是会馆得以创办的直接基础。其次，设在京师的为科举服务的会馆主要在科考时间内才用于接待士子，平时很少有滞留在此的试子，很可以服务于其他人士。闽人陈宗蕃说：“会馆之设，始自明代，或曰会馆，或曰试馆，盖平时则以聚乡人，联旧谊。大比之岁，则为乡中试子来京假馆之所，恤寒畯而启后进也。”②像歙县会馆对“初授京官与未带眷属或暂居者，每月计房一间输银三钱，以充馆费，科场数月前，务即迁移，不得久居”。其后又规定：“非乡会试之年，谒选官及来京陛见者，均听于会馆作寓，每间月出银一钱，按季送司年处。”③前一条规规定有眷属者不能入居，是担心到时无法迁移，而对单身京官却比较方便。康雍时期的谢济世总结说：“京师之有会馆也，贡成均、诣公车者居停之所也，无观光过夏，则大小九卿、科道、部曹、中行、评博、候补者以次让；无宦游之人，则过往流寓者亦得居，非土著则不可，僦于人亦不可，例也。”④这可以说是反映了京师大部分会馆的实际情况。

首善之区的繁盛势必影响到各地，南京曾作为明开国的帝都，其后也依旧作为南直隶，成为附近许多省份科举考试的所在，设在这里的湖南会馆、安徽会馆、八旗会馆、歙县会馆都执行过这一方

---

① 吕作燮：《明清时期的会馆并非工商业行会》，《中国史研究》1982 年第 2 期。

② 李景铭：《闽中会馆志》卷首《陈宗蕃序》。

③ 寺田隆信：《关于北京歙县会馆》，《中国社会经济史研究》1991 年第 1 期。

④ 谢济世：《以学集》，引自李家瑞：《北平风俗类征》下册，第 398 ~ 399 页。

面的功能。由于这里的地位显赫,亦呈会馆聚集之势。"金陵五方杂处,会馆之设,甲于他省,中州在糯米巷,三楚在赛虹桥,旌德在党家巷,太平在甘雨巷,陕西在明瓦廊,贵池在黄公祠,新安在马府街,洞庭在徐家巷,崇明在江东门……若评事街之江西,武定桥之石棣,牛市之湖州,安德门之浙东,颜料坊之山西,天妃宫之全闽,陡门桥之山东,百花巷之泾县,殿阁堂楹,极为轮奂。江西会馆大门外花白楼一座皆以磁砌成,尤为壮丽。"①吕作燮先生又从其他史料中找到了一些有关会馆的记载:中州会馆有新老两馆,嘉庆年间江宁知府吕燕昭先在南通州任职时便捐资修葺在糯米巷的老馆,后又在其旁创建新馆一座。在安德门关帝庙有浙东会馆,在窑湾有安徽庐江会馆、三河会馆,在钓鱼台有由原曾国藩府第改建的湖南会馆,在下浮桥街有由原桐城商人姚氏住宅改建的安徽会馆,在聚宝门外西街有安徽金斗会馆,在西华门大街牛市有浙江会馆,在马道街有安徽庐州会馆,在栏杆桥有徽州会馆,在钞库街有新歙会馆,在东牌楼有潜山会馆,在油市街南有旌扬会馆,在油市有福建会馆,在水西门外有湖北会馆,另外还有两广会馆、四川会馆、安徽金东会馆、婺源会馆等。② 在所有这些会馆中,或者有试馆,抑或有官商合办会馆,同时亦包含了较多的商业会馆,它们的共同繁盛成为南京这一政治、文化、商业中心繁盛的重要标志。

同京师一样,省城经常也是工商业或商业的中心,因而服务于工商业的会馆亦多有存在。开封是河南省城,也是商业中心。康熙年间寓居开封的山西、陕西商人在龙亭东侧修建山西会馆,到乾隆时山、陕商人合建山陕会馆。嘉庆十七年(1812)《山陕会馆晋蒲双厘头碑记》载:此关帝庙初建时,"接檐香亭五间,旁构两庑,

① 甘熙:《白下琐言》卷一。
② 吕作燮:《南京会馆小志》,《南京史志》1984 年第 5 期。

前起歌楼，外设大门，庙貌赫奕，规模宏敞。每逢圣诞，山陕商民奉祭惟谨”。[①] 后经嘉庆四年(1788)、道光四年(1824)、八年、十四年、十八年及同治三年(1864)多次修葺，日臻完善。康熙二十年(1861)监生王安福所建会馆乡贤祠在西门街，为浙人公建祀神饮福之所，康熙五十八年司狱丁震宣等建为会馆，雍正六年(1728)候选知县周文德予以拓修。浙江会馆，于乾隆四十三年(1778)由浙江人何恭慧、章继辉发起创建。光绪年间，浙江人廉晋省集资在会馆前院加盖群楼罩棚、戏台，并扩充西院房舍一所。福建会馆，在理事厅街，乾隆年间由林义兴、谢开泰发起修建。江苏会馆，由道台邹鸣鹤捐资创建于道光三十年(1830)。两广会馆，道光年间由广东人张厚巷、杨掇香等八人倡议修建。安徽会馆，在双龙巷北，建于道光年间。两湖会馆，在省府后街，建于咸丰七年(1857)。山东会馆，在省府后街，曾于光绪三年(1877)重修。冀宁会馆，原名八旗会馆，又称直奉会馆，建于道光年间，位于今自由路中段。云贵川会馆，在大袁坑沿街路，为云南人赵金波集资创建于光绪四年(1878)。覃怀会馆，位于莱胡同路南，于嘉庆十七年(1812)由在开封的怀庆府八县(温县、孟县、沁阳、济源、武陟、修武、阳武、原武)商人集资筹建；光绪十八年(1892)，由药商同仁中、同仁福捐资修大殿一座，陪廊各两楹。1924年又增修大楼一座，中建戏台。汜水会馆，在南京巷，由在开封经营的河南汜水商人集资修建，“占地三亩零，系马云衢、曹润泉等于光绪三十二年(1906)发起，由本县在开封商人捐办，嗣经魏星五、赵跻堂及绅界捐认，修成二进院，房屋五十余间，用钱一万六千余串”。陈州会馆，又名陈州七区同乡会馆，位于驿馆街路北，是由寓汴的淮阳、西华、项城、商水、沈丘、太康、扶沟商人集资建立的。时至1946年，外地商人在开封建立会馆六十三所，涉及全国二十一省六十

① 开封山陕甘会馆碑记(实物遗存)。

七县区。[①]

在山东省城济南,从道光朝至光绪朝,客居济南的官绅商人就曾按隶籍先后在济南建立山陕会馆(道光)、湖广会馆(同治)、浙闽会馆(同治)、中州会馆(光绪初)、安徽会馆(光绪)以及江南会馆和浙绍乡祠。这些会馆除山陕会馆以商人为主外,其余大部分是以官绅为主。[②] 山东省城济南的会馆,绅与商的组合是基本特征,但其指向在商。湖广会馆建于清初,同治九年重修,由湖南、湖北两省绅商设立。浙闽会馆建于嘉庆年间(1796~1820),由浙江、福建两省绅商组建,约二百多人,商人居多数。山陕会馆亦由二省绅商创立,商人居多数。[③] 这些都体现了商人与官绅的相互依存关系。

在福州有十余省份在此设立会馆,如江西会馆、湖南会馆、湖北会馆、河南会馆、两广会馆、奉直东会馆、广东会馆、安徽会馆、山陕会馆、蜀滇黔会馆、浙江会馆、全浙会馆、浙绍会馆、闽浙会馆、江苏会馆等,还有本省地方的兴安会馆、延平会馆、寿宁会馆、浦城会馆等。[④] 都具有商业性质。

傅衣凌先生说过:“一般方志既不提当地在京师所建的会馆,更自忽略为当地童生赴府城考生员而设的府城试馆和为生员赴省城投考举人而设的省垣会馆,但方志中亦偶有记载,如广东顺德在乾隆期间实于广州城外有‘邑馆’,诸乡绅及赴试文武生童必于此雇夫挑装入城。湖南邵阳于道光甲申在长沙建立省城‘试馆’。湖南湘乡和酃县亦有省垣试馆。又有临海县在杭州设临海试馆,金华下属八县除金华系府城无需府试馆外,其余七县都在府城设有试馆。金华、兰溪、义乌、东阳、永康五县在杭州亦均设有试馆。

① 王兴亚:《明清河南集市庙会会馆》,中州古籍出版社1998年版,第206~207页。

② 庄维民:《近代山东市场经济的变迁》,中华书局2000年版,第307页。

③ 庄维民:《近代山东的商人组织》,《东岳论丛》1996年第2期。

④ 郑拔驾编:《福州旅行指南》第四编《官署及公共事业》。

江西乐平最早于万历三十四年（1606），在南昌设乐平试馆，另在府城饶州也设有试馆，又如鄱阳本身虽系府城，仍有郡城试馆。吉安府属的泰和县当同治期间在南昌已设有试馆五所，曰'泰和试馆'、'云亭试馆'、'琼林试馆'、'书升试馆'、'五六试馆'，'五六试馆'为该县五十六都人士所独建，专为该都赴省乡试试子所设。在福州则有永定试馆、永泰鄢氏试馆。"[①]我们稽诸其他史料，发现了不少类似于傅先生提到的例子，有的是府县在省城设试馆，有的甚至是乡在省城设试馆，还有极少数颇有财力的家族设置试馆，似乎是在为本家族应试弟子提供更为悉心周到的服务。福建连城县就在省会福州设立了为赴省乡试士子服务的黄、罗、李、张、杨、项各姓试馆近十所。这些试馆大都在省会贡院附近，因为贡院为历代全闽士子考试的试场，试馆建在它的周围可以使参试士子就近进入贡院试场，更能使之产生如归之感，不致如飞鸦噪林，备受无处栖身之苦，还可以提前到省，住在试馆，静心揣摩，充分准备。示例如下：

黄家试馆，在贡院前，离考场最近，面积约350平方米，黄国奎家属住一户，其余为其亲戚和当地居民占住。门前街道宽广，交通便利。

罗氏试馆，在贡院埕左营司巷内，面积约500余平方米。在各会馆中较为宽广，前临莲塘，右邻林家祠。门前嵌有"罗氏试馆"直式石碑，至今尚保全完好，为全邑罗姓集资筹建。

李家试馆，亦在左营巷，与罗氏试馆相距百步，面积约250余平方米。

在宫巷的罗家试馆，面积不大，清幽整洁，为甘溪罗姓

① 傅衣凌：《明清封建各阶级的社会构成》，《中国社会经济史研究》1982年第1期。

所建。

张家试馆,在官巷,紧靠林则徐宅第,面积仅次于左营司罗氏试馆。①

设在省城的州县会馆,在服务于科举之外,一般也为接待同乡同族人服务。总之,这一类主要服务于科举的会馆大多由官绅出资兴建,也有少数为商人独资兴建,或为官商合资兴建,他们都把应科举作为升入统治阶层的有效途径,或为了相互援引,彼此奥援,扩大地方势力或家族势力,或者为了自己青史留名,显示出较为浓厚的政治倾向性。

在广州有新安会馆、四川会馆、杭嘉湖会馆、西湖会馆、金陵会馆、宁波会馆以及本省地方的潮州八邑会馆、钦廉会馆、肇庆会馆、增城会馆、惠州会馆等。②《海关十年报告》(1882～1891)中说广州有二十三个会馆,其中一个是八旗会馆,其他的是各省或府、县地方人士组成的会馆。其他一些会馆都包含了强烈的商业色彩。据喻守真等编著的《全国都会商埠旅行指南》记载,广州有会馆二十五所,分别为奉直、山陕、江西、江苏、福建、四川、云贵、云南、广西、湖北、湖南、安徽、杭嘉湖、浙绍、宁波、金陵、漳州、湄州、新安及本省之肇庆、八邑(潮属八邑)、嘉应州、惠州、钦廉、西湖等。1934年广州市政府刊印的《广州指南》中列出的数量是十八所,或以是否保持与官方的正常联系为准。

在清代广州,康熙十四年(1675)即出现金融业的同业会馆——银行会馆。据广州市博物馆保存的同治《重修银行会馆碑记》称:“粤东省垣银行会馆……祀其先师赵公,肇建自康熙十四年,重修于五十年。厥后六十一年及雍正九年、十二年,乾隆十三

① 罗心如:《福州的连城会馆》,《连城文史资料》1987年8月版。

② 周伟光编:《广州指南》,第450页,《会馆一览表》。

年、三十四年屡次重修。”乾隆三十四年(1769)参加重修的银号为三十四家,到同治十二年(1873)重修时出资的银号增至六十四家。银行会馆的建立及屡屡重修,体现了广州金融行业的繁荣和兴盛。同治七年(1868),广州府属的新安、三水和东莞分别设置东莞会馆、广宁会馆、怀阳会馆、连山会馆、冈州会馆和新会会馆等具有商业性质的会馆。

福州、广州等地商业会馆的兴盛可以看作是沿海城市商业化的重要标志。

在广西南宁,左右江的交通带动了当地的商业发展,使南宁成为流域内土特产的集散地。广东商人较为活跃,建有广东省馆——粤东会馆(在会馆街)、梅州书院(在上郭街,嘉应州商人建)、二邑会馆(在三界坊街,东莞南海二县商人建)、要明书院(在上郭街,高要、高明商人合建)、钦廉会馆(在上郭街,钦州、廉州商人合建)。① 内地的政治中心也迅速发展为区域性商业中心。

总体而言,明清时期政治中心先以士绅、试子会馆为主,即使是商人兴办的会馆往往亦以服务于士绅和试子为目标,但因为政治中心往往能带动商业的繁荣,许多政治中心也设在交通便捷之地,因而商业性会馆亦迅速发展,无论是士绅试子会馆,还是商业会馆,都可共同印证政治中心的政治、经济发展水平,成为地方商业经济、市场经济变化和经济综合实力兴衰的重要表征。

二、阛阓喧腾

在明清时期,一批新兴的工商城市发展起来,它们或利用本地的资源优势发展起名闻遐迩的独具特色的手工业,或利用便利的地理条件吸引着来自八方的大小商人前来经商,于是,有的旧城商

① 《邕宁县志》卷四《商业团体》。

业化了，有的小村、小镇变成了工商业都市，在苏州、扬州、上海、通州、佛山、潮州、汉口、临清等地，阛阓喧腾，其中设置的众多会馆成为汇集它们辉煌历史的最好见证。

我们翻检了这些城市的方志碑刻资料。如设在苏州的四十八所会馆中有二十七所为商人专门出资兴建，其他二十一所为官商合建。作为商业城市，“姑苏为东南一大都会，五方商贾，辐辏云集，百货充盈，交易得所，故各省郡邑贸易于斯者莫不建立会馆”。[①] 由于苏州地处交通枢纽之区，南来北往的官绅也很多，因而即使是商人建立的会馆，经常也能容纳官绅，像潮州会馆规定，“凡吾郡士商往来吴下懋迁交易者，群萃而憩游燕息其中”。[②] 金华会馆碑记中说：“吴郡金阊，为四方士商辐辏之所，故建立会馆，备于他省。吾乡金华郡治，实统有数邑人士，或从懋迁之术，或挟仕进之思，莫不往来于吴会。乾隆初年始倡议募资于金阊门外南濠地，创构会馆，供奉关圣帝君，春秋祭祖，于是吾郡通商之事，咸于会馆中是议。距乾隆年来，逮今已有百祀。”[③]武安会馆碑记说：“苏州东南一大都会也，南达浙闽，北接齐豫，渡江而西，走皖鄂，逾彭蠡，引楚蜀岭南，凡弹冠捧檄，贸迁有无而来者，类皆设会馆，以为停骖地。”[④]像八旗奉直会馆甚至还主要服务于往来苏州的游宦，其《八旗奉直会馆名宦题名碑》中说：“吴趋东南一大都会也。吾乡官斯土者代有名贤，故游宦之人日萃集焉，八旗奉直会馆之设，为游宦者群集之所，亦以协寅恭敦乡谊也。”[⑤]吴兴会馆“系乾隆五十四年浙湖闵峙庭中丞抚苏时建造。虽为绉绸业集事之所，

① 《嘉应会馆碑记》（嘉庆十八年），《明清苏州工商业碑刻集》，第350页。

② 《潮州会馆碑记》（乾隆四十九年），《明清苏州工商业碑刻集》，第340页。

③ 《重修金华会馆碑记》（道光十六年），《明清苏州工商业碑刻集》，第359页。

④ 《武安会馆碑记》（光绪十五年），《明清苏州工商业碑刻集》，第364页。

⑤ 《八旗奉直会馆名宦题名碑》（光绪十六年），《明清苏州工商业碑刻集》，第365页。

而湖人官于苏者,亦就会馆团拜,以叙乡情,故不曰公所而曰会馆也”。[①] 这些都程度不同地反映了商与官的结合。但商人设置的会馆和专为商业服务的会馆却占绝大多数,这是因为苏州除了是一个政治中心外,更主要的是已成为一个商业城市,钱江会馆碑记中说。“会馆之设,肇于京师,遍及都会,而吴阊为盛,京师群萃州处,远宦无家累者,或依凭焉。诸计偕以是为发楇骂鞍之地,利其便也,他都会则不然,通商易贿,计有无,权损益,征贵征贱,讲求三之五之之术,无一区托足,则其群涣矣。”[②]有的会馆更具有了行业性,乾隆二十三年(1758)由浙杭绸商建的钱江会馆,乾隆二十七年(1762)由常州府猪商建的毗陵会馆(别称猪行会馆)。咸丰二年(1852),旅居江苏江都仙女庙镇的湖北木商建湖北会馆(又称木商公所)。咸丰八年(1858),上海木船户禀准设木商公所,光绪二十四年(1898)改名木商会馆。其中行业性与同乡性几乎重合,这里揭示了京师与工商城市会馆的内在差异性。

像安徽芜湖亦是长江沿岸的商业城市,这里分布着众多的会馆,如山东会馆早在明季便建在芜湖县外下一五铺杭家山脚下,湖北会馆则由旅芜船户与官商共谋恢张,湖南会馆原建于丹阳乡观音桥后禹王宫旧址,到同治时由曾国藩等同乡官商捐赀另购西门外升平铺基地重建会馆,广东会馆于光绪十五年(1889)由粤商米号筹资建筑,亦名广肇公所,以在芜业商者广州肇庆两府之人居多。潮州会馆“在江口驿前铺,光绪十二年由潮商米号筹资建筑,潮人之商于芜湖也,以米为大宗,曩以无集合地常失地利,因亟营造会馆一所。凡三重,前为正门,颜曰潮州会馆,门以内悬米业商会”。泾县会馆由商人集会之所演为士商共同捐赀建筑。太平会

---

① 《吴兴会馆房产新旧契照碑》(光绪二十五年),《明清苏州工商业碑刻集》,第48页。

② 《吴阊钱江会馆碑记》(乾隆三十七年),《明清苏州工商业碑刻集》,第19页。

馆“即仙源公所,在西门内长街,同治五年由太平旅芜士商捐建”,旌德会馆创自道光十年(1830),为同乡集会之所。山陕会馆“在下一五铺严家山下初秦晋会馆,原在范罗山右护国庵,嗣因与鲁人清理,将护国庵划为山东会馆。光绪三十一年复在严家山下定慧庵旧址建筑会馆”。安庆会馆“一名六邑公所,在二街,光绪三十一年由安庆六邑米商筹捐购地兴建,计屋四重,凡六邑,米商有事咸集议于此”。江苏会馆为江苏士商所建。宁波会馆由旅芜宁波同人共建,浙江会馆“在西门外石桥港巷内,光绪十九年安徽巡抚沈秉成、皖南道袁昶及旅芜浙江同乡捐资购地创建”。江西会馆“在驿前铺,同治十年安徽巡抚吴绅捐修,其购置住宅,复经旅芜赣人集资改造为江西全省旅芜士商集会之地”。福建会馆由闽省旅芜商民醵资建筑。潇江会馆是由临清旅芜木商捐赀建成。这些事例或表明会馆由商人众建,或由商仕合建。[①] 其目的或在于商人自行管理,或者由仕来把握会馆的发展方向。

扬州地处南北交通之枢纽,是当时盐铁的转运港口,各方货物在此集散,一时商业鼎盛,故外省旅居扬州者亦多,多有会馆设置,像山陕会馆、岭南会馆、湖北会馆、湖南会馆、江西会馆、安徽会馆和靖江会馆等。而湖南、江西和安徽会馆都集中在扬州新城“花园巷”,[②]点缀着该区商业喧腾的壮丽。

在河南洛阳,山陕会馆康熙至雍正年间建于老城南关菜市东街,[③]嘉庆年间重修,道光十五年(1835)再次大修,占地面积近百亩。潞泽会馆(原名关帝庙,1941 年改是名)始建于乾隆九年(1744),位于洛阳老城东关新街南,占地面积约二十六亩,乾隆二十四年(1759),建造关帝庙时,由二府七个行业的二百二十五家

---

① 《芜湖县志》卷十三《建置》。

② 朱江:《扬州园林品赏录》。

③ 李裕堂:《东都山西陕西会馆碑记》,现存洛阳山陕会馆。

商号捐银三万六千二百四十三两，乾隆三十二年（1767）五月，山西潞泽六个行业九十家商号，又捐银一千一百两，在洛南曹屯村购买香火地一百三十一亩六分六厘。

在上海这样近代以来兴起的商业城市中，会馆的设置层起迭出，其中有康熙五十四年（1715）建的商船会馆，乾隆十九年（1754）建的徽宁会馆，乾隆二十二年建的泉漳会馆，乾隆四十八年建的潮州会馆，嘉庆初建的建汀会馆，嘉庆十七年（1812）建的新安会馆，嘉庆二十四年建的浙宁会馆，道光十九年（1839）建的潮惠会馆，道光二十一年建的湖州会馆、江西会馆，道光年间建的山西会馆、山东会馆，咸丰五年（1855）建的茶业会馆，咸丰七年建的浙宁会馆，咸丰八年建的木商会馆，同治初建的洞庭东山会馆，光绪二年（1876）前建的徽州会馆、绍兴会馆、丝业会馆，光绪三年建的药业会馆，还有光绪十二年建的揭普丰会馆、湖南会馆，光绪十五年建的楚北会馆、沪北钱业会馆，光绪三十一年前建的东鲁会馆，光绪二十三年建的三山会馆，光绪三十二年建的嘉郡会馆，光绪末年建的沪南果橘三山会馆以及宣统年间建的常州八邑会馆、彩票会馆、南海会馆、定海会馆，还有年代不清的通如崇海会馆、湖州会馆、舟山会馆、顺德会馆、全皖会馆、晋业会馆、顺直会馆、淮安会馆、苏州会馆、钱江会馆、浙绍会馆等。[①] 另外还有许多不以会馆命名的公所、堂庙等。[②] 当时的竹枝词说："江干市舶集如云，会馆巍峨列郡分。闻说建汀名最著，地灵筹笔驻行军。"[③]这里说的是福建商人在上海曾经执商界之牛耳。此当与福建商人较早便凭借对海神护佑的笃信，凭借着海上贸易能立致富裕的心愿，争相出海。"东西洋货客争捐，脚底生涯走露天。东手接来西手去，个中

① 范金民：《明清江南商业的发展》，南京大学出版社1999年版，第295～297页。

② 叶显恩主编：《清代区域社会经济史研究》，中华书局1992年版。

③ 袁翔甫：《海上竹枝词》。

扣用五分钱","央求荐保费吹嘘,入市而今胜读书。底怪门前桃李少,束脩多半付陶朱"。人们丢开书本,投身商海,为的是那里有无穷的机会,为的是那里多能获得成功的喜悦。于是在上海这个海滨之地,"南通闽粤北辽燕,海陆珍罗价万千。邑号海疆形胜地,却无洋面御烽烟。"①上海成为海上贸易的南北中心。

汉口是一个入清以后才兴盛起来的商业都市,它"东连吴会,西通巴蜀,是以瑰货方至,集贿纷陈,鬻良襟苦,既引既迁,居斯地者多半商贾致富"。市井"比廛而居,转输搬运者,肩相摩,踵相接。九州四海之物,殊形异状,来自远方者旁溢露积",而且"滨江舳舻相引数十里,帆樯林立,舟中为市,盖十府一州商贾所需于外之物,与外部所需于湖北者,无不取给于此,繁盛极矣"。"喧呶之声,夜分未靖。""汉口不特为楚省咽喉,而云贵、四川、湖南、广西、陕西、河南、江西之货,皆于此焉转输。虽欲不雄天下,不可得也。天下有四聚,北则京师,南则佛山,东则苏州,西则汉口。然东海之滨,苏州而外,更有芜湖、扬州、江宁、杭州以分其势,西则惟汉口耳。"②汉口成为当时的转运重镇,是"门货南珍"、"吴商蜀客"集中之地,它"南行接巴蜀,西去连郢都,人言杂五方,商贾富兼并"。优越的地理条件为其商业的发展插上了强健的翅膀,也为各地商人云集汉口创造了优越的条件。据《夏口县志》载,汉口有来自湖北和全国各地商人所组织的维护商人利益的组织,有明确成立时间的共有一百二十三所会馆、公所。其中建于道光以前的三十七所,占30%,建于宣统之前的有七十所,占57%。③ 这些商业组织集同乡、同业于一炉,联络感情,又寻求商人的共同利益。据吕作燮先生统计,在汉口的二十七所会馆中明确由商人建的共十七所,

① 袁翔甫:《海上竹枝词》。
② 刘献廷:《广阳杂记》卷四。
③ 《夏口县志》卷三《建置志》。

是会馆中的绝大部分。①

湖北沙市在明代称沙头市，地邻荆州府治，交通便利，市场繁荣。明政府设有巡检司和抽分司，管理治安，征收商税。当时，沙市腹地的农副产品和手工业品，如粮食、棉花、油料、布匹、丝绢等大量涌入沙市，四川、湖南、云南、贵州、江淮等地商品源源不断运至沙市集散。在众多的外地商品中，四川以楠梓等木材为主，江淮以食盐、布匹、丝织品为多，湖南主要是粮食、木材，云南贵州则主要是铜、铅、锡等矿产品。到清代中期，沙市成为湖北第二大都市。乾隆《江陵县志》记载了黄州、武汉、晋陕、福建、徽州、江西、金陵、吴兴等八个会馆。② 各地会馆经营自己独特的商品，如江阳帮由江浙人组成，人数较多，主要经营布匹，如徐永兴布店很有名气，开埠后发展更快。武昌帮主要经营丝绒、清水包头、锦缎被面。黄州帮经营锡器，以后又经营棉花，号称“白老虎”。四川帮以经营土特产、川盐为主，从沙市贩卖土布、绢纱等。湖南帮经营粮食、木材。淮帮经营药材，南阳帮、许昌帮经营山货土产，还有部分人经营饮食业。江西帮经营纸张、药材，南京帮也做药材生意，浙江帮经营金银首饰，并开办酒馆。山陕帮经营债务、典当。③ 光绪二十二年(1896)，海关总税务司署在一份贸易报告中说：

> 各省商客驻沙(市)者，计有十三帮之多，各帮均建有会馆，轮奂巍然，足称美备。即其经费之充裕，知其商务之殷繁，且其款项均由捐集而成，亦足知善贾之多财矣。粤省商人在沙者，实在多见，仅于每年春间，有贩运葵扇来沙售卖者，且系

---

① 吕作燮：《论明清时期会馆的性质和作用》，南京大学编：《中国资本主义萌芽论文集》，江苏人民出版社 1983 年版。

② 乾隆《江陵县志》卷九《建置志·乡镇》。

③ 张建民：《湖北通史》(明清卷)，华中师范大学出版社 1999 年版，第 457 ~ 458 页。

由陆路运来,秋间回省,则运土货及青麻等项耳。各帮商人之最多者,系湖南、四川、湖北三处,票号则悉系山西人所开。总之,沙市为四通八达之区,所冀数年内,有人于此创设机器,纺织织布。庶几贸易之兴,有蒸然日上者矣。①

湘潭城的沿江码头甚多,各地会馆兴建于码头附近。根据《湘潭县志·建置·石路马头表》,当时湘潭城的码头共有50多个。各省会馆亦共有30处,详见以下会馆表。

山西山东河南陕西甘肃为北五省共一会馆	新关圣殿	在十一总,有民屯田百卅四亩,水塘九口,菜园二所。
江苏省凡四馆	金庭别业	又曰生真宫,在瞻岳门外,苏州公所也。
	雨花别业	在烟柳堤,有田五十三亩余,江宁公所也,又曰准提庵。
	金庭会馆	又曰三观殿,在十六总三元街,有田七十六亩余。
	江南宾馆	又名圆通庵,在十八总后。
江西省凡十三馆	万寿宫	在十总,宋宣和间,以旌阳观为万寿宫,顺治七年,江西客商建,乾隆时,杨锡绂、彭元瑞有记。殿堂馆园最为宽壮,修饰辄用十万金,南城检讨连培基为之记。一都在株洲。十二都在易俗河。十七都在石潭街。
	昭武宾馆	在十总,抚州公所。
	临丰宾馆	在十一总,临江丰城县公所。

① 《光绪二十二年沙市口华洋贸易情形论略》,彭泽益:《中国工商行会史料集》,第964页。

（续表）

江西省凡十三馆	安成宾馆	在篆竹街，安福县公所。
	石阳宾馆	在十五总后街，庐陵县公所也，乾隆中刘智贤倡捐千金，众助数千金成之。光绪六年，更拓新基作培兰轩，连培基为之记。
	袁州宾馆	在梧桐街，袁州公所。
	禾川宾馆	在梧桐街，永新公所。
	琴川宾馆	在十六总后街，莲花厅公所。
	西昌宾馆	在琴水馆旁太和公所。
	仁寿宫	又曰江神祠，在上十八总，临江府公所，曹启华记云：萧公水神，明封英佑侯。乾隆二年加仁寿二字，馆门为临江码头。
	六一庵	在十六总。
	普度庵	并江西省公所。
	财神殿	在黄龙巷，江西广货行公所，十八总公裕堂公宇，亦名财神殿，铺屋二所，为本街公所。
福建一馆	天后宫	又曰建福寺，在十八总，分六堂，合田四百三十六亩余，福建公所官祀天后于此，有园池馆宇，工作甚丽。
广东一馆	岭南会馆	在十二总，有码头，广东公所也，有铺屋二十余间，有义山二所，田四亩在下五都。
广西一馆	水来寺	在十九总，谢济世题曰：起源以湘水源自广西，故广西馆所谓之水来。乾隆初建，光绪时募捐重修，有铺屋及地基。

（续表）

湖北三馆	黄州公宇	在十五总后。
	天汉宾馆	汉川公宇，在十七总河街。
	晴川公宇	在十七总河街，汉阳沌口，盐商公所。
永州一馆	濂溪祠	在十总，有亭池。
郴州一馆	寿佛殿	在十总河街，有铺屋三所，内一所为烟商公所，曰和顺堂。
衡州二馆	南岳行宫	在十六总后街，本安仁谢贺等姓募建，今由衡州客商经理。
	长衡宫	长沙衡州木商建。
安徽二庵	海阳庵	在雨湖，休宁金姓建。
	指南庵	在风筝街，徽州公所，有田八十四亩，在宁乡金华山。

本表根据《湘潭县志·礼典·群祀表·会馆》所制。

安成会馆一条下，记载了当时江西商旅在湘潭经商无落脚之地而建安成会馆之原因。“阮文藻记云：湘潭四达地信，宿或不能得旅馆，往往寄人庑下，车马填隘巷，仆从骈床榻笥箧，囊橐杂糅，尘土煤炱，谋一席地置铅椠不可得云云。其言独切于县城市间旅客情事。”①从这一条记载，我们既可看到当时的湘潭城总之内，外省商人云集，颇有分帮别派之势。当时“商分七帮，街分十总，人肩摩，夫担争，行者不遑趾，居者不暇餐，廛密善焚，弥火弥盛。郊野之外，闻都邑之宫声焉。”②这种分帮别派以及土客之间，不免发生一些纠纷。

① 《湘潭县志·礼典·群祀表·会馆》。

② 《湘潭县志·货殖》。

"东界最近江西，商贾至者有吉安、临安、抚州三大帮，余相牵引，不可胜数，牙侩担夫，率多于土人，争利者颇仇之。"①嘉庆二十四年夏五月辛酉朔，江西人与当地人在万寿宫发生了土客械斗。

在湘潭，行业性的会馆、公所组织亦甚多：

天妃宫	在文华庵，十六都，有普度祠田五十八亩余以祀天妃，下五都有普度庵，江西商客建。
南岳祠	在九总，上五都在黄峰山，六都在天台山，曰圣帝殿，十六总旧为安仁公宇。
鲁班庙	在九总雨湖，郭世宽捐，有园土水塘，一在十六总后街，为土木工匠公所，有房屋一所，一在杨梅洲船厂公所。
轩辕殿	在十总后，衣工公所。
五谷殿	在十六总，后稷神也，粮行公所，在火神庙内者曰立中堂。
桓侯庙	在十七总后，屠人公所。
紫来宫	祠老子，在十一总，钢坊公所。
梅葛寺	在烟柳堤，染坊公所。
太清宫	在下五都，习家园，钢琢坊公所。
新太清宫	在烟柳堤，锡工公所。
老郎庙	在烟柳堤，戏班公所。
天符庙	在十三总后街，庙分十八堂，众工商公所也。
牛皇庙	私宰公所。
财神殿	在十八总者曰湘源堂，为本帮钱商公所。

本表根据《湘潭县志·礼典·群祀表·通祀》所制。

① 《湘潭县志·货殖》。

地处湘黔边境的湖南洪江有大量江西商人活动,如辰溪县也是“邑中无大商贾,列市肆者,江右人居多”。其他各地的商人亦纷纷会集于此,这里落户了衡州馆、徽州馆、福建馆、武宝馆、黄州馆、七属馆、辰沅馆、山陕馆、江西馆、贵州馆等。到民国时,更形成了29大会馆的规模。①

佛山是明清时期兴盛起来的手工业城市,据罗一星先生研究,这里除了有八所地域性会馆外,更多的是体现手工业行业区分的行业性会馆。雍正十一年(1733),福建旅佛山纸行商人在汾水铺长兴街创建莲峰会馆;光绪二十九年(1903)重修的铸造家既济堂会馆在凿石大街;另有汾水铺东宁街银行业的如意会馆,杉行的安顺堂会馆,绸缎行的阐义会馆,砂纸颜料行的源顺会馆等等,②这些行业性会馆包括了生产性行业会馆,销售性行业会馆,还有服务性行业会馆。如琼花会馆(戏班)、长生禄位会馆、大会馆(佛山乡兵聚所)、道巫行会馆(喃呒聚所)等,便又体现了浓厚的行业性。③

潮州是明代以来粤东、闽西南、赣南物资集散地与出入口岸,明代广东三条主要商路之一的东路即是潮州大埔县的石上埠,从广州溯东江经河源、龙州、长乐、兴宁诸县,与梅溪、韩江、潭河三支流相接,再经石上埠与闽上杭县鄞江、汀水相通,故石上埠为明代广东通往福建的主要通道,称为“东关”,当时“凡潮惠仕宦商贾赴京入闽及江浙,舟止此处转输,络绎不绝”。④ 潮州又有近海的地理优势,能够为内地人走向沿海提供便利。这里有一所汀龙会馆,因为“汀龙二州密边毗连,据闽之上游,下与潮属为邻,地壤相接,

① 刘芝凤:《发现明清古商城》,南方日报出版社2002年版,第42页。

② 1926年刊本《佛山忠义乡志》卷六《实业志》。

③ 罗一星:《珠江三角洲传统工商城市的发展形态》,广东人民出版社1997年版。

④ 嘉靖《大埔县志》卷三。

且鄞汀一水南流直通潮郡，舟楫往来，众皆称便”。[1] 凭借便利的交通，汀龙商人在潮州建立起了自己的会馆。

另外在福建泉州有宁波郊组织宁波会馆，馆址在南门天妃宫，奉祀天妃，每年3月23日妈祖诞辰日，就是行东集会日，在天妃宫演戏十多天。[2]

总之，在工商城市，由于商人势力相对较大，他们多半在会馆中扮演主角，有些会馆采取官管商出资的形式或许表明商人力量的薄弱以及对官府的投靠，或许官与商的界限并不分明，有的官衔即由商人捐纳而来，这其中大体包含了官与商的彼此融合。

三、墟场景观

实际上，明清时期的商业发展还体现在宋元以来的墟市逐渐发展成商工型市镇。在这些市镇，会馆也取得了较广泛的发展余地。

且以江南为例。在清嘉庆以前，徽商就在吴江县盛泽镇建有义冢。嘉庆十四年（1809）徽商与邻邑旌德县商人又共建徽宁会馆，与盛泽相邻的新塍、王江泾、黄家溪、谢天港、坛丘、周家溪等亦有徽商活动，“亦皆乐善捐输，不限界域”。道光十二年（1832），徽州府、宁国府商人在镇上建立“徽宁会馆”，碑记说：“吴江县治南六十里曰盛泽镇，凡江浙两省之以蚕织为业者，俱萃于是，商贾辐辏，虽弹丸之地，而繁华过他郡。皖省徽州、宁国二郡之人，服贾于外者，所在多有，而盛（泽）镇尤汇集之处也。”[3]早在康熙十六年（1677），山东济宁商人已集资在镇上建立济宁会馆。另还有山西会馆、济东会馆等。其他在浙江的湖州乌青镇有新安会馆、新安公

① 同治《汀龙会馆志》（一册）。

② 李玉昆：《略论闽台郊商》，《福建文博》1990年第1期。

③ 同治《盛湖志》卷四《会馆》。

所、金陵会馆、丝业公所等，在乌程县南浔镇有宁绍会馆（在北栅外下坝，嘉庆中建）、新安会馆（在南栅，一名遵义堂，在南栅寓园前，道光十一年[1831]建，十六年[1836]又别置公所于醋坊桥东竹园头，新安六邑商人之在南河镇，其殡室向仅附筑于青华馆）、[①]金陵会馆（在南栅，广胜桥东北，光绪十一年[1885]建）、闽公所（即福建会馆，在南栅陈家土墩）、丝业公所（同治四年[1865]春，丝商庄祖绶、李桂馨、吴铁江、华铭轩等禀请藩司蒋批准设立，以收解捐税，维护丝商为职）。[②] 在归安县双林镇有新公馆，旧公馆在康熙年间宁国府泾县绢商米、胡、洪、郑、汪五姓及旌德刘姓公建，泾县会馆为“安徽泾县同乡人公建，嘉道间泾县人在镇开设皂坊，专制绫绢，运销江宁、徽宁等处，人数颇众，营业极盛，集资造会馆”，金陵会馆、米业公所、药业公所也纷纷设立。[③] 在德清县有宁绍会馆（在小南门龟回坝西南，清嘉庆十四年[1809]慈溪旅德菸铺主沈益寿筹资建造）、新安会馆（在邑之东门外蒋湾圩，清道光四年[1824]金瑞集资创建，葬徽州之无归者，另有会馆在新市步云桥南）、四明公所（在新市镇，清时由旅镇旧宁属人捐资创建）、金陵会馆（在新市镇，清时由旅镇江苏江宁人捐资创建）、金华会馆（在邑之大南门外，1916 年由旧金华同乡发起集资组成，一在新市镇）、丝业公所（初在新市碧玉桥西）、米业公所（在新市镇大王庙内）。[④] 在长兴县四安镇有新安公所（在四安古西门，同治中，徽州士商公建）、宁绍公馆（在四安古南门，光绪十七年[1891]宁绍绅商公建）。[⑤] 在嘉兴鸳鸯湖有新安会馆（在两湖相连处，徽州人经商禾地者所建）、温台处会馆（在湖溪放生桥南堰，由邑人敖梦

---

① 同治《南浔镇志》卷十《祠墓》。

② 《南浔志》卷二《公署》。

③ 《双林镇志》卷八《公所》。

④ 《德清县志》卷五《建置》。

⑤ 朱镇：《长兴志拾遗》卷上《公建》。

姜垫款兴建)、纸业公所(在东南湖滨)、木业公所(在湖滨南堰路上岸,内设木业小学)、梨园公所(原名老郎庙,在湖滨高家湾,每岁六月神诞,水路戏班歇夏在禾者各尽义务表演),[1]在秀水县濮院镇有宁绍会馆(在桐界洞桥坊,清嘉庆年间周春田、胡巷州等创造)、绍兴会馆(道光二年[1822]越人金孝昭、宋汉文创建,孝昭以踏绸为业,住西街会馆中,塑张老相公像,上悬手挽银河额,旁祀葛仙,庚申[1860]前有僧澄辉住持,供奉香甚虔,咸丰庚申兵毁,后复为周肇洪募建)、米业公所(在翔元观蒋相殿,清光绪十二年[1886]米业集资建造殿宇,以作米业同业集议之所,每年六月初九日及平时米价低昂涨落,胥于此集议)。[2] 在乍浦,"自海禁既弛之后,闽人之商于乍者,各建会馆祀天后,用酬航海安澜之庇,亦称天后宫,在南门外为三山会馆……康熙四十五年福州诸商江聚公、张明敬、郑锡侯等建……在南门外萧山街为莆阳会馆,乾隆十三年兴化诸商陈文芹、林大岳、吴云裕等建……总管弄为鄞江会馆,乾隆十四年汀州诸商何元瑞等建"。[3] 在衢县、金华、松阳等地亦多有会馆设置,各地商人在江南这个经济舞台上纷纷登场,以会馆作为自己的根据地发展自己的经济事业,推进了江南市镇的经济繁荣。

在河南,开封朱仙镇是清代国内的四大名镇之一,商业繁荣。这里的山西会馆,又名小关帝庙,位于镇西北岳庙西。乾隆三十二年(1768)重修,为在该镇从事商业经营的山西商人所建,规模宏伟,坐北向南,主要建筑有山门、钟鼓楼、大殿、春秋楼、戏楼、厢房及铁旗杆。山门阔三间,建于高台之上,前有铁旗杆两根,高 2.3 米,重 10 吨。

周口地处沙河、颍河、贾鲁河的交汇处。乾隆年间发展成为人

---

① 陶元镛:《鸳鸯湖小志》。

② 《秀水濮院志》卷七《公署》。

③ 乾隆《乍浦志》卷六《祠祀》。

口达二十万，广袤各十里的商埠。来自全国 14 省的商家，先后建立会馆十处。[1] 山陕会馆，位于沙河南岸，即南岸关帝庙，由山西、陕西商人集资于康熙二十年（1681）兴工修建，乾隆、嘉庆时多次重修，至道光十八年（1838）全部建成，共占地二十亩，分三进院落布局。主要建筑有山门、铁旗杆、月台、石牌坊、大殿、春秋阁、花戏楼及廊房等。另有铁旗杆一对，高 21.85 米，重三万余斤，上下分三节精工铸造，旗杆上有四条铁龙上下盘绕，24 只风铎悬挂在六节方凌斗之下，风吹叮咚声可远传数里。康熙三十二年（1693），又于沙河北岸建立山陕会馆，道光十七年（1837）进行重修，即北岸关帝庙。在此期间，该地还出现有由江西商人集资建造的江西会馆，又名豫章会馆，即北岸万寿宫。由河南怀庆府商人集资建造的覃怀会馆，即北岸迎水寺。由湖广商人集资建造的湖广会馆，即南岸禹王宫。在此经营的福建商人，集资建造的福建会馆，即西岸天后宫。

明清时期的南阳是豫西南商业重镇，陕西、山西、湖广、安徽、江浙、四川以及省内怀庆、泌阳、唐河、邓州等地的商人云集于此，纷纷建造会馆二十余处。位于新街的山陕会馆有房三十余间，在新官道的浙会馆有房三十间。在北关东拐的江浙会馆有房六间。在民生街，有湖北会馆，有房十七间，还有泌阳会馆，有房三间；邓县会馆有房三十间。县内四个镇上也先后出现会馆七所。南阳县赊旗镇是清代河南的名镇。这里的山陕会馆，原名山陕同乡会馆，因敬奉关公，并有鉴、官、僧、道，又名山陕庙、关公庙。该镇还有江西会馆、福建会馆、湖北会馆等。[2] 石桥镇山陕会馆建于清嘉庆年间，有地百余亩，除会馆建筑外，尚有房屋五十余间。

唐河县有会馆四处。一是城西关西便门的山陕会馆，一是江

---

① 杨永德主编：《周口大观》，中原农民出版社 1993 年版，第 7 页。

② 《社旗县文史资料》第 2 辑，第 71 页。

西会馆，一是县北源潭的山陕会馆，一是陕西会馆。淅川县有山陕会馆。邓州有山西会馆、湖南会馆、江西会馆、四川会馆，急滩镇有山陕会馆，穰东有陕西会馆，张村有陕西会馆，构林、林扒、文渠等地亦有陕西会馆。

在内乡县有山陕会馆，建于乾隆年间，占地面积约七千平方米，房屋四十余间。桐柏县平氏镇有山陕会馆，建于乾隆十八年(1753)，有大殿、戏楼、卷棚等建筑，各种建筑面积有千余平方米，卷棚三间。镇平县山陕会馆有五处，一在城关镇，一在贾宋镇，一在石佛镇，一在黑龙集，一在侯集，时间大体在雍正、乾隆时期，主要建筑有关帝庙、戏楼、奶奶庙、道房。

新野县有山陕会馆两处，一在城关，建于清康熙年间，由在城内经营的六家山陕商号集资修建，建筑面积2 520平方米，其主要建筑并房屋三十八间尚存。一在新甸镇，建于乾隆年间，由在镇上经营的十三家山陕商号集资兴建，建筑面积1 500平方米。南召县山陕会馆四处，俗称山陕庙，一在城关，一在云阳镇，一在南河店街，一在乔端街。

禹州自清代乾隆二十七年(1762)以后，为国内中草药材集散地之一。全国各地的药材商人纷纷云集于此。城西北隅有十三帮会馆，为在禹州从事商业经营的外地商家集资修建，同治十年(1871)，会首郭君广德、连君文中、潘君升炎、阮君耀祥、王君凌云、常君天福、高君有邦、蔡君汉文、胡君乾元、王君二元、范君廷栋等倡议创修建造关帝庙暨院墙。光绪二年(1876)创建药王殿、演戏楼，“董其事而捐钱者，则徐君长聚、武君清、耿君金镛也”。[①] 该会馆是禹州占地面积最大的会馆，有“十三帮一大片”之说，今十三帮会馆的大殿、戏楼及廊房尚存。山西会馆位于十三帮会馆之北，为山西商人集资修建，始建于康熙年间，乾隆年间扩建，道光年

① 丁以静：《十三帮创始碑记》，今存禹州市博物馆内。

间重修。《重修关帝庙并会馆碑记》记载:“余等山右人也,逾嵩涉洛,贸迁有无,列肆禹州……康熙中,西北城建关帝庙,左厢会馆,其重修乃在乾隆年间。”[①]道光六年(1826)由募化理首事柴统裕、翟允若、义和昌、段谦亨、柴隆兴、富大有、玉成贞、复泰公聚众集资重修。其大殿、戏楼等主要建筑及“山西会馆”刻石匾额尚存。怀帮会馆是怀庆府商人创建,位于十三帮会馆之东侧。大殿梁上书怀帮会馆。

汝州城南关有陕西会馆。叶县有山陕会馆四处:一所在城北关,一所在龙泉,一所在旧县,一所在廉村。襄县霍堰镇山西会馆,为山西商人于康熙五十一年(1712)集资建造,该会馆戏楼于1930年被拆除。鲁山县有陕山庙三处:一在城关,一在郎庙,一在张良,均为山西、陕西商人集资建造。郏县山陕会馆位于城西北隅没,始建于康熙年间,由21名山西、陕西商人集资修建。舞阳县北舞渡镇有山陕会馆,该会馆在城北50里。

光州(今河南潢川)分为北城市和南城市,尤其南城市宁安门街、东垣康济门、西垣贤典街,两旁衙铺密布,嘉庆十四年(1809)光州当商刘万昌联合陕西正顺合号、亿盛雷记、乾盛德号、兴盛孙记四家烟号集资在城南小南海三义观前建造铁旗杆。该旗杆用生铁铸造而成,铁旗杆基座为六方六层,底三层为石基。杆高20米,直径0.28米,重17 500公斤。顶端各立一只展翅欲飞的金凤。在铁旗杆上面镌刻着陕西蒲州、华阴金火匠徐福长、李世贞等七人的姓名。并在碑文末署“陕西同州府朝邑、大荔县烟商同叩”。光山县新集寨(今新县城关镇)有湖北会馆,又名粮食会馆。新集寨是南通湖北黄州、麻城的通道。清代咸丰年间,在此经营的湖北粮食商人集资建造了这座会馆。[②]

① 现存禹州博物馆内。

② 《信阳地区商业志》,河南人民出版社1989年版,第631页。

在商城有五处会馆。乾隆、嘉庆年间，商城商业繁盛，安徽、江西、山西、陕西商人纷纷在此设店经营。城内东大街大场子有安徽商人集资建立的江南会馆，南关沿河土地庙有湖北商人集资建立的湖北会馆（又称两湖会馆），1921 年著名工匠尹心乐曾为该会馆镌刻了"德配天地"的大匾额高悬在会馆大门上方。北关三里桥有山西、陕西商人集资建立的山陕会馆（又名陕西会馆），南关有江西商人集资建立的江西会馆。位于城西南四十里的余集因经销土布、洋粉、鱼秧而兴盛，湖北黄冈、麻城的商人联合捐资建造了湖北会馆。正阳县有山西会馆，上蔡县城内有山陕会馆。

商丘县有陆陈会馆，又名山陕会馆。位于商丘县城东北四十多里刘口集南大街路西，由山西、陕西商人捐资兴建于乾隆四十四年（1729）。渑池县千秋镇有山陕会馆，灵宝县有山陕会馆，河内县清化镇有四省会馆。林县有山西会馆四处，一在城南关，该会馆处于集市之中，建有关帝庙三间，转殿六间，戏楼三间，钟鼓楼两间，其他房屋二十八间。一在合涧镇西，有关帝庙三间，奶奶庙三间，拜殿三间，八角亭三间，戏楼三间，钟鼓楼四间，其他房屋三十七间。一在姚村南庙，姚村是双日集市。该会馆有关帝庙三间，拜殿三间，南顶庙三间，戏楼五间，其他房屋十三间。一在临淇镇东北，有关帝庙三间，火神庙三间，铁老爷庙三间，老爷庙三间，拜殿三间，戏楼两个，其他房屋十六间。① 此外，还有广东、福建商人共同捐资建立的天上圣母宫。辉县山西会馆是由在辉县的一百十六家山西商人集资建造的。始建于乾隆二十五年（1760），嘉庆二年（1799）以后续建，历时十五年，建筑面积为 2 706 平方米，有大门、戏楼、拜殿、正殿、陪殿、陪房、钟楼、鼓楼等。②

可见山西、陕西商人占据了河南市场的主导地位。

---

① 《重修林县志·风土篇》。

② 王兴亚：《明清河南集市庙会会馆》，第 207 ~216 页。

在明清时期的江西,樟树、河口、吴城和景德镇四镇发展成全省的重要港埠,其交通的发达与经济的繁荣成为会馆滋生的良好土壤。到清乾隆时,樟树镇便成为粤、桂、浙、湘、鄂、苏、皖七省与江西相互贸易的货运集散中心,号称“八省通衢”。河口镇位于信江中游,水路与闽、浙、皖、赣四省相通,便利的水运交通促进了河口镇手工业和商业的发展。据万历《铅山县志》记载:“河口之盛,由来旧矣,货聚八闽、川、广,语杂两浙、淮扬,舟楫夜泊,绕岸灯辉,市井晨炊,沿江雾布。”①镇内有九弄十三街,人口达十万,镇南有山西、陕西、山东、安徽、浙江、福建各省会馆十六处。在吴城,“五方杂处,千家烟火,一巨镇也。其去来帆樯,如梭走锦,炫人目睫,贾船官舰络绎不绝”,各地商帮贾客亦纷建会馆,如全楚会馆、山西会馆、广东会馆、浙宁会馆、湖南会馆、徽州会馆、潮州会馆、麻城会馆等。在景德镇,更因瓷器生产的发达吸引多方商人,有苏湖会馆、都昌会馆、徽州会馆、南昌会馆、饶州会馆、临江会馆等。②

粤西五府肇庆、高州、雷州、廉州和琼州亦集中了一批会馆,如雷州府的赤坎、海安两个商业繁华区域就分布着一系列会馆,其中赤坎有会馆五所,分别是潮州会馆,位于今赤坎福建街,乾隆中期由在赤坎贸易的潮籍商人建立。该会馆的“瓷雕、砖雕、木雕有的采自佛山石湾,有的专门从潮州雇请工匠来制作”。乾隆四十八年《题建正座碑记》统计,在赤坎捐题银数的潮州籍商行船户共一百九十二户。高州会馆,系高州六属化州、茂名、电白、信宜、吴川、石城等商贾行帮建于清咸丰三年(1853),位于赤坎高州街,会馆馆额“高州会馆”,门联为“旅馆盍簪同敬梓,海波澄镜到博桑”,体现了海洋贸易为主的特色。闽浙会馆,又称福建会馆,由清乾隆嘉庆年间福建、浙江两省到赤坎贸易经商的士绅、商贾、船户门所建。

---

① 万历《铅书》卷一。

② 《江西内河航运史》,人民交通出版社1991年版。

嘉庆二十一年《韶安港客船户出海次开列碑记》记载了在赤坎经商的闽浙商人共四十五户以及船户出海人姓名。韶安港是闽浙商人到赤坎以后用福建地名命名的一个停船出海小港，码头在闽浙会馆左侧。在闽浙会馆内还存有福建商人于嘉庆二十四年在赤坎购地以福建地名命名的云霄港、漳浦港等碑刻。雷阳会馆，为嘉庆年间雷州三属遂溪、海康、徐闻贸易经商者在赤坎所建，位于赤坎关庙街六号。广州会馆，据光绪六年《乐商堂碑记》和光绪二十一年《乐善堂石碑记》均列有"广州会馆"捐款人名单。[①] 据 1942 年《大广州湾》记载："赤坎初为一僻静小镇，甚少船只驶至。清康熙末年，有福建商人方某载货到此贸易，颇与土人相得，寻且陆续招致起同乡到赤坎经营。"乾隆年间(1736~1795)，闽浙商民纷纷到此定居经商，出现福建村、福建街等，接着，潮州、广州、高州、雷州地区商民向此云集，于是赤坎出现了"商船蚁集，懋迁者多"和"商旅攘熙，舟车辐辏"的景象。

雷州府属徐闻、海康两地，扼琼州海峡之门户，隔海与琼州府的海口港相望。徐闻境内的会馆有：广府会馆，又称广州会馆，建于乾隆五十二年(1787)，位于今徐城镇民主路，馆前系山货贸易之地。会馆内置有砚石刻制的《广州会馆碑》和《徐闻县新建广州会馆题名碑》共三块。据碑记记载，广府会馆共有二百九十六个商号、商行和商店以及三百七十人捐款题名，款额高达三千四百二十九两白银。潮州会馆，建于清代，共有三所。

琼州府隔海与雷州府相望，府治海口扼琼州海峡门户，是重要的贸易港口。早在明天启年间，广州府的南海、番禺、东莞、顺德、新会等五县商人已在海口建立"五邑会馆"，进入清代，随着广州商人到琼州府贸易经商的不断扩大，"日以众，不止五县之人"。于是道光七年"爰经爰营，爰求爰度，易其名曰广州会馆。庶合郡

① 《湛江市文物志稿》，1986 年油印本。

之人于此，联萍水而订苔岭焉”。南海吴荣光为此作《重修琼郡海口广州会馆记》称：“今乡人挟厚赀走千里，为近利市三倍而居处共嗜欲同者，初惟此五邑之人，继复得此合郡之人，则此役也，众擎而举，不胫而来……是以交益广而谊益笃也。”[①]潮州商人于乾隆二十二年（1757）也在海口建立了潮州会馆。[②] 据何炳棣研究：琼州府有会馆四个，分别为广州、潮州、高州和福建。1882～1891 年的《海关十年报告》中说：琼州有海南会馆、汕头会馆、广东会馆、高州会馆和福建会馆。广州商人还在琼州府的儋县建立了广府会馆。廉州即今北海建有高州会馆和广州会馆。

在广西，除了桂东北的全县、兴安、灌阳等几个州县没有粤东会馆外，多数州县都有一个甚至几个广东会馆。从时间上看，会馆大约至康熙时较盛。在桂东南地区，梧州为西江、浔江与桂江的汇合处，连接广东与广西的门户。崇祯《梧州府志》即说：“客民闽楚江浙俱有，惟（广）东省接壤尤众，专事生息，什一而出，什九而归。中人之家，数十金之产，无不立折而尽……仰机利而食遍于郡邑，多高明人，盐商木客，列肆当墟，多新顺南海人。”在梧州府城，康熙年间，广东商人会馆建于五坊路，咸丰间毁于战火。1892～1901 年《海关十年报告》记载，到了同治十二年（1873），当地的一些富商在广东全省到处募捐，很快筹集 4 万两银子，将会馆重修。[③] 梧州上游戎圩集中了大批的广东商人来此从事谷米贸易。明代这里即有关夫子祠，“康熙五十三年，更祠为会馆”。顺德人温汝适撰《重建戎圩会馆记》说：“西省田畴广美，人民勤动性成，中岁谷入辄有余，转输络绎于戎，为东省赖。故客于戎者，四方接軫而莫盛于广人；集于戎者，百货连樯，而莫多于稻子。凡两粤相资，此为重

---

① 《石云山人文集》卷三。

② ［日］小叶田淳：《海南岛史》。

③ 彭泽益：《中国工商行会史料集》下册，第 647 页。

地。”又说，建立会馆的目的是“变本加厉，踵事而增华”。[①] 除此之外，在清前期，梧州府属之藤县、岑溪及容县等地亦建有广东会馆，从事商贸活动。

浔州府下属桂平之江口（永和）、平南之大鸟（大安）建有广东会馆。江口之粤东会馆建于乾隆五十六年（1719），道光十九年（1839）又加以迁建和扩大。冯成修撰《创建粤东会馆序》中说：“桂平邑在粤西浔州，古百粤地。远接桂林，近连藤峡，诚一方之要区，西粤之门户也。是以四方商贾，挟策贸迁者，接踵而来。舟车辐辏，货贿积聚，熙来攘往，指不胜屈，而以我粤之商旅于桂平永和、大宣两圩为尤盛。……今建两圩会馆于永和，以为宴集同人、筹公事之所；复于大宣创立会栈。两圩一水相连，乡人便之。”[②]在平南大鸟圩，康熙六十一年（1722），新建粤东会馆。钟元畏《创建列圣宫题名碑记》说：“庙尊兹土，八十余年，商旅稠集，货物充盈，日新月盛，祷祠报赛，诚荷神庥。”[③]在贵县，道光十三年（1833），也建有粤东会馆。

在郁林州，清初即建有粤东会馆，嘉庆、光绪年间两度重修。吴道恒撰《郁林粤东会馆沿革》说：“清初有陆诸家君，感于梧粤客兹土者甚众，乃在城西北隅四穿阁偶建郁林最早之粤东会馆。……乾隆五十九年博白知县区大登、郁林教习汤日新招饮斯馆，倡议迁建，一时赞助者六百余人……不经年而落成。”光绪六年（1880），会馆再次迁建，“远近募款应捐者，达一千三百余人”。[④]

在桂东北及桂中地区，桂林是区域商业中心。粤东商人于嘉庆二十一年（1816）在东门外浮桥南建粤东会馆，湖南商人在桂林

---

① 碑存于苍梧县龙圩凤岭街粤东会馆内。

② 碑存于桂平县江口圩粤东会馆内。

③ 碑存于平南县大安圩粤东会馆右边列圣宫内。

④ 周肇天：《越商在郁林与粤东会馆的建立》，玉林市政协办公室：《玉林文史资料》第十五辑。

势力最大，建有湖南会馆。

平乐府位于漓江、桂江、恭城河三江要冲，为重要商埠。明万历时就有粤东会馆，桂林、平乐二府的其他县镇亦建有粤馆，如龙胜县瓢里圩、阳朔县白沙镇、荔浦的荔城、马岭、修仁等镇。在贺县，广东系列的会馆更多，有粤东会馆、冈州（新会）书院、要（高要）明（高明）乡祠、南海乡祠等。[①]

柳州府位于广西中部，柳江岸边，也是广西中部的重要商埠，商业发达。柳州城内有两所粤东会馆：一在今青云路，清初，广东潮州、梅州商人建潮梅会馆，康熙年间改建广东会馆；一在今东台路，光绪二十八年（1902）建，名为粤东会馆，从广东会馆中析出而立。

在桂西地区，即三江、柳州和南宁以西的少数民族山区，尽管地形和观念都不利于商业的大发展，但粤东会馆仍可见于这些地区。在太平府之宁明州“有粤东会馆，在城东门外，盖粤东人商贾于此，醵金为之，以联乡谊也。内祀关帝”。在龙州，康熙五十八年（1719）即建有粤东会馆。在雷平（今大新），有乾隆二十三年（1758）建于下南街的粤东会馆，还有乾隆年间建于下雷街的羊城书院，建于嘉庆年间的粤东会馆。在百色，康熙五十九年（1720）建有粤东会馆，同治年间，会馆重修。谭宗浚撰的《重修粤东会馆碑记》载：“其时海寓升平，闾阎殷富。客斯土者，莫不出采琪，归玦瑜，赞陋子，置之日月；小蒙谷之英丹，运有通无，达乎数省。”[②]在隆林的旧州城，康熙四十五年（1706）亦建有粤东会馆，乾隆四十一年（1776）又重修。在田西县及极边的南丹县城，清代前期已出现了粤东会馆。

---

① 黄滨：《明清时期广西“无东不成市”布局研究》，《广西社会科学》1992 年第 3 期。

② 《百色市志》，广西人民出版社 1993 年版。

庆远府城即今之宜州市，距柳州府城不甚远，扼环江之咽喉，是和融县（长安镇）、百色、龙州齐名的广西西部四大商埠之一。不少广东商人来此经商营业。乾隆二十六年（1761）建有粤东会馆，有陆苍霖撰的《庆远粤东会馆碑记》记载其事。宜州除了粤东会馆外，还有广东会馆。另外，北牙、山岔两圩在清代前期也出现了粤东会馆。在沿融江的融县，不仅县城长安镇有粤东会馆，下属之板榄、龙沙、瓦窑等圩镇也有粤馆。在罗城的黄金、龙岸等地，也都建有粤馆。

从广西商人会馆的发展历史来看，广西全境的商业都得到了开发，广东商人确实做到了无远弗届，众多的广东会馆成为广东商人开拓广西商业事业的根据地。

陕西是明清时期另一内陆地区，明清之际，泾阳、三原等地的商业也兴盛起来，会馆的遍布成为当地市场网络化的重要标志。①

总观工商城镇的会馆，我们觉得它们因为远离政治中心，故较前两类区域的会馆更少政治色彩，因而也更代表了明清社会经济的发展水平。在这众多工商城镇的会馆中，以徽州、闽粤、江右、山西、山东、江浙、陕西的商人为多，这与明清大商帮的发展相仿佛。

四、移民乡井

明清时期，像四川、台湾、东北都成为吸引移民开垦的新兴经济区域。在移民集中区域，在移民移入的高峰期往往也是会馆建立最多的时期。举四川绵竹为例，该县有会馆三十一所，其中县城五所，其余分布在各乡场。② 它们多以宫、庙、寺、观等作为会馆的表现形式，它们多设乡土神庙和戏台，节庆祀神，演地方戏剧，以此来汇聚众人，教育众人，因而这些会馆就不仅是一种经济性组织，

① 周均美：《中国会馆志》，方志出版社 2002 年版，第 120 ~ 122 页。

② 《绵竹县志》卷十二《祠祀》。

也是一种社会型组织，它是移民区域封建管理机构尚未建成时的一种基本的基层社会组织，发挥了整合社会的积极作用。详细情况容待后再作论述。

五、会馆地域分布的特点

（一）沿海沿河地区分布多，内陆腹地分布相对较少。明清时期河海运输业的发展为长途贩运商提供了良好的活动舞台，从而在滨海近河地区便商人麇集，譬如“古称津地为幽燕沙漠之区，僻处荒凉，人烟稀少。自国朝（清朝）定鼎以来，海宇永定升平，居民渐臻繁茂，而远方来贸易者，云集其间，至今称极盛焉”。[①] 山西商人捷足先登，史称“西商辐辏，事剧人稠，几所以仰沐神庥，理应报祀，上输以国课，须集众思，兼之办公事，联乡谊，历久分散借地，从无定所，虽河东建有会馆，又苦于地势逼窄，隔水不便，爰是相其阴阳，度其原隰，于嘉庆十二年公同立议创起会馆，购买锅店街至侯家后地址”创建会馆。远在东南的福建南平纸商亦多“由闽航海”至津，再转贩北京。[②] 江浙商人贩运丝绸、布匹到天津，闽广的蔗糖、蓝靛、茶叶、海货、木料、果品，景德镇的瓷器，江南的竹木制品都纷纷运入天津，至康熙时，“天津去神京二百余里，当南北往来之冲，南运数万之漕悉道经于此，舟楫之所式临，商贾之所萃集，五方之民所杂处……名虽曰卫，实在一大都会所莫能过也”。[③] 商业贸易的繁荣使天津发生了明显的变化。城北、城东一带出现了河北大街、北大关、锅店街、宫南大街、宫北大街等商业区，乾隆四年（1739），广州、潮州、福建的闽广帮商人便建了“闽粤会馆”，俗称“洋蛮会馆”。[④] 乾隆二十六年（1761）山西商人冯承凝、贾汉英等

---

① 《初建山西会馆碑记》，见《郑天挺纪念论文集》，中华书局 1991 年版。

② 《延邵纸商会馆碑文》，见《郑天挺纪念论文集》，中华书局 1991 年版。

③ 康熙《天津卫志·序》。

④ 《津门纪略》卷二《局所》。

在河东杂粮店街建立山西会馆，以此作为"西客烟行聚议之所"。道光三年(1823)，长芦盐商山西临汾人侯方谦在估衣街建立了第二个山西会馆，作为"山西盐、当、杂货等商"聚议之地，馆内"各有公所，栋宇巍焕，局面堂皇，内祀关圣帝君，无僧道住持。该馆存项甚巨，皆本省人捐纳"。[①] 在道光年间，还有建于北门外护城河北估衣街万寿宫的江西会馆，[②]建立在杨柳青镇的第三座山西会馆等。[③] 会馆的密集成为当时天津城市经济发展的重要标志。

又如苏州地处南北交通转运点上，明万历时期就有包括洋帮、干果帮、丝帮、花帮、紫竹帮等福建商人设置的三山会馆，清康熙时有山东登莱、青州、潍县、诸城、胶州等地二百九十多家不同行业的商贾建立的齐东会馆，乾隆年间(1736～1795)有杭州丝绸商人在桃花坞设置的钱江会馆，康熙到乾隆年间广东潮州府海阳、澄海、潮阳、饶平、惠来、普宁、揭阳等县商人在经营潮州会馆中仅购置房地就值银三万零六百多两，光绪八年(1882)建的两广会馆碑记言"苏闻为江左一大都会，自岭海以南，仕商辐辏，咸同以后，海航益利捷，我商人比至日益伙"。苏州的繁盛亦得益于海运的便捷。其他如青岛、宁波、厦门、潮州也同样深受海运之惠，会馆的设置亦较多。

清代前期，运河沿岸城镇的商业亦呈繁荣景象。乾嘉年间，山西商人便沿运河城镇开始兴建会馆；至清中叶，运河地区的聊城、张秋、武城、东平、临清、德州、德县、冠县等地都兴设起会馆一个或数个，在长清、菏泽、临朐、费县、淮安等地也有会馆设立。[④] 在聊城，山陕会馆一直保存至今。它坐落在聊城东关古运河西岸，是一座木结构为主，会馆与神庙相结合的古建筑群。该馆建于乾隆八

① 《津门杂记》卷上。

② 《津门保甲图说·总说序》。

③ 《杨柳青镇图》。

④ 庄维民：《近代山东的商人组织》，《东岳论丛》1986 年第 2 期。

年(1743),建有山门,横匾“山陕会馆”四字。除山陕会馆外,还有苏州会馆、武林会馆、赣州会馆等等。在清代的江苏淮安有定阳会馆。浙绍会馆、润州会馆、福建会馆、江宁会馆、四明会馆、新安会馆、镇江会馆、江西会馆,其中,浙江人办的浙绍会馆主要经营绸布业,山西人办的定阳会馆主要是放债收取印子钱,也就是放高利贷,镇江人办的润州会馆主要是开药店。[①] 另外,运河沿岸的小镇如淮安的下河镇,江都的邵伯镇都有会馆设置。其他如长江流域的大小城镇,广西东部邕江流域的众多城镇也呈现出会馆遍布的景象。

(二) 东部地区分布多,西部地区分布相对较少。在北到辽东,南到两广,东到上海,西延及江西、湖南、四门的沿江地带,会馆遍布。在沈阳设有闽江会馆、浙江会馆、湖广会馆、山东会馆、山西会馆、安徽会馆、畿辅会馆。[②] 在海城县有“关岳庙,康熙二十一年知县郑绣建,后晋商捐资重修,用作山西会馆。天后宫,在城大南门外,乾隆初年,山东黄县同乡会捐资购地,建筑会馆,因祀海神,称天后宫。三义庙,在城大南门内……为本城直隶会馆”。在盖平县,“海神庙,在城内福建会馆南门里偏西,又在三江会馆署前街路北,又在山东会馆北马道偏东路北”。在新民县,“关帝庙,在县治西大街山西会馆,嘉庆三年建”。[③] 在北京、天津、济南、青岛、苏州、上海、宁波、福州、潮州、广州等沿海经济带上的城市都是会馆遍布,而在西部地区,除了沿长江而上的成都、重庆外,由于与外界的联系相对较少,因而会馆的出现就较为稀疏。据可考的材料,如青海西宁直到光绪十四年(1888)时才有山陕会馆的建立。[④] 承

① 傅崇兰:《中国运河城市发展史》,四川人民出版社 1985 年版,第 335 页。

② 《沈阳县志》卷一《地理》。

③ 《奉天通志》卷九十二《建置六》。

④ 任斌:《略论青海“山陕会馆”和山陕商帮的性质及历史作用》,《青海师范大学学报》1984 年第 3 期。

湖广移四川之余绪，在云南、贵州、陕西等地才偶有江西会馆、湖广会馆和闽粤会馆。[①] 如道光《贵阳府志》卷三十六“祠宇附记”即列举了不少贵阳四乡和府属广顺州、龙里等县“江西客民”所建的万寿宫。“楚人”所建的“万寿寺”和“禹王庙”，“蜀民”所建的“川主庙”以及“湖南客民”所建的“寿佛宫”。会馆的分布与其地域的开发及经济发展程度关系密切。随着西部经济的开发，西部某些地区的会馆亦迅速增长起来，但规模多不及东部地区大。

（三）会馆建设与商帮发展相辅相成。对于行商而言，人们较早就认识到“惟思泉贝之流通，每与人情之萃涣相表里，人情聚则亦财聚，此不易之理也。矧桑梓之情，在家尚不觉其可贵，出外则愈见其相亲……无论旧识新知，莫不休戚与共，痛痒相关”。[②] 桑梓之情成为旅外同乡商人最易接受的纽带，也正是依靠这种联系纽带，各区域商帮才得以不断拓展自己的活动空间。山西商人在北京、汉口、佛山等地到处设置会馆。在汉口的山陕会馆甚至包括北京和山西省内的众多商帮如太原帮、汾州帮、红茶帮、合茶帮、苍茶帮、西菸帮、闻喜帮、花布帮、西药帮、土果帮、西油帮、匹头帮、皮货帮、众帐帮、核桃帮、京卫帮、均烟帮、红花帮、当帮、皮纸帮等。像湖北的咸宁帮，“若汉口、沙市、襄樊诸繁盛地，悉谋生理，家累巨万，未可一二数，各省大小码头皆有咸宁会馆，操奇计赢，称盛焉”。[③] 闽粤商人亦颇富开拓意识，即使远在东北，福建人建立的会馆数量也堪称最多。在天津，最早建立的会馆就是闽粤会馆，建于乾隆四年（1739），在针市街竹竿巷。在此之前，粤、潮、闽三帮商人各有自己的公所，如粤帮为常丰盛公所，潮帮为万世盛公所，闽帮为苏公利公所，粤帮还长期租用岭南栈房作为本帮客商长期

① 黄友良：《从“从湖广填四川”看四川的会馆》，《文史杂志》1989 年第 4 期。

② 《嘉应会馆碑记》（嘉庆十八年），《明清苏州工商业碑刻集》第 350 页。

③ 乾隆《汉阳县志》卷十《物产》。

交易的处所以及供流动粤商随时住用。随着社会经济的发展，南北商民互需的货品逐年增加，贸易额不断扩大，且利润优厚，再加上天津钞关对三帮商人实行减半交纳捐税的优待条件，使各帮得以抽积大量储金，于是三帮商人在针市街购得地址，发起组织闽粤会馆，馆务由三帮轮流主持。由于闽粤商人的倡导，在天津又陆续出现了众多会馆，如乾隆十八年（1753）在估衣街建的江西会馆，乾隆二十六年（1761）建的山西会馆，并因山西商帮势力的盛大，会馆规模也最为宏大。在北门外锅店街和津西杨柳青又各建一处，山西会馆包容了在天津的山西盐、布、票、铁、铜、锡、茶、皮货、颜料、账、当、银号、杂货等行帮，形成庞大的行业联合组织。会馆内又作了行帮的分工，如杂粮店街的山西会馆为烟帮聚议之所，锅店街的山西会馆为盐、当、杂货等商的聚议之所。紧随其后的有安徽会馆、浙江会馆、江苏会馆和山东会馆。在上海，豫园的点春堂是贩运花、糖的福建商人出资兴建，俗称花糖公墅。乾隆年间，福建泉漳商人来沪贸易者，集资所建会馆，“其规模之宏远，气象之堂皇，横览各帮，洵无多让”，“公捐集资置买会馆之邻近房屋及田地，逐年收取租息”，房产之多为各帮之冠。在四川这样的移民区域，闽粤籍的商人会馆所占分量亦大。在海南，“由闽粤来者亦属不少，闽人尤多”。[①] 因此在海南也有闽粤会馆，明万历丁酉吏目周行率商人在儋县城东门外建天后宫（一名朝天宫），到清初衍为广府会馆，而销皮街的天后宫则在清初定为福潮会馆。[②] 在《潮海关1882～1891年十年报告》中记载：“在汕头，设有会馆或同业公会会所的省份只有广东和福建，而汕头在与之有贸易联系的其他省份却都设有会馆……这种习俗制度似乎是本地人的地方特性的具体表现。”也许闽粤商人在建设会馆中确实颇为致力，甚至是倡

① 李待琛编译：《海南岛之现状》，世界书局印行，第18页。
② 李待琛编译：《海南岛之现状》，世界书局印行，第18页。

风气之先,其他商帮亦纷起效仿,以至形成众多地域商帮并举的局面。

第四节　会馆的海外扩展

明清时期,当闽粤等省人们移居海外时,他们多带着对乡土的浓浓依恋而漂泊异国他乡。因此,我们便看到寄托乡思的海外华人会馆的陆续建立。因为这一时期移居国外的华人多面临许多新的形势,如欧洲人的东来及其血腥的殖民政策的推行,华人与侨寓国国民的矛盾,中国政府的禁海政策与华侨政策的实施等,使移居海外者宛若"弃儿",然而,乡土的纽带是无法割断的。海外华人会馆几乎就是中华本土会馆的海外移植,在缘起与功能方面既包含了中华本土会馆的诸多方面,又显得自有侧重,华人会馆成为海外华人与外界交流的基地,既保持了中华文化的基本内核,又不断地吸收西方文化的一些因素,从而建立起既保持中华文化传统又能适应现代化需要的华侨文化。

一、海外会馆的发展

明清时期,或因为政治原因,或因为经济原因,中国南方的江浙闽粤人就不断移往日本、东南亚等地。伴随着不断的移民及移民的开拓,华人会馆亦纷纷建立起来。

明嘉靖三十九年(1560),明政府重开宁波、泉州和广州三港,中日间的贸易便络绎不绝,有些商人逐渐在日本定居下来。万历三十年(1602),福建漳州商人欧阳华宇和张吉泉将稻佐净土宗悟真寺改为菩提寺,作为羁留当地华人的拜佛之所,兼具有了聚会联络的功能。由于乡帮的牵引,居留当地的华人逐渐增多,诚如朱国桢《涌幢小品》中所说:"自(万历)三十六年(1608)在长崎岛之明商不止二十人,今不及十年,且二三千人矣。"

日本成为华人移入的重要国度。在1623年就有江西富商欧阳云台捐地兴建兴福寺,作为三江同乡(江西、浙江、江苏三省)祭祀与宴集的地方,接着当时在日本最多的福建商人也分别于1628年和1629年建立了泉漳帮的福济寺(俗称泉州寺)和福州帮的崇福寺(俗称福州寺),而人数较少的广东商人则一直到1678年才以铁心和尚开基的圣福寺(俗称广州寺)为本帮聚会与进行宗教活动的地方。四帮寺庙被称作“四福寺”。

“四福寺”内各有设置,如兴福寺设妈祖堂,内祀天后圣母(两旁有千里眼、顺风耳二婢)、关圣帝君(旁立关平和周仓)以及大道公(又称三官大帝),福济寺则有青莲堂,内祀天后圣母、关帝和观音菩萨。崇福寺更有妈祖堂和关帝堂(即护法堂)。前者内祀天后圣母和大道公,后者祀关帝和韦驮、观世音。圣福寺有观音堂,同祀关帝、天后圣母和观音等。在佛庙中奉祀天后适应了当时日本崇佛教抑别教的国策,却又保持了乡土神的至尊地位,可以看作是会馆的早期形态。人们每年都举行天后圣母和关帝诞辰的活动,以增进同乡间的友谊。遇灾则对同乡实行收管、提供食宿。又为死者提供墓地或负责送回故里归葬,还对纷争进行调解、仲裁。后来三江帮在兴福寺创建了“和衷堂三江公所”,福州帮成立的“三山公所”也与崇福寺的运营相关,泉漳帮在原来的“八闽会馆”基础上改建为“星聚堂福建会馆”,广东帮于1874年创立荣远堂岭南会所,光绪十年(1884)甲申改称广东会所。

从清光绪二十三年(1897)《重建长崎八闽会馆碑记》中可见八闽会馆是日本华人会馆中建立最早的一所。其中说:“八闽会馆始建迄今殆百年之久。为我帮商族议公之区,良辰宴会之所,由来久矣。”①随后,三江会馆于1868年在长崎建立,②另外还有岭南

① 宋超伦:《留日华侨小史》,第13~14页。

② 宋超伦:《留日华侨小史》,第17~18页。

公所、三山公所的设置。在大阪、横滨、函馆都设有三江公所。在神户有广业公所、八闽公所，在横滨、神阪、函馆有中华会馆，这些都适应了华人商人要求团结的心理。在神奈川（即横滨），1868年，已有了华人的会议所，1887年，三江帮成立“三江公所”，曾一度吸收福建侨胞加入；1918年，福建籍华侨成立了“新兴福建联合会”；广东帮于1898年建立“亲仁会”，它网罗了广东帮的各界领袖人物，其下又按县籍不同而设有“三邑公所”（南海、番禺、顺德）、“四邑公所”（开平、恩平、新会、台山）、“要明公所”（高要、高明）。神户的福建商人先是成立了“建帮公所”，后又于1870年成立“八闽公所”，不久改为“福建商业会议所”，广东侨胞于1877年成立“广业公所”，后曾称为“神户广业堂”，又称“广东公所”，后扩建为会馆，三江帮的“三江公所”亦扩大为“三江会议公所”。在大阪，1882年，三江帮的华侨创立了“三江公所”，1916年扩大为“大阪中华北帮公所”。广东籍侨胞在1896年成立了“大阪广帮公所”，因其中有几家神户的广商加入，故亦称“神阪广东公所”。福建帮于1906年成立“福邑公所”，但不久解散。

在越南，康熙三十四年（1695）广州长寿寺住持僧大汕在出使越南时便见到不少地方有华人，而且还沿用“明人”、“大明”等称呼，可见这些华人是明朝移入越南的。大汕在越南顺化、会安见到许多闽粤商人。在会安，还有大批华人聚居长达三四里的“大唐街”。他说：

> 盖会安各国客货马码，沿河直街长三四里，名大唐街。夹道行肆，比栉而居，悉闽人，仍先朝服饰，饬妇人贸易。凡客此者，必娶一妇，以便交易。[1]

---

① 大汕：《海外纪事》卷四。

在大唐街尽头还有日本桥,可见这里是一个国际型交易中心,即“兹大越国会安府者,百粤千川,舟楫往来之古驿,五湖八闽,货商络绎之通衢”,人们在(会安弥陀)寺之右的关夫子庙捐设了闽会馆,“募义冢地,收掩孤骨”。位于暹罗湾的河仙镇,是17~18世纪发展起来的著名港口,以鄚玖为首的中国侨民做了开拓性的贡献,“以大埔(河仙镇)皆鄚玖公旧时经营,胡同穿贯,店舍络绎,华民、唐人、高棉、阇闼,类聚以居,洋舶江船,往来如织,海陬之一都会也”。[①] 在柴棍巨镇“南十二里,当官路之左右,是为大街,直贯三街……各相贯穿如田字样,联檐斗角,华唐杂处,长三里许,货卖锦缎、瓷器、纸料、珠装、书坊、药肆、茶铺、面店,南北江洋无物不有。大街北头本铺关帝庙,福州、广东、潮州三会馆分峙左右。大街中之西天后庙,稍西温陵会馆,大街南头之西漳州会馆,后为霞漳会馆。凡佳晨良夜,三元朔望,悬灯设案,斗巧争奇,如火树星桥,锦城瑶会,鼓吹喧哄,男女簇拥,是都会热闹一大铺市”,[②]会馆成为不同地籍人的社区活动中心。不同地域的人们分类聚居,终于形成了相对集中的华人聚居地及他们的会馆。

1815年,在越南河内兴建福建会馆。1817年建立的《福建会馆捐题录》和《福建会馆兴创录》两碑,碑文中有三十二名捐款人姓名,董事王新合(晋江人)捐银一千一百两,名列榜首;捐款人中有同安县七人,龙溪县五人,晋江、诏安各四人,海澄三人,安溪两人,长泰、南安各一人,失载两人,共捐银三千六百零四两。[③] 边河的关帝庙、福建会馆、广东会馆合称三大祠。在西贡,有光绪年间成立的福建中华理事会馆(即西贡福建公所),成立于清光绪年间,凡闽籍华侨均为该会馆成员,下属有福建义祠、福建学校、福善

① 《嘉定通志·城池志》。

② 《嘉定通志·城池志》。

③ 周均美:《中国会馆志》,方志出版社2002年版,第223页。

书院等。西贡还设有三山会馆（福州府人建，祀奉天后妈祖）；二府会馆（漳泉二府华侨所建，祀奉土地神）、温陵会馆（泉州府人所建，祀观音）、霞漳会馆（漳州府人所建，祀天后）。

缅甸多福建侨商，建有温陵会馆（1912）、仰光三山会馆（1912）、安溪会馆（1920）、永定会馆（1921）、瓦城三山会馆（1922）、旅缅惠安会馆（1923）和旅缅同安会馆（1927）。

泰国的华人会馆的设立相对较为晚近，其中有中华会馆、潮州会馆、广肇会馆、海南会馆、福建会馆、江浙会馆、台湾会馆、云南会馆、广西会馆、揭阳会馆、大埔会馆、丰顺会馆、兴宁会馆等。其中建立最早的是1907年，最晚的是1968年，其宗旨大体都是"敦睦乡谊，促进团结，推动福利"。[①] 可以看作是对明清会馆的继承与发展。

新加坡是明清华人移入的重要地点。据吴华辑《新加坡华族会馆志》统计，从1822年广东曹亚志创立宁阳会馆起，到1965年，总共有五十所以上直接以会馆命名的会馆组织。其中有应和会馆（1823）、南顺会馆、中山会馆（1838）、冈州会馆（1843）、琼州会馆（1857）、茶阳会馆（1857）、福建会馆（1860）、永春会馆（1867）、丰顺会馆（1873）、惠州会馆、金门会馆（1876）、东安会馆（1876）、番禺会馆（1879）、肇庆会馆（1879）、三和会馆（1883）、三水会馆（1887）、雷州会馆、三江会馆（1908）、福州会馆（1909）、福清会馆（1910）等，清灭亡后新加坡华族会馆仍继续发展。

新加坡福建会馆的前身是1828年由漳浦县人薛佛记和陈送率福建帮众乡亲建立的漳泉人公墓恒山亭，负责解决当时在新加坡的福建人的丧葬问题。1830年恒山亭设于石叻律，创建了大伯公庙，并设有董事，总理与值年炉主头家，每年相互选举或轮流充任。1839年，体现福建人乡土信仰的天福宫在直落亚逸街落成，

---

① 广东华侨研究会1991年编《侨情手册·泰国》。

祭祀妈祖,不久恒山亭也迁至天福宫,福建会馆日益成型。海澄人陈金钟从1840年开始成为天福宫的首任炉主,具有一定的凝聚力。1846年海峡殖民地(英国人建于1826年,包括新加坡、马六甲和槟榔屿)政府封他为太平局绅,反映了其作为联系中介的作用。恒山亭在发展过程中曾一度把服务和联络的对象扩大到当地所有的华人,但由于会馆理事会的成员主要是福建人,因而福建的地域性便越来越明显地表现出来。

当然我们有时也能看到有些会馆名与实不相符,譬如在菲律宾,有一个江浙沪同乡会,只是指曾经在江浙沪地方就学、工作或生活过的人的组织。

林远辉、张应龙编制的《新加坡马来西亚华侨地缘性会馆简表(1801~1900)》、《新加坡马来西亚华侨宗亲会馆简表(1819~1900)》更为我们提供了两国华族会馆设置的详细情况。

新加坡马来西亚华侨地缘性会馆简表(1801~1900)

名称	所在地	方言	原籍	创立时间	创立人
槟城嘉应会馆	槟城	客家	广东嘉应州	1801	傅上璋、黄文添、李彩瑜
槟城广东暨汀州会馆	槟城	广州	广东暨福建汀州	1801	
槟城中山会馆	槟城	广州	广东中山	1805	程世帝
马六甲惠州会馆	马六甲	客家	广东惠州	1805	李振发
槟城番禺	槟城	广州	广东番禺	1819或更早	

（续表）

名称	所在地	方言	原籍	创立时间	创立人
槟城五福堂广州会馆	槟城	广州	广东广州府	1819	
槟城汀州会馆	槟城	福建	福建汀州	1819	
马六甲应和会馆	马六甲	客家	广东嘉应州	1821	朱亚辛、郑泰嵩、赵亚彬、李炳观
马六甲茶阳会馆	马六甲	客家	广东大埔	19世纪20年代	
槟城惠州会馆	槟城	客家	广东惠州	1822	李亚兴
马六甲潮州会馆	马六甲	潮州	广东潮州府	1822	
新加坡宁阳会馆	新加坡	广州	广东台山	1822	
星洲应和会馆	新加坡	客家	广东嘉应州	1823	刘润德
槟城南海会馆	槟城	广州	广东南海	1828	
马六甲宁阳会馆	马六甲	广州	广东台山	1833	阮亚就
新加坡中山会馆	新加坡	广州	广东中山	1838	梁亚胜
槟城顺德会馆	槟城	广州	广东顺德	1838	
新加坡福建会馆	新加坡	福建	福建	1839	

（续表）

名 称	所在地	方言	原 籍	创立时间	创立人
新加坡南顺会馆	新加坡	广州	广东南海暨顺德	1839	
新加坡冈州会馆	新加坡	广州	广东新会开平恩平台山暨赤溪县	1843	
马六甲福建会馆	马六甲	福建	福建	1843	
槟城增龙会馆	槟城	客家	广东增城暨龙门县	1849	郑景贵、冯丁贵、郑兴发、钟亚三
新加坡义安公司	新加坡	潮州	广东潮州府	1845	余有进
吉打广东暨汀州会馆	吉打	广州 福建	广东暨福建汀州	1850	
古晋广惠肇公会	古晋	广州 客家	广东广州府暨肇庆府、惠州府	1853	
新加坡茶阳会馆	新加坡	客家	广东大埔	1857	肖贤舞
新加坡琼州会馆	新加坡	海南	海南	1857	韩旺彝、王志德
太平福建会馆	太平	福建	福建	1859	
槟城肇庆会馆	槟城	广州	广东肇庆府	1860	

（续表）

名　称	所在地	方言	原　籍	创立时间	创立人
新加坡福建会馆	新加坡	福建	福建	1860	陈金钟
马六甲增龙会馆	马六甲	客家	广东增城暨龙门县	19世纪60年代	
槟城潮州会馆	槟城	潮州	广东潮州府	1864	王武昌、许栳合、洪声桂、黄遇冬
雪兰莪惠州会馆	吉隆坡	客家	广东惠州	1864	叶亚来、叶致英
古晋潮州会馆	古晋	潮州	广东潮州	1864	
新加坡永春会馆	新加坡	福建	福建永春	1864	李清渊、陈若锦
马六甲琼州会馆	马六甲	海南	海南	1869	龙家传
太平琼州会馆	太平	海南	海南	1869	
槟城琼州会馆	槟城	海南	海南	1870	
森美兰惠州会馆	芙蓉	客家	广东惠州	1870	
古晋福建公会	古晋	福建	福建	1871	
安顺应和会馆	安顺	客家	广东嘉应州	1872	古尚毕、高运昌
槟城新会会馆	槟城	广州	广东新会县	1873	

（续表）

名　称	所在地	方言	原　籍	创立时间	创立人
新加坡丰顺会馆	新加坡	客家	广东丰顺县	1873	谢顺邻
古晋嘉应五属同乡会	古晋	客家	广东梅县蕉岭五华兴宁平远	1874	夏杰儒
马六甲永春会馆	马六甲	福建	福建永春	1875	
新加坡金门会馆	新加坡	福建	福建金门	1876	
新加坡东安会馆	新加坡	广州	广东东莞暨宝安	1876	
太平惠州会馆	太平	客家	广东惠州	1877	
新山广肇会馆	新山	广州	广东广州暨肇庆府	1878	黄亚福
安顺惠州会馆	安顺	客家	广东惠州	1878	
雪兰莪茶阳会馆	吉隆坡	客家	广东大埔	1878	
太平增龙会馆	太平	客家	广东增城暨龙门县	1878	
新加坡番禺会馆	新加坡	广州	广东番禺	1879	胡璇泽
新加坡肇庆会馆	新加坡	广州	广东肇庆	1879	司徒长

（续表）

名　称	所在地	方言	原　籍	创立时间	创立人
日叻务嘉应会馆	日叻务	客家	广东嘉应州	1880	林星南、吴星海、黄胜郎、姚德胜
太平古冈州会馆	太平	广州	广东新会开平恩平台山暨赤溪县	1881	
古晋嘉应五属同乡会	古晋	客家	广东梅县蕉岭五华兴宁平远	1881	
麻坡琼崖会馆	麻坡	海南	海南	1882	陈文义
雪兰莪东安会馆	吉隆坡	广州	广东东莞暨宝安	1882	
新山琼州会馆	新山	海南	海南	1883	
新加坡三和会馆	新加坡	客家		1883	
太平仁和公所	太平	福建	福建晋江	1883	
雪兰莪福建会馆	吉隆坡	福建	福建	1885	
吉隆坡广肇会馆	吉隆坡	广州	广东广州暨肇庆府	1886	
山打根人和会馆	山打根	客家		1886	欧世珠、吴德声

（续表）

名 称	所在地	方言	原 籍	创立时间	创立人
太平广东会馆	太平	广州		1887	郑景贵、陈亚炎、陈畊全、林霁英、欧耀坡
马六甲古冈州会馆	马六甲	广州	广东新会开平恩平台山暨赤溪县	1887	
新加坡三水会馆	新加坡	广州	广东三水县	1887	谢均
雪兰莪琼州会馆	吉隆坡	海南	海南	1889	叶勇（又名叶荣）
山打根潮州公会	山打根	潮州	广东潮州	1889	
马六甲雷州会馆	马六甲	广州	广东雷州	1890	
雪兰莪潮州八邑会馆	吉隆坡	潮州	广东潮州	1891	
关丹琼州会馆	关丹	海南	海南	1891	
瓜拉立卑客属公会	瓜拉立卑	客家		1892	朱汉章、杨辉合、林凤鸣、曾俊波
居林 Kulim 韩江公会	居林	潮州	广东潮州	1892	

（续表）

名　称	所在地	方言	原　籍	创立时间	创立人
槟城东安会馆	槟城	广州	广东东莞暨宝安	1892	
巴生琼州会馆	巴生	海南	海南	1894	陈万德
安顺琼州会馆	安顺	海南	海南	1895	李其仁、苏志东、方逢创
森美兰梅江五属会馆	芙蓉	客家	广东梅县蕉岭五华兴宁平远	1895	
森美兰福建会馆	芙蓉	福建	福建	1895	
芙蓉东安会馆	芙蓉	广州	广东东莞暨宝安	1896	
太平兴安会馆	太平	福建	福建兴化府	1898	颜绍、李立
古晋琼州公会	古晋	海南	海南	1898	
马六甲五邑会馆	马六甲	广州	广东南海番禺顺德中山东莞	1898	梁连灏、黄石芝、姚振生、萧咏槐
关丹广肇会馆	关丹	广州	广东广州暨肇庆府	1899	
槟城五属会馆	槟城	客家	广东惠州嘉应大埔永定增城	1899	

（续表）

名　称	所在地	方言	原　籍	创立时间	创立人
怡保霹雳嘉应会馆	怡保	客家	广东嘉应	1900	姚德胜、李桐生、郑吉楼
永平琼州会馆	永平	海南	海南	1900	

资料来源：吴华：《新加坡华族会馆志》1～3册，新加坡南洋学会1975～1977年刊本。吴华：《马来西亚华族会馆史略》，新加坡东南亚研究所1980年刊本；Yen Ching-hwong, A Social History of the Chinese in Singapore and Malaya 1800～1911, Singapore, 1986, pp. 322～326.

由上表可见，在新加坡和马来西亚两国，主要侨居着广东福建和海南三省的移居者。

新加坡马来西亚华侨宗亲会馆简表（1819～1900）

名　称	姓氏	所在地	原　籍	方言	创立时间	创立人
曹家馆	曹	新加坡	广东台山	广州	1819	曹亚志
江夏堂黄氏宗祠	黄	马六甲	福建	福建	1825	黄温成、黄隆成等
江夏堂黄氏宗祠	黄	槟城	福建	福建	1828	
龙山堂邱公司	邱	槟城	福建海澄	福建	1835	邱华东、邱心美等
霞阳植德堂杨公司	杨	槟城	福建海澄	福建	1842	
伍氏馆	伍	槟城	广东广州	广州	1848	
四邑陈氏会馆	陈	新加坡	广东台山新会开平恩平	广州	1849	陈南

（续表）

名　称	姓氏	所在地	原　籍	方言	创立时间	创立人
许氏高阳堂	许	槟城	福建	福建	1854	许心钦
李陇西堂	李	槟城	福建	福建	1854	
颍川堂陈公司	陈	槟城	福建	福建	1854	陈瑞吉、陈隆斯等
宝树堂谢公司	谢	槟城	福建海澄	福建	1854	
台山黄家馆	黄	新加坡	广东台山	广州	1854	
福建九龙堂	林	新加坡	福建	福建	1857	
濂溪别墅周家祠	周	新加坡	广州暨肇庆府	广州	1861	周活
林氏勉述堂	林	槟城	福建海澄	福建	1863	林清甲
林公司敦本堂	林	槟城	福建海澄	福建	1863	林清甲
凤廓汾阳公司	郭	新加坡	广东潮州	潮州	1865	
刘关张赵古城会馆	刘关张赵	新加坡		广州	1866	刘大就、关亚宋、张士煜、赵以仁等
九龙堂林公司	林	槟城	福建海澄	福建	1866	
潮州江夏堂	黄	新加坡	广东潮州	潮州	1867	
闽王祠	王	新加坡	福建同安	福建	1872	王友海、王求和等

（续表）

名　称	姓氏	所在地	原　籍	方言	创立时间	创立人
李氏书室	李	新加坡	广东	广州	1874	
陈颍川堂	陈	马六甲	福建	福建	1875	
保赤宫陈氏宗祠	陈	新加坡	福建	福建	1878	陈金钟、陈明水
潮州西河公司	林	新加坡	广东潮州	潮州	1879	
符氏社	符	新加坡	海南	海南	1887	符愈贵、符运政等
潮州陇西公会	李	新加坡	广东潮州	潮州	1890	
叶氏家祠	叶	吉隆坡	广东惠阳	客家	1892	叶城
王植槐堂	王	马六甲	福建	福建	1896	王庆云
陈公司	陈	吉隆坡	广东	广州	1897	陈秀莲、陈春等
韩氏堂	韩	新加坡	海南	海南	1900	
太原堂王公司	王	槟城	福建	福建	1900	王汉鼎、王汉宗等

资料来源:吴华:《新加坡华族会馆志》1～3册,新加坡南洋学会1975～1977年刊本;Yen Ching-hwang, A Social History of the Chinese in Singapore and Malaya 1800～1911, pp. 327～331.

闽粤人移民东南亚具有悠久的历史传统。早在明洪武二十六年(1393),香山县的海商吴添进就已通番。① 香山人很早就移民

① 杜臻:《闽粤巡视纪略》卷二《香山》。

海外，到东南亚的槟榔、新加坡、檀香山、三藩市、加拿大、墨西哥、秘鲁、日本、新西兰及澳洲等地发展。根据马来西亚中山会馆的记载，早在1800年，即有程世帝、鲍志、鲍华、郑某等十多个香山县侨民，从澳门乘坐两艘帆船，经过月余的航程抵达槟榔屿，其后香山移民陈某于1802年11月2日在槟城大伯公街建立"香邑公司"，成为香山侨民在东南亚地区最早创建的同乡会馆。他们挂上"香邑馆"的匾额，崇奉财帛星君神像，每年7月22日神诞，香山商民都会到会馆开怀畅饮，联络感情。1801～1802年《义冢墓道志碑》这样表达了建馆者与会聚于馆中同乡的心声说："我粤东东南距海，民之航海以为营生，层帆巨舰以捆载而归者，大率于洋货者居多，然利之所在，众则共趋，一遇死亡，若不相识，尚何赖乎乡亲乎？"[①]最初"香邑公司"是解决族人义冢及其他侨民急需的地缘性组织。乡人程世帝乐善好施，死后神龛被供奉在会馆之内，1890年8月20日，香山侨民正式申请向当地注册，成立"香山会馆"。[②]

新加坡的香山会馆始创于1821年，初名"香公司"，三年后更名为"香山公司"，1838年，在梁亚胜的推动下，正式成立新加坡"香山会馆"，并购置了永久会所，便利了当地香山侨民的联系。1954～1957年间，新加坡中山会馆与马来西亚各州的中山会馆，诸如比叻中山会馆、森美兰中山同乡会、槟城中山会馆、马六甲五邑会馆中山组、吉大中山公会、沙巴山打根中山公会等合组"马来西亚暨新加坡中山会馆联合会"。中山会馆属下有榄镇、海州、曹

① 傅吾康、陈铁凡编：《马来西亚华文铭刻萃编》，马来西亚大学出版社1985年版，第683～684页。

② 马来西亚中山会馆联合会：《首届国际中山会馆恳请会纪念特刊》，1996年9月14日及15日，第49页。又参考吴华《马来西亚华族会馆史略》，东南亚研究所出版社1980年版；高民川：《中山市华侨大事记》，《中山文史》第20辑，1990年12月20日，第8页。

步、古镇及隆都同乡会,对联系中山各地乡亲发挥了积极作用。[①]

在越南地区香山商人也很活跃,其中叶伯行及陈立炬是南越的富商,他们二人先后被选为南越中华总商会的会长。在朝鲜的汉城及仁川也有香山商人的活动。在19世纪初,已有香山侨民在夏威夷落籍,1882年,香山人程利倡建檀香山中华会馆,使该地区香山乃至中国商人有了一个联络的中心。

起初南洋华侨都是按方言、籍贯或姓氏划分为福帮(实际由闽南人组成)、广帮(指广州及附近几个县讲广州话的华侨)、潮帮、客帮(指广东、福建等省讲客家方言的华侨)、海南帮(又称琼州帮)、三江帮(指江、浙、赣等省华侨)等六大帮和许许多多的同宗会,各帮都有自己的会馆和学校,各自分立,很少合作。陈嘉庚先生则从整体国家利益出发,号召福建中华会馆摒弃地域之见,在福建会馆创办的道南学校中,接受了广东籍学生达60%。陈嘉庚先生说:“全侨之团结,爱国心理之演进者甚大……爱国与人民团结,实有至大关系。要爱国必须团结,既团结尤要爱国。何以言之,爱国而无团结,则如一盘散沙,力量奚以集中。既团结而不爱国,则团结亦属空泛。”[②]

陈嘉庚倡设了中华会馆,改造了中华总商会,设立星洲华侨教育基金会,通盘经营新加坡的华侨教育,裁并会馆及同宗会,每帮只留一所会馆,如福建会馆、广州会馆、潮州会馆、琼州会馆、客属会馆、三江会馆,其他一府一县的会馆分别合并于以上大会馆,同宗会一律取消,所取消的各会馆与同宗会的屋业,捐给教育会。这一举措极大地提高了新加坡华侨社会的凝聚力,其积极意义是长远的。

---

① 杨文彦:《新加坡中山会馆史略》,《中山文史》总第13辑,1987年11月30日,第99~101页。

② 陈嘉庚:《新加坡全侨大会创办中华会馆之演词》,见《南洋商报》1929年3月14日。

往欧美移民同样依赖会馆的凝聚和激励，据李明欢先生研究：欧洲华侨史上第一个有史可考的会馆是1906年在英国利物浦成立的“英国四邑总会馆”。[①] 四邑即广东台山、开平、恩平和新会。19世纪中叶美国西部发现金矿而掀起淘金狂潮，大批年轻力壮的四邑人涌向美国西部，接着他们又向欧洲开拓，到1906年，接踵而至利物浦的四邑人已有近百之众，几乎均以洗衣业为生。“在1900年代，吾邑人士往英谋生者，日益众多，各自为工为商，毫无组织，更乏守望相助之意，有志之士认为长此以往，实非邑人之福，于是，共同集议，筹备组织四邑总会馆，以兹联络，而收互助互励之功。”余进、黄球、梅显利等十多位利物浦四邑人中的头面人物，决定筹组会馆，中华传统文化中的守望相助，共谋发展的精神在一定背景下就会开放出艳丽的花朵。余进等先组成“筹备委员会”，倡导捐款运动，马上赢得大家的响应，当年便宣告了四邑总会馆的成立，黄球成为第一任主席。会馆建立后，把推进会员福利作为自己的首要任务。考虑到同乡们皆经营洗衣业，同业过于单一，且彼此争夺业务，也不利于健康发展。于是他们筹资以资助同乡开辟其他行业，这无疑可以壮大同乡在当地的影响力。这种借助于同乡会馆而建立的“合会”因具有较强的信任度而被海外华人所重视，业务亦容易取得巨大发展。

荷兰华侨会馆于1922年成立于荷兰鹿特丹。起先在1912年即有华人水手馆，接着是更多的水手馆纷纷建立，分别以广州话、客家话和青田话为纽带，形成了宝安帮、东莞帮、客家帮、青田帮等小帮，到20世纪初，宝安帮势力最大，它首先出面联合各帮力量，发起成立代表全体荷兰华人的统一团体，即“荷兰华侨会馆”，且经中国政府驻荷兰总领事馆批准。李明欢先生分析了该会馆的构成，譬如理事会九名成员中，除担任荷文秘书者外，其余均为广东

---

① 李明欢：《欧洲华侨华人史》，中国华侨出版社2002年版。

人，而且，其中包括会长、副会长在内的五人均为宝安人，因此其地缘性社团的潜在色彩十分明显。职业基本是水手馆老板。这和中国本土的各地会馆呈现出共同的倾向。特别是商人会馆基本以势力大者称王，会馆成员亦往往是生意上较有业绩者。它虽然都打着“增进全体荷兰华人的相互了解；为所有遇到困难的华人提供援助”的旗号，且对于“不幸染病”者、“丧失工作能力希望回乡”者和“遇意外身亡”者提供帮助，一样秉承了中国本土会馆的做法，但其树立本身良好社会形象、以求推进商业发展的目的仍是很明显的。

在荷兰，地域性的会馆组织在20世纪70年代以后迅速发展。来自福建东部（福州、连江、长乐、福清等地）的新移民主要经营餐馆业，取得一定发展，从而建立起会馆组织。1998年4月，旅荷福建同乡联合会终于得以成立。

德国汉堡的中华会馆成立于1929年10月10日，发起人是浙江宁波籍商人陈纪林，属海员出身，尽管他在航海生涯中与德国各界有过较广泛的接触，但因为“一战”的影响，他的这些资源都没能帮上什么忙，只是到了和平年代后，他在汉堡租下一幢民房，建立了“汉堡华人水手馆”，为当时中国船员提供投宿、求助的场所，且发展到帮助落足当地的中国人解决诸如求职、办理护照或签证等服务，在华人界赢得了较好的名声。水手馆具有安排生活、帮助求职和调解纠纷等功能，到1929年，正式挂牌为“汉堡中华会馆”，建立了华侨公墓。德国、法国乃至美洲等地的地域性会馆也逐渐得到发展。

二、海外会馆发展的特点

明清以来，华人会馆遍布日本、东南亚各国，并渐及欧美，由于特定的社会背景，故又显示出几点自己的特色。

（一）同宗会馆与同乡会馆并存。在新加坡，就有由曹亚志创办于1819年的曹家馆,创于1825年的马六甲江夏黄氏宗祠,创于1835年的邱氏宗亲会馆,创于1848年的四邑陈氏会馆,创于1849年的槟榔屿许氏宗亲会,创于1854年的黄氏宗亲会馆和创于1857年的林氏宗亲会馆。有的宗亲会馆甚至超越居地的地域界限,如新加坡四邑陈氏会馆、新加坡刘关张赵古城会馆等。与此同时,同乡会馆也并行不悖,蓬勃发展,还有的是以方言为聚集会馆的纽带,呈现出血缘、地缘与语缘并重的局面,这实质上是由于远离故土,能够依恃的组织都将受到人们的重视。在菲律宾,同宗会馆数量巨大,后来随着人数的增加,同宗会馆也会出现分立,有的一姓甚至有两个乃至更多的会馆。如施氏就分为浔江和钱江两支。施氏在菲律宾华人社会中具有较为显赫的地位。其他像黄氏、郑氏、王氏、陈氏等都颇有实力。人们或参加同宗会馆,亦可参加同乡会馆,有时一个人分别是同宗会馆和好几层同乡会馆的负责人。

(二)商人势力在会馆中唱主角。这是早期海外华人会馆与本土会馆的显著不同之处,在中国本土,无论是士绅试子会馆,还是商人会馆,会馆的负责人往往都是官僚、士绅或与他们关系特别密切的人。因为传统社会里,士农工商四民秩序较为严整,即使明清时期商人地位有所提高,但依附性之强还是较为明显的。官商勾结几乎是明清时期商业发展中的一个基本现象。而在海外华人社会,唱主角的是经过艰苦打拼而壮大了经济实力的商人。尽管他们或许是在国内学过一些文化知识,或者也曾参加过科举考试但名落孙山者,但在当地社会,这些算不得资历,能够有雄厚的经济实力,便成为当地社会的话语操纵者。会馆的领袖在新加坡被称为"炉主",主要是从商人阶层中遴选出来的,就马六甲应和会馆而言,选举新首领的方法实际上就排除了非商人阶层。在选举前夕,会馆调查那些嘉应客家人的店铺和实业状况,然后,把店铺和业主的名字记录在案,以备选举之用。所以,那些没有店铺和实业者，便无缘进入候选人之列。从 1863 年至 1911 年的四十八年间，应和会馆产生过四十八名炉主，其中三十一人是店铺和公司的业主，九名是店铺和公司的商号名，八名是店铺和业主的联名。[①]正因为如此，这些会馆都能保证充裕的经费而长期不辍，商人有雄厚的赀财，堪作会馆的经济担保，不会因政局的变化而兴替。

（三）教育与裁判成为会馆所致力的重要事务。坚持本民族的文化往往是确立自我社会地位的一种基本立场，提高自己的文化素质也是谋求较高社会地位的前提。于是在早期海外华人往往借助自己的组织，发展教育事业，求得族群的壮大和发展。马六甲永春会馆以注重教育而出名，宗亲会馆如槟城邱氏宗亲会馆开办邱氏家学，其后有杨氏族学、陈氏族学纷起效仿。延至 20 世纪，由会馆创办的高等学府亦不计其数。在早期往南洋移居的多为闽粤人，实际上，闽粤地方乡土文化就是他们认同的文化，其中有“福佬人”，也有客家人，方言的区别亦导致其文化认同的歧异。不过在谋求扩大华文教育这一点上，大家的立场是一致的。在海外华人会馆创立之初，各类债务、商务纠纷很多，又没有专门的机构解决，所以会馆实际上在执行一定程度的司法权。像广肇会馆在 1890 年 2 月至 1904 年 4 月主要执行着仲裁的职能。一方面因其规模巨大，另一方面因该会馆的叶观盛和赵煌分别为华人甲必丹和众所公认的侨领，所以该会馆在当时吉隆坡所有的华人社会组织中取得了领导地位。

（四）海外华人会馆运行逐渐呈规范化运作倾向，会馆被作为民间社团而进入当地国家统治者的视野，于是各会馆都定了相当详备的章程，且随着形势的变化而不断得到修订。譬如新加坡福建会馆于 1995 年还对章程进行过修订。该章程指出，“本会馆于一九三七年十月廿五日，由先贤陈嘉庚、李光前、叶玉堆、谢天福、

① 颜清湟：《新马华人社会史》，中国华侨出版公司 1991 年版。

周瑞献、颜世芳及侯西反诸先生,依据当时公司法令订立章程,注册为非盈利有限公司”。但“由于原章程施行四十多年,新加坡经历了从自治一直到成为一个独立国家,社会环境改变很多,因此本会同仁咸认必须修订之”。章程一共经历了1908年4月27日的修订(1982年9月24日由律政部长批准)、1987年4月28日的修订(同年7月22日由财政部长批准)、1993年3月28日的修订(1995年2月8日由财政部批准)。最新版的会馆章程显示:会馆的宗旨明确,包括“促进新加坡华裔的感情与友谊”;“提倡、促进、管理、改善新加坡教育事业”;“维护、管理与改良……所有庙宇,如有必要也得扩大及重建这些庙宇”;“维护、管理及改良……任何坟地或其他产业,如有必要得扩大及发展这些坟地与产业”;接受捐赠,必须程序合法;会馆的修缮得视需要而进行,会馆的款项得作适当投资等等。会馆的会员资格、权利和义务,会馆理事会的产生办法、任期、经费来源与使用、账目查验等都有章可寻。

(五)当代海外华人会馆呈现出更加丰富多彩的面貌。海外华人中有不同途径移居者,文化层次也不一样。地域性较过去更加广泛。联结为会馆的纽带较前有了进一步的增加,过去在欧美主要是广东人建立的会馆,当代则呈现出各省会馆并兴的局面,有的甚至打出普通话为纽带的会馆的旗号。也有一些是专业性的会馆,或学缘性的会馆。笔者在加拿大进行过为期半年的调查,对此深有体会。譬如有一般的湖南会馆、湖北会馆、惠东会馆、河南会馆,有伍胥山公所这样传统的广东人社团,也有复旦大学同学会、清华大学同学会、北京大学同学会等,还有美术家联谊会、书法家联谊会、机械工业生产者联谊会等等。

海外华人组织还呈现出跨国联合的趋势,世界性的华商已经举行过多次大型会议,各宗亲团体联合的倾向也很明显,如已召开过世界王氏、黄氏、陈氏、客属等大会,华人的力量在整合中得到了更进一步的壮大。

总观海外华人会馆，其发展也经历了若干不同阶段，这其中既与国内政治社会形势相关，亦与所在国的社会状况变迁密切相连。20世纪初是海外会馆初现时期，到20世纪30年代海外会馆迅速发展，许多会馆还在物质上或精神上组织抗日活动，声援国内的抗日斗争，50～60年代东西方冷战时期，欧洲的华侨华人会馆因外界压力而趋于沉默，但到中国改革开放后，中国国际形象有了极大的改善之后，世界各地的华人会馆再次出现了前所未有的热潮。李明欢先生认为：当代海外华人会馆组织逐渐实现着在组建上追求关系纽带的制度化，在运作上追求群体效益的实现，在功能上追求社会资本的最大价值转化。[①] 有人从当代华商的发展中，看到世界性华商网络的形成，有人认为华商经营的成功秘诀在于善于利用乡土等各种纽带节约了交易成本。看来，海外华人会馆绝不仅仅是旧时代的产物，它往往能在时代的变迁中不断调整自己的形态，发挥积极的作用，因而会馆的生命力必将更进一步地发挥出来。

① 李明欢：《欧洲华侨华人史》，中国华侨出版社2002年版，第七章。

第二章 “物竞天择，适者生存”

——会馆的兴盛背景及内部运作

明清时期，会馆的发展呈现出兴旺景象，既表现为姿态各异的会馆的纷然出现，官绅试子会馆、工商会馆和移民会馆各显其威，又表现为设置会馆的地区不断扩大，以至从沿海沿河走向内陆腹地，从东部经济发达地区伸向西部经济不发达地区，有的更跨越高峻的山峦与浩淼的烟波播及海外，这无疑是与当时社会的政治经济结构的变迁分不开的。

第一节 市场机制与会馆

众所周知，在中国传统农业社会里，向来就少不了市场的补充。早在传说中的神农时代，便有“聚天下财物”和“日中为市”的记载。其后，有时商品经济的繁荣也被看作是传统经济繁荣的标志。在战国时期，在唐宋时期，市场的扩展成为国力的象征。明王朝建立以后，社会相对安定，经济进一步积累，土地赋役制度的不断变更都纷纷为新一轮的商品经济的发育和成长创造着条件。适应市场发育成长的管理机制亦必须应运而生。

一、明清交通的便捷与贩运商业的发展

封建时期的交通以水运为主，陆运辅之，而明清时期的水路交通日见发达。

在内河航运方面：东北的松花江连接了上游的吉林到嫩江上游的卜魁（齐齐哈尔），辽河则连接了上游的通江口（属昌图县）和

营口,清河又造就了上游的平泉州。在华北的海河连接了磁州、天津、内黄、通州等地。再下来是横贯东西的长江使上海、镇江、南京、九江、汉口、黄石、宜昌、重庆等众多的城市连为一体,在东部与长江相交的贯通华北与江南的京杭大运河在明清时期成为封建政府从江南经济区吸取养分的“输血管”,因而频频得到修浚、整治,从而使临清、通州、苏州、扬州等各城市彼此连接进而与外界取得了更广泛的联系,无疑运河水运的便利使明清时期运河经济带成为明清政治、经济、文化的中心地带。再往南有长江的众多支流如鄱阳湖水系、洞庭湖水系都像绵密的蛛网伸向各级大小城镇,跨越五岭,又有横贯广东、广西、贵州的西江、浔江、盘江更是使西南的内河航运变得发达起来。

海运的发展同样不可忽视。尽管有封建政府长期推行“海禁”政策,但技术的积累、经济力的推动都使沿海乃至内地的商人跨越法律的禁限,继续高扬宋元海商们涉海谋利的大旗,上海至关东、闽粤至上海、台湾至闽粤的航线都已开通,沿海的众多港澳亦为海上航运的发展提供了便利。

明清陆上交通因为社会秩序的相对安定、国力与民力的增强而更显发达。清代道路网系统便分为三等:官马大路,由北京向各方辐射,通往各省省城;大路,由省城通向地方府城及重要城市通往各市镇的支线。清代的官马大路,分为东北路、东路、西路和中路四大干线,仅由这个系统,全国各地的众多城市已被连接进去。

水运与陆运又相互配合,如广东大埔县的石上埠市“接闽省上杭空头界,为闽粤要隘,各处贸易者舟到过此山”。[①] 饶平县的教场铺墟“通江有闽汀”。[②] 水运与陆运的相互济助可以克服山河

① 乾隆《潮州府志》卷十四《墟市》。

② 康熙《饶平县志》卷二《城池》。

的自然障碍,使交通网的触点更及于山埂水浒。

刘秀生先生在《清代商品经济与商业资本》[1]一书中曾列举了全国范围内较大的十二条交通线,即:

(一)乌鲁木齐——归化——北京——齐齐哈尔。

(二)广州——上海——天津——营口。

(三)广州——南昌——杭州——北京——库伦——恰克图。

(四)桂林、广州——湘潭——汉口——开封——北京。

(五)百色——南宁——广州。

(六)雷波——宜宾——重庆——汉口——上海。

(七)乌鲁木齐——兰州——汉口。

(八)察木多——打箭炉——成都——重庆。

(九)喀什米尔——察木多——大理——辰州——上海。

(十)察木多——兰州——石咀山——归化。

(十一)北京——武安——安邑——泾原——兰州。

(十二)包头——开封——凤阳——浦口。

其中,有陆路的通道,有海路、河路的通道,亦有水、陆兼及的通道,几乎把全国都包括了进去。

交通的发达,促进了社会经济的繁荣和商品流通,加强了各地的联系,各专业化经济区域的形成,即是商品经济发展的产物,如苏杭成为丝棉纺织业的中心,湖广成为粮食生产的中心,闽粤成为果品等经济作物生产的中心,这又更进一步为商品经济的发展注入了活力。而明清赋役制度的改革又不断地增加了农村劳动力的自由度,使农村过剩劳动力能从农业中、从田地中走出来,走向市镇与工商业都市,从事手工业的或商业的活动,有的哪怕是季节性的,或有的仅只是作为农业的副业,但这已经说明了商业对农业的侵蚀以及农业与商业的互补共进发展。无疑,市场的发育与成长

① 中国商业出版社 1993 年版。

势必把越来越多的人牵扯进来,以致每个人都无法生活在市场之外。

在商品流通过程中,城市便成了整个流通体系中的网结。如杭州是有各地百货所聚的省城,“杭之茶、藕粉、纺绸、纸扇、剪刀,湖之笔、绉纱,嘉之铜炉,金之火腿,台之金橘、鲞鱼,亦皆擅土宜之胜,而为四方之所珍者”。[①] 湖州府德清县所属唐栖镇,在宋时无名,明初由于新开运河通杭州,正统年间(1436~1449),修筑塘岸以利漕饷转运,成为南北交通要道,史载:“驰驿者舍临平由唐栖,而唐栖之人烟以聚,风气以开,巨族蔚成,别墅园林,甲于两邑,官道所由,风帆梭织,水陆辐辏,商货鳞集,临河两岸市肆萃焉。”[②]

在江苏,运河的流淌也造就了苏州、扬州及其他一大批市镇。苏州本来产米并不丰富,但因为它处于湖广之米到浙江、福建、广东要道上,故在清中叶时,它成为全国有名的米粮市场。[③] 运河流域的盛泽、震泽商品经济的发达均凌驾于吴江县城之上。

在长江沿线的湖南湘潭处于交通便捷之处,成为东南七省及山陕商品的集散地。虽在明末清初的战争中曾一度“境内荒芜,道殣相望”[④],但到雍正时则又是“千艘云集,四方商贾辐辏”了,乾隆时,由于它上控西粤,下通关汉,是重要通道,以至于“邮传舟航,往来如织”。湘潭的江岸码头由于商业和转口贸易的繁荣,以至于在经济地位上可以与湘潭分庭抗礼。而扼长江、汉水交汇处的汉口,更是“千樯万舶之所归,货宝珍奇之所聚”的商业都市,不愧“九省通衢”之美誉,“通省市价之所视为消长,而人心之所困为动摇者也,户口二十余万,五方杂处,百艺俱全,人类不一,日消米

① 《冷庐杂记》卷八《工物》。

② 光绪《唐栖志》卷一。

③ 蒋建平:《清代米粮贸易研究》,北京大学出版社1990年版。

④ 康熙《湘潭县志》卷二《地理》。

不下数千”。[①] 这里百货山积,万商云集,年交易额超过一亿三千万两[②],其商业的繁盛很大程度上是交通的便利所致。

在西南云贵等省由于水旱通路的修治也出现了一些城市,广西百色成为“水陆交会,烟火稠密,商贾辐辏”的往来要冲,介于贵州都匀与广西柳州之间的榕江由于都江的疏浚,“商贾往来,舟楫停泊,俨然一大都会”。

市场的发育成长使传统的城市发生着变化,它们一改过去单纯郡县城市政治消费城市的单一面孔,而呈现出手工业与商业兴盛的城市、商业发达的城市、行政中心与经济文化中心并进的城市、对外贸易城市等多样化的脸谱。其共性在于商业化市场化成为这些城市发展的活的灵魂。商业发展又使宋代以来的草市和定期市集逐渐演化成商业化聚落,居民贸易日益繁盛,特别是江南地区这些草市和定期市集很快发展成商业市镇或地方贸易中心。而有些以传统行政机能和军事机能为主的镇,这时其行政机能、军事机能也日益退化,而商业机能却日渐发展。如乌青镇,宋时有官兵驻守,元末因战争而一度衰落,到清代却成为“百货骈集,商贾云集于四方,市镇数盈于万户”的著名商业城镇。商人的比例无论在城市抑或农村都有日渐增加的趋势,所谓“杭民半商贾”、“十家五商”等就是明证。有人据嘉庆年间的方志记载统计,广州府属十三县的居民,以商贾谋生者平均28%,其中南海、顺德、新会、番禺、东莞五县,经商负贩者已接近或超过农业生产者,而南海更高达60%。[③]

明清商业和市场的发展实质上与长途贸易业的发展密不可分,以致形成大的行商商帮。《清稗类钞》说:“客商之携货远行者,咸以同乡或同业之关系,结成团体,俗称客帮,有京帮、津帮、陕

① 《皇朝经世文编》卷四十。

② 戴均良主编:《中国城市发展史》,黑龙江人民出版社1992年版,第276页。

③ 戴均良主编:《中国城市发展史》,黑龙江人民出版社1992年版,第276页。

帮、山东帮、山西帮、宁帮、绍帮、广帮、川帮等称。”①

徽州商人之遍布全国，以致“无徽不成镇”。其中，歙县商人最为活跃，“今之所谓都会者，则大之而为两京、江、浙、闽、广诸省，次之而苏、松、淮、扬诸府，临清、济宁诸州，仪真、芜湖诸县，瓜州、景德诸镇……故邑之贾，岂惟如上所称，大都会皆有之，即山陬海壖，孤村僻壤，亦不无吾邑之人，但云大贾则必据都会尔”。② 显然，徽州商人经商实力并不一致，但能各安所营，甚至彼此互促，“虽滇、黔、闽、粤、秦、燕、晋、豫，贸迁无不至焉，淮、浙、楚、汉又其尔焉者”。③ 宁国商人亦“走贸四方，或远入黔、滇间”。休宁县“概邑中土不给食，大部以货殖为恒产，商贾之最大者举卤，次则权子母之轻重而修息之，千百中不一二焉。其余藉怀轻赀，遍游都会，因地有无以通贸易，视时丰歉以计屈伸，诡而海岛，罕而沙漠，足迹几半禹(宇)内”。④ 他们以“无远弗届”、“无所不营”的精神开拓着商业发展的道路，绝大多数为“藉怀轻赀”之人，既方便于远涉，又便于依据市场行情的变化变更自己的经营品种，显示出较强的灵活性。同时徽商又注重“以众助众”，这又有利于他们共同聚赀共创大宗的商品经营。徽州商人曾以木材、米、茶、盐等的经营引起人们的瞩目。

徽州商人多因故土的贫瘠而外出经商，虽然有些商人像过去传统商人那样“稍有积蓄，便捆载而归”，循着买田置地、修祠续谱、办学旌节等老路而进，但还有些商人则力图使自己逐渐在流寓地土著化。⑤ 即如史籍所论“今则徽之商民尽家于仪、扬、苏、淮安、芜湖、杭、湖诸郡以及江西之南昌、湖广之汉口，远如北京，亦复

① 徐珂:《清稗类钞》,北京中华书局 1984 年版,第 2286 页。

② 万历《歙志》卷十《货殖》。

③ 道光《歙县志》卷一《风土》。

④ 嘉庆《宁国府志》卷九《风俗》。

⑤ 王振忠:《从祖籍地缘到新的社会圈》,《原学》第 2 辑。

挈其家属而去”。[1] 土著化的过程表明了徽州商人为了发展商业作出了义无反顾的选择。

在明代,徽商在江南诸多小镇上就已留下了他们的足迹。弘治时徽人就在石门县开典铺,在上海县吴湖镇,明嘉靖时敦商郑富伟便经商该镇,“累货甚巨,产业裁值”。[2] 嘉定县南翔镇“多徽商侨寓”,罗店镇“徽商凑集,贸易之盛,几埒南翔矣”。[3] 钱门塘市“明时有徽商僦居其中,收买出贩”。[4] 黄溪镇在万历年间“有徽商某贩缯”。[5] 外冈镇“因徽商僦居钱鸣塘收买(棉布),遂名钱鸣塘布”。[6] 诸翟镇,到清中叶因徽商与“各省布商先发银于庄,而徐收其布,故布价贵”。[7] 杭州塘栖镇“财货聚集,徽杭大贾视为利兹,发典顿米,贸丝发车者,骄臻辐辏”。[8] 平湖县新带市“饶鱼米花布之属,徽商麇至”。[9] 乌程县乌青镇“茶叶一业,俱系徽籍人”。[10] 南汇县周浦镇,明万历时就有“新安布商持银六百两”[11]前往贸易,秀水县濮院镇有休宁人汪应采“往来濮川,权奇赢”。[12] 休宁商人程莹明在嘉靖时即“寓湖州之双林市”。[13] 程锁“贾吴兴新市”。[14] 绩溪人王泰邦“贾于苏之周庄镇”。[15] 徽州商人以“其货无所不

① 嘉庆《宁国府志》卷九《风俗》。
② 万历《郑氏宗谱·明故耆士郑君偕汪氏塘志》。
③ 万历《嘉定县志》卷一《市镇》。
④ 《钱门塘乡土志》卷一《乡域志·土产》。
⑤ 嘉庆《黄溪志》卷八《丛记》。
⑥ 崇祯《外冈志》卷一《市镇》。
⑦ 咸丰《紫堤村志》卷二《风俗》。
⑧ 光绪《唐栖志》卷十八《风俗》。
⑨ 天启《平湖县志》卷一《市镇》。
⑩ 《乌青镇志》卷二十三《工商》。
⑪ 褚华:《沪城备考》卷六。
⑫ 《濮院志》卷十九。
⑬ 《休宁率东程氏家谱》卷四《明故处士程公行状》(万历刊本)。
⑭ 《太函集》卷六十一《明处士程长公墓表》。
⑮ 《盘川王氏家谱》卷三《式南公家传》。

在，其地无所不至，其时无所不骛，其算无所不精，其利无所不专，其权无所不握”[①]的情怀矢志于商业，“辐辏四方之美好，以为奇快”。[②]“人到十六就要出门做生意”[③]甚至成了当地的一种风俗。在江西靖安的龙丘山区“隙地种竹，竹巨而茂，其巨者，剖之可为蔑，歙人贸以通舟楫所不及”。[④]在福建泉州的长市，“集发为髢，髢通于江浙贾人，而徽贾为盛”。[⑤]在西南边疆云南，凡有商人处，皆有徽商踪迹，“非江右商贾侨居之，则不成其地”。[⑥]商人特别是徽州商人以无所弗届的精神，开辟了越来越广阔的市场空间。

堪与徽商并驾齐驱的是山右商，像曲沃商人“每挟资走四方，所至流寓其间，虽山贩海澨，皆有邑人”。[⑦]像太原、汾州、沂州人“皆服贾于京畿、三江、两湖、岭表、东西北三口，致富在数千里，或万里之外”。[⑧]“汉民至(黑龙)江省贸易，以山西为最早”。[⑨]“奉天昔日人烟稀少，土著逐什一者甚少，而山西帮、直隶帮、山东、河南、三江各帮遂纷至沓来，反客为主矣。”[⑩]清代山西浮山县商人“往来餬口于齐鲁、燕赵、宋卫、中山间者十之六七”。[⑪]平定州商人“贾于燕赵齐鲁者几十之五”。[⑫]寿阳商人“贸易于燕南、塞北者

① 万历《歙志》卷十《货殖》。
② 汤宾尹：《睡庵集》卷二十三，转引自《明代经济史料选编》中册，第92页。
③ 艾衲居士：《豆棚闲话》第三则。
④ 《古今图书集成·职方典》卷八五三《南昌府部》。
⑤ 何乔远：《闽书》卷八《方域志》。
⑥ 王士性：《广志绎》卷五。
⑦ 光绪《续修曲沃县志》卷十九《风俗志》。
⑧ 光绪《五台县志》卷二十四《生计》。
⑨ 徐宗亮：《龙江述略》光绪十年刊本。
⑩ 《沈阳县志》卷七《实业》。
⑪ 同治《浮山县志》卷十二《田赋》。
⑫ 光绪《平定县志》卷五《风土》。

亦居其半”。[①] “塞上商贾,多宣化、大同、朔平三府人。”[②]“所有恰克图贸易商民皆晋省人,由张家口贩运盐茶缎布杂货前往易换各色皮张毯片等物。”[③]在新疆的巴里坤“城厢内外,烟户铺面,比栉而居,商贾毕集,晋民尤多”。[④] 打箭炉“城以内所驻商贾,惟秦晋两帮最伙”。[⑤] 山西商人还把北京作为经商发达的根据地。在北京,山西商人几执商界之牛耳。汉口的山陕商人包含了太原帮、汾州帮、红荣帮、合荣帮、卷茶帮、西菸帮、闻喜帮、雅帮、花布帮、西药帮、土果帮、西油帮、陆陈帮、匹头帮、皮货帮、众帐帮、核桃帮、京卫帮、均烟帮、红花帮、当帮、皮纸帮、汇票帮等。

广东商人也大力投身于贩运贸易中,他们把足迹展向全国各地。雍正年间(1723 ~ 1735)东莞县商人以本地所产粮与香运往外省贸易,他们“度岭峤,涉湖湘,浮江淮,走齐鲁”。[⑥] 顺德县龙山乡商人在嘉庆年间,“或奔走燕齐,或往来吴越,或入楚蜀,或客黔滇,凡天下省郡市镇,无不货殖其中”。[⑦] 海阳县商人在“康雍时,服贾极远,止及苏、松、乍浦、汀、赣、广、惠”之间。[⑧] 澄海的糖商来往于苏州、天津与雷、琼间,从事糖、棉贩卖。[⑨] 大埔县商人于乾隆时“经商于吴、于越、于荆、于闽、于荆章……足迹遍天下”。[⑩] 广东大批商人还经商于邻省广西,在贵县、桂平、玉林、容县、北流等县城及墟市都有广东商人开设的铺号,如平乐县“城外街民大抵皆

---

① 光绪《寿阳县志》卷十《风俗》。
② 纳兰常安:《行国风土记》。
③ 何秋涛:《朔方备乘》。
④ 《皇清奏议》卷五十九,文绶:《陈新疆情形疏》。
⑤ 《小方壶舆地丛钞续编》第三帙《渔问道德》。
⑥ 宣统《东莞县志》卷九《风俗》。
⑦ 嘉庆《龙山乡志》卷四《风俗》。
⑧ 光绪《海阳县志》卷七《风俗》。
⑨ 乾隆《澄海县志》卷十九《风俗》。
⑩ 《大埔县志》卷十《商业》。

流寓开张,远则东粤,近则全州,岁暮散归,来春又聚"。① 这些长途贩运商把本地的土特产品贩运出去,又把外地的产品贩运进来。流寓商人又可在客地寓居,却又保持着与乡土的密切联系。

浙江的宁波商人是晚近兴起的一支势力,他们"四出营生,商旅遍于天下,如杭(州)、绍(兴)、苏州、汉口、牛庄、胶州、闽、粤,贸易甚多,或岁一归,或数岁一归"。② 乾隆三十六年(1771),宁波商人已在常熟创设宁绍会馆,《常熟宁绍会馆始末记》中说:宁波、绍兴一带人素以善贾著称。乾隆四十五年(1780),宁波商人在汉口建浙宁公所,清宣统元年改称宁波会馆。嘉庆二年(1797),上海宁波商人黄元圭、潘凤占、王秉刚倡议在上海二十五保四图创设四明公所,嘉庆二十四年(1819),在关外、山东等地贸易的商人又集资创建浙宁会馆。《上海县续志》载:"浙宁会馆,初名天后行宫,在荷花池头。嘉庆二十四年甬商董萃记等创建。"③

山东胶州商人,"商大者曰坐商,江南、关东及各海口皆有行商"。④ 莱阳商人"资之饶者,置货于京师、金陵、苏杭、淮扬,其次者远至临清,近则南北台、青山庙"。⑤ 黄县商人"逐末四方,往往致富,远适京师,险泛重洋,奉天吉林方万里之地,皆有黄氏履迹"。⑥

湖南永顺商人"上至川、陕,下至鄂、浙、闽、广"。⑦

湖北荆州商人"上而滇黔,下而吴越"⑧,东湖商人"上而蜀川

---

① 康熙《平乐县志》卷一《风俗》。

② 光绪《慈溪县志》卷五十五《风俗》。

③ 《上海县续志》卷三《建置下·会馆公所》。

④ 道光《胶州志》卷十五《风俗》。

⑤ 康熙《莱阳县志》卷三《民业》。

⑥ 同治《黄县志》卷一《疆域》。

⑦ 《永顺县志》卷六《风俗》。

⑧ 光绪《荆州府志》卷五《风俗》。

滇黔,下而吴越诸省,靡远不到”。[①]

福建商人也颇为活跃,厦门商人“北至宁波、上海、天津、锦州,南至粤东,对渡台湾,一岁往来数次”。[②] 平和商人“散而四方,吴楚荆广”。[③] 永定商人“远贩吴楚滇蜀,不乏寄旅”。[④]

江西商人把外出经商视作人生的重要出路。明代临海人王士性就说“江、浙、闽三处,人稠地狭,总之不足以当中原之一省。故身不有技则口不餬,足不出外则技不售,惟江右为甚……故作客莫如江右,江右莫如抚州”。[⑤] 吉安“商贾负贩遍天下”。[⑥] 湖广是江西商人流入较多的地方,在武昌、汉口、汉阳、长沙、衡阳都有江西商人,在有的地区、有的行业甚至处于垄断地位。江西清江商人“恒徒步数千里,吴粤滇楚蜀无不至焉”。[⑦] 在福建、两广,江西商人也频有出入,明人王世懋已知福建建阳、邵武、长汀等地居民有江西口音,广东的广州、佛山,广西的桂林、柳州、浔州、太平、镇安等处都有江西商人的踪迹。像广西梧州,居左右江汇合处,百货麇集,帆樯林立,江西商人于此开商号百十家。在中原及北方各省,江西流民亦多从事工商业活动,像河南河间府的瓷商、漆商,宣化、登州(今属山东)的书商、巾帽商等“皆自江右来”。在江南地区,江西商人跻身于贩盐售木的行列。在辽东、甘肃、西藏乃至徼外异域,江西商人都不惮其遥,以致“浮海居夷,流落忘归者十常四五”。[⑧]

陕西商人或走江苏扬州经营盐业,或入四川从事茶盐、典当、

---

① 同治《东湖县志》卷三《风俗》。

② 道光《厦门志》卷十五《风俗》。

③ 康熙《平和县志》卷十《风俗》。

④ 道光《永定县志》卷十六《风俗志》。

⑤ 《广志绎》卷四。

⑥ 同治《吉安府志》卷二《风俗》。

⑦ 同治《清江县志》卷二《风俗》。

⑧ 同治《南昌府志》卷二《风俗》。

布麻、药材等行业，在其他各帮商人活动的地方，几乎也都有陕西商人参与其中。在山东临清和聊城、青海西宁、湖广荆襄、河南朱仙、广东佛山等地，都有陕西商人的足迹。泾阳商人“之蜀、之陇、之鄂者，十居其六七”。①

除了上述的大商帮以外，其他小商亦穿梭于全国的商业网中，如贵州的布商则“西走蜀之重庆、泸、叙，南走咸宁、平远，极于金川”。② 绸商“北以贾蜀，东以市楚”。③ 江苏吴县商人“挟资出商，楚、卫、齐、鲁，靡远不到，有数年不归者”。④ 江阴商人“近在淮扬，远及襄汉”。⑤ 再如直隶商人往关外贸易也俨成风潮。临榆商人“出外贸易，率多在东三省”。⑥ 乐亭商人“出口贸易，挟资营运”。⑦ 深州商人“习贾于本地者十之二三，赴关东者十之六七，沈阳、吉林、黑龙江三省之地皆至焉”。⑧ 直隶成安县地处冀、豫、鲁交界，其商人也在三省边境活动，“商通齐、卫、陶、淄”。⑨

贩运贸易的发展一般皆以商人的离开原籍为条件，有的远涉千里，有的附在邻省，也有的徙往他府。经商者从此地流向彼处，彼处的经商者复流向此地，不少商人集中于江南地区，几乎山陕、徽州、闽粤、吴楚商人皆有，是他们共同推进了江南经济的繁荣。但江南地区亦多有商人流往他处，如苏州商人往上海、北京等地，潮州商人往上海、苏州等地，福建汀州龙岩等地商人往潮州、北京、天津，广东商人往天津、北京等地，地区性商人的交互易地经商都

---

① 宣统《泾阳县志》卷八《实业志》。
② 道光《遵义府志》卷十七《物产》。
③ 道光《大定府志》卷四十二《物产》。
④ 同治《苏州府志》卷三《风俗》。
⑤ 道光《江阴县志》卷九《风俗》。
⑥ 光绪《临榆县志》卷八《风俗》。
⑦ 光绪《乐亭县志》卷二《风俗》。
⑧ 光绪《滦州志》卷八《风俗》。
⑨ 康熙《成安县志》卷五《风俗》。

极大地促进了贩运商业的发展，也推进了相互的经济繁荣。

在一些本来偏僻落后的地区，由于贩运商人的麇集，也日益繁盛起来。如在新疆地区，有著名的八大商帮在操纵新疆的商业，他们是晋、陕、京、津、湘、鄂、豫、鲁。[①] 在古城（今奇台），因"绾谷其口，处四塞之地，其东自嘉峪关趋哈密为一路，秦陇豫蜀商人多出焉，其东北自归化趋蒙古为一路，燕晋商人多出焉；自古城分运西北方向往科布多，为通前后营路，外蒙古每岁一至，秋籴麦谷，并输毛裘皮鞹缯帛以归。又循天山而北为北路，取道绥来以达伊犁、塔城；循天山而南为南路，取道吐鲁番以达疏勒、和阗。故古城商务于新疆为中枢，南北货悉自此转输，廛市之盛为边塞第一"。[②] 在哈密，"西关外商贾云集，百货俱备，居然一大都会"，阿克苏"地当孔道，以故内地商民，外藩贸易，鳞集星萃，街市纷纭，每逢'八栅尔'会期，摩肩雨汗，货如雾拥"。在叶尔羌（今莎车），乾隆时（1736～1795），城中维汉人民"比栉而居，几无隙地，中国商贾，山陕江浙之人不辞险远，货贩其地；而外藩之人如安集延——克什米尔等处皆来贸易。八栅尔街长十里，每当会期，货若云屯，人为蜂聚，奇珍异宝，往往有之，牲畜果品，不可枚举"。[③] 边疆地区因为内地商人的介入也呈现出商业繁荣的景象。

所有这些，都反映了交通便利条件下长距离贩运贸易的发展，这构成了明清市场发育及成长的重要内容。我们认为：只要贩运贸易经营的不单是奢侈品，而多是有关国计民生的各类商品，它的积极作用就不可忽视，也许可以说，它是市场经济发育与成长的首要前提。

当我们选择一些地区来看贩运业对当时社会的影响时，就不

---

① 《新疆与内地关系史》，新疆人民出版社 1992 年版，第 168 页。

② 《新疆志稿》卷二《商业》。

③ 《新疆志稿》卷二《商业》。

难看到大量商人不仅占据着城市市场,而且也在不断地占领农村市场,从而使许多偏僻的农村也卷入封建商品流通体系中,这客观上有利于农村与外界的交流。但由于垄断农村市场的商人往往因农民的见识短浅而更易牟利。他们甚至可以直接用高利贷方式剥削农民从而获得暴利。

在河南唐河“秦晋之氓聚居贸易,乘乡民缓急称贷而垄断取盈,故贫者日益贫”。[①] 滑县盐、当二业“多系客民负贩”。[②] 密县“操奇赢网市利者,皆外来之人”。[③] 嵩县“商贾多山陕河北之民,邑人率务农力穑,无远服贾者”。[④] 睢州“民惮远涉,百物取给于外商……若布帛盐卤诸利,皆秦陇徽苏侨寓于此省,辐辏于市”。[⑤] 舞阳县因外商众多,土人有“银钱全被他人赚去,地土全被他人买去”[⑥]的感叹。鄢陵县“自酒肆菜佣外,凡坐列贩卖,操奇赢居货待价者皆四方客贾”。[⑦] 孟津“无厚赀居赢者,盐当各商多晋人”。[⑧] 林县“操奇赢罗市利者,率三晋之人为之”。[⑨] 在光山亦多江西等地的商人,“江右、湖湘、金陵一带客商反皆牟大利,以至置产起家”。[⑩] 客居经营贩运贸易者因获利甚高,颇令土著生出不满之心,以致引起了土客之间的矛盾的紧张激化。这决非河南一地的情形,而是具有普遍性的现象。在山西大同府浑源州“商贾稀少,即贸易,亦不越邻封,工匠半属外方流寓”。[⑪] 山东兖州府沂县,万

① 乾隆《唐河县志》卷二《风俗》。
② 同治《滑县志》卷五《风俗》。
③ 嘉庆《密县志》卷一《风土》。
④ 光绪《嵩县志 》卷九《风俗》。
⑤ 康熙《睢州志》卷十《风俗》。
⑥ 道光《舞阳县志》卷五《风俗》。
⑦ 道光《鄢陵县志》卷五《风俗》。
⑧ 嘉庆《孟津县志》卷四《风俗》。
⑨ 乾隆《林县志》卷七《风俗》。
⑩ 嘉靖《光山县志》卷一《邑镇》。
⑪ 《古今图书集成·职方典》卷三四六《大同府部》。

历时“逐年以来，编户萧索，物价沸腾，他贾挟子母钱渔利于兹者，各辐辏至，而土著日益贫矣”。[①] 畿南保定府深泽县“无行货大商，而有集场，走利如鹜，皆远人耳，窝于市者，黍稷枲布之外，不过铜锡簪环葛箔髦髯及烂绳敝棉，皆土著货薄，工作资生计耳。乃四方蚁聚蝇营，辄有黠猾纲校，暴客窃窥”。[②]

与此同时，贩运商人流寓寄住又改变着原有的相对稳定的居民结构。土客的比例在不同地区参差有别。譬如在湖北竹山“邑鲜土著，附籍者秦人以外，武昌、黄州、江西人为多，皆各有会馆，亲戚族党，因缘接踵，聚族于斯，语言称谓，各操土音，气习风尚，亦各以其俗为俗，不尽从同”。[③] 承天府“地多异省之民，而江右为最，商游工作者，赁田以耕，僦屋以居，岁久渐为土著，而土著小民，恒以赋役烦重，为之称贷，倍息而偿之，质以田宅，久即为其所占”。[④] 黄梅县“其工匠无土著，率四方来者，取相通而食，凡开张百货，通盐利，又皆山陕、徽歙之人”。[⑤] 湖南洪江处湘、资、澧四大流域之一的沅江上游，属贵州巫水和沅水交汇之地，通过洪江西可以进西南，东可以下中原、达吴越。商人们可以把贵州、云南等地的烟土、桐油、茶油、上等木材以及水银、朱砂、白蜡等矿产，经肩挑背扛或用小船运至洪江，再由洪江改装、加工，换成大船走沅江、进洞庭、入长江、进东海，送到长沙、汉口、广州、上海、南京及苏、浙、皖、赣等地，同时又将长江沿岸及沿海各地的丝绸、纱、布、百货、瓷、铁、糖、盐、海味等运回洪江，再由洪江改装，或换成小船运进贵州，或改成陆路，由镖局组织脚力、马帮，肩挑背扛车推，送至黔、桂、川各地。清康熙年间，江西、福建、安徽、江苏、浙江、贵州及湖南省内的

---

① 万历《沂州志》卷一《市镇》。

② 康熙《深泽县志》卷一《市集》。

③ 乾隆《竹山县志》卷一《地理》。

④ 万历《承天府志》卷六《风俗》。

⑤ 《古今图书集成·职方典》卷一一七八《黄州府部》。

湘乡、宝庆、衡阳等地商贾，因经商的需要和有利可图，纷纷迁来此地定居，因此洪江人口发展迅速。到光绪十三年（1887）仲夏编查户口时，洪江有正册的居民已有两万多人，至宣统年间近五万人，时人称之为“七省通衢”。

在商业繁荣的苏州“市廛间，商贾填益，四方之人，等于土著”。[①] 扬州“土著较流寓三十之一”。[②] 天津卫则“土著之民，凋零殆尽，其比闾而居者，率多流寓之人”。[③] 在江苏靖江，“市人多异民杂处，有客胜主之患”。[④]

贩运商业的发展必然又推进了手工业者易籍经营的发展，如河北的宣化府“工人习学工艺，诸色皆备，其土木工自山西来，巾帽工自江西来，及他匠出自外方者种种有之”。[⑤] 在福建永安，“铁匠，汀州广东人；裁缝、剃头，江西永春人……为陶为冶先系汀州广东人，锡匠、铜匠，亦属汀州人，木商，本处人，汀州亦多；纸客，有运至江西、广东、福州者；糖品客，漳平、宁洋人，有牙行；布客，江西人，染布亦江西人；靛菁客，汀州人，采蓝亦汀州人”。[⑥] 在江西，“万羊山跨湖广、福建、广东之地……各省商民亦常流聚其间，皆以种蓝为业”。[⑦] 这样，不仅贩卖商品的商人增多，而且手工业技术也成为易籍致富的重要手段。

贩运商业发展的重要前提在于利用地区差价来赚取厚利，因而它往往使长距离的贩运贸易更取得了发展的大好机会。一些贩运商人渐渐由短途演成长途。在四川大宁县山区收购黄连的商人

① 康熙《苏州府志》卷二十一《风俗》。
② 万历《扬州府志》卷首序。
③ 康熙《天津卫志》卷二《利弊》。
④ 崇祯《靖江县志》卷一《舆地·风俗》。
⑤ 《古今图书集成·职方典》卷一一五五《宣化府部》。
⑥ 道光《永安续志》卷九《风俗志》。
⑦ 《明隆庆实录》卷二十六。

顺长江贩运下江,便“获利甚厚”。[①] 康雍年间尾随征准噶尔大军的山西商人向军队贩卖各种消费品,“归则易羸马毡裘,捆载雾集,盖一往返间,而所入已不赀矣”。[②] 在四川灌县采购药材的江西、陕西商人“挟一二万金,由大江购载,出宜昌、汉口,往返再次,积资渐至十万”。[③] 经营四川秀山县桐油的商人,“载销湘汉淮泲间,而汉口其都会,其次常德,次湘潭新堤……坐获奇价,或起家至数万”。[④] 从湖北贩运棉花到四川广安县出售的商人“利至巨万”。[⑤] 在湖南龙山县经商的江西、贵州及本省长沙、衡阳、常德、辰州各郡商人只身入境“转货候时,十余年间即累资巨万”。[⑥] 在湖南慈利县经商的江西商人“往往起赤手致万金”。[⑦] 福建厦门海商“以贩海为利薮,视巨浸为衽席,北至宁波、上海、天津、锦州,南至粤东,对渡台湾,一岁往来数次,……初则获利数倍至数十倍不等”。[⑧] 广东嘉应州商人吴开仁“经商汉口,不十年发至十余万”,而后来的张、李、伍、梁各姓商人“增至百万”。[⑨] 在新疆经商的山西商人“工会计,利析毫茫,营业资本率至十数万”。[⑩]

既然经商易于得利,贫而求富者便多起而经商,像在浙江西安,“今之富人无不起家于商者”,[⑪]江西万安县到四川经商者“贫者走蜀,由小买卖而致大开张”。[⑫] 致富了的商人无疑为未经商者

① 光绪《大宁县志》卷一《风俗》。
② 道光《万全县志》卷十《志余》。
③ 《灌县乡土志·商务》。
④ 光绪《秀山县志》卷十二《货殖志》。
⑤ 《广安县志》卷十二《物产志》。
⑥ 同治《龙山县志》卷十一《风俗》。
⑦ 光绪《慈利县志》卷二《地理》。
⑧ 道光《厦门志》卷十五《风俗志》。
⑨ 《嘉应州乡土志·实业》。
⑩ 《新疆志稿》卷二《商业》。
⑪ 康熙《西安县志》卷六《风俗》。
⑫ 道光《万安县志》卷二《风俗》。

树立了仿效的榜样,贩运贸易也更加发展,并且因为贩运贸易对农业、手工业的发展有连带作用,因此,在某种意义上说,贩运商业的发展一定程度上也反映了社会经济发展的水平,它带动了明清商品经济的发展,从而使社会各阶层都与商业、与市场发生了联系,以致都市各类娱乐消遣活动亦大行其道。在明清时代的众多笔记小说中不乏其例。

据吴承明先生研究:“原来贩运商人属于客商,到交易城市须投行。明代大商帮兴起,已不尽是客商,而常挈眷在交易城市占籍。入清以后他们就大多在所到城市设立庄号,乃至批零兼营。”[①]这实际上就是指明清以来客商的不断土著化。这其中,徽商首开其端,在扬州的外籍商人“久而占籍遂为土人,而以徽人之来为最早,考其时代,当在有明中叶。扬州之盛,实徽商开之,汪、程、江、洪诸姓皆徽人流寓而占籍者也,故丧祭有徽礼、扬礼之殊,而食物中如徽面、徽饼、徽包,至今犹以徽为名”。[②] 在苏州的清河一带,徽商“招贩鱼盐,获利甚多,多置田宅,以长子孙”。[③] 在山东临清亦“十九皆徽商占籍”。[④] 因为徽商“商贩聚集,盐商富户颇多”,政府甚至特颁禁令“恐有越境买产,图利占据者,不可不实力查禁”。[⑤] 但事实表明,商人买地夺民成为一时风尚和一种趋势,统治者的禁令也只能徒具虚文。徽州商人凭着群体的力量与雄厚的经济实力,甚至在“(杭州)南北二山……冒籍占产,巧生盗心,或毁人之护沙,或断人之来脉,致于涉论,群起助金,必胜斯已”。[⑥]

---

① 吴承明:《中国资本主义与国内市场》,中国社会科学出版社 1985 年版,第 249 页。

② 《江都县续志》卷二十《杂录》。

③ 康熙《清河县志》卷一《地理》。

④ 谢肇淛:《五杂俎》卷十二。

⑤ 《清高宗实录》卷一二五五,乾隆五十一年辛未上谕。

⑥ 万历《杭州府志》卷十《风俗》。

陕西商人在苏州落籍亦多,"往来于斯者,或数年,或数十年,甚至成家室,长子孙,往往而有"。[①]

占籍的商人除了想占地为农为地主外,另一个重要的心理机制是在落籍客地后想让自己的兄弟乃至子孙取得在客籍参加科举考试的资格,以期由此升格到统治阶级行列中去。明万历时(1573~1619),按视南浙盐务叶永盛看到"山陕新安诸商有子弟者,以外籍不得入试,永盛惜其才,为请于朝,得特立商籍,取入儒学七名,商人德之"。[②] 叶永盛"疏请商人占籍应试"[③],并被确定为政府政策,这不仅为商人的聪慧者进入仕途铺平了道路,而且也表明了商人政治地位与经济力量都明显上升。同时,贩运商的落籍及商帮的壮大都为明清商业性会馆的兴盛提供了现实的基础。

二、明清商人与会馆的兴办

商业的发展,商业利润的增加以及贩运商人的占籍使商人得以在会馆组织的兴办中扮演主要的角色。

从丰富的徽商研究资料中,我们见到颇具儒行的徽商对会馆事业的致力。

黟县汪日章,字首禾。自幼有文名,浙江仁和商籍,乾隆乙酉(1765)举人,"由内阁中书荐陟乡阶,敦乡谊,久居京城,以黟无会馆,值邑人应试北闱者众,日章述其父志,与众筹之,置会馆于宣武门南半截胡同,时乾隆甲寅(1794 年——引者注)也,亲为经理者八年,荐外台始以付之邑人宦京师者;日章官安徽布政使"。[④] 汪日章的先辈是商人,他凭借浙江仁和商籍得中举人,继而投资兴办京师的黟县会馆,以服务于科举与仕宦。

---

① 《陕西会馆记》(乾隆二十七年),《明清苏州工商业碑刻集》,第 331 页。

② 康熙《浙江通志》卷二十六《叶永盛传》。

③ 《九九消夏录》卷十《浙江商籍》。

④ 嘉庆《黟县志》卷七《人物·尚义》。

黔县人汪承嘉，“字贞吉，勒下人，生平勇于为义，尝散粟以周族人，客蓼六，值岁旱，赤地千里，嘉为粥于路，以食饥者。徽人商于六者众，岁时伏腊，聚集无所，嘉与众谋，仿汉皋金阊例，为会馆，以祀朱子”。[①] 汪承嘉设置的是经商于蓼六的徽州籍人的聚集之所，因而可与赈饥之义举并列而言。

歙县吴永评，“字衡品，昌溪人，少服贾燕京，捐金建会馆及置义冢”。[②]

婺源施德栾，字兰皋，候选布政司理问，诗春人，赠奉政大夫。幼就塾，有文名，以父老远游江湖，遂弃举业，随侍左右，终身服贾三十余年。“客金陵督理会馆，以朴诚著誉，守江宁者屡举总商，务多有成。劳暇则寄情诗酒，著有《北山诗稿》。”[③]

婺源金一凤，于饶州彭家埠邑绅买地造馆，为婺舟泊岸所，后饶埠勒索舟人银，凤又偕婺绅控当道，立碑严禁焉。[④]

婺源詹永樟，“字树滋，（道光）秋溪人……尝随父客景镇，适建徽州会馆，众推樟廉正，领袖督工，又举专司馆务……”叶兹堂“贾饶时，领袖建婺会馆，自输银一千余两，度基狭隘，极力商于店主，买地一半廓之”。[⑤] 曹崧“初负贩治生……年艾后家稍裕，鄱阳石门街创建徽州会馆，崧捐费约千余金”。[⑥]

婺源程世杰，“早岁由儒就商，往来吴楚，稍有赢余，推以济众，尝置义田三百余亩，立义仓，丰年积贮，遇凶祲减价平粜。又念远祖本中曾建遗安义塾，置租五百亩，久废，杰独力重建，岁以平粜，所入延师，使合族子弟入学，并给考费，有余即置田，二举经费

---

① 嘉庆《黟县志》卷七《人物·尚义》。

② 《歙县志》卷九《人物·义行》。

③ 光绪《婺源县志》卷二十九《人物·孝友》。

④ 光绪《婺源县志》卷二十九《人物·孝友》。

⑤ 光绪《婺源县志》卷三十五《人物·义行》。

⑥ 光绪《婺源县志》卷三十四《人物·义行》。

不下万余金。邑建紫阳书院，捐金千两，京师创建会馆，捐金二百，他若修建祠宇、造桥、施槥，勇于为义者指不胜屈，奉旨建坊族表‘乐善好施’”。①

婺源孙有曦，“弃儒就贾，赀渐饶，建祖祠，立圭田，修祀典，葺宗谱，族之贫乏者周之，溺女者拯之。遇岁荒，赈饥平粜。置租兴社课文及襄建本都书院、京师文明会，均领袖捐赀。道光乙酉、丙戌，修邑志及造文庙、考棚，倡输千金，工告竣，费缺，复捐五百金。其侨金陵，捐助江南北诸会馆，独造万福庵河桥，时有孙善人之号”。②

婺源吴宗金，“字冽川，花桥人……重信义，笃孝友，经理祖业，栉沐任劳，尝客遂安四十余载，通运盐之河，定急公之局，修会馆，造渡船，掩骼施茶，济饥平粜，遂安父老至今尤称其事”。③

婺源滕昌檀，“字仲煌，太学生，(清乾隆)方邱人，心存利济，惟日孜孜，居乡倡首输赀置田，备修河桥，行之三十余年，至今保固。经商之景德镇，设同仁局，施棺槥，并置义冢，先是议建新安会馆，部署难其人，众推檀，檀竭力筹画，阅十二载，竣事，奉朱子入祠”。④

婺源余席珍，字聘卿，沱川人，邑庠生，“承先人遗业服贾景镇，其市廛为五方杂处，客死者多。徽商会馆向设义渡、义棺、义冢，货竭难敷，珍集六邑绅士捐置田产，为长久计，并倡义瘗会，每岁雇工培土，泽及枯骸。又兴惜字会，建文昌宫，筹画备极周详。居乡禁赌博，养杉苗，立茶亭，修桥路，息争讼，济人之事靡不勉力为之”。⑤

---

① 光绪《婺源县志》卷三十四《人物·义行》。

② 光绪《婺源县志》卷三十五《人物·义行》。

③ 光绪《婺源县志》卷三十四《人物·义行》。

④ 光绪《婺源县志》卷三十二《人物·义行》。

⑤ 光绪《婺源县志》卷三十五《人物·义行》。

婺源金城，“字润偕，延村人，少业儒，试屡踬，就商于景镇，育婴、义渡、会馆、义学均城领袖醵资，不取薪水，众商感城之力，为立木主，时祭归胙，以酬其劳。晚归，储谷贷贫”。①

婺源查世祈，“字引年，国学生，凤山人，性纯厚……初家贫，经商江北，稍裕，好周济，在亳捐造会馆，置义冢，家居造祠修路，建亭成桥，不惜重赀”。②

婺源程泰仁，“嗣因家食维艰，弃砚经商，随乔川朱日轩贩茶至粤，众举经理徽州会馆，六县商旅均服其才。比归，解囊修祠葺墓，不费众赀一文。本房支祠倾圮二百年许，捐银买基输本造寝，仁先为之倡。咸丰间，业茶上海，独捐巨赀修广福寺。时发逆陷苏常，上宪以仁办团出力，札委运粮至嘉兴等处，保举五品。嗣随提督军门，曾克复金山、广富林等处，巡抚薛题奏旨，准予四品，并赏戴花翎，惜因军务旁午，积劳致疾而终”。③

婺源王一泗，经商江右，饶邻婺界，商贾云集，素无会馆，王一泗捐重赀倡建，以便婺商，嘉庆八年(1803)大饥，“又力襄平粜，经理详慎，张邑侯嘉其好义急公”。④

所有这些，都把修建会馆、管理会馆与其他诸义举并列而言，可见设置会馆与兴办其他义举有着相同或相近的宗旨，亦表明徽州商人在发展商业的同时为传统社会秩序的维持也做了积极的努力。

晋商对兴建会馆也很致力。北京是山西商人的重要活动之地，据统计，现存清嘉庆以前会馆碑刻三十二处，其中晋帮会馆占十三处。康熙年间(1662～1722)在汉口建立山陕会馆。乾隆三十五年(1770)在苏州建立全晋会馆。乾隆四十五年(1780)在广

---

① 光绪《婺源县志》卷三十九《人物·质行》。

② 《婺源县采辑·义行》。

③ 光绪《婺源县志》卷三十四《人物·义行》。

④ 光绪《婺源县志》卷三十三《人物·义行》。

东佛山建立了山陕会馆。会馆的建设成为晋商形成群体实力的重要标志。如汉口的山陕会馆包括了许多行业和山西省内的区域商帮商人，即太原帮、汾州帮、红荣帮、合荣帮、卷茶帮、西菸帮、闻喜帮、雅帮、花布帮、西药帮、土果帮、西油帮、陆陈帮、匹头帮、皮货帮、众帐帮、核桃帮、京卫帮、均烟帮、红花帮、当帮、皮纸帮、汇票帮。

陕西商帮经常被人们与晋商并称，亦因为他们经常联合建设会馆，如光绪年间（1875～1908）在开封由山西、陕西、甘肃三省商人共同建立了会馆。乾隆年间（1736～1795）在山东聊城有山陕会馆，形成了包括山门、戏楼、左右夹楼、钟楼、鼓楼等在内的庞大建筑群。光绪时，在青海的西宁建起山陕会馆。[①] 在清中叶，广东佛山镇的192家商行的山陕商人也在升平街建起山陕会馆和西货行会馆，并在西边头建有山陕福地[②]，陕西商人还在邻省四川大量经商，在成都就有两个陕西会馆，乾隆五十二年（1787）在县北三河场修建了第一个；嘉庆二年（1797）又在县南陕西街修建了第二个。[③] 在商业发达的南京、苏州也都有陕西会馆的设置。[④]

山东商人是清代比较活跃的一支商人队伍，在他们经商活动所及之区也到处设置了会馆。在上海，有山东会馆，建馆者“既稔知来者之多，与旅居之不易，每思辟地为馆，以生合群之力，而联涣散之情”。[⑤] 在苏州，顺治年间（1644～1661）有东齐会馆设于毛家桥西。[⑥] 苏州附近一个盛泽镇就有济宁商人建立的任城会馆和胶

---

① 《西宁府续志》卷一《地理志》。

② 道光《佛山忠义乡志》卷五《乡俗》。

③ 《续修陕西通志稿》卷八十七。

④ 甘熙：《白下琐言》卷二；《苏州府修陕西会馆碑记》（乾隆二十七年），《江苏省明清以来碑刻资料选集》。

⑤ 《山东会馆碑记》，《上海碑刻资料选辑》，第195～196页。

⑥ 《桐桥倚棹录》卷六《会馆》。

东商人建立的济东会馆。[①] 在南京，有山东会馆设于斗桥北[②]。在芜湖，早在明朝就设有山东会馆。[③] 在汉口，则有齐鲁会馆。[④] 在开封，也有山东会馆。[⑤]

当山东商人在外地设置会馆积极拓展自己的商业活动空间时，外地商人也在山东设立了会馆。除前已提到的聊城山陕会馆外，在馆陶县“城西南隅有山西会馆，碑文所载，皆晋省人，凡盐、当以及铁货、布庄、杂行、钱店各生意”都归山西商人控制，县城西南三十里有一南馆陶镇“亦有山西会馆，莫非西商所建”。[⑥] 恩县北城外也建有山西会馆。[⑦] 泰安府东阿县城内有山西会馆。又如潮州会馆、福建会馆、直隶会馆也纷纷在烟台设立。[⑧] 峄县台儿庄建有福建商人供奉的“天后圣母宫”。[⑨] 济宁南门外有江宁商人设立的元宁会馆，浙江绍兴商人设立的浙绍公仁堂、苏州锡箔商的同仁公所等。外帮商人在济南先后建立了湖广会馆、浙闽会馆、中州会馆、山陕会馆、安徽会馆、福德会馆等商人聚会场所。在青岛，有山东、直隶商人合建的齐燕会馆，广东商人建立的广东会馆，由苏、皖、江、浙四帮商号组织的三江会馆等。[⑩]

在那些小镇上，外地会馆也时常可见。张秋是弘治以后发展起来的一个小镇。这里“商贾刀泉，贸易相摩，万井乐业”。[⑪] 来自齐鲁、吴越、闽广、秦晋的商人都在镇上驻足贸易。康熙癸酉孟秋

---

① 《江苏省明清以来碑刻资料选集》，第 454 ~ 455 页。

② 同治《上江两县志》卷五《城厢》。

③ 《芜湖县志》卷十三《会馆》。

④ 《夏口县志》卷五《建置志》。

⑤ 光绪《祥符县志》卷一《舆图》。

⑥ 光绪《馆陶县乡土志》卷八《商务》。

⑦ 光绪《恩县乡土志》。

⑧ 《福山县志稿》卷五《公所》。

⑨ 光绪《峄县志》卷十《祠祀》。

⑩ 庄维民：《近代山东的商人组织》，《东岳论丛》1986 年第 2 期。

⑪ 康熙《张秋志》卷二《街市》。

谷旦山陕商人在西门集资创建了“山陕会馆”。如距离张秋镇北约十余里的阿城镇，“西晋会馆在小东门街北门口之西，於陵会馆在东关东首”。[①] 安山镇处于济宁至东昌之间的会通河道上，至清中叶，商业经济达到鼎盛，全镇六条街巷居民千余户。道光年间，镇上有粮行十八家，山西商人在此建有山西会馆。

山东商人推进了外地商业的发展，又有外地商人来推进山东商业的发展，易地经商促进了贩运商业的兴盛，也把山东卷入全国性的市场体系。

福建商人是明清经济史上又一支有名的商人队伍，他们远适江南都市集镇。单在苏州，福建八府商人就都建有会馆，其中福州三山会馆于明万历时便首先开其端，继而到清代，康熙三十六年(1697)建漳州会馆，乾隆二十二年(1757)增建，康熙五十年(1711)建邵武会馆，康熙五十六年(1717)建汀州会馆，当时，“贸迁有无，遨游于斯者不下数千万人”。[②] 兴化府的兴安会馆、泉州府的温陵会馆皆建于康熙年间，延平、建宁两府的延建会馆则创始于雍正十一年(1733)，落成于乾隆九年(1744)。雍正年间(1723～1735)，苏州织造胡凤翚惊奇地发现“阊门南濠一带客商辐辏，大半福建之民，几及万有余人”。[③] 福建商人更远走关东，如乾隆五十六年(1791)山海关监督巴宁阿奏报“锦州、盖州、牛庄等处，每年俱有福建商船到彼贸易，即有无业闽人在彼居住，渐聚渐多”。经查锦州“天桥厂、龙王庙二处，寓居闽人只一九一名，因贸易索账等事以致稽留”。[④] 同年，对辽东沿海“详查牛庄、盖州、金州、岫岩等海口二十一处，流寓闽人除领票回籍外，尚有千四百余

① 《增修阳谷县志》第1册，1937年版。

② 乾隆《吴县志》卷一〇六《艺文·汀州会馆天后宫碑记》。

③ 雍正《朱批谕旨》，雍正二年四月五日胡凤翚奏。

④ 《清高宗实录》卷一三六，第11～13页。

口”。[①] 福建商人至辽东沿海经商寓居最多高达万余户，其中长期留居者有一千四百余人，可见商贩之多，其设立的会馆也较为显眼。在邻省广东的广州、佛山、潮州，浙江的宁波、嘉兴，江西的九江等地亦随处可见福建商人及其会馆。

其他如洞庭商帮、龙游商帮、宁波商帮等亦于所到之处即形成团体，建设会馆，共谋发展。由此可见，会馆的发展与商帮的壮大如影随形。

在江苏泰州，“皖南以业茶、漆家于泰者，洪姓、胡姓最多。城市洪裕宁号，于清乾隆初即商于此(今称铁柱宫茶叶店)。姜堰洪义和、胡震泰、胡源泰，亦皖省茶商之久于泰者也(锅席庄亦多皖人)。经营南货业久居于泰者，京江人为多，俗称江帮，亦称洲上人，以洲圩地属京江也。如城市曹鼎盛即其最久者，惜今已数易其主耳。经营旱烟业者，福建人为多，虽无甚著名者，而其人数实为不少。皖人有新安会馆(城内光孝寺西北)及旌德会馆，京江人有京江会馆(姜堰东后街)，福建人有闽中会馆(城内歌舞巷)。同乡人士，有事咸会议其间，即此可见其人之在泰者众也。(皖人以业盐而居泰者有吕姓、汪姓，以经营布业居泰者有江姓，经营香业居泰者有姚姓，亦泰邑氏族之来源，惟不逮茶商之多耳。)”[②]泰州因为各地商人的到来而变得更加繁盛。

《歧路灯》中提到：“到了腊月，舅爷王春宇的生意已发了大财，开了方，竟讲到几十万上。年来，在汉口成了药材大庄，正要上京到海岱门东二条胡同如松号发卖。又在本省禹州横山庙买的伏牛山山楂、花粉、苍术、桔梗、连翘等粗货，并带的封丘监狱中黄蓍，汤阴扁鹊庙边九岐艾，汝州鱼山旁香附子售卖。卖完，好赶鄚州庙会，再购药材回汉口。缘天下都会地方，都有各省会馆，而河南独

① 《清高宗实录》卷一三八，第12页。

② 俞扬：《泰州旧事摭拾》卷四《民情》。

无;惟汉口有河南会馆,以其为发卖怀庆地黄之故。所以王春宇多在汉口。如今年纪已老,正要到京城如松号药材行算账齐本钱,好交付儿子王隆吉掌柜。恰好姐姐孙子篑初中了举人,正月初二日上起身上京会试。舅爷王春宇于九月放榜来道喜时,说带篑初一齐京,合家无不忻喜,说舅爷领的上京,虽他年轻,也就毫无挂心萦记之处。"[①]汉口成为各地商帮竞相发展的地区。

我们觉得,明清市镇的勃兴是明清商业发展的重要特色,它奠基于社会经济的积累与外地商人的介入上,而这后一方面使市镇不再表现为内向的封闭,而转为外向的开放,从而取得了不断发展壮大的广阔空间,会馆这种组织形式从城市播向广大的市镇,使得市镇成为乡村逐渐都市化的据点,其进步意义是不可小视的。如盛泽镇,倘若没有外地商人的介入,它便不可能想象会有乾隆年间的那般繁荣:"会馆、旅邸,歌楼舞榭,繁阜喧盛,如一都会。"[②]嘉庆十四年(1809)徽州和宁国州商人在镇上建立徽宁会馆,捐输钱款的是在盛泽镇及其附近的新塍、平望、王江泾、黄家溪、谢天港、坛丘、周家溪经商的徽宁两州的商人共五十五人。[③] 诸商共同协力扶助一市镇会馆建设,便把这一市镇更推向都市化的轨道,并进而映照周围乡村。

在湖南,江西商人当然是首屈一指的,多数县镇都设有江西商人的会馆,其他省份来湖南贸易者亦建立会馆以确立自己的经济地位和社会地位。如在光绪时(1875~1908)的善化城内有两个广东会馆,一个为粤东会馆,在十铺福胜街,广东商人建,一个为穗都会馆,在十一铺乐心巷,广州商人建;三个江苏会馆,即苏州会馆,在十铺福胜街,康熙年间(1662~1722)苏州商人建,江南会

---

① 李绿园:《歧路灯》第一百八回 薛全淑洞房花烛 谭篑初金榜题名。

② 沈云:《盛湖杂录·绸业调查录》。

③ 嘉庆《徽宁会馆碑记》,《明清苏州工商业碑刻集》,第356~357页。

馆，在十铺太平街，江南商人建，上元会馆，在十三铺县园后，南京商人建；一个云贵会馆，在东十三铺西牌楼，旧系药王庙殿基，同治年间(1862～1874)云贵商人共建；一个湖北会馆；一个安徽会馆(太平会馆)。[①] 在湘潭，有一个山西会馆，一个安徽会馆，在会同县有一个福建会馆等。在洪江，康熙四年(1665)，落户洪江的黄州商人集资购置了一户史姓地基，在大河(沅水)边修建了黄州会馆，之后江西会馆(万寿宫)也由洪盛码头迁至大河边桅杆坪。在洪江文史资料中有唐宏先生回忆说：洪江的码头里蕴涵了商人会馆的信息，如长沙会馆码头、辰沅会馆码头、关圣宫码头、贵州会馆码头、万寿宫码头、司门口码头(即徽州会馆码头)、湘乡会馆码头、麻阳会馆码头等，在宫观中亦蕴涵了商人会馆的信息。如福建的商人会在客住地建造一个“天后宫”，宝庆人则会建“太平宫”，七属会馆建筑“关圣宫”，湘西与黔桂鄂川边区人则建筑“飞山宫”(祭祀杨令公)。他们希望家乡的神佛保佑他们平平安安，财运通天。在明末以来，就落户了衡州会馆(又名寿佛宫，道光二十六年，1846)、徽州会馆(又名新安宫，康熙二十年，1681)、福建会馆(又名天后宫，乾隆四年，1739)、武宝会馆(又名太平宫，雍正元年，1723)、黄州会馆(又名福王宫，康熙四年，1665)、七属会馆(又名关圣宫，康熙十年，1671)、辰沅会馆(又名伏波宫，建立年代无考)、江西会馆(又名万寿宫，康熙十五年，1676)、贵州会馆(又名忠烈宫，嘉庆二十三年，1818)、湘乡会馆(咸丰十年，1860)等十大会馆。其后，又建立了山西会馆、新安会馆、陕西会馆、四川会馆、长沙会馆、常德会馆、湘阴会馆、麻城会馆、苏州会馆、湖州会馆、池州会馆、南昌会馆、永州会馆等等。[②]

在湖北，据李华先生研究，“在湖北农村(主要是县城和大市

---

① 光绪《善化县志》卷十一《货殖》。

② 刘芝凤：《发现明清古商城》，南方日报出版社 2002 年版，第 42 页。

镇)建立的商人同乡组织—会馆,可能有五十余座,这些会馆有的明确记载:某地'商人公建',某地'商民共建',这些会馆是商人会馆,或有地方商人参加筹建的会馆"。① 如京山县有:新安书院,由徽商建;天后宫,闽商建;豫章公所,江西商人建;帝王宫,湖北黄冈商民建;春秋阁,陕西商民建;武郡书院,武昌商人建。② 天门县有:万寿宫,江西商民公建于岳镇上场。③ 郧阳县有:山陕庙在西关内,乾隆六年(1741)山陕商人建为二省会馆,五十六年(1791)重修;江西馆在山陕庙之左,江西人建。④ 石首县有:关帝庙,在大南门外,山陕商人建;万寿宫,在黄金堤,江西商人建。⑤ 均州有:天后宫,在南关,道光二十四年(1844)福建商民建;许真君庙,在城外魏家巷,乾隆四年(1739)江西商人建。⑥ 在随州有:新关帝庙,在南东关街后,康熙中,山西诸商公建,知州张福有碑,道光初易名山陕会馆。⑦ 在当阳县有:禹王宫即湖南会馆,一在西门外长鲍下,湖南商民公建,一在河溶下街,同治初年,长沙郑敦祜倡捐鼎建;关帝宫,即山陕会馆,一在东门外,乾隆五十二年(1787)西商建,咸丰中重建,一在流滇溪;万寿宫,即江西会馆,一在西门外,乾隆四十七年(1782)豫章商民公建,一在河溶;天后宫,即福建会馆,在河溶镇;鄂城书院,即武昌会馆,一在南门内,道光七年(1827)修,一在河溶镇,道光八年(1828)建。⑧

据钟文典等研究:广东商人在广西各城镇、圩市中创立了苏

---

① 李华:《清代湖北农村经济作物的种植和地方商人的活跃》,《中国社会经济史研究》1987 年第 2 期。

② 光绪《京山县志》卷二《会馆》。

③ 道光《天门县志》卷七《建置考》。

④ 嘉庆《郧阳县志》卷三《祠祀》。

⑤ 乾隆《石首县志》卷三《寺庙》。

⑥ 光绪《均州志》卷六《寺观》。

⑦ 同治《随州志》卷十四《寺庙》。

⑧ 《当阳县志》卷九《祠宇》。

杭什货铺、各类土产收购店、较大规模的手工作坊、工场、典当行、水面业和交通运输业，主要为船运业等行业，改变了广西城镇单一的军政性质，使城镇和圩市形成了在经济生活中居于主导地位的工商业行业系统。各地会馆、书院如要明书院、梅江书院、二邑（南海、东莞）书院、顺德书院、新会书院、粤东会馆等都分布在附郭的经济功能区域中。据清嘉庆二十年（1815）平乐重修粤东会馆并戏台碑记载，捐资修馆的各江水客二百零三家，捐修戏台的水客多达三百三十五家，超过了本镇居住粤商家数的二百二十二家。这些水客来自新会、番禺、佛山、顺德等地。另有东昌船行捐银七十多两，为平乐本埠粤商捐款之首。[①] 清末民初，阳朔城最富的三家是经营水面经纪生意的粤商“元安号”、“公光号”、“万利祥号”。逢过年扎龙要由这三家扎，烧烂龙也要这三家烧。按当地风俗，扎编和最后烧喜庆的纸龙，要由公认最有福气、能代表吉祥的人家来完成。可见三家商号富足，享有盛名，占尽体面。阳朔县城有粤、楚、赣三个会馆，以粤商会馆财力最雄厚。广东会馆的会期后来演变为当地人民的固定节日，说明了晚清以来粤商的财势在圩镇经济生活中的显著优势地位。其次是湖南会馆，势力较广东商人弱小。

活跃于边疆地区的商人建立会馆则使这些地区的商品经济也得到发展。如道光《普洱府志》梁星源序说：“威远、宁洱产盐，思茅产茶，民之衣食资焉。客籍之商民于各属地或开垦田土，或通商贸易，而流寓焉。”江浚源《条陈稽查所属（临安府）夷地事宜议》说：“历年内地民人贸易往来，纷如梭织，而楚、粤、蜀、黔之携眷世居其地，租垦营生者几十之三四。”又说：“客民经商，投向夷地，挈家而往者渐次已繁，更有本属单孑之身，挟资潜入……至与联为婚

① 平乐县城粤东会馆：《重修会馆并戏台碑记》，转见钟文典主编《广西近代圩镇研究》，广西师范大学出版社 1998 年版，第 367 页。

姻，妻以子女，因而凭藉夷妇往来村寨。”这样的情况是很普遍的。吴大勋《滇南闻见录·人部》说：“至今（乾隆）年间城市中皆汉人……歇店饭铺，估客厂民，以及夷寨中客商、铺户，皆江西、楚南两省之人。只身至滇经营……以至积攒成家，娶妻置产，虽穷村僻壤，无不有此两省人混迹其间。即碧髓宝石之物越在夷地，亦惟江、楚人冒险违禁，越界兴贩，舍性命以博财货。”

江西商人还勾结官府鱼肉当地人民。万历间周懋相《条议兵食疏》第八项说：“管甸通火视为利窟，指一科十，鱼肉弗餍。奸商黠民移居其寨，侵占田产，倍索利息，稍不当意，罗告摭词。不才有司乘之以上下其手，左右其袒，彼夷民畏城市如陷阱，见差役即魂销，宿怨深怒，业结郁而不可解矣。”

嘉庆《景东厅志》卷二十八载：“景属各圈皆土著，夷人嗜酒而拙，不知久远营生之计。每有数十家村寨处，辄有江西人在彼开铺、熬酒、卖布，重利放债。”

江浚源《条陈事宜议》说：汉人“行放钱债，滚剥多方……攘取财货……准折土田。”

吴大勋《滇南闻见录》说：商人“欺骗夷人愚蠢，受其笼络”，有专条记载欺夷占田的事情。

谢圣纶《滇黔志略》卷十四说：“江西负贩者，并识字通文理，往往恃众滋事，欺凌愚夷。”

乾隆《蒙自县志》卷二“个旧为蒙自之一乡，户皆编甲，居皆瓦舍，商贾贸者十八九，土著无几。……四方来采者不下数万人，楚居其七，江右居其三，山陕次之，别省又次之。”

康熙《大理府志》卷十二说：云龙州设流官后，“于是四方汉人慕盐井之利，争趋之，因家焉。久之亦为土著”。光绪《云龙州志》卷九也说：“州为彝壤，自设流迁治后，汉人慕煮煎之利，多由别省迁来，寓于斯，久之亦为土著。”云南各处都已充塞汉人。谢圣纶《滇黔志略》卷十四说：“滇黔各处，无论通衢僻村必有江西人从中开张店铺，或往来贸贩。凡郡邑城乡商贾辐辏之所，必醵金建萧公祠以为会馆，而美其名曰万寿宫。”按：谢圣纶在乾隆十七年至二十六年(1752～1761)官于滇，吴大勋在乾隆三十七年至四十七年(1772～1782)官于滇，他二人都曾经历云南的很多地方，可知那时云南各地都有江西商人活动，而且定居下来，修建祠堂集会，各地都有。如乾隆《丽江府志》卷下说：“萧公祠……在大研里，雍正十二年(1734)江右客民公建。”乾隆《谔嘉县志》说：“萧公祠，乾隆二年(1737)客民阳士洪买房修奉专祠。”又载《募建萧公祠引》说：“自省会、府、州、县以至镇、市，凡江右客商聚集之所，无不各建有庙，亦为江右之会馆也。”志书所载萧公祠甚伙，道光《云南通志・祠志》辑录尤备，不待详引，仅此一端，也可以概见江右商人在云南之活跃。

在甘肃兰州府治下皋兰县有山陕会馆(建于康熙四十七年，1708)、浙江会馆、江南会馆、江西会馆(皆建于道光中叶)、豫章会馆、两湖会馆、四川会馆(皆建于同治十三年，1874)、江南新馆、广东会馆(皆建于光绪初年)。[①] 在辽东，江浙闽广来的商人纷纷在各沿海海口分别建立会馆，如“盖州口事宜”载：“三江会馆香资银十二两，福建会馆香资银八两，山东会馆香资银八两。”[②]这表明三个会馆共同支撑着一个事业。在辽东沿海的港口，通过会馆形成山东帮、福建帮、广东帮等，从而控制了东北与关内的海上贸易。在台湾，闽粤移民比较集中，故这里有泉郊会馆、厦郊会馆、汀州会馆等。[③] 在广西，雍正年间(1723～1735)梧州府容县有江苏、浙江人在此经商，南宁府城沙街，有山西、陕西商人在此建立了秦晋会馆(或称“秦晋书院”)，安徽商人在此建立了安徽会馆。[④] 在邕

---

① 光绪《皋兰县志》卷十二《建置》。

② 《山海钞关榷政便览》卷四。

③ 周宗贤：《血浓于水的会馆》。

④ 嘉庆《梧州府志》卷四《市肆》。

宁,会馆更加集中,浙江乡祠,在城内西门大街。三楚书院,在沙街,两湖商民所建。江西会馆亦在沙街。秦晋书院在沙街,山西陕西商人所建。二邑会馆,在城西三界坊街,广东东莞、南海商民所建。要明书院,在城西上郭街,广东高要、高民商民所建。粤东会馆,在城西会馆街。福建书院,在城西上郭街。顺德书院,在城西会馆街,广东顺德商民建。钦灵会馆,在城西上郭街,民国三年(1914),广东灵山、钦州商民建。① 边远地区都因为外地商人的介入被程度不同地牵入商品经济的体系中。

由于各省寓外商人纷纷建立自己的会馆,这便为地域性的商帮的发展创造了便利条件。像山西商人一开始就以本乡本土挚友亲朋关系为纽带,形成许多商业组织。随着山西商人势力的发展,又进一步在国内各大商埠先后建立了许多团结同乡商人的会馆。在同乡会馆中,又产生了以行业为区分标准的"帮",各自都有自己的帮规,这样既能在困难中得到同乡商人的支持,又必须以帮规为准则,合法地开展自己的经商活动,这实际上是商业进一步发展、市场更加规范有序的体现。再譬如徽商,正如顾炎武所说:徽商在外,"遇乡里之讼,不啻身尝之,醵金出死力,则又以众帮众。无非为己身地也。近江右(商人)在外,亦多效之"。② 其实,不仅江西商人效仿,其他各地商人也都形成实力不等的帮。清人徐珂说"客商之携货运行者,咸以同乡或同业之关系,结成团体,俗称客帮"。③ 应该说,这种以亲族同乡或同行业为纽带而组合成的商人集团,是较为松散的,也多具有临时性。在这类结合体中,每个商人都有各自经营的商品货物,但其中如有人亏负或发生意外,则众人共同扶持帮衬。显然,这是同乡或同业之间的互助互保形式,而不是一种经

① 《邕宁县志》卷四《商业团体》。
② 顾炎武:《肇域志》第3册。
③ 徐珂:《清稗类钞》第5册《农商类·客商》。

营的方式。其意义主要不是经济上的,而更是社会上的。

我们觉得,会馆的广泛存在也表明了一个显而易见的事实,即明清时期商人数量庞大,而商业资本却并不集中的社会现实。广布于社会各个角落的中小商人并没有因为大商帮的形成而失去生存空间,反而大多在大商帮的庇护下能求得存活,因而大商帮的形成是会馆事业的产物,其区别于行会的一个重要方面就在于它不以限制同行的发展为目标,而是鼓励同乡人或同行业人谋求发展。也许我们可以说:中小商人的普遍存在反映了中国传统经济土壤对贫富分化的一种自发调节。因此,我们看明清时期的商业从业人员,有的是把商业作为副业或临时性职业,有的人经商则是季节性的,但正是因为会馆的存在,使他们有机会由商致富而改变自己的贫困境地。有的人离开资源贫乏的故土,以经商者身份来到新居地,他们甚至挈眷扶弱,以求在新居地落籍,或谋求由科举升格到统治阶层中去。无论是升入统治阶层中的人,抑或企求由贫入富而进入会馆的人,都对会馆的建设倾注了心力。然而,无论是入官,抑或经商,都无定数,依靠这些力量而运作的会馆势必也都有着各自不同的荣衰的节律。

三、商业性会馆的内部运作

一般认为,商业会馆多财力雄厚,庙貌庄严,但事实上并不尽然,而且多有参差。如在苏州的各会馆的实力相差就颇为悬殊。

钱江会馆:在乾隆三十年(1765)以七千二百两银买下“凡为楹者计一百三十有奇”的建筑物,当时这些建筑物“垣墉高而瓴甓坚,堂构焕而栋宇壮,冬有温庐,夏有凉荫,洵廛郭之佳憩,而羁旅之安宅也”。这可使本籍经商者“得以捆载而来,僦赁无所费,不畏寇盗,亦不患燥湿”①。

① 乾隆《吴阊钱江会馆碑记》,《明清苏州工商业碑刻集》,第19页。

武林杭线会馆，创于乾隆初年，在生意大盛时，规模甚宏大，其时“择地于阊关内蒋家桥弄，设有照墙头门正殿，悉皆砖砌，制造精工，听楼后堂五间，题‘集益堂’。两厢楼各三间，以联桑梓聚合之所，尚有后楼五间，两傍余屋，以备同乡宾榇之需。会馆正殿，供奉武帝，一年圣诞两次及三节敬神，每年修理及看管之人，其费向由杭庄扣除厘头”。可是到道光时，却因黄河水决口，生意大衰，“以致会馆日形竭蹶”。①

东越会馆在兴盛时有公善堂的设置，“堂基周围八十五丈，外堵以墙，内建殡舍八大间，分别上次，遇有同业尊重先人灵柩，择寄上房，必须照章慨纳寄资，俾充本堂修葺经费”。②

潮州会馆，在康熙四十七年（1708）至乾隆四十一年（1776）的近七十年间，共用去白银三万多两陆续购置了众多房地产，包括用“价银四千八百五十两”购入本身那栋“门面三间，前后地基六进”的会馆建筑物以及坐落于吴县闾五图会馆所在地附近的“市房”十七所。潮州会馆将其中的十六所市房租出以赚取“租银”，单以乾隆四十九年（1784）的房租收入计算，该团体的“租银”收入便达到一万四千四百三十五两。③

由上可知，每个会馆都各有自己的兴盛期，都各有自己的经费来源，有的是靠官或商的自愿捐助，有的是靠商人的抽厘，有的还可依靠房租，也有的可能只有始创者却无以为继。但是，无论如何，一栋专属建筑物的存在毕竟是会馆得以建立的基本前提。这栋建筑物是由团体成员所拥有的共同产业，而且必须在创建与维修的过程中，都能得到成员较多的关注与捐款经营，才能得以维持与壮大。从某种意义上说，会馆的规模大小与运作的好坏经常与

① 光绪《兴复武林杭线会馆碑记》，《明清苏州工商业碑刻集》，第221页。

② 咸丰《东越会馆公善堂碑记》，《明清苏州工商业碑刻集》，第274页。

③ 乾隆《潮州会馆碑记》，《明清苏州工商业碑刻集》，第341～343页。

该籍商人经营活动的成败密切相关，其中当然免不了政治势力的作用。

因为会馆的经费来源并不稳定，但又要使会馆长期维持，许多会馆发展出自己如何经理团体捐款和管理团体产业的内部规章。

乾隆四十九年(1784)的《潮州会馆碑记》上即说：“延请董事经理，三年一更，七邑轮举，一应存馆契据，递交董事收执，先后更替，照簿点交，永为定例。”[1]嘉庆十八年(1813)《嘉应会馆碑记》则不仅强调“凡经手收入及放出生息，必须经理得宜，始免侵亏之弊”。同时还有“汇簿日”的规定。每年“汇簿日”的当天，必须要将“所有银钱，当众交出，公举殷实借领某分生息，须数人保结，至次年汇簿日，母利一并交出，再公举殷实借领，毋得徇情”[2]。道光三十年(1850)梓义公所《办理善举碑》说，将所捐经费“设立司年司月轮管……年终会算报销”。[3] 光绪十一年(1885)云锦公所碑文说：由同业中轮当司年司月经理，互相稽查。[4] 这些是关于已有财富的管理办法，显然，规章的日趋缜密势必有利于会馆的稳定维持。

同时，会馆还把不断开辟新财源作为其自身谋求发展的基本方针。如广州的潮州八邑会馆：同治十年(1871)潮州总兵方耀倡议在广州建立潮州八邑会馆，邀广州、香港两地潮商襄助，除捐助的银两外，并议决从香港、广州、佛山、汕头等地潮商进出口的货物中每千元抽取一元(后改为四元)作为会馆基金，五年中总共得货捐银五万余两，其中香港的合兴行、元发行、乾泰隆行、得美行、怡丰行、广荣盛、富珍斋等二十五家潮商大户就缴了三万余两(此外垫借给会馆一万余两)。会馆建成后建立聚和堂尝业，其管理权

---

① 乾隆《潮州会馆碑记》，《明清苏州工商业碑刻集》，第340页。

② 嘉庆《嘉应会馆碑记》，《明清苏州工商业碑刻集》，第351页。

③ 道光《水木匠业兴修公所办理善举碑》，《明清苏州工商业碑刻集》，第122页。

④ 光绪《云锦公所碑记》，《江苏省明清以来碑刻资料选集》，第16页。

每年由三家香港潮商，一家省城潮商轮值。[①] 在其他会馆中。抽厘也大体可以使会馆的经费相对稳定地保持或增长。

商人兴办的会馆亦需经受时间的考验，古语云："靡不有初，鲜克有终。"要使商人会馆得以维持，首先就需要稳定的经济基础，即会馆的会产，同时又要有能先后为继的管理队伍。从会馆本身言，又必然会经历风雨剥蚀、倾圮废坠的自然过程，有时还受到政局、战事等因素的影响，这些都需要各商业会馆作出自己的反应。在这一过程中，有的会馆呈蒸蒸日上的趋势，有的会馆则可能相反。

明清时期会馆取得了巨大的发展，在政治中心、商业都会乃至移民集中区域都出现了大量的会馆。我们觉得，会馆建设中时常可以看到官员们的身影，甚至官员参与会馆建设构成为会馆生存和发展的保障力量。清代中期以后，政府尤其注重通过士绅们的积极倡导发挥地方富民在公共社会事业和社会稳定等方面的作用。[②] 寓居客地的士绅则往往牵头发动本籍的官商共同投资于会馆的建设，并进而通过会馆实现对流寓社会人众的管理，以求达致全社会的稳定和秩序化。《苏垣安徽会馆志》记载了同治二年(1863)至光绪五年(1878)共十六年间安徽会馆经当时署理江苏巡抚办理通商大臣事务钦差大臣李鸿章倡捐一千两银子创建后的一段历史，为我们提供了一个考察会馆史的良好个案。

据范金民先生的研究，徽州商人是活跃于苏州的人数最多、势力最雄的外地商人。明代就有许多徽州布商来苏州经营，入清以后，布店字号多由松江转到苏州，苏州布业更加兴旺。康熙九年，字号二十一家，三十二年七十六家，四十年六十九家，五十四年七十二家，五十九年四十三家，乾隆四年四十五家，光绪三十三年仍有四十四家。木商来苏州发展的也很多，康熙元年有木商九人，木

---

① 《汕头文史》第10辑，第88页。

② 梁其姿：《施善与教化：明清的慈善组织》，河北教育出版社2001年版。

牙九人，二十二年木商三十八家，木牙十一人，二十七年木商增到一百三十二家，木牙九人，乾隆三年，木商九十四家，木牙五人，到同治兵燹后，仍有木商五十一家。大兴会馆是安徽木商谋求自我发展的重要基地。安徽丝绸业商人在苏州的盛泽镇有较大发展，乃至成为徽宁会馆的中坚力量。徽州米商还与浙江米商共建米业公所，徽州典当商人也主宰着苏州的该行业，康熙二十年徽典至少有三十七家。另外像书籍业、墨业、瓷业、油业、南北货业、纸业、颜料业、茶业、酒业、盐业等，皆有徽商活跃其间。① 然而直到安徽会馆建立前的同治年间，我们也只能见到乾隆三十五年建成的一座徽郡会馆和乾隆年间歙县商人建成的新安同乡会，规模都无法与当时的潮州会馆、钱江会馆相比。

本来是地方性同乡组织的会馆因为绅商的共同参与，又显示出对同乡利益的超越，介入到地方社会的管理事业中。这些都构成中国社会近代化的独特背景。

可以支持上述论点的例子还有：福州的湖南会馆建设就与左宗棠入闽直接相关。当左宗棠入闽之际，“吾湘先达橐笔从游者实繁有徒”，为“联络乡情起见”而建“乡馆”。同治建馆之初，会馆就“巨资购地，建乡馆于西门保定巷，并置房产，即以所得租金作为每岁集会之经常费”。后来“又以湘人来者既多，而生于斯，长于斯，卒于斯者亦复不少，家山修阻，归葬维艰，遂于北关外先后捐置殡堂及义山数段，供安旅榇”。左宗棠逝世后，又“奏建专祠于城南之耿王庄，乡先达以岁修需费，复于南大街、西门街捐购店屋数间，此业向归会馆董事经理”。此外，在马道街和长门还有瞿公庙两所，“均为吾湘先达所捐建，略置田房产业，备作香火之资”。1933 年，福建湘有公产保管委员会曾对湖南会馆及附设的“湖南

① 范金民：《明清时期活跃于苏州的外地商人》，《中国社会经济史研究》1989 年第 4 期。

义山”、“刘、张二公祠”、“福州瞿公庙”、“长门瞿公庙”、“左公祠”的数十件房契、地契进行整理；从这些契据可以看到，湖南会馆及其附设机构从同治七年（1868）到光绪三十四年（1908）四十年间共购置有四十九处房产和地产。其中湖南义山的产业设置得最早，数量也最多，达十一处。瞿公庙的产业有二十四处。所有这些保证了会馆对乡人的助葬及其他公益服务得以稳定进行，形成了对乡人较强的凝聚力。

在江苏吴江盛泽镇的济宁会馆从康熙十六年（1677）建成后，由于商业的兴盛，会馆规模便不断扩大，“乾隆三十年乙酉，重修大殿。嘉庆十一年丙寅，重造戏台山门。嘉庆十六年，修大殿，重造翻轩。嘉庆十七年，兴工修造，造四面厅一座，回廊一道，小亭一座。十八年，修造南厅三间，园中堆假山树木等。十九年，工程告竣，油漆见新，立额公敬。”①

广东商人在广西发展起很大的势力，因而广东商人会馆亦日显宏廓。大新县下雷土州粤商修建粤东会馆便经历了这样的曲折过程。该会馆创建于乾隆三十九年（1774），乾隆四十七年（1782）重修。馆中碑刻记载咸丰中重建事云：

> 颇高其闬闳，广其堂室，安妥夫圣灵，护持我商旅，传闻利赖生涯，较昔为尤甚，亦云美矣。第宫殿垣墉，多用泥砖修砌，以言朴素则有之，若谓浑坚则未也。故至嘉庆廿余年间，仅阅数十载，而宫殿时时欹塌，垣墉日就倾颓，只以竹木叉撑，其时有同者相与商量修建，尝设立作两会，共廿四五名份，约计得会本钱壹百柒捌拾千，并书院所存烝尝五六拾千放贷生息，经五六年而会充满，犹有羡余，估计存钱数百千矣。奈因钱水变乱，砂钱壹佰千，仅值黄钱六七千，而修建之计卒不□□也。

① 嘉庆《吴江盛泽镇续修济宁会馆碑》，《明清苏州工商业碑刻集》，第351页。

延至道光廿五六年，朽坏倾塌益甚。又加以风雨之飘摇，斯官殿垣墉遂尽崩颓，不得已，敬移□君于前座，与财神并居，顾咫尺狭隘之地，胡以虔奉祀而肃拜瞻，是不独亵渎圣神，即质诸昔人之初创，前辈之重修，孰能不抚衷怀惭乎！然此岂后人之敬神明、敦信义之心，不逮昔人哉？良由无力者比比皆然，有力者寥寥寡偶，乃徒拊膺抱疚而付之，莫可如何，是故迩来言及修建，非独我同人无敢自任，即在行路之谈者，皆因此书院之废坠，将永不复举矣。抑乌知帝君之英灵无或减，而吾侪之振作有其时耶？即今而论新建所由成之故，如或使之，盖始起于咸丰元年，时值帝君寿诞，相与拜舞称觞，睹陨颓之景况，目击咨嗟，众首事乃相商榷，遂翕然有振兴之举，一时诸好善咸愿竭力捐资，志在必成之意，不约而同，倘使仅捐广州府属之萃于雷阳者，亦殊无几，故凡系我粤东省籍贯，不拘久远立家住下，及与贸迁作客新来，悉向劝捐，众皆欣喜乐从，计有成数，又得请公将同为贸易之抽头银若干两，充助支需，赀费足矣。亦足征好善之心，人所同然者矣。于是遴选办理，招延师匠，择吉鸠工庀材。是役也，取数多而用物宏，良非易易，只赖首事中诸君始终协力赞襄，克使群工奏技逞能，起始于咸丰二年梅月，告竣于四年腊月，阅数载而幸观厥成，凡在前诸人所欲举而不克举者，今皆更而新之，局势宏敞，坚固高华，数者兼备，非所称为不朽之美举，可传之盛事乎哉？继自今奉祀瞻拜帝君，庶足居歆宴会言欢，同人益敦雅谊，夫乃知制作之盛，起于人心，文物之举，由乎众志。易之曰“粤东会馆”，所谓合通省以为善，亦广昔人之美意也夫。成喜落成，不辞鄙陋，勉为之记，使后之览是碑者，并备识会馆之原委云尔。①

① 《下雷土州粤商修建粤东会馆碑》，《广西少数民族地区石刻碑文集》，广西人民出版社 1982 年版，第 102～103 页。

这里显示出，商人会馆的兴衰受到多种因素的影响，商业的发展是主要方面，但有无倡导者、有无呼应者，社会环境的安定与否、自然因素的变迁以及凝聚范围的大小都足以影响会馆的兴衰节律。

至今仍遗留的一本反映潮州的福建汀龙会馆简史的《汀龙会馆志》为我们进一步解剖商办会馆的内部结构提供了可能。

汀龙会馆是清代潮州最大的一座会馆，其倡建的起因在于："汀龙二州密迩毗连；据闽之上游，下与潮属为邻，地壤相接，且鄞汀一水南流直通潮郡，舟楫往来，众皆称便。凡商贾贩运，托业于斯者，歌乐土焉。盖时当承平，清晏日久，海国江乡，无复向时鳄波瘴雨矣，由是议建会馆，将上以妥神灵，下以通乡谊，岁时祭赛，搏酒言欢，联一堂桑梓弟兄，甚盛事也。佥曰：宜然。因而相地裁定，鸠工庀材，自春徂秋，九阅月而告竣。考其时岁在癸未，为乾隆二十八年。"交通的便利沟通了两地的商业联系，商人队伍的壮大必然呼唤着会馆的诞生。

会馆建成以后，规模就颇为庞大。"馆在潮州城开元街之西福胜庙右手下畔，坐北朝南，馆门当街，正中为大门，门檐外加木栅门，左右二角门，门侧左右各一门房，直入中门，内为春秋演戏台，正中为天井雨坪，左右二廊，道光戊戌年改建东西二酒楼，正厅堂为奉祀天后圣母，正殿左耳厢为财神殿，右耳厢为福德祠，均祀木主，设神龛，前为天井，俱有门与酒楼相通。财神殿左横屋一直深与馆基等，上为客厅，咸丰癸丑年改修，兹仍京都汀州乡馆堂额为旅萃堂，厅屏后为小眠房，厅前开小天井，左出留天空，下开一水井，中用花窗屏扇隔一小厅，坐东面西，为祭祀更衣所，厅右隔小房再出为厨房，中开大门当街路，门外左侧抽一厕所，馆后并左右俱黄姓房宅，馆有抽开小巷以通，然路墙檐下有滴水坑出街沟，馆门距街正对照墙一面，其墙下基趾属馆内地。"凡会馆的正殿、附殿及其他配套设施如戏楼、神位等都一应俱全，会馆通过祭祀天后、财神、福德正神等聚合会众。

会馆的管理是“依其里邑之所近”联络为纲，在汀龙会馆之下分为篓纸纲、龙岩纲、履泰纲、本立纲、福纸纲、九州纲、运河纲、武平纲、上杭纲、莲峰纲、永定纲、白沙纲和袍季等。会馆根据每年开支的预算按不同的比例分摊给各纲，包括不同节日的祭祀与演戏也分别由不同的纲来分担。如馆规规定：“汀龙众帮未经抽厘，并无公项，其馆中神前香灯，每月额定壹仟伍佰文，守馆工食每月额定边银壹两零伍分，均照向规以三分派龙岩纲、本立纲、履泰纲，共派缴四月，篓纸纲派缴四月，福纸纲派缴四月，闰月均派。”“汀龙众帮春秋庆祝公祭香蜡戏金及主与祭执事二席及费照向规以九分派，篓纸纲派缴三分，福纸纲派缴四分，龙岩纲派缴一分，履泰纲派缴一分，倘有修葺馆宇亦同。”“馆中众帮并未议额有津贴花红程仪及各项喜资，倘有甲科以上及出仕现任司道各大员至馆行香悬匾者临时酌议。”“馆中奉祀圣母神像袍服制绣更换及费俱由换袍季内措办。”由上可知，会馆内的各帮实力有大有小，因而也不平均承担义务，而是根据各自的实力来承担不同份额的义务，这样便把具体责任落实到各纲头上，且可以承担，容易兑现。

各不同的纲再根据本贩运集团的特点，或向会员征账他银，或买房出租办店以取得收入。如福纸纲饷规规定：“各庄福纸由上山采办盖用各字号戳记，所有双合纸黄纸每四十二张为一刀，每五十刀为一片，合二片共壹百刀为一捆，船送至东关，每捆完饷银四分陆厘，大包各庄纸每八十四捆为一球，每球完正饷银三分八厘，向规每他银壹佰两加耗银解费三两，补库平银三钱。至道光十六年再议每百两加费银四两，合前共加银七两三钱，纹佛各半缴完。”

福纸纲更有具体行规：“（一）各字号纸张由客批定行收揭挥到东关，按挥先代垫完清正饷并代发船脚，俟纸货售完后，总共与客结算，订记行单簿内。（二）各庄纸张由行照依时值发卖，俱作钱价申算,每七百文额定申七兑花边叁元,每百元以时用佛边补贴花水边拾元。(三)各项纸售卖后行内与客结算,每七百零五文扣七兑花边壹元,自道光间议贴行内看边用戳过平钱三文,合共每七百零捌文扣花边壹元(支用行内之边,如有次边短平,俱由行认补)。(四)行内代客售卖以九八扣行用,每百元扣七兑边贰元。(五)除行用船脚外,行内与客总共结算,每双合壹捆扣钱五十九文,大包各项每球四十九文(并饷项补费补平及东关发担入行,每捆市钱四文,每球市钱三文,又贴行房租油水客饭俱在内)。(六)各字号客到行,便饭一次,席请一次,前人定规,原以存宾主体统,行有请客之名,客有贴行之费。若将此除去,虽有另送,将来彼此效尤,致启争端,殊为不雅,自后宜照旧规,以昭划一。(七)各行售卖纸张务先向客说明市价,庶免以后争论,其纸货批入各行,倘有润张湿角,亦须通知各字号到行面验看过,提出结价,可免争多议寡。(八)各船户自峰领载,每双合一捆,额钱二十文,以四捆为一担,每担共钱八十文,大包厚纸每担额钱壹佰陆拾文,中包每担壹佰三十文,各行照挥验收,先行垫发脚钱,后与客总结算,其船载倘遇水浅旱干,另加批包封,由峰馆批明,随时无定。(九)各纸客由蔡家围搭小船到郡,每人约略给钱壹拾六文,其各纸客回来由东关搭小船至大船,每人并行李一担,共给钱壹拾六文,若另有货物,每担给钱六文。此规已于咸丰九年呈请彭县宪给示勒碑在案。"①通过上述比较稳定的收入再加上房屋店面的租金收入来达到"答神庥而联乡谊"的目的。由此,会馆的兴盛就直接意味着商业的兴盛,会馆的规约为商业的良性发展奠定了基础。

在汉口的商人会馆亦多征收厘金,如汉口江西会馆规定:"(甲)凡新开店者,当出钱一串二百文。(乙)新来汉口为店员者,当出入帮钱四百文。(丙)自他帮雇入之徒弟,当出钱五百文。

① 同治《汀龙会馆志》(一册),由康晓峰先生提供,谨致谢意!

(丁)徒弟入会者,当出钱五百文。(戊)新来汉口贸易者,一年之内,届出于会馆,若入帮延迟一月者,公同议罚。(己)目下在汉口之商人不分明者,查出后当遵规约入帮。”在上海的绍兴会馆也规定:“凡我同业者,卖大箱之茶课四分,小箱课一分五厘,按期纳付,不得有误”[①],其实是为了规范商人的商业活动。

从史料中我们看到,商业性会馆下设“福”、“会”、“纲”、“堂”等子机构是会馆管理中的一种普遍现象。除了上述的汀龙会馆外,像广东南海番禺顺德新会四县商人在湘潭合建会馆,其内祭祀关羽,初本四县人共同祭奠,后则分开,南海有粤魁堂,番禺有禺山堂,顺德有风城堂,新会有古岗堂,各自设立规约,处理同县人事务。如清乾嘉年间的汉口福建会馆的日常经费是由馆内的“福会”(即巷岩福、龙川福、致和福、宝树福)提拨,福会会产由热心人出钱认股,作为基金,建置产业,每年生息,以供给会馆的开支。又如九江龙岩会馆亦以福产维持生存。[②] 还有重庆的福建会馆有文华会、鄞江会。[③] 苏州的东越会馆有公善堂等。[④] 傅衣凌先生早年曾研究过福州的汀州会馆,认为这个会馆原是长汀、上杭二县的经营纸靛的商人所组织的“纸靛纲”,后由“纸靛纲”扩充为“四县纲”,再进而为汀州会馆。傅先生认为:凡货物之结合同行者,曰纲,盖原是一种官营运输组合。[⑤] 我们循此推衍,即会馆的一支是由官营的“纲”转化而来,官营日渐演化为私营,成为相互组合对互帮助的自我管理团体。

正因为商业性会馆也把自我管理作为自己的首要任务,因而它们都特别注意发挥娱乐与义举的功能,这些也需要必要的经济

① 全汉昇:《中国行会制度史》。

② 郭翔:《龙岩会馆》,载《龙岩文史资料》第8辑。

③ 《清代康雍乾巴县档案选编》(上),四川大学出版社1989年版,第61页。

④ 《东越会馆公善堂碑记》(咸丰五年),《明清苏州工商业碑刻集》,第274页。

⑤ 傅衣凌:《我是怎样研究中国社会经济史的》,《文史哲》1983年第2期。

基础。从佛山的道光三十年(1850)《重修山陕会馆福地碑记》中我们可以看到该会馆的一份收支表:

接老首事前存银五百八十五两三钱六分二厘,

入厘金银四千五百六十七两二钱四分八厘,

入香资银一千二百三十两零二钱六分,

入房租银八千二百八十三两五钱八分,

入利息银三千一百三十两零三钱五分,

入批头银一百七十七两六钱正,

入各号布施银三十一两九钱六分,

入余平银四十三两五钱六分八厘。

以上八宗共入银一万八千零四十九两九钱零八厘。

祭神演戏会馆福地一应杂项支银九千五百九十八两五钱零二厘,

会馆修补置物与众房客修补一应杂项支银一千六百零八两一钱九分八厘,

出和尚养廉支银一千九百四十八两正,

出周年八音班支银二百三十五两正,

出打扫会馆支银一百六十两正,

出进乡亲茶仪支银四十三两五钱正,

重修福地、会馆,砖瓦木料油漆金料人工牌匾勒石共支银一千三百三十九两七钱三分八厘。①

这基本上包括了一般会馆的收支项目。但各会馆互有出入,

① 《重修山陕会馆福地碑记》,《明清佛山碑刻文献经济资料》,第144页。

像江西会馆设立了义庄一所、义山一座,以作义冢之地。[①] 徽州商人也随其足迹所至,到处设置会馆义庄,在上海、苏州、天津、汉口等地都可找到会馆建立义庄、义冢的事例。这表明会馆不仅为了生人及其商业,而且恤及死者,更显出其稳定会馆的本意。有的会馆因为祀神,还设有住持,以司香火,以司洒扫。

在云南昆明,树立着《昆明市江西会馆棉花行条规碑》,内容如下:

> 钦命云南等处承宣布政使司布政使随戴加三级军功议叙,随戴加二级,记录二十五次江为恳恩赏平,勒石以垂久远事。照得滇省棉花一行,向例每银一两,抽用一分,讵意日久弊生,各行□□代贴埔欠之,名加用补苴之术,每两抽用二分,业经本司查实饬禁,只许照旧抽收行用银一分,并追浮收银两、充公在案。兹据江西等省客民熊积山、梅占先、罗鼎、饶振荣、邹文彰、李高职等,□□从前原定行中规事,远年湮居,多更易,秤制银色各项均不画一,难免狡混,将原定条规开呈□示勒石,以垂永久等情,当经饬行昆明县查议去后。兹据昆明县吴大雅核议、评报,前来合行给□为此示,仰棉花行并客民人等知悉,即便遵照后开条规画一办理。倘敢阳奉阴违、查出定□从重治罪不贷,计开:一、棉花到行,间有在途被雨淋湿者,先为晒晾志码,对客较准秤花。如有重志舞弊,应听客商禀官治究。至棉皮照旧除皮五斤,笋叶、绳、席即在其内,如果有包扎太重者将原包称过卸出花斤,再除绳、席等项,以杜□□之弊。一、银花照旧九七五扣色,九九纹银,如有元宝、足锭,升水一色;如若潮色多者,估补以免争竞。一、棉花每价银一两,准抽用一分,其行中工人服劳、奔走,应听客商酌

① 《禅镇江西义庄官示抄刻碑记》,《明清佛山碑刻文献经济资料》,第154页。

酬，毋得额外另添杂费名色，致滋弊端。一、花价令买助看明棉花高低，照时议价值，行户不得串通商人暗中抽换、夹杂、设计诓骗。如有此等情弊，禀报查究。一、货账多寡不一，期约亦迟速难齐，总听商、铺两相定议，限日清还行铺。唯当选择殷实铺户与商交易，不得□任本经纪任情赊与，以致拖延客账，坐困商旅，有干追赔。一、大小志秤，宜较准发给令用，不得私制大小舞弊。一、棉花到省，自必投行，有行户觅客转售。如无业游棍觅客，包揽客货至家私售者，查出，照例治罪。该牙行亦不得约会，遏低时价，苦累商民。

以上各条，务宜遵照奉行。如有违犯，查出，定行拿究。各宜凛遵毋违！特示。

乾隆四十七年(1782)八月日，抚郡棉花会众同立。

此碑刻云南布政使江告示，江即江兰。《东华录》乾隆四十五年(1780)五月己丑，调江兰为云南布政使。又乾隆四十七年十一月戊午，以费淳为云南布政使。此告示发布于乾隆四十七年八月，是时江兰在任。又此碑为抚郡棉花会众同立，即江西省抚州府客商。抚州所属临川、金溪、崇仁、乐安诸县商人，商贾云南各地，多有江西客商。道光《昆明县志》卷二《物产志》曰："县城凡大商贾，多江西、湖广客。"按：坐商号者以江西、湖南人较多。昆明为货物集散地，在得胜桥外，江西、湖南、四川诸省会馆最大，客商会集于此，由来已久，商业行会附设于会馆，棉花行会即其一。

乾隆《谔嘉县志》载募建萧公祠引曰："自省会、府、州、县以至镇市，凡江右客商聚集之所，无不各建有庙，亦为江右之会馆也。"此事在乾隆二年(1737)时，谔嘉(今属双柏县)已开石羊银厂，属江西客商所建会馆。盖会馆为地域组合，以乡谊互助作号召，结合势力，主其事者，凭藉之维护既得利益。碑谓："设会馆以为厂规约束之地”，边疆地区的会馆更必须能有效地进行自我管理。[1]

值得提到的是在商业发达的城市，不仅有同乡的会馆，同乡同行的会馆，行业性的会馆也多有出现，并形成了自己的管理运作制度。像北京的药行会馆有如下的众议条规：

一、各铺家按生意，每月八毫捐钱。每逢初二，著看馆人取作公费，费用之外，余钱存公。

一、各行每节按行用捐银五厘存公。

一、各客每年按生意，捐银五十两，于八月二十六日交入公账，另行出息。

一、众首事按月轮值，每逢初一日，上下首事，齐到会馆交代银钱，毋得迟延。如午刻不到，罚银二两。

一、新开铺子家伙字号银，每百两捐银一两，以存公用。系嘉庆十五年正月起。

一、看馆人众首事公请公办，毋得徇私束修工食，每月给钱二十千。

一、殿上掸洁净。看馆人早晚点香烛，待烛尽，虽身不误。

一、器皿什物，著看馆人小心谨慎。轮值首事检点查明。

一、馆内不许赌钱酗酒等事，违议罚。

一、同行人在馆演戏庆吊，不议家伙台费。

一、圣诞演戏之日，轮值首事，悉心办理。如值月首事不到，罚银二两。

一、各项捐钱，除每月费用之外，余钱于每年八月廿六日到馆众首事结算，归入公账，交殷实存用生息。

一、会馆逐月总账，轮流交管。如遇有存钱一百千，值月

---

① 《方国瑜文集》第4辑，云南教育出版社2001年版，第315~127页。

司月，领用利八厘起息，约于八月廿六日，本利归公，另行出息。

东城各铺，每月捐香资钱十六千一百九十文；
东南城各铺，每月捐香资钱五千九百二十文；
西城各铺，每月捐香资钱八千六百五十文；
西南城各铺，每月捐香资钱九千三百六十文；
同仁堂，每月捐香资钱七千文。①

其中各铺当指在北京开店铺的药商，行当指牙行，客当指客商，就是从其他地方带药材来的商人。根据这个条规，可以知道，药行会馆不但是北京的药铺的会馆，而且也有牙行参与，甚至客商也参加，铺家每月出收益的八毫（万分之八），牙行每节按佣金一两出银五厘，客商每年出银五十两，新开的药铺每月资本银一百两出银一两，作为会馆的费用或资金。另外，各铺家每月出一定的香资钱，这几乎成了全行业的联合团体。该会馆还对新开药铺药局作了规定：

一、新出倒药铺药局，按原倒铺底货物价银，每百两应捐会馆公费银五钱，只此一次。

一、新开旧有各铺各局，如有不照向章入捐者，即系不入药行，届期馆中祭祀，不得到馆拈香，行店出合同卖物，如私自卖药者，一经查出，罚钱贰拾两，归会馆公费。

前面的一条是指承顶倒闭的药铺药局重新经营时，应按从倒闭的药店承受的药材价银，每百两捐银五钱，作为会馆的公费；后

① 嘉庆《重修药行会馆碑记》，《明清以来北京工商会馆碑刻选编》，第93～94页。

一条似乎是指承继一时停闭的旧有药铺局之后再行营业时照向章资本银每百两捐银一两,不履行这种手续,就不能加入药行,从而不得参与会馆的祭祀,牙行也不能替这种人介绍买卖,签订合同,违反这个规定的牙行应交纳罚银二十两。关于新开药铺局的规则定得很严,仅许可承顶倒闭的药店,或者恢复旧有的药店的新商经营商店,这实际上是树立了药铺、药局不能比以前增加的方针,其维护药业的现存状况与稳定秩序的目的是很明显的。诚所谓“奈人杂五方,莫相统摄,欲使之萃涣合离,非立会馆不为功”。[①] 有的行业会馆就明立“从来国家之定制,除弊尤急于兴利。而都会之成规,安商即所以惠民”。[②] 除弊是明清政府面对社会变迁所确立的基本出发点,兴利则被放在次要的地位,社会的稳定不可因社会的发展而被偏废,应该说这也有一定的合理性。

总而言之,商业性会馆是明清市场经济机制下的商人自我管理团体,其设置各不相同,但大体包括了议事厅、神殿、戏台、客厅、厨室、丙舍、义冢,有的设有义庄,有的则装点了园池假山。其管理经常由殷实德厚者为之,收入来源包括捐项、厘金、香资、房租、利息、批头等项,支出则包括会馆的修缮费、祭扫费、演戏娱乐费、日常接待费、义棺义冢费等。各会馆有各会馆的荣枯节律,因此,其收支颇多差异,在地缘性会馆之外还有行业性会馆。

行业性会馆或行业性公所的发展实际上是会馆趋新发展的一个重要体现,说明会馆发展到一定阶段,它所要解决的主要时代课题有所变化。当商业活动纷起频出的时候,会馆往往亦需要把更多的精力用于商业秩序本身的治理上,因而行业性会馆纷纷从不区分行业的会馆中析出,成立专门性的会馆,并且把主要的业务确定为规范行业本身的发展,行业会馆的条规中就出现了更多的关

① 《重修(药行)会馆碑记》,见仁井田陞《北京工商ギルド碑刻集》(一)。

② 《公建桐油行碑记》,见仁井田陞《北京工商ギルド碑刻集》(二)。

于维持商业秩序的文字。如《当商会馆条规》说:

一、因昔年原有各衙署官款发拨商生息,由首事当商轮流值年,严查各当分领虚实,以免拖欠官款。后又因各当柜外,常有无赖匪徒,以及宗室觉罗,讹诈行凶,强当硬赎,或持凶器,自相残伤等事。种种不法,层见叠出,受害非浅。故此本行前辈,公同商酌,创立公合堂。如一家遇有被讹诈之事,众家帮同经理,嗣后渐见平安。复于咸丰年间,因各种大钱钞票受伤至重,将各当架本,取赎一空。旋于同治初年,各当空房,缓缎措本,小作生理,已稍见起色。不意至光绪庚子大变,我当行京乡二百余家,尽遭涂炭。不但架货被土匪抢掠一空,即砖石铺面亦被拆毁,东伙均一贫如洗。两领商诸公与铺中经手私债,约有数百万之多,万难抵债。仰赖国家宽仁厚泽,所有各官署各款,发商生息数十万两,概免追究本利,全行豁免。各当欠款数十万两,亦代为补还,实乃出诸意外。现今复开新当,不足百家,殷实甚少,多半集股试办,暂维生理。嗣后各官署若再有存款,发商生息,断不敢分领,亦不敢具连环互保。倘该铺本绌亏累,拖欠官帑,应由各该铺自行负责。今即屡蒙尹宪传谕,令当商仍仿旧章,择首事当商轮流值年。倘有交派本行官事呼唤,以便知照各家,其各号每季应交报效及当税,仍自行办理。今特拟择请轮流首事值月十二家字号列后。

一、现在本行多因资本缺乏,原气未复,其各家月限利息,皆未能按照旧章生理。倘有柜外之人,因月限利息,搅扰不遵,讹赖成讼者,以及用假银洋圆行银砂片私钱;或无赖之徒包揽赎当,不遵街市通行行市,取巧分肥,因此成讼者,均归公议办理,但亦不可倚势欺人。

一、倘有柜外无赖匪徒,吃酒行凶,强当硬赎,以及手持器械讹诈,自相残伤。又现今各处兵勇甚多,难免不发生意外。倘有不能了局之地,非成讼不可,由公议办理。如私自殴打,公议不管。

一、倘有柜上当下铜假首饰以及假改当票,顶包吃错以及脱顶假银洋圆回头,脱顶银钱票打退,因此讹诈成讼者,公议办理。如实系本铺误错,或私自殴打成讼,公议不管。

一、大门以外附近之处,若遇有无名倒毙以及自缢身死;或他人斗殴,因伤未移,凶事原与该铺无干。倘本地面官厅勒令牵连该号,实系被屈,因此成讼者,公议办理。如用小费,可以自备。

一、倘有该铺被窃、被灾以及误当贼赃,因起赃等事成讼,官费归公议办理。其所失财物以及赃本多寡,抑或本铺自己遗失银钱货物,致成讼者,公议一概不管。

一、倘柜上伙友,公事出门,半途之中,遇有匪徒劫路以及打抢财物,并柜上素有交易不投恨忿之故;或系当铜首饰之人,有此等情形,不能了局,因而成讼者,归公议办理。所失之财物多寡,或私自出门,另有他故,自行招摇,不与铺务相干者,公议一概不管。

一、柜上如收买货物以及办票子,买下贼赃,或为官物,或下人背主人偷卖以及同行无故不使铜洋圆,或当下官物器械者,公议不管。

一、现今本行不足百家,时事多艰,各家如何生理,不堪设想。难免嗣后各官衙署诸多挟制以及另出名目,勒派捐款,苦人所难者,大家公商,不拘何家。倘有道路可以设法,即应火速进行,期与我行中有益。如用花费,均归公议办理。

一、同行复立公议,原为我行中兴利除害,自宜一秉大公。无论何号,遇事大家帮同经理,不准因有素好与否,因私废公,妄动公款。抑或任意报销,借端补情,一经发觉,公议不认。

一、如有应了人情官费，必须与首事并值月之处公同拟办，以杜妄费，而明虚实。俟到下月值月处，开具清单领款。不拘如何词讼，只管衙门内上下两面官费，开账发领。其余一切小费等，公议一概不管。

一、如有遇事之家，不拘何号，先达知值月处，再转达首事人；倘值月之家有事，达知下月值月处。如有成讼之事，均按原立规条内之章程，应用官费，归公议办理。如在规条之账，自铺办理，公议不管。勿论事故大小，应用官费，至多不得过三百两为度，再多者，自铺添补。

一、嗣后如原有不在公议之家以及新开字号，有半途中情愿续入公议之内者，自行与首事人及值月处商酌议定。按入公议之期，先行补捐公议银一年，入账后再按月随交公议者，照旧随上。如旧号有落交几个月，新号补齐外，不多交。倘原在公议之商家，因事中途退出以及歇业之家，不论曾领过与否交过若干，概不找算账目，由此月空手退出，嗣后两无干涉。

一、今议定每月十六日午刻为公议之期。按首事十二家字号，轮流值月，遇闰连值。首事诸公，务须早临等候。倘各号有应商应达公事，亦于是日候至申刻散局，迟则不候。其各号每月按日应交公议银，应准期派伙交值月处，尤不可短平亏色。是日备茶不备饭。

一、公议账上，嗣后如有存款至二百两，可以出放生息入账。按值月十二号之家，不论有用与否，入简抓放，每月随账轮交下家，黑签不必入筒。如账上无存款，此月应有领项，按先使之家，挨次撤还之。

一、现在初立公议账上，原无丝毫存项。众号每月摊交公议银一两，以资办公，其规条以外之事，一概不许。一切庆吊贺喜化缘募捐以及各种押借外放，希图重利等事，公议一概不准。

一、各号倘有柜上内外往来交易，原系素识之人，若因短欠银钱账目及摘借衣物银钱退票等，索讨不还，因此成讼者，公议不管。

一、现开旧基各当，倘有尚未请由单者，未交过报效当税之家，原系私开；倘因漏报，发生事端，或与外国人往来交易，日久失和者，公议一概不管。

一、嗣后倘再有关乡复开各家，一概不准加入公议之内。此因相隔城乡，道路遥远，遇事耳目不灵，难以照料，故免予加入，以免耽延误事。

现在公议规章二十条，嗣后遇有未尽事宜，未载规条之内，如实系该铺被屈，情有可原，大家公商，和而为一则允，否则面阻。

光绪二十八年十二月十六日①

行业性会馆对行业业务有了更多的细密规定，亦出于时代主题的要求。同行之人相互合作，遵守行业规章，共同消除外界可能产生的侵害。

清末以来官民还走向了进一步合作共治的新阶段。在商会之下，成立同业公会的时候，原来就具有同业性质的会馆、公所实施转化就更为便利。阿维那里乌斯编《中国工商同业公会》中说：“凡关于加入同业公会团体中之会员，皆可得同业公会之保障，其在市面得以安心营业，不致有妨碍其个人之职业。彼时同业公会，俨然一大权柄之机关。盖因当时在市面无保护人生之条件，故单人不时受各种政治及经济团体竞争之压迫，因缺乏公共坚固之结合，势不得不趋于自卫，及在社会中求无危险之保障者。二由业主

① 《明清以来北京工商会馆碑刻选编》，第110～114页。

起见。凡索有业主,联合全体于一旍之下,其易与他营业竞争,且使顾主之信任,改良其往来之账,便于交易,故助成制造之新法,及营业经济上之发展,其公共利益如此。故同业公会,并不用何种方策引诱会员入会。"欧洲有不入会就不得营业之规定,而我国大家都知道"如其不入会,则于本身有诸多不利。故举一市之工商人,鲜不参加其本行之一同业公会者"。[1] 加入同业公会可获得保护,实际上也是规避风险的一种努力,还便利竞争,能赢得顾主之信任。入会是一种积极的、自觉的行动,这表明同业公会也成为一种福利组织、庇护组织。同业公会往往兼有同乡团体的性质,正因为如此,业主、匠师及工人皆可加入,门槛很低;可选择相近同业公会加入,如香腊店可加入化妆品店同业之公会;同一城市里可以有多处同业公会,这是同乡关系凝聚的重要表现,不能想象同业公会会一揽全城同业而统之;多数同业公会对会员有极深慈善之意,具有社会救助功能;同业公会往往由旧公所、会馆转化而来,这是中国前社会残余影响的表现。

吴县鲜肉业同业公会"肇始于清道光二十五年,由汪永年、钱绍棠……集资购买夏侯桥徐氏旧宇,重葺而更治之,成立三义公所,嗣于同治间,更名为敬业公所,沿至民元,因革一如旧贯,至十九年冬,始改组为吴县鲜肉业同业公会,遂著于今"。[2] 在北京,米面同业公会是由成立于乾隆年间的马王会蜕变而来,1913 年时"铺捐议起,群感于同业团结之必要,兼喻此会之组织不合法程,遂就前会员为基础,改称为米面商会。……是表面上已具有公会之雏形矣"。1931 年改称为米面同业公会。[3] 北京玉行同业公会源于乾隆五十四年创办的长春会馆,"迨后玉行商众,集议,组成

① 彭泽益:《中国工商行会史料集》,中华书局 1995 年版,上册,第 120 页。
② 江苏省博物馆:《江苏省明清以来碑刻资料选集》,三联书店 1959 年版,第209 页。
③ 李华:《明清以来北京工商会馆碑刻选编》,文物出版社 1980 年版,第 179 页。

公会。初名玉行商会，民国二十年改称玉器业同业公会焉”。[①]此外北京油盐粮行同业公会，是由创建于明代的山右会馆转化而来。颜料公会由创建于明代的平遥会馆（又名集瀛会馆）转化而来。帽行公会也由旧式行会转化而来，“考帽行公会，创始于前清乾隆间，假东晓市药王庙为会所”，1900 年后，“受时局影响，团体涣散，而行会之名遂行瓦解”。民国以来，捐税加重，1928 年“司平市税者，又拟增加奢侈捐，于是群情响应，其议遂止”。这次斗争的胜利，使同业重新认识到新式商人团体的重要性，于是“同业公意，推举郭君子华，出而恢复帽行同业公会。由是行会又复活矣”。[②] 另有绸缎洋货业同业公会由康熙年间织云公所转化而来，当业同业公会由嘉庆八年创建的当业会馆转化而来。国药业同业公会由咸丰年间的靴鞋行会馆转化而来，老羊皮货业同业公会由光绪十一年设立的皮行会馆转化而来。有的旧式行会是在日益感受到政府苛捐杂税增加后而设置的，如京师五金行同业公会。[③] 有的同业公会在反对行业垄断中产生，如北京芝麻油同业公会就是轩毓书、马瑞斋、王益亭等反对贾海山等“设置专行，垄断渔利，激起公愤”后形成了芝麻油业商会。[④]

有的同业公会是在外国资本主义的影响或在国际贸易的刺激下形成了新行业之后而产生的。如上海卷烟业于 1920 年 3 月因“同业受种种困难情形及坚结团体之必要”而建立同业公会。又如装载业同业公会“非惟联络感情，互相协助而已，对于国家之前

---

① ［日］仁井田陞：《北京工商业会馆碑刻集》（一），东京大学东洋文化研究所 1980 年版。

② 李华：《明清以来北京工商会馆碑刻选编》，文物出版社 1980 年版，第 181 页。

③ 李华：《明清以来北京工商会馆碑刻选编》，文物出版社 1980 年版，第 188 页。

④ 李华：《明清以来北京工商会馆碑刻选编》，文物出版社 1980 年版，第 185 ~ 186 页。

途,实有无限之希望",只要各商"蠲除意见,抛弃权利,和衷共济,保持永久而发达之"。[①] 1936 年 8 月成立的上海调味品业同业公会鉴于"我国调味品业制造工厂,沪地为荟萃之区,然因无团结一致之组织,故营业上常有受外商倾轧之虞,以致售价凌乱,出口参差,国货调味品之信誉因以日堕,海外市场将有被剥夺之危险,而国内市场亦因同业之剧烈竞争,互争雄长,致亦为外商造成倾销之机会,长此以往,若不急起直追,改弦更张,则前途危机,将不堪设想",在这种情况下,"佥以组成同业公会、团结同业,实为当务之急,俾得集合同业,互商调整业务,厘订业规,庶使我国调味品业有在整齐一致之阵容,努力以赴进展之域"。[②] 另外如牛奶业、化学化妆业、五金杂货业、照相业、影剧业等新行业都纷纷成立了自己的同业公会。在成都有麻织工业同业公会、运输商业同业公会、长途汽车胎板车同业公会、运货车商业同业公会、民营汽车商业同业公会、西药商业同业公会、广烛化学品工业同业公会等等。[③] 同业公会尤其注重协调与政府的关系以及与社会的关系。北京书业同业公会旨在"维持增进同业之公共利益及矫正营业上之弊害",上海书业商会则旨在"联络商情,维持公益"。它们致意于遵照著作权律维持版权;联络会内会外及他处同业;谋同业之公共利益等工作。同业公会内,捐助的多少与权利享受几乎成正比。

同业公会一般在选举方式、议事制度、办事规则、经费收支等方面追求制度化和规范化。组织结构健全,有的采会长制,有的行董事制,也有的采委员制。后来则多采取理事制。如在会长制下,一般设正副会长各一人,"会长总理本会一切事宜。会长因事不

① 《装载同业公会成立会纪》,《申报》1920 年 8 月 18 日。

② 《上海市调味品业同业公会档案》,S59-1-1,《呈为发起组织调味品同业公会请求许可事》。

③ 成都市政府秘书处:《成都市政府月刊》1940 年第 1 期。

到时，由副会长代理一切职权并负完全责任”。① 在董事制下，一般设总副董各一人，董事若干人，总董“综理会务，对外为本会代表”，副董“协助总董处理会务，如总董因事不能到会时，副董得代行其职权”。② 在委员制下，设执行委员会和检察委员会，由会员大会选举执行委员、监察委员各若干人，再由执行委员选举产生常务委员若干人及主席一人，主席主持会务，常务委员会下设各科如总务、经济、组织、宣传、调查等执行会务，各科主任“由执行委员负责分任之”。③ 理事制下，设理事长一人，“对外代表本会”、常务监事一人，下设理事、监事各若干人，理事组成理事会，其职权是“执行会员大会决议案，召集会员大会、执行法令及章程规定之任务”，常务理事设常务理事会议，主要任务是“执行理事会决议案、处理日常事务”，由监事组成监事会议，其职责为“监督理事会执行会员大会之决议，审查理事会处理之事务、审核理事会之经费出入”。④ 机构的设置显得细致、周密。同业公会较强调定期召开会议，一般为每年召集一次大会。在会员大会上，须“报告上届决算，会务经过并议决各项事件”。表决多取多数原则，“会员大会决议案须以会员代表过半数之出席，出席代表过半数之同意行之，出席代表不满半数者，得行假决议，将其结果通告各代表，于一星期后两星期内重行召集会员大会，以出席代表过半数之同意，对假决议行使决议”。在变更章程、会员或会员代表之除名以及委员退职等重大问题上作出决议时，“以会员代表三分之二以上之出席，代表三分之二以上之同意，行假决议，将其结果通告各代表，于

① 《天津商会档案汇编》（1912～1928），第1册，天津人民出版社1989年版，第226页。

② 《天津商会档案汇编》（1912～1928），第1册，天津人民出版社1989年版，第260页。

③ 《上海市绸缎业同业公会档案》，S320－1－13。

④ 《上海市机器染织业同业公会档案》，S33－1－7。

一星期后两星期内重新召集会员大会,以出席代表三分之二以上之同意,对假决议行使决议”。[①] 有的同业公会还实行回避制度,如汉口银行公会规定:“董事会议题如涉及董事个人时,其关系董事应暂回避。”[②]正因为同业公会强调了制度的建设,祀神的色彩日益淡薄,更加符合了时代发展的要求。

通过前面的分析,我们大体形成如下几点结论:

(一)会馆公所、商会、同业公会都是一定社会发展阶段的产物。会馆公所可以转化为商会或商会的团体会员,转向近代化。这是与传统社会组织强烈的社会使命感、实际利益和集体主义观念等相联系的。在行的阶段,官府严格控制着商业的发展规模,行头作为官方的代表,当然代表官方的意志,但后来在官牙之外,出现了私牙,即使是官牙,有的牙人也片面谋求私利,苛索商民。行的权威遭遇质疑,政府虽然时常有限制牙行不法行为的法令,但效果不显,会馆由此以自我组织自我管理并完全依循官方意识形态的方式,成为维持社会秩序的一支重要力量。这时便出现了官、民合作共治的状态。在会馆、公所阶段,国家既需要商业的发展,却又不能打破传统的四民秩序,处于表面不反对、实际上默许乃至支持的状态。

(二)国家职能在近代发生了一些变化,传统政府较少开展对外贸易、开展外交活动的功能。或者片面地遵循礼仪的规定,不懂现代国际交往规则,近代以来,中国社会的急剧变化驱使中国传统国家机器向现代国家转变,这其中,民间的积极推动和官方的主动因应相互促进,极大地缩短了中国社会近代化的过程。

(三)同业公会的建立,其中既有国家对抗外国资本主义势力的愿望,又有民族资产阶级在利益受到外国势力侵害时作出抵制

① 《上海市绸缎业同业公会章程》。

② 武汉档案馆藏《汉口银行公会章程》171/1/42。

侵害的努力。国家和民众此时特别明显地意识到国家利益的存在，大家走到了一起。同业公会由此兴盛起来。

第二节 人口迁移与会馆

在中国这个传统的安土重迁的国度内，过去历朝的人口流动或因战争，或因灾荒，或因任官，或因政府的政策，几乎都带有强制性质，并且显示出明显的突发性。于是，移民或意味着政治统治的动荡，或意味着新统治者的励精图治。而时至明清，人口流动较过去却显示出自己的时代特征。

一、明清人口迁移新特点

1. *政府鼓励与移民自愿相结合*

如果说朱元璋时移民尚采取徙富政策，徙苏、松、杭、嘉、湖民于凤阳，尚采取“由狭乡至宽乡”的政策，徙山西泽潞之民于河北，都包含了政府明显的政治经济意图，因而都带有明显的强制性的话，那么在朱元璋以后的时代里移民便渐渐地渗入了较多的自愿性。且说开中制度推行的目的在于让商人运粮到边境以供给军需，这便使部分移民自发流入边疆地区。从正统四年（1439）开始，在云南大理、金齿两地的商屯就招募了大批外地农民进来垦种，仅十年时间，就发生谷产过多，豪商垄断中纳，造成市场米价仅及政府规定纳盐米价十分之二三的情况，而且在金齿地区商人可以从民间大量购得米谷。这说明了十年间金齿地区开垦田亩之多，同时也说明了外地农民移来人数之多。[①] 再譬如明代盛行的官庄制度也使大量农民移往边地以经营官庄（包括职田和官田），

① 江应梁：《明代外地移民进入云南考》，见田方、陈一筠主编《中国移民史略》，知识出版社1986年版。

有的则大量涉足商业和其他经济活动。康熙《大理府志》记赵州风俗时说:“白崖冲道,疲于奔命,迷渡百货丛集,流民杂处,力田者利归商人而土著日疲,经商者尚刁诈而狱讼繁兴”,有的商人甚至经由云南走出境外,在缅甸“江头城外有大明街,闽、广、江、蜀居货游艺者数万,而三宣六慰被携者亦数万”。[①] 无论在云南境内经商,还是越出国境谋求发展,都颇有厚利,因此继踵者多,以致出现了这样的情况:“土著之民,终岁勤动,输正供之外,无赢余也,追呼急则称贷,而商贾以此重权其子母,则菽粟之利尽归之”,甚至有的少数民族沦为外来移民的债务奴隶,如“赤石崖其种皆罗罗,稚朴而善耕,急则鬻身于汉人,汉人往往鱼肉之”。这就导致了土客矛盾实际上是民族矛盾的激化,客居的汉人喧宾夺主,使少数族人不堪重负,或至叛乱。

到了清朝,促进“湖广填四川”、闽粤移台湾和海外、关内移关外这三股移民大军形成的客观原因在于,四川、台湾和东北都成为政府为加强统治而需新开发的地区。这三个区域的移民移入都体现了政府鼓励与移民自愿相结合的特点。

在四川,明末农民战争的战火使这一地区人口大量死亡和外逃,经济的凋敝确实是非常严重的。清政府意识到恢复这片沃土之经济上的重要意义,便从康熙时起颁布了一系列招民来垦的法令:如康熙十年(1671)“定各省贫民携带妻子入蜀开垦者,准其入籍”。对于地方官吏亦有劝勉:“如该省现任文武各官招徕流民三百名以上,安插得所;垦荒成熟者,不论俸满即升,其各省候选州、同州判、县丞及举、贡、监生有力招民者,授以署县职衔,系开垦起科,实授本县知县。”[②]同年,议定招民开垦之例,以五年起科。康熙二十八年(1689)以四川松、建等卫所地处极边,屯丁无几,建、

① 康熙《大理府志》卷二《风俗》。

② 《清朝文献通考》卷十九《户口考一》。

叙二厅所辖山多土瘠，旧例银米并征，人丁载在银米之内，与云南等省卫所不同，俱免其编审。二十九年（1690）规定：“凡流寓愿垦荒居住者，将地亩给为永业。”同时“定入籍四川例。时川省民少而多荒地，凡他省民人在川垦荒居住者，即准其子弟入籍考试”。三十九年（1700）规定：“以四川新设会理州原系番夷所辖，无籍可稽，免其编审。”四十年（1701）规定：“以四川东川府僻处极边，免其编审。”直到雍正五年（1727）政府还规定：“各省入川民人，每户酌给水田三十亩或旱田五十亩，若其子弟及兄弟之子成丁者，每丁水田增十五亩或旱田增二十五亩，实在老少丁多不能养赡者，临时酌增。”[①]在政府政策的鼓励下，外省人主要是湖广、江西、贵州、广东等省人民，纷纷携儿带女，大规模移居四川，从而形成“湖广填四川”的移民大潮。康熙五十一年（1712）李光复便奏称：“近有楚省宝庆、武冈、沔阳等处人民……携家入蜀者不下数十万人。”[②]雍正五年（1727）十月一日四川巡抚宪德的奏稿则已表明移往四川的民人已经足够的多，他认为“现今来川之民云集，其为安插稽查丈量开荒以及改土归流等件，皆蜀省现在要务”。[③] 雍正帝发现就在这一年“湖广、广东、江西等省人民，因本地歉收米贵，相率而迁移四川者，不下数万人”。[④] 四川按察使吕耀曾说：“川东一带地方，多系江西、湖广之人。”[⑤]显然，这样的移民已经超过了政府的倡迁范围，自愿迁移是其主体，以致政府官员在安插、稽查及其他方面束手无策，而这是政府颇感担忧的事。雍正五年（1727），政府就要求各府州县“稽其姓名、籍贯，如实系穷民，造册申报该督抚咨查原籍，令将本户居址、姓名造册回复，倘有以实在本籍人户

① 嘉庆《四川通志》卷六十二。

② 嘉庆《四川通志》卷六十四。

③ 雍正《朱批谕旨》，《四川巡抚宪德雍正五年十月一日奏稿》。

④ 嘉庆《四川通志》卷首。

⑤ 雍正《朱批谕旨》，《四川按察使吕耀曾雍正七年十二月十六日奏稿》。

推诿欺隐,希图卸责,该督抚即行指参”。[1] 同时清政府亦于该年停止了带有优惠性的移民政策的推行。但事实上,自发性的移民并未间断。

乾隆元年(1736)川省编审户口的情况是:

松茂道辖成都、龙安二府,属松潘厅,茂、绵二州并属县,新旧周延标等共十万六千六百十户,丁同此数,流寓刘宗荣等一万三千零二十六户。

川东道辖重庆、夔州二府,属达、忠、酉阳三州并属县,新旧杨维芳等共十五万九千三百九十九户,丁同此数,流寓王政之等八千零八十九户。

永宁道辖叙州府建武厅,泸、资二州并属县,雷波卫并属黄螂所九姓司,新旧赵伟等共八万九千三百零五户,丁同此数,流寓田大节等共五千八百十三户。

建昌道辖雅州、嘉定、宁远三府,属眉、邛二州并属县,新旧冯绪京等共十二万四千五百二十九户,丁同此数,流寓孔植等共五千一百七十八户。

川北道辖保宁、顺庆、漫川三府属,新旧黎王遂等共十三万二千三百五十七户,丁同此数,流寓杨雄等共九千八百五十四户。

五道所辖一百四十三厅,州、县、卫、所、土司,共六十一万二千二百户,丁同此数,流寓四万一千二百三十户。[2]

彭遵泗亦做过乾隆十八(1753)、十九(1754)、二十年(1755)的统计:

乾隆十八年,户口原报七十四万三千零八十八户,广东省入川居民杨国能等四百零八户,湖南省入川旧人蒋玉先等九百九十一户,广西入川民人胡志章等八户,江西入川民人萧药荣等三百九十

① 《清朝文献通考》卷十九《户口考一》。

② 嘉庆《四川通志》卷六十四《食货·户口》。

四户,福建入川民人林理臣等十七户。

乾隆十九年,广东省入川旧人姚官秀等二百八十一户,湖广谢恭敬等一千六百十六户,江西省入川民人萧天祥等一百四十户,广西入川民人李子杰等七十三户。

乾隆二十年,湖南省入川民人蔡芝茂等一千八百六十户,广东省入川民人高三才等五百九十户。①

云贵总督张允随说:自乾隆八年到十三年(1743~1748)五年间,广东、湖南二省人民“由黔赴川就食者,共二十四万三千余口,其自陕西、湖北往者,更不知凡几,国家定蜀百有余年,户口之增,不下数十百万,而本地生聚尚不在此数”。②

《成都通览》中说,“现今之成都人,原籍皆外省也”,其中湖广籍二十有五,河南山东籍二十有一,陕西籍二十有二,云贵籍二十有三,江西籍二十有三,安徽籍二十有一,广西籍二十有一,福建、山西、甘肃籍二十有一。③

民国金堂县对人口原籍统计的结果表明:楚省籍百分之三十七,粤省籍百分之二十八,闽省籍百分之十五,其余各省籍约五分之一。④

在四川合川县一百零七户移民中,有湖广、陕西、贵州、江西、广东、广西、福建、安徽等省客民,其中湖广八十家,占百分之七十五,又以麻城为最,占百分之十七,移入时间在康熙时为六十家,占百分之五十六。南溪县七十二户移民中,湖广五十九户,占百分之八十一,其中麻城县有十八户,占四分之一,移入时间在康熙时有三十一户,占百分之四十三。简阳县移民二百二十七户中,来自湖广、广东、贵州、安徽、江西、福建,陕西、河南、山西、江苏、广东等

① 彭遵泗:《蜀故》卷三《田赋》。

② 《清高宗实录》卷三一一,乾隆十三年三月云贵总督张允随奏。

③ 宣统《成都通览》卷二。

④ 《金堂县志》卷三《食货·户口》。

省，湖广占百分之五十五，其中麻城占百分之五十一，移入时间在康熙时四十七家，占五分之一。①

广安县移民“大率黄麻籍四之，永零籍五之，豫章籍二之，浙闽籍一，齐鲁晋汴籍一，粤籍一，蜀人迁籍一”。② 邛崃县“邛州在明末清初人口稀少，外省人之移来者，江西、湖广、陕西人为多，其远者如广东、福建，时亦有之”。③ 大邑县“献贼乱后，几无孑遗，全资两湖、江西、两广、山陕之人来邑垦荒生聚，麻城人较多，江西、山陕次之，两广又次之，俗称‘湖广填四川’，其明征也”。④ 郫县“当清始垦殖，如广东，如两湖，如陕西，如江西，如福建，占籍几十之九”。⑤

总之，在移民四川的过程中，政府的政策曾作为最初的启动力量，随之便是大量自愿的移民涌向四川，湖广、江西的移民是得天独厚的最大受益者，因而其移往人数最多，由此也成为四川社会的重要操纵力量。

江西移民除移往四川外，其移往湖广亦久成风气。在湘阴县二百三十三族大姓中，外省移民一百八十七族。其中江西籍为一百四十二族。宝庆府四百二十族大姓中，外省移民二百九十六族，其中江西籍有一百六十八族，靖州五十一族大姓中，外省移民四十二族，江西籍占十四族。在浏阳，“十户有九皆江西之客民也”。⑥ 江华县“本籍民人，约止十分之四，广西梧州人居之十三，江西及本省府外县之人居十之三”。⑦ 沅陵县也是“皆江右来者”。⑧ 江

---

① 胡昭曦：《张献忠屠蜀考辨——兼析湖广填四川》，四川大学出版社 1986 年版。
② 光绪《广安州新志》卷十《户口》。
③ 《邛崃县志》卷二《庙祀》。
④ 光绪《大邑乡土志·户口》。
⑤ 《郫县志》卷六《风俗》。
⑥ 康熙《浏阳县志》卷三《户口》。
⑦ 《湖南省例成案》卷五《兵律》。
⑧ 嘉庆《沅陵县志》卷末《杂记》。

西人还大量移往浙江、福建、江苏直至东北、西北。

在清代的东北，政府也曾一度采取优惠政策招募流民。顺治元年(1644)、六年(1649)、九年(1652)屡次下令给地方官吏，令其“招徕流民，不论籍别，使开垦荒地，永准为业”。[①] 到顺治十年(1653)又颁布了《辽东流民开垦例》，其中规定“免交三年钱粮，缺乏牛种者，则官府借贷”。[②] 由此，“燕鲁穷氓闻风踵至”，他们“担担提篮，或东出榆关，或北渡渤海，成群结伙出关觅食”[③]，从而形成浩浩荡荡的“闯关东”局面。

在雍乾时期，政府一度对东北实行封禁，但移者不绝。到嘉庆时(1796~1820)，嘉庆皇帝在批复《查办吉林、长春两厅流民折》中提到，“流民出口，节经降旨查禁，各该管官总未实力奉行，以致每查办一次，辄增出新来流民数千户之多，总以该流民等业已聚族相安，骤难驱逐为词，仍予入册安插。再届查办，复然，是查办流民一节竟成具文”。这份谕旨显然反映出流民移动的盛势和地方官府对流民容纳的积极态度，这种局面单靠政令已无法扭转，东北社会发展、经济开发的需要已经变成了移民们接踵而至的自觉行动。[④]

2. 经济利益与商业利润各注重

在明清时期大量的移民活动中，经济利益的追求是一个主要的驱动力。在移居四川的大潮中，即使是“前去四川耕种纳粮”的广东龙川县人都想“成立家业，发迹兴旺”，他们“各带盘费，携同妻子弟兄等安分前行”，他们已不再是穷得不名一文的走投无路者，而是“各带盘费”的经济性移民，他们希望通过自己的诚实劳

① 光绪《大清会典》卷一六六。

② 《清代东北史》，辽宁教育出版社 1991 年版。

③ 《清代东北史》，辽宁教育出版社 1991 年版。

④ 路遇：《清代和民国山东移民东北史略》，上海社会科学院出版社 1987 年版，第 41 页。

动来致富。有的人则是因为四川“土沃赋轻”、“易致富足”，因而变卖家产，离乡背井，有的又因为感于邪说，心怀觊觎而“轻舍其乡”，还有的以自然灾害为契机，有的则因为乡土的生存空间的拥挤或宗族、乡村的矛盾冲突，所有这些都驱使着人们把移居四川看作谋求经济富足的一种有效途径。

正因为移居者抱有致富的明确目的，所以有的家族先派一人去四川察看大势，觉得有利可图才让家族的其他成员陆续迁移过去。如《简州陈氏族谱》中记载陈昌后原籍广东嘉应州长乐县，雍正、乾隆时“昆季七人，陆续入川，各创其业”。陈昌后于乾隆五年(1740)腊月同妻及二子来川，到已先入川的弟兄陈昌远家(住川东)“住扎数月”，次年又到先入川的另一弟兄陈昌万家(住简州)居住，“或时佣工，或时捕鱼，不辞劳苦，略有余资”，他就“复回川东迎接父母”。[①] 追求经济利益常常使移民家族分散各地以谋求发展，如《吴氏族谱》载：吴氏原居福建龙岩，世代相传，至吴见其时，他有六个儿子。康熙五十六年(1717)吴见其“留长子世居龙岩，永承宗祀”，“偕五子由闽入蜀”。入川后三个儿子居住在富顺县，一个儿子在治县，不久子孙又分移昭化、广元、双流等地，一个儿子在三台，又至中江。[②] 有的是省内或省际的移动，如福建诏安四都的沈姓，其先在建宁开基，他生有八子，后来便散居各地，在诏安的一支是二子沈楸，其他七支分别居住在宁化(长子椿)、长汀(三子松)、清流(四子柏)、宁化(五子桂)、南平(六子榕)、连城(七子根)、上杭(八子枝)。梅州的吴姓在明嘉靖时(1522～1566)有两支移居广东潮州，其后，四都的李姓也有两支移居广东潮州。宗族的离散不仅没有削弱原宗族的势力，反而枝伸外方，覆荫

① 《简州陈氏族谱》，转引自刘正刚《清代四川的闽粤移民研究》，厦门大学 1993 年博士学位论文。

② 《吴氏族谱·重修吴氏族谱序》。

更广。①

有的移民在家乡艰苦奋斗不见经济转机的希望，遂也迁入四川，在川地取得积余后，便劝导家人“弃旧乡而迁乐土也”。② 又如湖广永州府祁阳县熊国珍“服田力穑，未有他志，然而恒产既狭，食指频增，公曰：‘吾将迁蜀而别图焉。’是时，朝廷已有楚民实蜀之诏，公于是与三兄弟谋，偕孺人江氏，于康熙四十九年携家室，负糇粮，跋山涉水，以至于蜀……公率长者以耕耘，训幼者以诵读……”。③ 继续业农以求耕读传家，这既是封建政府的要求，也是最初移入四川者中多数人的追求。

随着四川经济的逐渐恢复，经商入川者也不断增多，如湖广麻城县刘廷奇于康熙三十九年(1700)先命家人刘俊臣到四川中江“相土”、“定宅”，然后偕妻“沿途贸易”，到中江定居。又如：严盛隆“湖南耒阳人，幼随父入川经纪，隶籍成都”。陈耀仓“浙江平湖人，贸易来成都，遂家焉”。④ 湖南宝庆府武冈州万安乡三都文安里杨家湾人庾有亨“自雍正三年上川省邛州火井高家场贸易，因家焉……初置屠行，非得已也，既而易辙改弦，开设钱铺，权子计母，不数年而家累万金，买置田宅，不一其区，修立房屋，不一其所”。⑤ 广东长乐县巫锡俊巫锡伟分别于雍正乾隆时贸易至简州镇子场。⑥

来自全国各地的移民移入四川，他们或插占，或佃耕，或商贩，或从事其他职业以求生存，形成了一种移民杂居并各求发展的局面。正是由于经济力的驱动，使清初地旷人稀的四川到雍正时期

① 参见拙文《明清四都社区文化略论》，《东南文化》1992 年第 3、4 期。
② 光绪《廖氏族谱》，四川大学图书馆藏。
③ 同治《熊氏族谱·始祖侃公衍派图》，转引自刘正刚博士论文。
④ 嘉庆《成都县志》卷三《行谊》。
⑤ 《简阳县志》卷十七《氏族表》。
⑥ 咸丰《庾会庵双墓碑》，转引自刘正刚博士论文。

便已显示出人满为患的局面，川省总督奏："外省人民举家入川者甚多，皆称上年湖广、广东、江西、广西等省逃荒之人，请设法安插，以为生计。"然而朝廷已渐渐意识到这大规模的移民可能给封建统治背上一个沉重的包袱。在康熙时就有官吏发现"乃近有楚省宝庆、武冈、洛阳等处人民，或以罪逃，或以欠粮惧比；托名开荒携家入蜀者，不下数十万，其间果以开垦为业固不乏人，而奸徒匪类扰害地方，则有占人已熟田地者，掘人祖宗坟墓者，纠伙为窃为盗肆虐行劫者，结党凶殴，倚强健讼，又有私立会馆，凡一家有事，率楚中群凶横行无忌，此告彼诬，挟制官府者"。[①] 有人"阅夔州顺庆二府以抵成都，沿途见其居业四民原系本籍者不过十之二三，其余十之六七非秦则楚。有适迩数年来新附落业者，有尚未获入籍落业悬待观望暂为逐末生理者。今岁陆续匍匐襁褓，而来蜀者又复络绎不绝。其本地人民原垦辟者不能保其尽无欺隐，而近来数年内外附之民新垦辟者数倍于昔，谓其尽已报出可乎？其间安插和辑，清查均赋之事，良非易易。再若城工若军需等皆奉旨清查案件，迄今迥无头绪，而地方命盗事件沉积未结者又复不少"。[②] 还有的荆湖之民利用川省的优惠政策，在赋役减免期入川赚取利润，到赋役减免期结束，他们又重回故里。康熙五十一年(1712)五月二十日上谕说："湖广民往四川垦地者甚多，伊去时将原籍房产地亩悉行变卖，往四川垦地，至满五年起征之时，复回湖广，将原卖房产地亩争告者甚多。"[③]康熙五十九年(1720)陕西民人"自去冬至今，有挈其妻子，随带驴骡，数十成群来川就食"。[④] 即使远在闽粤之人也在"远出之时，早已辗转借贷及将破屋零产变卖"而行。[⑤]

① 雍正《四川通志》卷四十七《艺文·疏》。

② 《宫中档雍正朝奏折》第8辑，雍正五年六月。

③ 嘉庆《四川通志》卷首之一《圣训一》。

④ 《掌故丛编》第8辑，年羹尧折。

⑤ 《乾隆朝内政军机处录付奏折》第0871号，马尔泰折(第一历史档案馆藏)。

对经济利益的一味追求有的竟超越了社会公理的界限，雍正六年(1728)上谕又说：湖广、广东不遇歉岁时百姓也“轻去其乡者”甚众，他们实因经济利益的驱使。“据各省陆续奏闻，大约因川省旷土本宽，米多价贱，而无知之民平日既怀趋利之见，又有传说者谓川省之米三钱可买一石；又有一种包揽棍徒极言川省易于度日，一去入籍，便可富饶，愚民被其煽惑，不独贫者堕其术中，即有业者亦鬻产以图富足。”[①]于是，从此时起政府便一改过去的鼓励而行严禁。上谕也提出疑问：川陕总督所奏的四川“并未题成灾，何远赴四川者如此之众，此皆本省大小官吏平日全无抚绥，以至百姓失所，身为司牧，而于地方民疾漫不经心，尚何以腼颜任职乎”？“此等远来之人，良奸莫辨，其中若有游民无赖之徒，不行稽查，必转为良民之扰。且地方官坐视百姓远徙于异乡而不知轸念，不可不加惩戒。”同时“令四川州县将入川之人户逐一稽查姓名、籍贯，果系无力穷民，即留川令其开垦，所用牛、种、口粮，目前将公项给发，即著落本籍州县官照数补还。如此则游惰之民不致冒混，而地方官亦知所儆戒，共以爱养百姓为务，可杜流移民之患于将来矣”。[②]封建政府力图使移民既可得到经济利益，但又要杜绝游惰之冒混，实际上这是封建官府所很难做到的，“地方有司各有政务，难以兼办”。[③] 因而对地方官员的斥责亦显得不合情理。

对经济利益和商业利润的注重在他省移民活动中也多有体现。在湖北的荆襄郧阳地区，在陕西的巴山老林地区，都聚集着许多开发性的经济移民，或从事开矿、种靛，抑或从事打劫、剪径，无论是合法的，抑或非法的，他们都把对财富的追求放在首位。这就给社会的有效管理提出了亟须解决的课题。

① 嘉庆《四川通志》卷首之二《圣训二》。

② 嘉庆《四川通志》卷首之二《圣训二》。

③ 《宫中档雍正朝奏折》第5辑，雍正四年四月。

3. 多向性与延续性互呈现

与过去的突发性移民相比，明清时期的移民显示出多向性与延续性，移民也不再仅限于某些地区，在每个人的身边都或多或少地发生着移民现象。仅以福建省为例，在江西西北部的袁州府各县，有福建农民租山开垦，大概在万历年间，在这里垦山种麻的福建省籍农民“蔓延至十余万”。① 在江西东南的宁都州，有福建建宁、宁化、上杭等县农民的移垦，他们中有的经过几代经营，“率皆致厚赀，立田宅于其祖里，彼然后召顶耕者，又获重价顶与之”，有的则“尝赤贫任耕，往往驯至富饶，或挈家返本贯，或即本庄轮奂其居，役财自雄，比比而是”。② 在浙江中部以南的山区，“山林深阻，人迹罕到，惟汀之菁民，刀耕火耨，艺蓝为生，遍至各邑，结寮而居”。③ 有的就长期居于山中，在宣平县租山种麻种蓝者中，“闽人十居其七，利尽归焉”。④ 康熙年间，福建、广东两省人到龙泉县佃山，先种稻薯，后植杉苗，垦民有的以出卖树木致富，原山租主反而日渐贫困。⑤ 雍正年间福建汀州人林上峰与当地人兰氏兄弟在浙江泰顺县合伙佃山，雇工种蓝，作靛发卖，经营资金达几百两。⑥ 福建人还移往江苏、山东、四川，直至东北。譬如在乾隆五十六年(1791)的锦州一带沿海地方，竟有闽人在彼搭寮居住并渐成村落，多至万余户。⑦ 在锦州经商的商人“惟江浙福建两帮，多称盛焉”。⑧ 福建人又向南移居广东潮汕，移往海南直至海外，向东则

---

① 同治《袁州府志》卷五《武事》。

② 魏礼：《魏季子文集》卷八《与他邑侯书》。

③ 熊人霖：《南荣集》卷十。

④ 乾隆《宣平县志》卷九《风俗》。

⑤ 同治《龙泉县志》卷十五《风俗》。

⑥ 《刑科题本》，乾隆元年八月四日浙江巡抚嵇曾筠题。

⑦ 《清高宗实录》卷一三七六，第11页。

⑧ 《锦州市天后宫碑文》，转引自杨余练《清代东北史》，辽宁教育出版社1991年版，第388页。

移往台湾。与福建人向外移民同时，外地也有移民移入福建，如在邵武的江西人有南昌帮、丰城帮、抚州帮、进贤帮、南丰帮、广昌帮、贵溪帮、乐安帮，总称江西帮。[①] 在南平，有浙江、安徽、江西的商人分别从事种菇、饮食、木工等行业。[②] 移民的持续性在福建表现得也很明显，有的家族移动并非一次完成，往往移动了又移动。

在清代，广东人口流迁的方向呈四周放射状，即以潮、惠、嘉为中心，向东流向台湾，向南流向高、雷、廉、海南及东南亚等地，向西流向广西、四川、云南，向北流向江西、湖南、湖北以至陕西等地。[③]

综观上述人口流动新特征，我们不难发现市场机制是决定这诸多特征的重要机枢。有的从经济落后的中西部移向东部经济发达地区，有的却从喧闹奢华的沿海流向内地淳厚朴质之区。有的从偏僻小村流向通都大邑，有的却从繁盛都市深入人烟稀疏之区。移民的职业选择涉及从事农业、手工业、商业、高利贷等各个方面。从这些意义上说，移民社会中出现的会馆组织将不仅仅是商人会馆，而且是一种更广泛的社会组织。

二、人口流动与会馆的建设

首先，从王朝统治者来看，他们深感所面临的诸多问题已无法解决。譬如“地多新辟，赋税未清，沉案叠积，番土伊迩，彝务孔殷”，有的说“彼时州县惟恐招之不来，不行清查，遂因循至今，致日与土著人民互相争讼，又或当时朋名伙垦，原未各分界址，今欲各自立户而互相争讼，甚至始而为人佃种，久之窥间主人荒余田地，私行报垦，交相控告”。担任四川布政使的管承泽一到任，就被这由土客矛盾、客客矛盾而构讼叠成的案件所纠缠，显然他在埋

① 《邵武江西会馆概述》，《邵武文史资料》第3辑，1984年版。

② 《南平同乡会和会馆》，《南平文史资料》第7辑，1985年版。

③ 《清前期广东地区的人口流动》，《广东社会科学》1992年第1期。

怨当初在推行移民政策时没有加强管理。也有人说：清朝廷想改变“欺隐侵夺纷争讦告，遂无已时”的局面，实际上也难以做到。因为“全川田地惟近省数县为平畴沃壤，其余俱属高山峻岭、密菁深沟之所，皆界在山谷绵亘盘屈，犬牙相错，高低异势，上下殊形，荒熟相间。今欲仿江浙鱼鳞图册，法分别本，名田地照依坡坪冈坝洞溪荡等处，按其勾股圭梭梯斜午角等形绘图造册编号，非逐一履亩清丈不可，而道路险仄，一州县之地，非经年累月不得清晰，地方有司各有政务，难以兼办，而员役所至，不无纷扰。在流寓承垦之人，离乡背井而来，尽力耕种原亩，其中各有盈余。今本以为民杜争端，而愚氓无知，误认专为加赋，不为惊骇逃避之意。虽明白晓谕，终于执迷。前抚臣王景灏曾通行查议，而百姓彼此讹传，惊惶殊甚，因遂停止故折”。[①] 显然，清朝政府曾力图加强对这移民新开发地区的治理，但一者积弊甚多，再者政府又没有实行有效管理的措施，只得以无为的办法任由这种形势继续发展。

其次，从移居者而言。长期生活于家族文化氛围中的人们多习惯于依照族长的指示行事，他们生活在与他们的父辈几乎相同的社会环境中，许多行为规则也都在耳濡目染中自然习得，周围的一切总是那么熟悉，以致多数人并没有把要如何适应环境当作问题来思考过。于是，当他们为谋求经济利益远徙他乡时，他们更像稚弱的婴儿离开了母亲的怀抱，外界的一切全是那样陌生，全是那样无法理解。俗语云：“出门一里，不如门里”，“在家千日好，出门一时难”，“家贫不是贫，路贫贫煞人”。这些都表达了人在旅途的辛酸。这时，他们首先想到了可以攀附的力量就是同一乡贯的人，即“异乡遇老乡，两眼泪汪汪”，人们觉得“籍同里井者，其情较洽，籍同里井，而于他乡遇之则尤洽”。[②] 至于乡土的自然环境，是没

① 《宫中档雍正朝奏折》第5辑，雍正四年四月。

② 《明清以来北京工商会馆碑刻资料选编》第23页《修建临襄会馆碑记》。

有清晰边缘的。什么地带以外便不算家乡,在乡土的自然环境上看来,这意识是颇为模糊的。然而,政治地域区划却可导致人们乡土观念的明晰化。[①] 因而,在移民集中的地方,移民首先就会在乡土观念的旗帜下形成一种各自为政的自我保护机制,这种自我保护机制不是首先出于政治、经济利益的考虑,最初它简直可以说是生存机制的自我本能。

在四川,各省人口初入四川时,多“自为婚姻,不杂他族”。[②] 新繁县客民虽“比邻而居,望衡对宇,而其参差之数,善者不相师,恶者不相贬,楚则楚,秦则秦,吴则吴,粤则粤,强而习之不能也”。[③] 广元县“乡市习俗,异区而殊,究其要因,端在祖籍”。[④] 广安州客民“冠昏丧祭,衣服饮食,语言日用,皆循原籍之旧”。[⑤] 竹山县“邑鲜土著,附籍者秦人而外,武昌、黄州、江西人为多……亲戚族党,因缘接踵,聚族于斯,语言称谓,各操土音,气习相尚,亦各以其俗为俗,不尽从同”。[⑥]

对外界的隔膜使乡土之情特别显得重要,人们便由对家族的依附转向了对乡亲的依附,乡音、乡俗、乡土神灵直至乡土建筑都可成为乡人集合的纽带,从而显示出较强烈的地域内倾性,人们几乎无法由政府来安排好他们的命运,于是他们便自发地“互以乡谊联名建庙,祀其故地名神,以资会合者,称为会馆”。[⑦]《宣汉县志》说会馆“其始皆由同乡共里之人,或游宦于其地,或商贩于其区,醵金以为公廨,因得与岁时会议有故,商筹以联桑梓之情,而使

① 窦季良:《同乡组织之研究》,正中书局 1946 年版,第 9~12 页。

② 《南溪县志》卷四《氏族》。

③ 同治《新繁县志》卷三《风俗》。

④ 《重修广元县志稿》第四编《风俗》。

⑤ 光绪《广安州新志》卷十《户口志》。

⑥ 《竹山县志》卷一《地理》。

⑦ 《南充县志》卷五《风俗》。

寄寓异地者均不致有孤零之叹”。[①] 因此,会馆的出现有内驱力,即移民们虽然摆脱了传统的“安土重迁”观念的束缚,但面对举目无亲的陌生环境,怀念故土之情便作为人的一种文化本能或强或弱地表现出来。他们极容易在乡土的旗帜下结成一种自发而松散的联合,因为他们语言相通,习俗相同,思维方式也颇具一致性,这一个一个的联合便构成了一个个亚文化群体,形成为一个个会馆组织的林立。会馆本身力图使移民们能够在异乡寻回乡土情感的失落,诚如万历时雷盂曾所说。“诸君知会馆之所以建乎？……夫越人去国数日,见所知而喜;去国旬月,见所尝见于国中喜。逃虚空者,闻人足音蹶然而喜,而况枌榆故旧之謦欬于数千里之外者乎?”[②]同时，建立会馆也是移民们力图保持与乡井文化联系的一种努力,因为事实上,移居外地的人们大多都不愿与故土割断一切联系,他们时时想在同乡中操起家乡话聊天,这在当时称为“打乡谈”,时时想从同乡人那儿了解故土的人情世事,时时要魂牵故土,或盼着早日衣锦荣归,或祈求富贵后泽惠故里,于是,会馆经常在联乡梓、固乡谊、祀神明、敬祖先、资贫困、助病弱、葬逝者、祭亡灵、相互保护、协同竞争等方面发挥作用。会馆在这个意义上实际上成为寄籍外地人辛勤经营的类于故土乡井的据点,集于会馆的同乡人易于产生如归之感。有的会馆甚至不惜重金,按家乡的建筑风格,用家乡的建筑材料,在异乡构建一个本乡人的所在,当寓居外地的乡人一见到会馆,便似乎回到了故乡。显然,这时的会馆是在封建统治鞭长莫及的领域出现的一种自发性的社会组织。

笔者翻阅了部分地方志,发现在《民祠》、《祠庙》等门类中列举了会馆的分布情况。

---

① 《宣汉县志》卷三《祠祀志》。

② 李景铭:《闽中会馆志》卷三《汀州会馆》。

1. 四川

在新繁县:真武宫,县署南,明万历十八年(1590)知县孙见得建,以镇水火,同治八年(1869)重建。南华宫,县署南,道光二十三年(1843)重修。天上宫,县署西,咸丰初年重建。还有万寿宫、禹王宫、三元宫。崇光寺,县南二里,古名重光寺,宋邑令王益有留题重光寺诗,故址为福建会馆,更名为神圣祠。①

在双流县:万寿宫,在治城南街,为江西会馆,崇祀许真君。崇宁宫,在治南城内,为陕西会馆,崇祀关帝。帝主官,在治东城外,为黄州会馆,崇祀帝主。天后宫,在治东城外,为福建会馆,崇祀天后。南华宫,在治东城外,为广西会馆,崇祀六祖。禹王宫,在治东城外,为湖广会馆,崇祀禹王。② 这里表明,南华宫并非广东移民所专有,六祖实际上可能是两广人共同的神灵。

在高县,“禹王宫,即湖广会馆,在县署左。南华宫,即广东会馆,在南门内。荣禄宫,即贵州会馆,在东门外。万寿宫,即江西会馆,旁建吉安公所,在城内近南。天后宫,即福建会馆,在县署右”。在各场镇,这些会馆复有建设,其中南华宫四个,禹王宫七个,万寿宫六个,天后宫一个,川主庙二十六个。③

在宜宾县:“万寿宫有四,一在合江门外,一在东门外田吉安馆,一在柳状元街,一在学院街,曰抚州馆。禹王宫有三,一在合江门外,一在府治左侧曰黄州馆,一在城外东北角曰寿佛殿。武圣宫,治北临大江。天后宫,城外西南隅。南华宫,治西南隅,临马湖江。”④

在万县,有禹王宫(湖广会馆)、三圣宫(陕西会馆)、万寿宫(江西会馆)、天后宫(福建会馆)、帝主宫(湖北黄州会馆)、南华

① 同治《新繁县志》卷三《地舆·寺观》。

② 《双流县志》卷一《寺观》。

③ 同治《高县志》卷二十七《寺观志》。

④ 嘉庆《宜宾县志》卷二十七《寺观志》。

宫(广东会馆)等。[①]

在会理州,有万寿宫,在州大北门外小西关江西会馆,咸丰十年(1860)毁于兵火,同治八年(1869)重修。各场镇均建。禹王宫,州大北门外小西关湖南北会馆,咸丰十年(1860)毁于兵火,又一在黎溪站,一在迷易所。仁寿宫,州大北门外临江会馆。文公祠,州大北门外小西关庐陵会馆,一在黎溪。观音阁,州大北门外小西关太和会馆。五侯祠,州大北门外小西关吉州会馆。天上宫,州大北门内正街闽省会馆,咸丰十年(1860)毁于兵火,同治五年(1866)重修,一在迷易所,一在披砂。忠烈宫,州大北门城隍庙对门黔省会馆,又一在迷易所,一在风山营,一在披砂。南华宫有三:一在州大北门外粤东会馆,咸丰十年(1860)毁于兵火,一在迷易所,一在披砂。[②] 在这里,我们看到像江西、湖广移民较多,故多出现有府县为单位的会馆。

在大足县,"东关镇,禹王宫,东关场,会馆三:东岳宫、孟兰寺、文昌宫。弥陀乡弥陀场会馆二:惠民宫、江西庙。化龙乡化龙场会馆寺庙一:曰三圣宫。石马乡马跑场会馆三:江西庙、文昌宫、三圣宫。大堡乡回龙场:惠民宫……香山乡香山场,会馆寺庙一:圣寿寺。拾万乡拾万场会馆一:川主庙。万古镇万古场会馆四:川主庙、江西庙、禹王宫、南华宫。雍溪场会馆有二:川主、禹王。兴隆场会馆一:元通寺。协和乡协和场,会馆有寺庙一:曰显应庙。云洛乡云洛场会馆五:川主庙、帝主宫、万寿宫、南华宫、禹王宫。龙水镇会馆五:南华庙、江西庙、湖广庙、黄州庙、濂溪庙……玉龙乡玉龙场,无会馆。复隆乡复隆场会馆一:观音阁。双路乡双路场会馆三:川主、禹王、江西。新建乡,无。邮亭乡会馆一:南华宫。三溪镇会馆四:南华宫、禹王宫、惠民宫、万寿宫。

① 同治《万县志》卷七《寺观志》。

② 同治《会理州志》卷二《寺观》。

石龙乡石龙场会馆一：石马庙。三驱镇，会馆五：南华、四府、禹王、惠民、万寿。宝兴乡，无。李家乡李家坝，无。双河乡双河场五：惠民宫、帝主宫、万寿宫、宝靖宫、濂溪祠。高升乡高升场，无。中鳌镇中鳌场四：禹王、南华、川主、濂溪。青龙乡青龙场，无。天保乡天保场一：禹王。双溪乡双溪场，无。高坪乡一：高峰寺”。[①] 由此可知，不是每个场镇都遍设会馆，这应与移民所及地区有关，也不是每个有会馆的场镇都是多馆并存，有的场镇就只有一个会馆。这表明会馆的设置不仅仅是土客矛盾和客客矛盾的产物，而且它把对移民的社会管理放在了一个重要的位置。

在大竹县：禹王宫，在城东街，雍正八年(1730)建，乾隆三十三年(1768)重修，同治光绪两次补修，壮丽为各庙冠，原籍三楚人祀之，一曰湖广会馆，岁正月十三及六月六日致祭，内附濂溪镇江观音寿佛各神像。乡镇禹王宫有二十三个，分布于团坝铺、清水铺、月华铺、清溪铺、石河场、北李家场、庙坝场、高穴场、妈妈场、姚市坡、欧家场、周家场、高滩场、童家场、观音桥、石桥铺、永兴场、双合场、杨通庙、南李家场、石滓滩、四合镇、张家场。三圣宫，在城北东街，清乾隆三十二年(1767)建，祀川主土主药王，道光三年(1823)增修。同治十年(1871)并塑帝主像，原籍楚黄人祀之，一曰黄州会馆，光绪间(1875～1908)两次补修，除川主官祭外，神会颇多。乡镇三圣宫十三个：石河场一，由文昌宫改建，李家场一，清宣统元年(1909)建，高穴场一，妈妈场一，周家场一，童家场一，观音桥一，长塘场一，双合场一，扬通庙一，南李家场一，石滓滩土主庙一，牌坊坝东一。按黄州亦湖广属郡，旧同一馆，后以微有争执，黄州籍人始募资增修三圣宫，作为黄州会馆。寻佛宫，在城东街，清乾隆五十三年(1788)建，嘉庆二十二年(1817)重修，原籍湖南郴州人祀之。万寿宫，在城东街，雍正九年(1731)建，乾隆五十二年(1787)重修，光绪二十

① 《大足县志》卷二《镇乡》。

六年(1900)改修正殿拜殿,中塑晋真君许逊像,右萧公伯轩,左晏公,复添后殿及客厅,原籍豫章人集合于此,一曰江西会馆。乡镇万寿宫十一处:石河场一,庙坝场一,石桥铺一,南李家场一,柑子铺江西庙一,高穴场一,妈妈场一,姚市坡一,高家坝一,周家场一,童家场一。天后宫,在城小东街,清乾隆十五年(1750)建,四十八年(1783)及光绪初年重修,神为天后林妃,原籍闽省人祀之,一曰福建会馆。东粤宫,在城南街,清雍正元年(1723)建,乾隆五十六年(1791)及同治光绪重修,本名龙母宫,或称圣龙宫,原籍广东人祀之,一曰广东馆。乡镇东粤宫八个,分布于庙坝场、高穴场、妈妈场、高家坝、白坝子、观音桥、石桥铺、张家场。①

在开川:"真武宫,在治城外西街即常澧会馆。帝主宫,在治城外东街即黄州会馆。天后宫,在城外东街即福建会馆。列圣宫,在治城东街即浙江会馆。万寿宫,在治城外南街即江西会馆。禹王宫,在治城外南街即湖广会馆。"②

在江安,禹王宫在县东街,楚籍士民乾隆十四年(1749)建。万寿宫,县东街,乾隆十九年(1754)豫籍士民建。武圣宫,县北正街,嘉庆初秦籍士民建。天后宫,县西正街,乾隆二十二年(1757)闽籍士民建。南华宫,县西正街,嘉庆六年(1801)粤籍士民建。③

在松潘,"万寿宫,城内中街南向,李茂轩先生授经处。江西馆,东北隅营盘街西向。陕西馆,城内正街路东,番变毁。湖广馆,东门内城侧,番变毁"。④

在安岳,"濂溪祠,在小南门内正街,各乡场亦有之。药王庙,在北门内正街,同治十二年列修。禹庙,在北门内正街,各乡场亦有之,同治十一年毁于火,光绪初年重建正殿三楹"。"宝善宫,在

---

① 《大竹县志》卷三《祠祀志》。

② 咸丰《开川志》卷九《祠祀》。

③ 《江安县志》卷二《庙祀》。

④ 《松潘县志》卷五《坛庙》。

南门外，道光二十九年建修。黔阳宫，在城外小西街，各乡场亦有之，道光二年创建，光绪十年培修。帝主宫，在城外上府街。寿圣宫，在城外上府街”。民国《续修安岳县志》中载有通贤场《万寿宫重修歌台募疏》一篇，由谭言蔼撰成：

> 吾地之作万寿宫，在乾隆五十六年，而庙制未备。顷年来，萧真君像而萧公镇江二神，续伐石以固庙址。今岁复修歌台、门陛，内备房序，外建华表，与夫垣墉彩饰之属，焕然新矣。惟是工役频繁，昔年营缮业有逋欠，而近年经费不支，以势将观成又无容中止，因念同乡之贾蜀者，邑中市聚无处无之，敢丐一言以告助于同乡诸君子，虽列廛各地，若不足以相溷者。然真君之御灾捍患，为德于故乡也，甚煊赫，均出豫章，其何择焉。倘念桑梓枌榆之谊，共蒇其举，则嘤鸣求友之意，笃而神之听之，终和且平矣，鉴岂远乎哉！①

这表明，会馆的扩充包含了商人资本的渗入。

在江油：万寿宫，在城，江西人建。禹王宫，在南郊，湖广人建。②

在夹江：天后宫，城内。南华宫，城内。③

在温江：万寿宫即江西会馆，在东江街。大帝宫即秦晋会馆，在文明门外。南华宫即广东会馆，在庆丰街。天后宫即福建会馆，在临江街。宝善宫即湖广会馆，在东南郭。乡镇祠庙，有万寿宫。④

在绵竹，计有会馆三十一所，其中县城五所，其余分布在各乡场。大体可列表如下⑤：

---

① 《续修安岳县志》卷二《坛庙》。

② 乾隆《江油县志》卷七《祀典》。

③ 嘉庆《夹江县志》卷三《寺观》。

④ 《温江县志》卷四《祠祀》。

⑤ 王笛：《跨出封闭的世界——长江上游区域社会研究（1644 ~ 1911）》，中华书局 1993 年版。

会馆名	设立时间	地　点
江西会馆	康熙九年	城　内
陕西会馆	乾隆九年	城　内
湖广会馆	清　初	城　内
福建会馆	道光十九年	城　内
广东会馆	乾隆七年	城　外
湖广会馆	道光二十五年	富新场
广东会馆	嘉庆十四年	富新场
江西会馆	道光初年	富新场
陕西会馆	乾隆年间	富新场
南华会馆	咸丰年间	富新场
南华会馆	康熙五十三年	新市镇
万寿馆	雍正五年	新市镇
陕西馆	道光元年	广济场
湖广馆	嘉庆二十三年	广济场
江西馆	光绪七年	广济场
湖广馆	嘉庆元年	土门场
江西馆	乾隆五十八年	遵道场
湖广馆	道光七年	遵道场
陕西馆	康熙年间	遵道场
广东馆	嘉庆五年	遵道场
陕西馆	道光十七年	汉王场

（续表）

会馆名	设立时间	地点
湖广馆	乾隆四十五年	汉王场
广东馆	乾隆十二年	汉王场
江西馆	嘉庆十三年	汉王场
湖广馆	嘉庆二十四年	马尾场
陕西馆	嘉庆二十四年	马尾场
广东馆	光绪六年	马尾场
陕西馆	道光二年	拱星场
湖广馆	道光年间	拱星场
江西馆	道光年间	拱星场
广东馆	咸丰三年	拱星场

依据上表又可列出下二表：

时期	顺治	康熙	雍正	乾隆	嘉庆
会馆数	0	4	1	6	7
所占比例	0.0	12.9	3.2	19.3	22.6

时期	道光	咸丰	同治	光绪	宣统	计
会馆数	9	2	0	2	0	31
所占比例	29.0	6.5	0.0	6.5	0.0	100.00

省　籍	江　西	陕　西	湖　广	福　建	广　东	计
会馆数	7	7	8	1	8	31
所占比例	22.6	22.6	25.8	3.2	25.8	100.00

总观四川的外省会馆,我们发现:

(一)一般都是移民创建,且都以寺观宫庙的形式表现出来,它体现了移民移入新居地之后最初的地域内倾特征。如江西会馆经常有万寿宫、昭武宫、轩辕宫、萧公晏公庙、洪都祠、文公祠、仁寿宫等名称,福建会馆经常有天后宫、天上宫、天妃宫、庆圣宫、福圣宫等名称,贵州会馆经常有南将军庙、黔阳宫、惠民宫、黔南宫、黔西宫、荣禄会等名称,广东会馆称龙母宫、南华宫、六祖会,陕西会馆称三圣宫、三元宫、三义宫,湖广会馆有禹王宫、王府宫、关圣宫、全义宫、楚蜀宫、湖广宫、寿佛宫、太和宫、长沙庙、真武宫、濂溪祠、岳常清会馆、衡永宝会馆、玉皇宫、威远宫、宝善宫等不同名称,山西会馆有朝天宫、武圣宫、古南宫、玉清宫、文武宫、三官祠、三义庙、崇圣宫等不同名称,河北会馆称忠义宫,浙江会馆称列圣宫等。寺观宫庙大多结构简陋,以供奉乡土神为主要内容。

(二)在一县的多所外省会馆经常呈现先后为继的特征,如江安县的禹王宫、万寿宫、武圣宫、天后宫、南华宫分别于乾隆十四年(1749)、十九年(1754)、二十二年(1757)、嘉庆初、嘉庆六年(1801)兴建,反映了会馆设置的共趋效应。有的会馆建成后又历经重修,规模多逐渐扩大,这体现了移民们经济发展的成就,亦包含了各会馆在树立自我形象、显示自己实力和确立在当地社会的地位等方面所作的积极努力。

(三)会馆的修建者的职业并不单一,有的为士民共建,有的为商人协办,也有的是农民的集体努力,因此,我们不同意把移民区域的会馆仅看成是农民会馆的说法。由四川的史例看,商业资本在其中发挥了重要作用。

(四) 会馆所涵盖的地域的大小大体与各省移川人数的多少有关,像江西、湖广移往四川者比较多,有的以州、县为单位就设置起会馆,而多数则以省为单位。有的会馆的分裂是人口增加的结果,有的则是由会馆内部小区域之间的矛盾所致。这表明,移民们既追求心理有所依归,同时又追求自我的发展。但无论如何,会馆仍然是移民区域政府统治鞭长莫及背景下移民们自发设置的自我管理组织。

2. 湖北

湖北也是明清时期移民流入较多的省份。

在东湖,许旌阳庙,一名万寿宫,乾隆二十六年(1761)江西客民建,在东正街,另一江西会馆在新街。天妃庙系福建会馆,一名天后宫,乾隆二十六年(1761)福建客民建。①

在郧西,山陕会馆,在南门外,奉祀关圣,清康熙四十八年(1709)知县秦国龙建……山陕两省客民遂以此为会馆。江西会馆,在南门外,祀许真人,江西客民公建。黄州会馆在南门外,祀帝主神像,武黄客民公建。武昌会馆,在西街,祀三闾大夫,武昌客民公建。河南会馆,在北门外,祀三皇神,河南客民公建。②

在郧阳,山陕庙,在西关内,乾隆六年(1741)山陕商人建为二省会馆,五十六年(1791)重修,其左为江西馆,则江西人建也。③

在荆州府江陵县有福建会馆、江西会馆、湖州会馆、苏州会馆、安徽会馆、泾太会馆、湖南会馆、四川会馆、中州会馆、山陕会馆、武昌会馆、汉阳会馆,监利县有福建会馆、江西会馆、徽州会馆。石首县有山陕会馆、福建会馆。④

---

① 同治《东湖县志》卷十《祠祀》。

② 《郧西县志》卷二《坛庙》。

③ 同治《郧阳县志》卷三《祠祀》。

④ 光绪《荆州府志》卷四《乡镇》。

在光化，有河南会馆在吉庆街南，万寿宫在谭家街北，福建会馆、山西会馆、怀庆会馆、蓬溪书院、三间书院等俱在新盛街东，天汉会馆在伍佛街南，陕西会馆在临江门内迤北。①

在建始，有禹王宫在县北门外，天后宫在县东门内，观音阁在县东门内，药王庙在西大街，永寿庵在县南一里。②

在德安府云梦县有福建会馆，在县城内，乾隆年间福建某商建，安陆县有山陕会馆，在府西门内。江西会馆，在府城东十字街北。福建会馆即天后宫，在府西城外河街。③

在房县，有天后宫在县前街。关帝庙，城内东北有之，西关外有之。江西馆庙，西关外。山陕馆，在西关街北。④

在咸丰，万寿宫在西门内，禹王宫在县西门外。⑤

在蒲圻，有天妃庙，在河北龙翔山右，祀临水夫人。⑥

在钟祥，有山陕会馆，康熙年间建于南门外大街，坐西向东，内有戏楼一所。苏湖会馆，道光五年(1825)建于城东十里街。万寿宫，在南门外大街，雍正六年(1728)建，坐东朝西。天后宫即福建会馆，在阳春门外，乾隆三十五年(1770)建，一在白镇。⑦

在京山，有新安书院，向在城内务绣坊右首街南，系徽商建。天后宫，在城内翰林坊东首，闽商捐建。豫章公所，在天后宫右首，江西商人公建。帝主宫，在城内窝珠场，黄安商民建。春秋阁(陕西帮)，在东城内来仪门外，道光二十年(1840)陕商捐建。武郡书院(武昌帮)，在西城外，光绪七年(1881)武郡商人公建。⑧

---

① 《光化县志》卷四《坛庙》。

② 道光《建始县志》卷三《寺观》。

③ 光绪《德安府志》卷五《建置下·祠祀》。

④ 同治《房县志》卷七《祠祀》。

⑤ 同治《咸丰县志》卷七《寺租》。

⑥ 同治《蒲圻县志》卷七《祠祭》。

⑦ 同治《钟祥县志》卷五《寺观》。

⑧ 光绪《京山县志》卷二《会馆》。

何炳棣先生统计了湖北二十一个州县的会馆设置情况也都鲜明地体现了移民在湖北的积极活动。[①] 在这里,会馆设置的区域范围有大有小,或以省为单位,或以州为单位,设置一个本乡的乡土神,有的仅设一神,有的又兼祀他神,如蒲圻的天妃庙又兼祀临水夫人。像郧西的山陕会馆本来由康熙四十八年(1709)知县秦国龙建,后转而成为客民会馆,这表明会馆的设置者同样是多职业的。又因为湖北是已开发地区,商人会馆占有很大比重。它们为湖北与外界经济联系的加强发挥了积极作用。

3. 湖南

谭其骧先生早年曾致力于研究湖南移民,他发现明代湖南几乎是人口移入的地区,到清代则变为人口移出的地区。江西人在浏阳、平江、龙山、永顺、保靖、靖州等地都设置会馆。[②] 在清代,湖南的江西商人势力颇大,会馆亦颇多。像会同县的江西会馆资金充足,资产甚多,计有“义山”三处,“店一所”,“田一处”。另外,康熙十五年(1676)在洪江大河边建江西会馆一座,乾隆三年(1738)又在县城东百余里之“洪市”建立洞庭宫,“系江西南昌府商人”建立的会馆。一县有三个江西会馆,为全省各普通县(长沙、善化、湘潭除外)所少见。[③] 其他如湖北、福建、广东、江浙人也把他们的封哲宫、天后宫、南华宫、三元宫遍设于湖南各处。

如罗江,有真武宫,在县治西,康熙间建。南华宫,县治南街,乾隆三十六年(1771)建。真君宫,县治西,乾隆三十三年(1768)建。三圣宫,县治东街后,旧名丰都庙,明初建,三迁至文庙地。真武宫,在略坪场,乾隆五十二年(1787)建。三圣宫,在略坪场,乾隆五十年(1785)建。真君宫,在略坪场,乾隆六十年(1795)建。

① 何炳棣:《中国会馆史论》,台湾学生书局1966年版,第71~74页。

② 谭其骧:《长水集》上卷《湖南人由来考》。

③ 光绪《会同县志》卷十三《会馆》。

帝主宫，在略坪场，嘉庆二年（1797）建。南华宫，在略坪场，嘉庆九年（1804）建。梓橦宫，城北三十里，明万历间建，清康熙三十三年（1694）重修，乾隆四十二年（1777）增修。文昌宫，城东北十里，乾隆四十四年（1779）建。禹王宫，在慧觉铺场，嘉庆九年（1804）建。三圣宫，城北一里，雍正年间建。①

何炳棣先生还列出其他十九州县的移民会馆，如湘阴有万寿宫、天后宫、苏州会馆。湘潭有万寿宫、临丰宾馆、袁州宾馆、禾川宾馆。衡阳有山陕会馆、中州会馆、江南会馆。醴陵有天后宫，即福建会馆；南华宫，即粤东会馆。祁阳有天后庙、万寿宫。宁远有天后宫、三元宫、南岳行宫。江华有万寿宫、豫章宾馆。邵阳有江西、福建、山陕等三会馆。武冈有天后宫、江西公馆、上湘公馆。城步有江西公馆。靖州有福建乡祠、永州乡祠、江西乡祠。芷江有许真君庙，祀晋旌阳令许逊，明建，为江西客民崇祀；天后宫，乾隆十三年（1748）福建客民创建，祀天后。溆浦有万寿宫，“江西各府商民共建”；仁寿宫，“临江一府商民所建”；南昌馆，抚州馆；天后宫，“福建各商所建”。龙城馆“系湘乡一县商民所建”。桃源有万寿宫、天后宫。石门有万寿宫，即江右会馆；万寿观，“江西抚州会馆”。桑植有江西会馆。龙山有万寿宫“祀许旌阳真君，江西人建”，关圣大帝庙“宝庆府人建”。② 这些地方多地处僻远，且经济相对落后，却亦有商业及其他职业的移民流入，并设置会馆以自我保护和自我管理。

由于长江流域与东南沿海超省际人口的流动，川、鄂、湘成为移民的主要集中地区，因而，由移民设置的会馆就相对集中。它们所显示的共同点在四川区域都能得到集中体现。作为商帮势力繁盛的标志，四川各地的会馆相当发达，“秦人会馆铁桅杆，福建山

① 同治《罗江县志》卷十九《寺观》。

② 何炳棣：《中国会馆史论》，台湾学生书局1966年版，第75～77页。

西少者般。更有堂哉难及处，千余台戏一年看”，“会馆虽多数陕西，秦腔梆子响高低。观场人多坐板凳，炮响酬神散一齐”。这两首竹枝词是说，成都当地有陕西、福建和山西的会馆，其中尤其是陕西的会馆为数最多，势力也最为显赫。每年人们都能看到在会馆里上演的许多戏，其中的秦腔梆子响彻于成都平原。这些，都生动描摹了成都一地各地会馆运作的具体细节。而在鳞次栉比的各地会馆中，陕西会馆更显得鹤立鸡群。①

当然，由于明清移民的多向性，移民性会馆更遍及全国乃至海外，如江西人在福建、福建人在东北、闽粤人在台湾、四川人在云贵均设有自己的会馆。海外的华人移民亦在东南亚的新加坡、马来西亚、印尼、越南、泰国、缅甸等国建立会馆，从而使明清移民性会馆汇成会馆洪流中较为强健的一支。

譬如在台湾的移民性会馆有：潮汕会馆，是“雍正七年知县杨允玺、游击林梦熊率粤东诸商民建”。会馆正殿供奉“三山国王”，三山国王在潮汕客属民间一向被视为福神，清代移台之潮汕商民，多佩其炉香来台，潮汕会馆就因主祀三山国王而另称为“三山国王庙”。会馆左殿供奉妈祖及历任两广总督大老爷与历任广东巡抚大老爷之牌位。右殿为韩文公祠，建于乾隆三十七年(1772)，内供有恩于潮汕的韩文公。银同会馆创建于道光二年(1822)，祀妈祖、吴真人、陈圣王、五文昌、朱夫子、蓝先贤等神。在彰化有汀州会馆，乾隆二十六年(1761)由汀籍总兵张世英及汀籍人士捐助而成，主祀守护神定光古佛。三山会馆创建于清同治七年(1868)，在鹿港有两广会馆(光绪元年，1875)，由籍隶广东省揭阳县人的台湾总兵官吴光亮所倡建，并得来台两广商民捐助而成。三山会馆为清代福州人来台南所捐建，浙江会馆为浙江宁波船工来台者所建。在淡水，有汀州会馆，为道光三年(1823)汀州人张

① 王振忠：《历史学视野中的竹枝词》，《中华读书报》2006年3月6日。

鸣岗等捐建。光绪十九年(1893)《鄞山寺碑记》说:“昔汀人在沪尾街后庄仔内,于道光三年建造庙宇,名为鄞山寺,供奉定光古佛,为汀州会馆。”①

在移民性会馆内部,一般都设置客长、炉主之类的领导,前一种称呼在四川多有反映,后一种称呼则在海外华人会馆中流行。他们必须是“公正素著”与德高望重的本籍人士,由他们管理的会馆必须在宗教与社会职能、福利职能、仲裁职能上做得恰到好处。② 同时,他们还必须在会馆建筑的保护、维修和扩充方面多有作为。

颜清湟博士研究了新加坡、马来西亚的华人会馆,认为会馆的炉主的选举是民主的,但含有极浓的宗教色彩。在选举当日,会馆会员聚首馆所,而把参加候选的首领名字写在纸条上,然后把纸条卷起来,放进一个箱子或者一个竹制盒子里,每次取出一张纸条,拿一副“筶”在神祖牌前面抛掷,如果筶飘落成一个平面和一个凸面,即被认为有神灵保佑,若连续三次同形,则纸上所标的候选人即被视为已经获得神灵的认可,并当场宣布其姓名,成为会馆的新炉主。一些会馆举行选举仪式不是在馆所,而是在富有宗教气氛的义冢上举行。炉主以下的理事等也依此选举而生,通过这民意的与神灵的双重认可,会馆基本上树立起了新的权威。新权威的树立既保证了会馆具有较强的凝聚力,同时也更能得到各方面的扶助与经济的支持,并在各种具体事务中发挥切实的作用。由于炉主必须在十二个月的任期内保管“香炉”(它既象征着首领的权力,又含有神灵的宗教庇佑之义),而这“香炉”又必须存放在像样的房屋和店铺,同时,炉主和头家在诸多的庆典上大多需要捐资,以便在会员中树立良好的榜样,这样,实际上排斥了社会经济处于

---

① 周宗贤:《血浓于水的会馆》第七章。

② 颜清湟:《新马华人社会史》,中国华侨出版公司1991年版。

低层次的会员。在选举炉主和头家之前,会馆会调查会员的店铺和实业状况,因而炉主之位实际上为商人阶层所垄断。进入领导层所带来的声望和权力对来自穷乡僻壤却已致富了的华人移民,都有着极大的吸引力,它意味着社会地位的升格,与向清政府买官爵有着同等的意义。而且从商人发展商业活动本身看,因为炉主的地位标志着将得到保护神的特别庇护,在迷信盛行的时期和社区里,来自神灵的偏爱,常被视为走运的重要标志,而且可能会进一步带来事业上的成功。①

第三节 科举制度与会馆

在隋唐以后的中国封建社会中,科举制度作为一种生命力最强的选拔制度延绵至终,应该说,它的优点如吸收被统治者中的优秀人才、激励社会各阶层人们去孜孜于研习文化经典等确实不可忽视。到明清时期,科举制度的推行也培养了一批以兴邦振国为己任的士绅阶层。明清会馆的发展与明清科举制度的推行密切相关。

一、地域政治观念与会馆

籍贯观念是中国人头脑中根深蒂固的观念,它产生于人口的流动之中。在长期的传统社会中,因为易籍任官的政治制度的影响,地域政治观念自秦便露其端,经魏晋南北朝,士族与庶族的区分而凸现出来的地望意识更强化了这种观念。宋以后科举制度的推行使不同籍贯的应试入官人士时常把本籍观念萦绕心间,从而使宋朝政治斗争都带有地域派别斗争的色彩。

到了明代,起初曾取进士与举贡、杂流三途并用之法来选拔官

① 颜清湟:《新马华人社会史》,中国华侨出版公司1991年版。

吏,永乐以后进士成为取士的第一要途,重要的官职尤其是中央官职大都被“进士出身”的人所垄断。明代人把不是由科举入仕者视为异途出身,处处予以歧视。因此,谋求金榜题名是社会上一切读书人的愿望,有的依靠家族、乡族共同的经济支持得以入仕,家族、乡族当然是他们思恩报惠的首要对象,他们一旦进入仕途,便较易在激变的宦途中拉帮结派、结成朋党。人们说:“仕宦独尊进士,而其中又有门户之党,出必由进士,仕必入门户。”①同时,对掌权的大臣来说,千方百计援引同乡的进士和举人则是扩大个人权势、维护乡里利益的极好途径。《明史·选举志》中说:大臣“所举或乡里亲旧,僚属门下,素相比私者”。② 因此,在科举制度之下,会不断涌现出地域性的帮派集团,严重地左右着明代政治的发展进程。

在明朝宣德年间(1426~1435)民间便流传这样的民谣:“翰林多吉水(今江西吉水县),朝士半江西。”③这种局面的形成,固然离不开江西物华天宝、人杰地灵、经济发达、文化繁荣的社会背景,但也不能不看到明朝政府中居于要职的江西籍官僚通过开科取士,营私舞弊,利用关系来暗结朋党,以致形成了一个江西派的官僚集团。例如洪熙、宣德时,朝中江西籍的官员特别多,当时执政掌权的内阁大学士杨士奇就是江西泰和人,整个宣德朝共录取进士二千零八十一名,其中江西一省就有五百五十九名,占总数的四分之一强,故时人认为这是杨士奇“私其同乡所致”。④

再如正德三年(1508),大珰刘瑾为了扩充阉党势力,将自己同乡五十人的名单交给会试主考官,主考官不敢违抗,只得将他们全部录取。嘉靖年间,官僚利用同乡关系贿买钻营,串通作弊,更

① 凌扬藻:《蠡勺编》卷十七。
② 《明史》卷七十一《选举三》。
③ 徐咸:《西园杂志》。
④ 陈洪谟:《继世纪闻》卷二。

为普遍。如嘉靖四十年(1561)应天府主考官吴情主持乡试，他一次主考录取了同县十三人，吴情和所录取的十三人既有座主门生之谊，又有同乡之情，极易造成一个无锡帮。

在此背景下，举子一旦中举，往往很快地就为朝廷中的同乡大臣所网罗，从而壮大着本乡贯的在朝力量。如嘉靖朝内阁首辅严嵩是江西分宜人，他就竭力笼络江西籍的士大夫，并与他们勾结在一起，组成了一个以他为首的江西帮，而朝中不少江西籍官员也趋炎附势，千方百计地巴结严氏父子，甚至有的“江西士大夫往往号嵩为父”，甘愿充当严嵩的走卒鹰犬，严嵩也恬不知耻地以江西籍官员之父自居。江西丰城某个新进官员不愿充当严嵩的爪牙，严嵩即厉声呵责道：“尔非吾里子耶？安得不为吾所用？”①江西帮在朝中炙手可热的跋扈骄横常引起许多非江西籍官员的极端嫉恨，一朝他们掌权，便大肆排斥江西籍官员，从而形成了明代政治史上持续不断的派别斗争局面。

实际上，地域政治观念的盛行，不仅影响了有明一代的政局，而且也左右着明清京师省府州城会馆的发展态势。《异辞录》说：“京师为各方人民聚集之所，派别既多，桑梓益视为重，于是设会馆以为公共之处。始而省会，继而府县，各处林立。此等天然之党籍，较之树一义以为标帜者，未知利害奚若。在闭关时代，由座主之关系，或州域之关系，天然成为同志，谋公私利益而共守伦常大义，以辅国家太平有道之长基。较之罔利营私漫无限制者，损益相去，不啻倍蓰矣。”②正如窦季良所说：乡土观念无法恰切标明乡土到底以何处为界限。一般而言，有时因为客观斗争形势的需要，小同乡又会归并到大同乡中去。

江西籍官员在朝势力的强大使江西会馆取得极大发展。已有

---

① 于慎行：《谷山笔麈》卷四《相鉴》。

② 刘体仁：《异辞录》卷三。

的研究成果都表明：在整个明清时期，江西的在京会馆位居第一。依据清末会馆统计，江西会馆为六十六所，山西四十七所，安徽三十八所，浙江三十六所，湖北二十九所，江苏二十七所，而山西、安徽、湖北、江苏都以商人会馆居多，惟江西服务于仕宦和科举的会馆设置数量最多。[①] 在万历三十四年（1606）江西南昌之乐平会馆又首次以省府试馆出现于京师，表明了大同乡之下小同乡的滋长。万年会馆也由礼部侍郎邑人蔡毅中创建，坐落在草场四条胡同，房屋一重三间。乾隆十二年（1747）祝启元等重建。[②]

在京师的湖北德安府属会馆，也表明了这种趋势的发展。安陆会馆，在京城正阳门外东打磨厂新开路，坐东向西，前临街与曲沃会馆对，后抵小巷。邑人李庆时记述：

> 道光丙戌年，邑人徐芝陈名晋李承莹卓逢源等捐赀增置右间壁房屋一所，十二年至二十年庶常张道进郎中陈廷吉主事杨从矩唐翊清前后续修。咸丰己未，国史馆誊录李延钰员外郎刘国光附贡程夔廷合前新旧馆基共建六间，同治壬戌编修陈学芬重为经理，光绪八九年墙垣坍塌，十一年陈学芬刘国光蔡文田孙效灵捐资修理，现计头层六间，中厅三间，坐北正房三间，南北灰棚共五间，契存本籍京官处。[③]

云梦会馆，旧在京城本厂，年久失修。乾隆庚午（1750）秋左梅鸠集众力复建馆，坐南城东南坊四铺明教寺前街即东延旺庙前街北口路东，迄道光年间杨成业兄弟倡捐修葺，咸丰年间左瑛王道清亦均先后修理。应城会馆，向在京城东草场第八条胡同，明户部

---

① ［日］川胜守：《明清时期的北京、苏州、上海之广东会馆》，《清代区域社会经济史研究》，中华书局1992年版。

② 同治《万年县志》卷三《建置》。

③ 光绪《德安府志》卷四《建置上》。

尚书陈荣捐建,道光年间基址尽失,邑人陈兆佳、曾照等筹集钱二十万,逐年输息。实存公银一百四十七两,又杨国栋备抵文峰左右水田十石四斗八升,租四十六石,备置公馆。随州会馆,在京城东柳树井,屋宇三进,系同治五年(1866)邑人黎奎照、陈崇本、严拱宸、李树棠江、一清等筹买东柳树井新水会馆改建,詹翘楚为之记。应山会馆,在京城正阳门外打磨厂中间路北铁柱宫西首,馆五进,每进三楹,道光十六年(1836)廪贡叶廷芳岁贡江炯倡捐,买京城五福顺屋基新建,迄道光十八年(1838)始告成。邑增生叶浚云为之记。[①] 京师正阳门一带及其附近正是科举试馆云集之地,它们当是反映地域政治观念的会馆。

在江西地方,各府州县也纷纷在省垣府城设置会馆,如吉安府属的泰和县在同治期间(1862～1874)就在南昌已设有试馆五所,分别为“泰和试馆”、“云亭试馆”、“琼林试馆”、“书升试馆”、“五六试馆”,而“五六试馆”为该县五十六都人士所独建,专为该都赴乡试试子所设。[②]

福建曾以“顶子多”(指官员)而著称,李景铭已记载了明清时期福建人在京师设置的省、府、州、县会馆二十二所,除延邵会馆是属商人会馆外,其他都把服务科举放在首位。在省城福州,各府县亦争立会馆。旧时建宁府所隶属的建安、瓯宁、崇安、浦城、建阳、松溪、政和七县,在福州市上杭街建郡会馆,供同乡聚会或寄籍。后来,同在这条街,浦城县又单独设浦城会馆。本来宁德府属在福州设一会馆,后来却因矛盾分出福安馆,寿宁人寄寓福安馆中,但又因福安人看不惯寿宁人,使寿宁人退出福安馆而在南台另设寿宁会馆。[③] 在京师的福建各会馆的畛域观念亦日见加深,有记载

---

① 光绪《德安府志》卷四《建置上》。

② 傅衣凌:《明清封建各阶层的社会构成》,《中国社会经济史研究》1982 年第1 期。

③ 龚书元:《福州南台的寿宁会馆》,《寿宁文史资料》第 4 辑。

说:"闽省旧惯,会馆可以通住,非必某府人驻某郡馆,某县人驻某邑馆,盖视会试来京人数多寡及亲友与地势关系,彼此可通住。"如咸丰四年(1854),闽县孙翼谋、翼隆、翼恭三兄弟进京应试,不住福州会馆,而"同聚漳州西馆"。[①] 同治七年(1868)福州陈宝琛参加会试,也住在龙溪会馆。直到晚清,"凡是闽人,对于各馆,均可暂寓"。可实际上像晋江邑馆就以"籍隶晋江者为限"。泉郡会馆也明文告示:"凡非泉属各县同乡不得住馆。"龙岩会馆更甚,"有住馆之权利者,以现在籍隶本属者为限,从前祖籍,不在此例"。在省城福州,竟有连城十余姓各自设置的会馆。

由此。我们觉得,会馆的分裂或许是分会馆对总会馆的烘托,或许是分会馆对总会馆的背离,其中,地域政治观念发挥着关键作用。

在明清小说中,我们也能见到一些官绅试子会馆的事例。《歧路灯》中有:"却说谭绍闻、盛希瑗及娄朴同至中州会馆。此时临近会试之期,本省举人,已将占满,恰好剩有三间闲房,三人住下,行李暂且存住。家人另寻国子监皂隶闲房住下。"[②]《歧路灯》中还有:"开正初二日,公车北上。到了京都,不去如松号,投中州会馆停宿。"[③]《子不语》中有:"吴文学耀延,少游京师,寓徽州会馆。"[④]《阅微草堂笔记》中有:"旧仆兰桂言:初至京师,随人住福清会馆。"[⑤]《负曝闲谈》中有:"这里江氏弟兄带了一个暂充跟班的村童,回到江苏会馆。二人因为试期已近,到了会馆还在灯下狠狠念了几篇《东莱博议》方才安寝。一宵无话。"[⑥]《二十年目睹之

① 梁章钜:《楹联丛话》卷十二。

② 李绿园:《歧路灯》第一百二回 书经房冤鬼拾卷 国子监胞兄送金。

③ 李绿园:《歧路灯》第一百八回 薛全淑洞房花烛 谭篑初金榜题名。

④ 袁枚:《子不语》卷十一。

⑤ 纪昀:《阅微草堂笔记》卷十二《槐西杂志》二。

⑥ 欧阳钜源:《负曝闲谈》第三十回 割靴腰置酒天禄堂 栽筋斗复试保和殿。

怪现状》中有：伯述道：“他是我们历城（山东历城县也）同乡。我本来住在历城会馆。就因为上半年，同乡京官在会馆议他的罪状，起了底稿给他看过，要他当众与祖父叩头伏罪。又当众写下了孝养无亏的切结，说明倘使仍是不孝，同乡官便要告他。当日议事时，我也在会馆里，同乡中因为我从前当过几天京官，便要我也署上一个名。”①这里说的是会馆还秉持劝善惩过的宗旨。《孽海花》提到：“原来剑云和米筱亭，乡会两次同年，又在长元吴会馆同住了好几个月，交情自然很好了。”②徐珂《清稗类钞》中有：“进士及第，有胪唱。胪凡五唱：第一甲第一名某，第二名某，第三名某，二甲第一名某等，三甲第一名某等，其声凝劲以长。是日，榜眼、探花送状元归第，探花送榜眼归第，探花自归第，无人送。然名曰归第，实归其本省之会馆，虽有私第，必先至会馆而后归也。其会馆中人，先已召集名伶演剧，张盛筵，待贺客，历科鼎甲之在京者毕至。”③会馆举行盛大的活动，目的就在于壮大自己的声势，显得自己的政治存在。

二、明清科举制度与会馆的互动

可以说京师最初出现的会馆就是科举制度的直接产物，它最初就是作为由科举入仕的同籍人的俱乐场所，其管理大权当然亦由同乡中在京居官地位高、有声望的人掌握。后来随着会馆直接服务于科举的功能的加强，会馆的管理体制也不断有所变更。先推行了馆长制，或称值年制，每个会馆设馆长或值年一人，总管会馆的簿籍银两和处理会馆的重大事务。有些会馆还设置干事、庶务、会计等职协助馆长管理会馆，所有职务均由京官轮流担任，任

---

① 吴趼人：《二十年目睹之怪现状》第七十三回 书院课文不成师弟 家庭变起难为祖孙。

② 曾朴：《孽海花》第十四回 两首新诗是谪官月老 一声小调显命妇风仪。

③ 徐珂：《清稗类钞》考试类。

期一年，没有报酬或只有微薄的车马费。

我们看安徽的歙县会馆，其创建时的三十六人全部都是商人，如杨忠、鲍恩、许标、叶栾、吴文辅、程用卿、俞良京、仇自宁、鲍鉴、汪云、江在、曹守中、巴潞等。捐建歙县会馆的除了本地人外，甚至亦有外邑人捐资，如婺源人方邦度、潘怀和绩溪人黄腾宇。在歙县会馆建成之前，他们或寄寓新安会馆，或在新安会馆被他省人占据之时借用浙绍会馆。会馆的兴衰不断变化。歙县人以身在程朱故里为荣，"吾歙为秦旧县，黄山练水，世毓名贤，程朱遗范，渐摩熏染，情谊深而风俗厚，虽侨居寄籍他郡邑者，类皆不忘其乡，依依水源木本，矧京师为冠盖所集，可无会聚之区，以讲乡谊而崇古道哉。"虽然明朝许标等于城西建过歙县会馆，但年远已倾，乾隆五年，侍御史南溪吴君乃倡建歙邑会馆，以复前明之旧。参加捐助的人员有刑部江西司郎中议叙三品黄履吴、内阁学士前礼部侍郎李绂、兵部右侍郎凌如焕、大理寺少卿周炎、山东道监察御史吴炜、翰林院编修吴华孙、翰林院编修朱桓、刑部浙江司员外郎胡宝泉、兵部职方主事张肇殷、候选主事洪本仁、贵州安顺府永宁知州易学仁、候选通判汪淳修、候选州同程豫、候选州同方远、候选州同程德星、候选州同鲍思叙、候选经历范振芳。其中黄履吴承担了捐助的绝大部分，体现了众同乡籍官员烘托会馆建立的过程。

在歙县会馆的建立过程中，人们都习惯于把京师会馆与古代郡国邸舍进行比附。"古者郡国于京师各有邸舍，考之前汉《百官志》：郡国邸舍设长丞主之，其后历代相沿，虽不领于官，而会馆之设实祖其意。"①

乾隆六年（1741）《重订章程》亦规定："创立之意，专为公车及应试京兆而设，其贸易客商自有行寓，不得于会馆居住以及停顿货物"，"平时非乡会之年谒选官及外任来京陛见者皆听会馆作寓，

---

① 《重续歙县会馆录》，大东图书公司1977年版，第26页。

每间输银三钱，兼批输银三十两以上，其他踪迹不明以及因公差役人等，概不留住，以致作践”。“非乡会之年，房屋虽空，京官有眷属者及凡有家眷人皆不得于会馆居住。盖家口人杂，一住别无余地，且难迁移，殊非义举本旨。其初授京官与未带眷属或暂居者每月计房一间，输银三钱以充馆费，科场数月前务即迁移，不得久居。”“公车之年，如应试众多，正房宽大，每间二人，小房每间一人，均匀居住，以到京先后为定，不得多占房间、任意拣择，其房屋什物亦须爱惜，毁坏者着落修补。”“每年同乡公会一次，爵齿并尊者为上，余各以齿序坐。”①这个会馆“择在京殷实老成有店业者分班公管，每年二人轮流复始，其公匣契纸银两并收支会簿上下手算清交代，凡有应行事件，与京现任宦者议定而行，京官亦每年以一二人掌管，其有出差告假交留京者接办，无致废弛”，“住馆之人去来必白掌管者，以便查点器用，其不合例之人，司年者以馆规致辞。如将馆房私借外人居住以及霸占等弊，公议重罚，仍斥本人不许入馆”，“朔望，神前香灯以及祀典司年者用公项酌办”，“乐输银两将前已付及后续收者皆登载明白，司年之人不得滥行开销花费，每年择日公同结算，有私支未清者鸣众公罚”。“嗣后中甲科及中顺天乡试者各输资以立匾额，其内外官至三品以上者输银六十两，司道以下州县以上输银五十两，佐贰以下输银十两，为将来拓充房屋之资或另置产取租，以为春秋公会之需，并资助乡会人士盘费之不足者，但内外任悉听量力不必强勉。”会馆以解决歙县乡会试试子的需要为先，在此基础上如有剩余房间，可以考虑给徽州范围内的各县弟子住居。会馆反对放债生息，认为这是风险较大的行当，会馆的管理交给看馆者，“看馆人役给住房三间，又将隔舍车店租息每月给赏一千文以为工食。原备役使及看守门户查点什物而设，倘怠惰污秽并容留匪类及盗卖馆中桌椅私借等弊，送城究治，即行驱

① 《重续歙县会馆录》，大东图书公司1977年版，第31页。

出另召”。[①] 该会馆虽然由商人来负责经营，而实际上却完全是为了科举。明清歙县科举登录人数高于一般县份，不少商人子弟也得由此踏入仕途。因此我们说：明清时期的商业与科举在有的时候竟达到互补共进的和谐，即如寺田隆信先生说：“歙县会馆从扬州盐商那里得到了巨大的经济援助，而居住在北京的茶商也参加了会馆的管理，负担了一部分经费……但是，会馆是专门用于科举应试者（偶尔也有官僚们）的设施，禁止商人使用。”[②]我们说明清商人投资会馆与商人子弟的入仕都会把商业精神带入会馆的创办发展过程中，由于商业资本的渗入，明清科举制度发展增加了新特征，会馆制度也更加蓬勃发展。乾隆三十二年（1765）《捐资会馆生息记》说：曹竹虚从淮南捐输五百金每年生息资会馆之用，接着又有许鹤洲置产租息归会馆公用，吴灿远提议将厘头专归义庄，由此“会馆有备而无患”。[③]

乾隆二十八年（1761），歙县会馆增设规条，有下列内容：

一、会馆新旧房屋几及百间，公车尽容下榻，除大厅暨兰心轩上下存为同人公叙之所，不得居住外，其余房屋由内及外，自左达右，编定号数，以到京先后为序，每人居住房一间，不许多占，亦不拣择。二、会馆原为公车及应试京兆者而设，其贸易来京自有行寓，不得于会馆居住以及存贮货物，有失义举本意。三、非乡会试之年谒选官及来京陛见者均听于会馆作寓，每间月出租银一钱，按季送司年处，其他因公差役以及无事闲游者，概不留住，以防作践。四、非乡会试之年，京官或未觅有寓所者，亦听暂时居住，照例输租，惟将届应试入都

① 《重续歙县会馆录》，大东图书公司 1977 年版，第 31 ~ 32 页。

② ［日］寺田隆信：《关于北京歙县会馆》，《中国社会经济史研究》1991 年第1 期。

③ 《重续歙县会馆录》，大东图书公司 1977 年版，第 29 页。

时，务须早为迁让，不得阻踞，其有眷属者，并不许暂行借寓。五、本籍外籍皆属同乡，但吾邑寄籍者多。凡乡会试之年先尽本籍及外籍。而现在本邑住家者居住，其余外籍须房间实在有余，询明乡村族属，确有可凭，并京官作保者，方准作寓。六、自本年为始，阖定京官二人轮流掌管。凡有应商事件传集公议而行，其公匣簿籍契纸银两及馆内物件公同查明交收，如遗失短少，咎有所归。其馆内房屋修葺最关紧要，司年者每月须到馆亲勘，有应修处即行通知，估计修理，不得因循，以致迟修多费。七、会馆房间钥匙存司年京官处。凡欲到馆居住者，先向司年亲取钥匙开住，将房内什物书明粘单壁上，照数点交，不得损坏。临去时仍将钥匙交还司年，并当面查点各件。如有损失，务令赔补，司年不得徇情。八、凡谒选引见以及京官暂寓会馆者，馆内房屋什件须公同留心照管，毋致损坏遗失。倘本房家伙不敷所用，自行添置，不得移动别房，以致错乱。出京时所置物件即捐与馆内公用，再拴养马匹头口，大门内有马棚，毋得牵入馆内作践，如违公罚。九、凡住会馆之人所带仆从，旧宅即住厨房，新宅令住小房，俱不得占住正屋。至门扇家伙，俱各责令小心照应，毋许糟蹋，如违公罚。十、乡试中式输银一两，会试中式输银二两，登名匾额。其乡试第一名者输银十两以上，会试第一名者输银二十两以上。若状头输银五十两以上，鼎甲输银三十两以上，各另悬名匾。惟外籍乡贯系族无可查考者，毋庸滥入。十一、京官三品以上输银三十两至六十两，翰铨科道输银十两，郎中员外输银二十两，主事输银十两，七品京官输银六两，奉差者输银十两，外官三品以上输银五十两至一百两，道府以下州县以上输银三十两至六十两，佐杂输银六两至十两，此系公同酌定之数不可减少。其有好义增捐者，俱于得缺赴任时即交司年收存登簿，为将来置产岁修及各公用，不得多开少付，不得指名兑会，并责成司年京官催取。十二、每年京官三品以上者输银三两,五品以上者输银二两,七品以上者输银一两。司年于年终送单随书随付,收入岁支簿内,以备公用。十三、馆内倘有余银,只置产坐租,丝毫不得借贷于人,贪利贻误。十四、公匣内向立有捐输簿,登载捐输姓氏银数,积年以来,或有已付而未登簿,或仅批单而未应付。现在阄定司年之人彻底查对,将已付银数人名各按年登载,并补勒石。其已书未付者各寄札催取,久不答者即于本名下批明。嗣后务须现书现付,方便登簿并入交代内清算。十五、立收支总簿每年一结,并立逐时收支银钱流水账簿,每月一结,俱存公匣,上下手交代。十六、茶行向有捐输之例,乾隆十六年公议加增,二十四年已止不行。今核对总数,共捐输折实银数不及二千两,内支文武乡会繙绎考试并为六安茶行亲友以己银办己事,虑费有不齐,特借公匣存贮,亦为先事通融之法,但一概收支入于会馆公账内,未免混杂不明,除将费用剔开另结外,所余银数共三百金,载明捐输簿内,以志雅谊。十七、石榴庄经会馆请碑禁示,并劝公项修理,每年清明中元两节皆银茶行前往祭祀,嗣后仍应听首事人传知同乡京官各出清钱百文,以供纸烛之费。十八、看馆人公食议定由司年按季给付,其按月收房租等责令取讨交匣,不得擅取擅用,至在馆作寓者来去俱令禀明,司年其查点房屋什物时并令一同在旁过目,勿听推诿。十九、门上代看馆人承值,每日自大厅至门首,俱责令打扫洁净,其往来闲杂人等,不许容留,违者司年究逐。以上各条公同酌议妥协详悉。凡我同乡,各宜自爱,永远遵守,幸毋作俑致乱成规,则斯馆之设,可以垂久矣。

会馆的管理进入了一个较为细致的状态。嘉庆十年的公议条规进行了一些修改,如乐输定例:“京官三品以上输银三十两至六十两,翰詹科道输银十两,郎中员外输银二十两,主事输银十两,七品以下输银六两,奉差者各酌量捐助。(如试差五两至十两,学差仓差漕差廿两至五十两)外官三品以上输银五十两至一百两,道府以下州县以上输银三十两至六十两,佐贰输银十两至三十两,佐杂输银六两至十两,盐务官员照外任各官品级加倍捐助,此系公同酌定之数,不可减少。其有好义增捐者,不拘银数。俱于得缺赴任时,由司年送单请书收存登簿,为将来置产岁修及各项公用,不得多开少付,不得指名兑会,并责成司年催取。"这便变成了一种摊派,具有强制性。到嘉庆十九年续增条规中,更增加了一些支出项目,如"本籍乡试诸公向无元卷,今拟每人送元卷六两,其帮项则惟会试致送",如"乡试向无接场,今拟照会试之例添设举行",如"会试向例除接场公宴外,本籍诸公各送元卷二金。今拟加增数目,除旧例二金照给外,每本籍诸公各送帮费三十两,外籍十两"。对于"本籍同乡会试后实在无力归里者查询确实酌送川费若干"。经费资助以本籍人为限,且仅及于京官外官候选候补人员及乡会试公车。道光十年续议条规再次对有关条款有所修改,如"查岁入房租历年公账内俱系一年仅敷一年之用,甚少盈余,所有乡会试各费定于每年寄到款项内酌拨",如"查款项三千两原议以二千五百两为帮贴京官,以资办公之用,余五百两原议乡会试元卷及会试帮费一款均于此难支销。近年乡会试留京人数众多,各项开支日渐增加,遂致公项绌乏,是以己丑年会试元卷帮费系挪借认利,始得按照旧规届期致送。现在款项又减至二千四百两,益形支绌。今议定本籍会试元卷帮费以一百六十两为率,乡试元卷以八十两为率,乡会试留京炭资以三百二十两为率,无论人数多寡,照数摊分,余作同乡京官帮项"。由于外籍会试人员来会馆人数越来越多,帮费数也由原来的十两/人改为二两/人。对于本籍会试诸公无力归里及留京无馆人员的补助也宣告取消。会馆的规约往往需要根据会馆本身的运作作出调整,从规约的调整中,我们或可窥见社会的变迁。

譬如北京的福建漳州会馆"总持主馆事者，例推京秩一人，间或以三考者副之"。[1] 又如龙岩会馆馆约明文规定："本馆每年轮流京官一位为馆主，收掌簿籍银两，经理祭扫及公用支销，并料理馆中一切器皿等物。"同时期的龙溪会馆馆约也规定："本馆每年轮流京官一位主持馆事，掌管簿籍，收支银两，如一时未有京官，以候补候选代之，如尚虚，以应试之人代之，同爵论齿，总要上下交代明白，方无废弛。"馆主下设庶务，协助管理会馆，"董理庶务会计者，每年于二月内，将先年收入租金及支出费用，开具清册，请众核算，即将清册另抄一单粘于馆内，俾众周知有无存积，以示大公"。庶务之下，雇佣长班若干人，如馆厅、墓厅、厨厅，负责传达、勤杂、膳食、打更、迎送、看守义冢等事项。各会馆还制定了条款多寡不一而内容大同小异的规约，条目虽不够具体，但所涉及的内容却相当广泛，包括管理机构的设立、寓居会馆的条件、经济收支和馆产管理及日常事务的安排等，基本上确定了会馆机构管理的框架。因为清代主持科举性会馆的多为地位显赫的京官，他们在政治上有号召力，并有较雄厚的经济实力，故能有效地把京官同乡凝聚在一起，以便进行集中统一的管理。

会馆的管理一般都可由不断完善的会馆规约反映出来，仅以汀州会馆为例：

首先，会馆的房舍的增加是会馆经济实力与政治向心力不断增强的表现。会馆的房舍多由契买而来，《汀州会馆志》中就记录了这诸多契纸：

如乾隆十年(1745)用纹银二十五两买到同馆傅羽原置段姓荒基一块，坐落存仁堂对面，十七年(1752)架造房屋五间，又将原买大门处建厨房一间，共用工料纹银一百零六两，有原契正契可

① 光绪《漳郡会馆录》卷首《重镌馆录题识》。

据，四十九年(1784)署为集礼堂。

会馆的收支情况有专人管理。《汀州会馆志》中卷五至卷九分别记录了“科举文编”、“科举武编”、“贡监前编”、“贡监后编”、“生员”、“武职(典史)”、“尚义”等类目，记录了收与支的详细情形，从而在经济上保持了充分的透明度，使会馆经济管理不致滋生贪污腐败之风。

其次，会馆针对形势的变化，不断修订其规条。雍正年间(1723～1735)的规条有：

——凡到馆诸公不论初到重到，会长即待饭一飧，每人额用银叁钱。

——新科文武会试及由捐纳候选人员入馆者，雍正十一年议定每名陆两，永为例。

——恩拔副岁优例贡监生员典吏入馆者，向皆叁两玖钱，兹议酌加壹钱，以肆两为定，俟中举人或加捐，出任再补贰两，以足陆两之数，虽不在馆任，上列名牌志额出银陆钱。

——入馆银两用馆平交兑银色足纹，其元系花边，照时价补足，以到馆后三日兑交，催取不雅。

——文武升迁选补分发各官俱应照规交出喜资，以元系银贰两平为准，并内官题转统于引见及掣签后三日，在京登科甲于揭晓后三日，翰林部属侍卫于奉旨后三日俱即自行交清，毋得迟吝。

——凡升迁选补分发各官及新科进士出京时均行公饯，合馆衣冠候送，如有喜资未清者临行时不饯不送。

——喜资额例：京登科甲柒两，会元玖两，不点翰林侍卫与进士同，榜眼探花拾贰两，状元拾伍两，翰林侍卫柒两，内题每级每等壹两。

文职内官：八品以下小京官贰两，中正评博叁两，主事伍两(外任职官出资陆两)。

各部院副堂拾陆两,正堂叁拾两,内阁大学士伍拾两。

外官:府知主簿以下肆两伍钱(凡升迁每品贰两,从者折半)。

按经府经监通判县丞伍两,布经理问州同陆两,通判监库批验各大使捌两,知县拾两,知州同知运判拾贰两,直隶州知州运副提举拾肆两,知府拾捌两,学院运同贰拾两。主考拾两,各道贰拾肆两,臬司盐运使伍拾两,藩司捌拾两,督抚壹佰两。

武职,兵部差官叁两,本省塘务伍两,外补管千把肆两伍钱,卫千伍两,守御所陆两,守备捌两(由千把历陞者每品贰两,由差官塘务选用者贰两),都司拾两,游击拾贰两,参将拾陆两,副将拾贰两,总镇叁拾两,提督肆拾两。

……

嘉庆六年(1801)四月一日又新增规条:

——旧规同乡有未至都及已至都而不入馆者,交名牌志陆钱,但志未分刻而杂载于各编,□馆之中。今依同馆公议,其银增为一两,其志另为一编,庶览者了然而不至间禁零碎,宜于馆用有益,其馆志一部,近因卷胀加增而工料加赏,亦□如时价糊资,每部制钱肆百文,缴众任取部数多少,馆内乃无亏资之苦。

嘉庆七年(1802)八月又新增规条:

旧规教谕未载喜资,会众酌议举人、大挑二等拔优贡用教出喜资叁两。

考试大典为士人勤苦进身之基,到馆若无安置,殊非吾汀崇儒雅意。会试届期,凡住房器用皆宜相让,庶隆大典,而重斯文,朝考及秋闱亦然,遇考之前,馆中上下宜肃静。

——馆中桌几凳板皆系长班照管,只许馆内均匀分用,至出馆交众存房,长班亲身查点收拾,不许馆外搬借。如有急用移借,每件务宜先交压资若干,向会长副开存清单,俟搬回日将原压给还,如不搬回,将原压抵偿,该长班不得含糊私搬。自八月为始,两馆长班务宜守全物件,如有短少,该长班修补,众议每逢年节,加尝大钱肆百文以助勤照心力。

上下新馆两处为长班汕灯工食之资及杂项使费,只许出租外人,本汀人不得租住,即遇会试人多,不便取回,可将众资另赁房屋居住,其另赁之屋自五节为止,久住者不涉众数。

下新馆每月租钱四千二百文,如不短欠违期,定不取回。

嘉庆十三年(1808)四月又有新增规条:

——会长向来董理并无薪水之资,兹酌议每月津贴元银壹两以专责成,其动用支销,照时价算数,每逢朔日当众结算,如有浮冒,经众查出,除补清外,照浮数加倍处罚。

——馆内从前所置桌椅、床板等件家伙每至遗失,兹议绅士到馆领用时,会长酌人数给用,绅士亲笔自行记明件数。出都之日照数交还清楚,如有遗失,立即赔补,倘有恃强不遵馆规,会长通知公众注册,永远不准入馆。

——馆内设立号簿二本,一存会长,一存长班,载明各物件内有破损经众验明注销,如或私卖或拆毁者,查出加倍公罚。倘会长容隐失察,该会长照簿如数赔补。

——每位房内许用条桌一张,几子一把,床板几子四把,如无厅者,许加用条桌一张,几子一把。

——向来绅士到京，会长待饭一席，每位开销公项铜钱叁百文，公议馆内出息无多，裁去饭席，不准开销，惟新到一次仍照旧。

——馆内向禁嫖赌，今再申明，嗣后有犯禁者，会长通知合众送官究治，不得徇私。

——馆内不许酗酒滋事，违者罚银二两，家人有犯立即驱逐，该主不得徇私。①

通观《汀州会馆志》的规约，大体包括了会馆的开支、物件管理、喜金收入、房家修缮、科举服务及会馆的秩序要求，对会长副、长班及住馆人员都提出了具体的要求，这既表明责任的更加落实，同时也表明会馆的存在与发展亦面临着许多新的复杂问题。而且我们再结合其他会馆的情况可以看到，这类会馆与政局的稳定与否、科举的盛衰、经济来源与管理人员的稳定与否相依相赖。因而或一时期辉煌耀人，或陡然间便跌入谷底。

一般看来，科举性会馆的收支情况各各不同，同一会馆的不同时期亦多有涨落，但都与科举事业的发展程序密切相关。从《汀州会馆志》规约中，我们可看出会馆的支出大体包括基建与修缮的开支（会馆的扩建与增宏、会馆的修葺、会馆房地的增加）、日常活动开支（像雇佣馆役、祭祀神灵、庆贺节日、送往迎来等等，还有供给应试举子的食宿、花红等，有房舍内的各类家具器皿、书籍教具及日常生活用品等）。而会馆的收入则大体包括喜金捐助（实际上这已变成一种摊派，当然也有人拖欠不负），有临时性募捐（意外需费如修缮意外的房舍倒塌等），有租金的收入，还有些其他收入（如储蓄生息、放债生息、开设或出租铺面等）。无论是收，还是支，都具有很大的弹性。正因为如此，各科举性会馆亦各有自

① 同治《汀州会馆志》卷一《规约》。

己的运行轨迹。以下仅以漳州会馆的运行作一个案分析。

文献记载：“吾漳旧有会馆在内城西南，把吾郡城隍之神，以主其福。始建于宗伯吕滨溪先生，成于隆（庆）万（历）诸士大夫。凡缙绅先生与夫孝廉明经上舍游宦之往来，莫不送迎有礼，至有依而去，有思春秋享祀，岁时伏腊聚膝而欢呼，以故宾至如归，万里天涯犹然戚里过从也。由是百余年间科名与宦绩并盛，冠盖绎络如织，吾郡一隅遂甲七闽，而与天下名郡邑相雄长。”[①]显然，会馆的兴盛是科举兴盛的直接体现。在万历七年（1579）已有礼部左堂林爷买得锦衣卫力士李逢春坐落永定门外七里铺的二亩三分田地（用银十三两）立为义冢。同年还买得杨春华地二亩二分半（用银二十二两），万历四十八年（1620）又买得聂泰莱畦三亩三分（用银二十二两）。[②]

可是梁章钜《归田琐记》中有关洪承畴的一则轶事却表明在明末清初漳州会馆发展过程中有一段低潮期。其中说：

> 又闻吾闽各郡，在京皆有会馆，泉、漳两会馆本乡各一，乡谊最昵，自国初洪文襄公入相后，公以南安籍，专拜泉馆同乡，同漳馆人遂不通谒，彼时泉馆人，无论京官公车，无不所求辄遂，攸往咸宜，而漳馆大有集枯之感。一日，馆中人五六辈相与私议曰：“洪阁老虽不我顾，究竟不是别乡人，我辈一概不往修贺，亦于乡谊有阙，今泉馆人皆欣欣向荣，且有怂恿我辈先施者，始尽吾礼可乎？”众以为然，遂于次日率同往谒。阍人传命曰：“既系同乡，亟应请见，但公事实难摆脱，稍暇即当出城谢步耳。”越日，即有军官来报曰：“中堂准于明日出城到漳馆天后神座前拈香。”于是，五六辈者饬馆役洁整神龛，洒

① 光绪《漳郡会馆录》卷首《建置会馆原序》。

② 光绪《漳郡会馆录》卷首《券抄六》。

> 扫庭院，具茶以待。届时，又有军官飞报曰："中堂已出前门矣。"漳馆时在冰窖胡同，距大街不远，于是五六辈者皆具衣冠，步出大街肃迎，各于舆前一揖，公在舆中一拱，而舆已飞过，人马喧腾之际，五六辈者竭蹶步随，甫入馆门，见公拈香已毕，请诸位登堂叙话，则见铺陈粲烂，灯彩辉煌，地毯堆花，茶香扑鼻，皆耳目所不经。公数语寒暄毕，即起登舆。五六辈者又急出街口肃送，毕，徐步而归，则依然旧日门庭，适所见者，全无踪迹，惟神座前两行绛蜡、一处藏香而已。于是同人皆惘惘相对曰："顷莫非一梦否？"呼馆役询之，亦曰："我随诸位往复迎送，且茫不知前后之何以改观也。"既各归房中解衣，则各卧床中皆安设元宝库银一个云。按此龙溪李达堂太守威所述。呜呼！公之于略，即可于此视其概。①

文中记述泉州会馆的"欣欣向荣"与漳州会馆的"集枯"恰成鲜明对照，洪承畴作为泉州籍代表是泉州会馆兴旺的重要保障。漳州会馆的人们想依恃大同乡的关系来从中沾光，因为过去"泉、漳两会馆本乡各一，乡谊最昵"，但洪承畴的态度却颇具傲慢，对漳州会馆的关照虽有，与泉州会馆比，则相差悬如。地域政治观念的发展使京师会馆由大乡贯到小乡贯，彼此独立，这反过来又成为地域政治观念发育的温床。有的会馆为了本乡籍的应试子弟能更多入仕，甚至不惜采取作弊的手法。譬如光绪三十年(1904)的甲辰恩科会试这场中国科举史上的最后一次考试中，福州会馆的舞弊行为堪为典型。当时福州、闽县和侯官的来京举子，大多数聚集在福州新馆榕荫堂，作考前的最后准备，侍郎张元奇、郭曾和陈璧、府尹沈瑜庆等京官皆轮流到馆指点，恰逢陈璧任读卷大臣，直接参与录取工作，因此他"每日到福州二馆，督同试子，练习大卷"。那年两

---

① 梁章钜：《归田琐记》卷四《洪文襄公》。

宫驻跸颐和园，殿试常在园中进行，读卷大臣须提前一天入园候宣。陈璧乃事先遣部员“以健马候于福州新馆，各试子殿试出场，即将策前一行，填为诗片，交马差半夜候门而出，天未明已代递，而读卷大臣之命下，陈侍郎果承钦派，故其门人多数皆列二甲”。[①]因为这种不平等的竞争，使不同会馆之间的矛盾日益尖锐，更促使地域政治观念向不健康的方向发展。这个事实也表明，各地会馆的发展与入京官员品级、人数、品德及好尚都甚有关系。事实上，会馆的初建往往是某些官吏倡导和捐助的结果，会馆的扩建与增宏也与官吏的捐助有直接联系。科举的发展与会馆的建设大体呈正比例关系。

从史料中看，漳州会馆在清初短暂的低潮之后，却迎来了不断发展壮大的新局面。首先，有“太史叶昊庵与天部戴紫杓先生毅然以其事为急，首捐百金以倡……苏昂邦先生力主其事，复捐赀百金，黄宫保先生邮寄亦如之，是岁公车并至，又醵得一百八十两，南宫榜放，隽者八人又捐四百金，一时在任居官邮寄未齐及数科高发未及题交者尚约有数百金，因将所有各银额举置会馆于城之冰窖胡同，为堂二房十有一，修葺更新，以崇祀郡神，敦洽梓谊，而垂诸永久也”。这时，漳州会馆呈现出振兴之状。

顺治十八年（1661），漳州会馆用银九百两买得郭永温瓦房两所共门面五间，通后连厢房大小共计房十六间。雍正五年（1727）漳州西馆典民人阮莱亭煤市街房屋一所，共计四十二间，为西馆北房，“雍正六年宗伯文勤蔡公以公车日盛，迮不能容，率合众力别典煤市宅一区直陆百两，时林君孚亭谒选留京，捐金肆拾两以成父志，郡人义之”。乾隆二年（1737），“官京师者张君愧日、蔡君倬云次明方等再谋恢张”，这时恰有“林君适以黔中别驾卓异入都，慨然复捐百金为倡，众无不踊跃争效者，合旧遗新，醵得五百余金，以

① 光绪《漳郡会馆录》卷首。

四百有五十复典一区”，“坐落中城西坊，坐西朝东，到底四层，共计贰拾玖间作为西馆南房”。乾隆六年(1741)又典阮莱亭“自置铺面房四间”，即“成衣铺一间，房租陆百伍拾文，草铺一间，房租壹仟伍佰文，点心铺两间，房租壹仟叁佰文”。乾隆十一年(1746)又典阮载轩坐落中城煤市街中间路西铺面房一间(用银二十七两)。[①] 会馆的房舍有了较多的增加，且有了铺面的收入。在康熙五十五年(1716)由蓝大老爷、陈老爷、正红旗郭老爷、镶白旗何老爷、浙江提督吴大老爷、漳镇许大老爷、提标参府蔡老爷、翰林院吴大老爷、刑部郭大老爷并各位老爷“买得正黄旗张兴祖佐领下郝玉书有承祖明买地一所，坐落永定门外七里铺，四围共计地拾贰亩，为漳州义冢”。[②]

与西馆的发展相仿佛，漳州东馆的修复与增修亦不断进行，且看《重修漳州东馆后座记》：

> 苏叔老先生以康熙戊辰将移居外屯，让馆事于祠部柯又老先生，时新同袍馆金尚剩壹拾柒两肆钱，大学新充馆金计柒两，皆就交贮，以待公用。因见馆后座为馆副住宅，榱栋颓毁，将有覆压之恐，相与议修理而重盖之，虑其费不赀，乃催集新制科新荣铨各项银计贰拾叁两叁钱。余以会试后候选寓馆中，又老属余董出入，书簿籍，馆副乃召匠鸠工，购瓦木砖灰，雇夫役搬运泥土，垣墙楹桷才粗，盖值骤雨，地坏基颓，圮而复起者再。余与馆副蔡鸾伯竭蹶从事，幸得竣功，共费用银柒拾两零玖钱。于前又老所收银各项支用外尚未能足，适纳言李倩老先生捐银肆两，又老捐至壹拾叁两，诸同袍在京未回者谢玉路、吴仲笏、蔡元琨、林亮、侯商仪、宇平远、苏楚渊各量助，

① 光绪《漳郡会馆录》卷首《券抄六》。

② 光绪《漳郡会馆录》卷首《券抄六》。

> 叁星林衣德倍之,太学廖垣夫又倍之,总计其入不足以供所出,馆副乃以己赀叁两陆钱贰分补之,始得竣工。大凡兴作之始计工估值,不惟匠人欲以轻易诱起事,即任事者眼底胸中亦未能悉其纤曲,故终局稽费,率倍于初,况时有出意外不及料者乎?今后座之役,即小可以观大……康熙戊辰薛正冠卓子氏记。[①]

文中显示了像后座修葺这样的小工程亦必须得到众力的支持。康熙六十一年(1722),《重兴东馆记》又记述了因东馆“原屋购自民间,又压于邻居,且历年风雨,几番地震,栋宇攲斜,门窗倒侧,大为不堪”,故众起倡议,捐金六百三十两对会馆进行了全面修葺。乾隆二十年(1755)蔡新志有感于“我漳东馆之建,其来已久,惟馆舍不及西馆之半,后有界墙,旧留小院仅足容膝,墙外隙地数武尚属他人”,故将银六两捐出,先购得此隙地,后又增筑东馆后院三间,“土木工役之费縻白金五十两有奇”。[②] 到道光二十四年(1844)的《重修东馆记》中又说:“因目击阶垣多圮,栋桷就倾,咸谓及今不修,后且益难为力,于是佥议捐修,多寡厚薄,各随其愿,力以集腋而成裘,即于是岁秋七月诹吉兴工,及九月而竣,堂宇房舍焕然一新,爰燕而落之。”其中“计捐金三百七十八两正,修葺中进神堂一座,前后进房屋十间,厢房六间,门楼一座,每房置木床一、桌一、椅二,共费银三百五十五两六钱六分,尚剩银二十二两存修西馆门楼一座”。[③] 诚如该记的作者所言,会馆的修葺增宏经常起于有志者的捐助,带有很强的自致性,其内在的驱动力就在“皆诸同人好义秉公,以实心行事,而无忘诸先达意也。所愿后有作者咸体此意履

① 光绪《漳郡会馆录》卷首《重刻(漳州)东馆后座记》。

② 光绪《漳郡会馆录》卷首《增筑东馆后院三间记》。

③ 光绪《漳郡会馆录》卷末《重修东馆记》。

而行之，庶几美彰盛传，而我漳观光之士益日起以鸣国家之盛焉”。①

漳州会馆就是依靠这些捐助在乾隆五十四年（1789）、嘉庆四年（1799）、道光二十年（1840）、光绪七年（1881）等年份不断修葺西馆、土地祠和义冢的。嘉庆时漳州人李威就说：“夫上下百余年，吾乡人之服官及往来都下者莫不共襄馆事，以联桑梓之情，直与同室之人无异。”②这无意间揭示了会馆延续发展的奥秘。

除了前面提到的自致性捐助外，会馆也有它的几项常规性收入。如漳州会馆在顺治朝时有关于喜金的规定。“喜金初至国学壹两，明经壹两，新乡榜贰两，新会榜肆两，会元及第倍之，文武壹体特用及世爵恩荫荐辟之考等则八九品者壹两，七品贰两，六品肆两，五品以上捌两，三品以上拾陆两。铨官则外部壹两，明经贰两，乡榜叁两，会榜伍两，庶吉士伍两。荣升则科道铨部各拾伍两，各部伍两，册封恤刑差回伍两，典试关仓等差六两，太守陆两，各司道捌两，大参按察拾两，方伯拾伍两，巡抚京堂贰拾两，尚书侍郎贰拾肆两，相公叁拾两，起复补官则照各衔充半。京官则每年贰两。入觐进表则两司拾两，太守捌两，府佐州县各陆两，首领佐贰各贰两，武衔则照文官品秩充银如其数。”③参看李景铭的《闽中会馆志》中的各会馆以及前举的汀州会馆史例，喜金是各会馆基本的常规性收入。其数额的多少与该地考中与入仕人数密切相关。

正因为如此，会馆亦都把服务于科举放在重要的位置，如漳州会馆把它得来的收入“除葺修费外，余资作为应试卷资”。又如建于乾隆年间的龙溪会馆“遇文武会试乡试及成均肄业诸君子试卷笔墨之费，可取资于是，聊为斯文润色”，“如有试京兆、肄成均及

---

① 光绪《漳州会馆录》卷末《重修东馆记》。

② 光绪《漳州会馆录》卷首《重修馆录题识》。

③ 光绪《漳郡会馆录》卷首《规约》。

内外教习效力各馆者，无论甲科贡监，每平均得取资六金，乡试时另资卷费二金，其余以供文会试卷费，恩科则就现在已收之息均分，又以六个月之息供武会试，如文会试之例”。[①] 有的会馆还资助考生盘缠，对于家庭贫困和落第举子予以特别关照，如龙岩会馆的创始人段云龙“嘉行善事，而待士尤厚，某科会试，闽之举子，以三试不售，家贫，困于贫不能回闽，将自经死，段闻救之……邀往其家，厚遇之，三年竟入春闱”。[②]

过去有人说京师福建会馆不注重募集商人的捐助，把募捐的对象局限于官僚这一阶层，我们却看到龙岩烟商段云龙鉴于原属漳郡的龙岩升为州，“以计偕试部者云集，仍漳旧馆，几无可容”，乃捐赀建立起龙岩会馆，他“爰将石头胡同房屋一所，大小址八间，价银五百两，谨先捐出以为之倡，而尤幸我同乡诸君子许其衔石之诚，各有解缠之举，鼓舞一心，共襄盛事。崇门启宇，堪设宴而肆筵；慎钥司阍，为迎来而送往。从此规模式廓，渐睹竹苞松茂之华，行将文运幸兴，仁瞻璧聚奎联之盛”。[③] 其以一商之独力捐助，以备举子京员之居。并规定，“住馆之例，京官让候补候选，候补候选者让乡试会试廷试，不得占住，以妨后人，其余杂事人等，不许住宿”。[④]

总览本章，我们可以看出市场机制的建立、人口的流动和科举制度的发展是明清会馆兴盛的社会背景，但笔者却不认为由此就能把会馆截然分成商业会馆、移民会馆和科举会馆，因为无论从会馆的设置者、主持者看，还是就会馆的社会功能而论，不同地域的会馆并没有泾渭分明的界限。实际情况经常是，主要服务于科举

① 光绪《漳郡会馆录》卷首《规约》。
② 李景铭：《闽中会馆志》卷四《龙岩会馆》。
③ 李景铭：《闽中会馆志》卷四《龙岩会馆》。
④ 李景铭：《闽中会馆志》卷四《龙岩会馆》。

的会馆有商业资本渗入其中，主要服务于商人的会馆有时由官绅来掌权，在移民区域的会馆既可以是农民会馆，也可能是工商业会馆，而且设置者的成分也很为复杂。笔者同时又注意到不同区域的会馆却也有它们的共同点，即地缘是它们的基本结合纽带。这其中既有地域政治观念以及由此而孕生的地方观念的影响，又有土著与流寓、流寓与流寓之间在经济政治利益分配上形成冲突的促成。既有民间与政府之间统治与被统治的交相补充，又有二者之间的相互对抗。既有流寓外乡乡井氛围的失落，又有在客地复制乡井以求自我实现的追求。正是在这诸多因素的交互作用下，上自历朝政府及其代表其利益的各级官员，下至一般民众都自觉地投入到或关注着会馆的建设事业，从而导致着会馆的勃然兴盛。但是，会馆的发展并不一帆风顺，几乎每个会馆都有它的曲折，有的在一度辉煌之后，迅即黯然，有的则经数度起落，这不仅是上述社会背景必然导致的结果，而且从一个个会馆的兴衰中，我们也能看到社会变迁及其所造成的社会风尚、思想观念乃至价值取向的演进。

第三章　“聚乡人，联旧谊”
——会馆的社会功能

会馆的出现首先是作为流寓士大夫的乡聚组织，后渐渐服务于科举，服务于工商，服务于社会的整合，服务于社会事业的兴办与管理，会馆逐渐演进成一种较具适应性的社会管理组织。会馆发展演进的历史反映了中国传统社会的管理体制——基层的自治与中央集权的间接控制相结合的管理体制——对社会形势变迁的不断适应。

第一节　明清阶级关系的变化

明清社会随着经济的市场化发展，呈现出许多新旧交替的变动，在阶级关系上，就体现出如下特征。

一、“四民”观念的模糊化

在传统农业社会中，士农工商的“四民”格局长期维持，少有变动，人们也多奉若圭臬。可是到明中叶以后，因政府的开明经济政策而引发的市场的发育成长，却使士农工各阶层都卷入了市场经济的洪流中，弃本业而从商者纷如。上至皇亲国戚、官僚重臣，下至士人乡民、地主豪绅，“凡对金银财利看重者”纷纷走向市场，墟市、市镇、大都市兴盛起来，地区之间、国与国之间的贸易亦由此发达。对利的追求甚至使“农、儒、童、妇亦皆能贾”。[①] 安徽休、歙

---

① 王文禄：《策枢》卷四。

“贾人几遍天下，良贾近市利数倍，次倍之，最下无能者逐什一之利”。[①] 以致“其货无所不居，其地无所不至，其时无所不骛，其算无所不精，其利无所不专，其权无所不握”。[②] 这些人经商牟利而富，势必提高了当时社会生活水平的档次。商人凭藉手中的财富雄踞于社会生活的上层，像江南“迩来则又衣丝蹑缟者多，布服菲屦者少，以是薪粲而下，百物皆仰给于贸居”。[③] 广州“人富而俗侈，设席宴客，日费二三十金，常有荡文以千金买一顽童者，虽希有之事，其奢淫亦可概见矣”。[④] 追求气派之风在明中后期几乎遍及全国各地，过去天下“望其服而知贵贱，观其用而明等威”[⑤]的规制日益为世俗所冲破。它既是商品经济发展的“果”，却又转而为“因”，继续驱使一部分人走上经商求利之途，以致出现区域性商业的繁荣和地区性商帮兴起的局面。

在这商业繁荣，商人生活水平迅速提高的现实面前，传统的官僚和士人等便相对贫困化了。孙枝蔚感叹：“满路尊商贾，穷愁独缙绅。”[⑥]斯文扫地，如何能保证“无恒产而有恒心”？于是，官僚、士人中便纷纷弃官弃儒从商。在辽州，“士其民之首也，但忧道夺于忧贫，谋生急于缮性”[⑦]，江南的南浔镇于隆万以后亦“贫士多奔走衣食”。[⑧] 在苏州，“士大夫家多以纺织求利”。[⑨] 在新安，“士大夫之家皆以畜贾游于四方”。[⑩] 其时“文士无不重财”[⑪]，

---

① 嘉靖《徽州府志》卷二《风俗》。
② 张瀚：《松窗梦语》卷四。
③ 顾起元：《客座赘语》卷二《民利》。
④ 王临亨：《粤剑编》卷二。
⑤ 《陆宣公集》卷十二。
⑥ 孙枝蔚：《慨堂后集》卷四《过仪真有感》。
⑦ 《古今图书集成·职方典》卷三六七《辽州部汇考·风俗考》。
⑧ 《南浔志》卷三十三《风俗》。
⑨ 《震川先生文集》卷二。
⑩ 于慎行：《谷山笔麈》卷四。
⑪ 李诩：《戒庵老人漫笔》卷一。

何良俊叹说：“由今日而观之，吴松士大夫为商不可谓不众矣。”[①]

在山西，经商风气亦炽。雍正二年（1724）山西巡抚刘于义奏折云：“但山右积习，重利之念甚于重名，子孙俊秀者多入贸易一途，其次宁为胥吏，至中材以下方使之读书应试，以故士风卑靡。”雍正帝朱批答曰：“山右大约商贾居首，其次者犹肯力农，再次者谋入营伍，最下者方令读书，朕所悉知，习俗殊可笑。”[②]商人甚至凌驾于士之上，这虽令雍正帝觉得可笑，可现实就是这般无情。也许这不具有普遍意义，但商品经济条件下的商人阶层无疑吸引了一部分俊秀之才。

反过来看读书人，清人沈垚在写给友人许海樵的信中说：“明人读书却不多费钱，今人读书断不能不多费钱。”[③]即使想读书，各类费用亦已大增，这必然逼使以清淡为生活准则的士子更加贫困。他们若想皓首穷经，没有一定的经济基础是无法做到的，正如汪道昆所说：“夫养者非贾不饶，学者非饶不给，君其力贾以不养，而资叔力学以显亲，俱济矣。”[④]在这里，汪道昆竟揭示了一个简单而基本的事实，即业儒者便越来越要得到商业利润的滋养。顾炎武也感叹这是一个“金令司天，钱神卓地”的时代，“求利”风气给传统的社会秩序带来极大的冲击。如河北宝坻小镇林亭过去曾经“家弦户诵，大约有专馆延师教读者十数家，即附近村庄，多习儒业，故人胶庠、食廪饩、贡成均者，概不乏人。七十年来，渐式微矣”。[⑤]江苏昆山人龚炜亦抱怨“士贫难为工”[⑥]，他说：“国有四民，农、工、

① 何良俊：《四友斋丛说摘抄》。

② 《雍正朱批谕旨》第47册，雍正二年五月九日刘于义奏折。

③ 沈垚：《落帆楼文集》卷九《与许海樵书》。

④ 汪道昆：《太函集》卷四十二。

⑤ 李光庭：《乡言解颐》卷三《人部》。

⑥ 龚炜：《巢林笔谈》卷五。

商皆自食其力，士则取给于三者，得食较逸，然舌耕笔畦，短褐不完。”[①]当时吴下有谚“穷不读书，富不教学”，“盖穷人仰不足以育，救死不赡，奚暇治礼义矣，此固势所不能也”。[②]对于孜孜于举业或学问者言，经商经常被看作是实现自己目标的中间手段，即如许多人那样“货殖之事益急，商贾之势益重，非父兄先营事业于前，子弟即无由读书，以致身通显”。

在安徽徽州，“其俗不儒则贾，相代若践更。要之良贾何负宏儒，则其躬行彰彰矣”。[③]于是，儒而入贾者层出不穷。如歙县肇岷公“以家事浩繁，服贾瓜渚”，羲龄公“以亲老家贫，弃儒服贾，以为供养”，凌珊“早失父，弃儒就贾”。[④]《汪氏统宗谱·昂号云峰配王合纪传》中说传主“初业儒，已而治鹾于江淮荆襄间，而泊于利，倜傥不群，一时贤士大夫与交焉……愤己弗终儒业，命其子延诰治书曰：‘必以经时务，佐明时，毋徒委靡为也。’以是隆师备至，日以望其显名于时，以缵其先世遗烈。”肇岷公亦“思振家声，以承父志，复命归读，名振胶庠，康熙戊寅贡成均，克副公期望之意”。羲龄公“弱冠相从旅邸，篝灯夜深而读”，在他的心灵深处，深念着“吾家中丞公、侍御公以来，世守一经，策名清时。苟不事诗书，而徒工货殖，非所以承先志也”。这个情结令他即使身为商贾，却心系儒仕。凌珊也“恒自恨不卒为儒，以振家声”。于是他“殷勤备脯，不远数百里迎师以训子侄，起必侵晨，眠必丙夜，时亲自督课之”。他对师的诚和对侄的严都无不映衬出其强烈的振家声、耀宗祖的炽热愿望。

歙县《溪南江氏族谱·故处士沙南江公墓志铭》说：“公未之

① 龚炜：《巢林笔谈》卷四。

② 王有光：《吴下谚联》卷二。

③ 汪道昆：《太函集》卷五十五《诰赠奉直大夫户部员外郎程公暨赠宜人闵氏合葬墓志铭》。

④ 《沙溪集略》卷四《义行》。

儒,去而从贾,非其志也,顾时时诵《史》、《汉》诸书及唐人诗,兴到援笔立就,所过名胜,辄眺咏移日。尤专意程,督诸子修儒术,延师课业,不遗余力……公既释儒业,而叔季受经,及叔氏试县官不利,驾部公又令释业从仲贾,公见叔氏叹曰:‘夫农之望岁,固也,汝何以岁一不登而辍耕乎?且吾业已悔之,汝复蹈吾悔耶?’叔氏感公言,趣归发愤,卒有文名。季举进士,以尚书郎出守信州。”①哥哥的商业经营成就了弟弟的科举入仕。

婺源《三田李氏统宗谱·环田胡处士松峰李公行状》中金栗斋说:“如松峰公者,易儒而贾,以拓业于生前;易贾而儒,以贻谋于身后,庶几终身之慕矣。”《太函集·明故太学生潘次君暨王氏合葬墓志铭》说:“(潘次君治父)丧毕,辄白长君:‘往仕(次君名仕)废儒而贾,慎毋伤考氏心,乃今籍考氏之灵,贾而成业,仕将舍贾而归儒也。”由此看出,业贾往往只是许多从贾者人生的一段插曲,因此我们亦须重新理解“稍有积蓄,即捆载而归”的意义,经商所得利润用于补足儒业,恰成为明清科举之兴盛文化之繁荣的经济基础。

由经商入儒衍为一种普遍现象。像宣鼎《夜雨秋灯录》记科场事五则,其中一则说浙江嘉兴有吴生儒而兼贾,久已不预科场,某年乡试,梦其父祖促其入闱,谓彼如不去,场中将缺一孝廉,并教其访同族吴兰陔,索其窗稿“乡人皆好之”一节题文,兰陔为时文能手,而屡困场屋。迨入场应试,题出为“乡人皆好之”一节,吴生直录兰陔旧作交进。② 显然,科举及第为商人所梦寐以求。

李维祯《大泌山房集》中记一个商人因弟中举后的情形:当得知弟中举时,他“召诸不能与息者,取其券而焚之,曰:‘吾家故编民,自吾弟始显,天启之矣,阿堵物,何与人事以污口吻耶?’济宁

---

① 转引自张海鹏、唐力行等编:《徽商研究资料选编》,黄山书社版。

② 宣鼎:《夜雨秋灯录》卷二(科场五则)条下,见《笔记小说大观》续编第8册。

人闻之,大喜,视公多贤子弟也”。①

温纯《温恭毅公文集》中说:“家大父即贾,然喜儒,故以纯为儒。纯诸生时,家大父贾,后罢,稍治负郭田为农。”可见其经商的目的是使孙子上进。

这类事例在山西商人、闽粤商人中都不乏其例。

总之,弃儒业贾者多有业儒的经历,有的从商者仍不废诗书,或秉灯夜读,或把无穷的期望寄托在子孙后代身上,恭敬地延师,严厉地束子,以期光宗耀祖,世居宦途。有的干脆自己由贾返儒,士与贾的界限已变得不分明了。不过,这众多的弃儒业贾者加入经商致富者的行列,却又丰富了明清商品经济的内容,儒者经商甚至多少影响着明清商人的形象内涵。沈垚说:

> 古之四民分,后世四民不分,古者士之子恒为士,后世商之子方能为士,此宋元明以来变迁之大较也。天下之士多出于商,则纤啬之风日益甚,然而睦姻任恤之风往往难见于士大夫,而转见于商贾,何也?则以天下之势偏重在商,有智略之人多出焉。其业则商贾也,其人则豪杰也,为豪杰则洞悉天下之物情,故能为人所不为,不忍人所忍,是故为士者转益纤啬,为商者转敦古谊,此又世道风俗之大较也。②

笔者认为,沈垚所言的“为士者转益纤啬,为商者转敦古谊”应该包含这样的意义:为商者当指由商致富而立志转而业儒或使后代业儒的那部分人们,为士者则指没有业商经历的士人,“为商者转敦古谊”使人们日益改变着传统的“商人必奸”的陈旧观念,又使商业发展融入了儒家道德观念的指导。归有光在《白庵程翁

① 李维祯:《大泌山房集》卷九十四《封吏部主事成公朱安人墓志铭》。

② 沈尧:《落帆楼文集》卷二十四《费席山先生七十双耆序》。

八十寿序》也说:“新安程君少而客于吴,吴之士大夫皆喜与之游。古者四民异业,至于后世,而士与农商常相混……程氏……子孙繁衍,散居海宇,黟、歙间,无虑数千家,并以读书为业,君岂非所谓士而商者欤!”[①]儒士的商人化与商人的儒士化使士商成为当时时代的主角。

应该说,明清时期的科举颇多弊端,有的孜孜苦读,妙手成章,却屡困场屋,入仕无门;有的不学无术,胸无点墨,却飞黄腾达,频遇升转。有些深尝其中艰辛的业儒者简直就是在对仕途失望之后而弃儒经商的,因为在当时的业儒者中,经济的困窘或已使他们依附于官僚,或依附于商贾,有的简直就是商贾豢养着的,在“三言二拍”、《儒林外史》、《聊斋志异》中这样的例子屡见不鲜。

商人之子业儒成为当时社会的普遍风气,士之子穷而弃儒,商之子富而业儒,周顺昌似乎对此慧眼独具,他说:“方今仕途于市:入仕者,如往市中贸易,计美恶,计大小,计贫富,计迟速。”[②]这样把业儒与业贾划上等号,虽然不免有偏颇之嫌,却也不是无中生有,商业对科举产生了极大的腐蚀作用,科举的诸多弊端亦由此而生。

当部分知识分子意识到业儒入仕也不过是求把自己的学问售于帝王家从而谋求经济利益这一点之后,他们甚至已心安理得地弃儒经商了。或许他们中的部分人会以儒家思想约束自己的经济行为,或者于将来以自己的财富来滋养儒家道德规范的生长发育。他们注重“文行出处”,反对作为入仕之敲门砖的八股文制度,有的甚至公开打出“不入仕”的旗帜。思想家陈确把读书与治生都视为“真学人之本事,而治生尤切于读书”,“真有志于学者,则必

① 归有光:《震川先生集》卷十三。
② 周顺昌:《烬余集》卷二《与朱德升孝廉书》。

能读书，必能治生”[①]，从而树立起全新的人生观。清初思想家唐甄则于晚年由学转商，并把经商之道当作保全人格不致沦落的最佳选择，他说：“我之以贾为生者，人以为辱其身，而不知所以不辱其身矣。”[②]儒而业商或成为儒士们为摆脱贫困而作的随机应变，或成为儒士们对当时政治腐败的消极抵抗。

于是，无论是“士而贾其行”，抑或贾而“咸近儒风”，儒与贾的身份认定就显得不那么重要了，儒与贾的对立似乎已不存在，仅仅只是职业的不同选择。汪道昆说：“古者右儒而左贾，吾郡或右贾而左儒。盖诎者力不足贾，去而为儒，羸者才不足于儒，则反而归贾。”[③]人们可以根据自己的所长选择职业，体现了人生价值的多元倾向。人们认为倘若“业儒服贾各随其矩，而事道亦相为通，人之自律其身亦何艰于业哉”。[④] 正是这不重表面而重实质的推究使人们能够冲破传统的“四民”观而弃儒入贾，或由贾返儒。在徽州竟至于“不儒则贾，相代若践更”；在新都，“三贾一儒，要之文献国也。夫贾为厚利，儒为名高。夫人毕事儒不效，则弛儒而张贾，既厕身飨其利矣，及为子孙计，宁弛贾而张儒，一张一弛，迭相为用，不万钟则千驷，犹之转毂相巡，岂其单厚计然乎哉，择术审矣”。[⑤] 士人有商人的素质，商人有士人的品行，二者得到统一，便形成为儒商。儒与贾的界限被模糊化，何必推究这职业的标识？寻求心灵的净土却可以使彼此缩短距离，空同子说：“士商异术而同志，以雍行文艺，而崇士君子之行，又奚必于缝章而后为士也。”[⑥]四民观念的模糊化特别是儒生与商贾的身份互动使商人阶

① 陈确：《陈确集》卷二《学者以治生为本记》。
② 唐甄：《潜书》上篇。
③ 汪道昆：《太函集》卷五十四《明故处士溪阳吴长公墓志铭》。
④ 《汪氏统宗谱》卷六十八。
⑤ 汪道昆：《太函集》卷五十二《海阳处士金仲翁配戴氏合葬墓志铭》。
⑥ 《汪氏统宗谱》卷一一六《弘号南山行状》。

层中亦拥有一批颇具儒行者，这成为商业性会馆得以组建并实现整合的作用的思想基础。

二、贫富贵贱的急速转变

在中国传统社会里。因为科举制度的推行，官僚多不世袭，这便从体制上引起了贫富贵贱的变动不居。到明中叶以后，因为商品经济的发育与成长，商业利润的大起大落和人们对职业选择的不同，贫富贵贱的变化更为急剧。人们常用“千年田，八百主”，“百年田地转三家”、“人无三代富，人无三代穷”，“你方唱罢我登场”等俗语来概括这种社会现实。显然，科举的中与不中，官吏的升迁降调，俸荫的延续与中断等等都对贫富贵贱的变化产生影响。

随着商品经济向农业、手工业的渗入，土地、房产乃至牲畜都进入流通渠道，土地或分成田骨、田皮，买卖方式则采取了典、卖、找、贴、断、赔、垫、休心断骨等名目，地权分成若干不同层次既表明了土地买卖本身的发达，同时由此也使社会上的阶层分别更加复杂。[①] 而且土地的买卖并不纯粹依据市场供求关系来决定，像政权、族权、亲邻权、原业主权、地方霸权等非经济因素也渗入其中，从而使明清社会各阶层的阶级地位和经济力量处于不断的变动状态之中，即“人之贫富不定，则田之来去无常”。有的人通过力农而致富，扩大地产；较多的人通过经商或放高利贷来增加土地，从而跨入地主阶级的行列；有的经商客居者在当地大肆购入土地，有时足以使当地人沦为他们的佃仆。也有一部分地主由于分家析产、子女没出息等原因而没落破产。乾隆朝刑科题本中记载的许多民事纠纷经常都是由买卖活动受阻而引起的[②]，许多地方志中

① 参见拙文《清至民国建瓯土地契约中的经济关系探微》，《中国经济史研究》1990年第3期。

② 《清代土地占有关系与佃农抗租斗争》，中华书局1988年版。

记载的“民风刁诈”、“健讼”时常是买卖活动中商业纠纷增加的结果。与此同时,不少家族曾力图通过享受特权的家族共有经济如族田、义田、祭田、书灯田等的建设来抵制社会经济洪流的冲击。虽多有成效,但也不免捉襟见肘,贫富贵贱的升与降依然不断改变着人们的社会地位与经济地位。

对于流寓在外的人们来说,遇到的偶然情况更多,贫富贵贱的升降速率势必更快。原来半生潦倒、四处谋生的人数年后摇身一变,富甲一乡。像李光缙的“兄伯先世业儒,后徙居安平”,受商业发达的影响,转而贾粤,成小贾,因善夷言,在外贸中“收息倍于他氏”而升为中贾,继续远迹海外便成了大贾。[①] 何守吾“世居晋江安平镇之西安里……蚤孤且贫,是用束身从贾,然具有信断而大之,以好行其德,不离于儒术。始客潮……其服贾也,本之以信,佐之以智,因之以天,以处厚为丈夫,以任遇为明达,常舍竞而多奇中,中经折阅,亦无所苦,故始为末,继为中而终之大”。[②] 有的原属中产之家,离乡行商,一二十年后居然积镪十万。反之,亦有人挟重赀经商,“数年所向失利,辗转耗尽”,“遂受佣他商,为之掌计以糊口”。[③] 或者是“家巨万,与人争数尺地,萧然矣”。[④] 有的生前藏镪百万,死后不肖子孙败家荡尽,有的“位臻崇秩”,省斋、江楼、屋宇、园亭,穷极壮丽,然而未几“故庐已属他姓”、“第宅皆新主矣”。[⑤] 因为这种现实,所以从明中叶以后,由《金瓶梅》开其端而涌现的一大批世情小说,以较多的篇幅为人们生动而传神地描述了一个又一个贫富贵贱频繁升降的悲喜剧。

《金瓶梅》描写的主人公西门庆是由一个仅继承了父辈一个

① 李光缙:《景璧集》卷三。

② 何乔远:《镜山文集》卷七十。

③ 蔡羽棋:《辽阳海阳传》,《香艳丛书》第 11 集。

④ 谢肇淛:《五杂俎》卷四。

⑤ 张瀚:《松窗梦语》卷八。

不景气的生药铺的“破落户”财主,经过七年的奋斗而镪至十万,拥有了绸缎铺、解当铺、绒线铺、丝绢铺等多家铺面,资金雄厚,单缎子铺第一天开张就有了五百两银子的收入。这是通过经商由“破落户”变为“新发家”的例子。在这过程中,他不仅仅活动于商业领域,而且与官府的交往与援引频繁,他是由商入官,倚官兴商的两栖人物,如果不是他的早亡,或许家业还可更大。但盛极必衰却不可避免,只是时间迟早的差别而已。

在《初刻拍案惊奇·转运汉遇巧洞庭红,波斯胡指破鼍龙壳》中,苏州落魄子弟文若虚向被人家呼为“倒运汉”,可是一次偶然的海外贸易随行改变了他的运气,先是洞庭红的“利逾百倍”,后又是鼍龙壳的无本万两买卖,使他遽然成为众多海外贸易商中的头号大富。令人心跳,令人神往。为商竟能创下如此的奇迹。

在《醒世姻缘传》中主人公晁源的父亲本乃一介私塾之师,舌耕笔畦,收入甚薄。晁源娶了大户人家计氏的丑女已觉满足,可是晁源父亲却因中举做了华亭县知县,地位骤然升迁,可计氏家境却由盛转衰,门当户对的天平再度倾斜,夫妻间的矛盾由此而生。科举入仕带来的地位变迁前后相比宛若天壤,这怎能不驱使人们全力以赴,矢志不渝?有的甚至经受不住这变迁带来的心理波动,像《儒林外史》中的范进在听到中举之讯后,先是迟疑,既而竟疯了,在此之后,张乡绅、乡邻等的馈送与投靠,更令过惯了苦日子的范进母亲消受不起。

在《歧路灯》中官僚家庭出身的谭绍闻日益显得不争气,而作为他的表弟的小店铺老板王隆吉却日显兴盛,它提供给人们一对堕落与上进的实际事例。

我们看《红楼梦》,其中甄士隐为《好了歌》所作的注同样反映了贫富演变的快速,摘引如下:

陋室空堂,当年笏满床;衰草枯杨,曾为歌舞场;蛛丝儿结满雕梁，绿纱今又糊在蓬窗上。说甚么脂正浓，粉正香，如何两鬓又成霜？昨日黄土陇头埋白骨，今宵红绡帐底卧鸳鸯。金满箱，银满箱，转眼乞丐人皆谤；正叹他人命不长，那知自己归来丧！训有方，保不定日后作强梁；择膏粱，谁承望流落在烟花巷！因嫌纱帽小，致使锁枷扛；昨怜破袄寒，今嫌紫蟒长：乱烘烘你方唱罢我登场，反认他乡是故乡。甚荒唐，到头来都是为他人作嫁衣裳。①

其中包含了浓厚的宿命论调，但何尝不是现实的写照？

如果说由贫入富、由贱入贵易使人们产生“春风得意马蹄疾”的愉悦的话，那么由富返贫、由贵返贱却多带给人们悲戚、怨望乃至反抗。

三、阶级利益的明朗化

商品经济的发展激发了社会上追利逐富的竞赛，一方面社会的两极分化在加剧，另一方面家族的纽带也面临着松解的挑战。早在明嘉靖时，皇室、勋戚庄田便大为发展，景王朱载圳封国湖北安陆，占地数万亩。万历时，潞王在湖广有田五万亩。福王在河南、山东、湖广等地有田两万顷。其他藩王占有土地也很多，连小小武冈州岷宗也“每每强占人田房子女”。② 嘉靖中后期，勋戚严嵩、徐阶均占有田地二十多万亩，所占皆膏腴之地，“今袁州一府四县之田，七在严（嵩）而三在民，在严者皆膏腴，在民者悉瘠薄，在严则概户优免，在民则独累不胜”。③ 徐阶“其田赋在华亭者，岁运米万有三千石，岁租银九千八百余两，上海、青浦、平湖、长兴者

① 《红楼梦》第一回。

② 包汝楫：《南中纪闻》卷一。

③ 《明经世文编》卷三二九，林润：《申逆罪正典刑以彰天讨疏》。

不计也,佃户不下万人”。[①] 锦衣卫陆炳“积货数百万,营别宅十余所,庄园遍四方”。[②] 湖州的董份、松江的董其昌亦皆田过万顷。福建的仕宦富室“相竞蓄田,贪官势族,有畛隰遍于邻境者,至于连疆之产,累而取之,无主之业,嘱而丐之,寺观香火之奉,强而寇之,黄云遍野,玉粒盈艘,十九皆大姓之物,故富者日富,而贫者日贫矣”。[③] 农村田地向为官作宦者集中,是以许多农民失去生产资料被迫沦为佃户、奴仆为代价的,“民产渐销,乡官渐富”的现实成为佃农、奴仆起而抗争的社会背景。

在流寓者较为集中的商业领域,不平等的竞争无处不在。清初人屈大均说:广东地区自唐宋以来最称富庶,时下在广州作官的,不分大官小官,“率务朘民以自封,既得重赀,则使其亲串与民为市,而百十奸民从而羽翼之,为之垄断而罔利,于是民之贾十三,而官之贾十七,官之贾本多废居易,以其奇筴绝流而渔,尝获数倍。民之贾虽极其勤苦而不能与之争。于是,民之贾日穷,而官之贾日富;官之贾日富,而官之贾日多,遍于山海之内,或坐或行,迩而广之十郡,远而东西二洋,无不有也”。[④] 这些官商依仗雄厚资本和政治权势不仅可以迫害自由商人,而且弄得人民贫困破产,无以为生。像《金瓶梅》中西门庆以官商的身份不仅提前支取了官府专卖的盐引,而且在官场上营私舞弊,在地方上视仆妇为家产,作威作福,无所不用其极,外邦来的客商何两峰等也只能甘拜下风。

其次,牙行制度本是作为封建政府的税收机关而存在的,一般商人却时常被牙行压制、榨取,商业无法自由发展。万历三十年(1602)赵世卿疏中说:“在河西务关,则称税使征敛,以致商少,如先年布店计一百六十余座,今止存三十家矣。在临清关,则称往年

① 范守己:《曲洧新闻》卷二。
② 《明史》卷三〇七《陆炳传》。
③ 谢肇淛:《五杂俎》卷四。
④ 屈大均:《广东新语》卷九《事语·贪吏》。

商伙三十八人，皆为沿途税使盘验抽罚，资本尽折，独有两人矣。又称临清向来缎店三十二座，今闭门二十一家；布店七十三座，今闭门四十五家；杂货店六十五座，今闭门四十一家；辽左布商，绝无一至矣。在淮安关，则称南河一带剥来货物，多为仪真、徐州税监差人挟捉，各商畏缩不来矣。”[①]万历间的北京官店，曾经规定“各项客商杂货，俱入官店发卖，不许附近私店擅行停宿”。官府甚至对外地商贩和铺行的商品实行勒买，“时值百文，止给六七十文”，“值十文者，止给一文”。[②] 时至清代的康熙五十二年（1713），苏州织造李煦曾给康熙帝上了一份密奏，说，有陕西商人在苏松地区散卖凉帽却不要现钱，肯赊与本地商人，江苏巡抚因他们是外省人，竟指责他们“结党聚众，谋为不轨”。过了两个月，李煦在另一份密折里，对前案做了进一步的报告，他发现问题是因陕西商人和本地牙商发生口角争执而起，以致牙商造谣陷害，事实上，这些陕西商人是一群规规矩矩的商人。密折上说：

> 至于散藤帽一事，据臣所访，陕西人春间贩帽至南方，散与铺家，至及秋间，又贩皮货复来，方收春所散帽银。再于明年春贩帽南来，又收上年皮货价值，连环交易，相率为常。而今春陕西商人因交易之事与牙行角口，牙人遂造出散帽结党等语。[③]

牙商是当时区间贸易必须经过的法定中介人，牙商对陕西客商的诬陷，虽然经由清官李煦调查清楚，可同时也说明陕西客商若得不到牙商的合作，他们在江南地区的贸易活动势必很难继续下去。

① 《明经世文编》卷四一一，赵世卿：《关税亏减疏》。

② 傅振商：《恒南稿》卷四上。

③ 《李煦奏折》，转引自石锦《近代中国社会性质研究》，台湾李敖出版社 1991 年版，第 161～162 页。

更值得注意的还在于除了官牙之外,各地方官吏和恶棍往往串通州县,私设牙行,私领牙帖,以致乡下小民“借以营生糊口”的数百文或数十文的“趁集交易”,他们也持牙帖加以“任意勒索”,甚至粗暴地驱逐商人,不许进行交易①,自由商人与小商小贩多有朝不保夕的不安全感。

在广大的移民区域,有的人继续业农,有的转而经商,先移者往往成为土地的主人,而后至者却只能为佃,这业主与佃农之间的关系从一开始便奠定在剥削与被剥削的基础上,而且地域的分野也促使二者的矛盾迅速激化。移民们多怀着走向富裕生活的信念移往客地,可是经过长途跋涉移向客地后,他们面对的可能是仍为佃农的命运,甚至还会受到更重的剥削。他们虽“三时农忙,率其妇子毕力于耕耨,迨其获也,强半入于地主,暨偿诸所获,盖甫释耒而室悬罄又什之七矣”。② 显然,当一部分人成为人上人之后,必然置另一部分人于人下人的地位。

我们认为,明清阶级关系的变化是明清社会变迁的产物,这其中商品经济的发育与成长是一机枢,它导致了四民阶层的频繁变更和商人社会地位的提高,它导致了统治者与被统治者、土著与流寓、流寓与流寓等多种矛盾和斗争,也包括地方保护主义观念的出现。不同地域有不同区域的主要矛盾,因而不同区域的会馆所发挥的社会整合作用也不一样。

第二节 会馆与社会整合

所谓社会整合,即是把社会的各种因素、成分或不同的社会力量、成员结合为一个统一、有机的整体。制度能通过规范人们的行

① 《清朝文献通考》卷三《市籴考》。

② 康熙《东华录》卷一一六。

为,调节人们的社会关系而发挥这种作用,故具有社会整合功能。会馆制度的社会整合功能就是十分显著的。

一、会馆内部整合

会馆最初是由同籍官僚创置的,是节庆、闲暇时的俱乐部,其后不仅出现了不同功能类型的分野,而且会馆入馆者的阶层更为广泛,会馆的规章亦建立起来,会员的权利与义务亦日见明确和具体。这就使得会馆能穿越阶级和其他纵向联系,并使其受托于富有者和有势力的人。我们不难发现无论哪一类会馆,都把管理权或交给仕宦,或交给有实力堪赔补者,因为他们可以利用自己的富贵地位作为担保,他们可以利用虚伪的平均主义原则在组织内部进行着有等第的劳动分工和权益分配,他们也有能力按照自己所有实业的利益来限定会馆的目标,因而会馆的建立便经常由他们首先倡建,由他们首先出资,实际上也主要是服务于他们的利益,同时兼及其他阶层的利益。会馆建立的意义就在于它能让不同阶层的人们在乡贯的旗帜下聚集在一起,树立起会馆的威信,同时又可作为人们向上发展与落魄无归的依恃,因而它就具有较强的稳定性,从而发挥其内部整合作用。

会馆一般把经济基础奠定在同籍人中有政治地位与经济地位的人的捐助上,这是因为乡井经常是人们体现自己人生价值的重要基地,即如俗语所云"富贵不还乡,如衣锦夜行",而作为乡井的复制物的会馆正好提供给寓外人士这样的舞台。称得上富贵的主要是两种人:一种是官绅,一种是富商。台湾学者石锦曾对苏州的会馆作过分类。第一类是完全由同乡官员所组成的,八旗奉直会馆是典型。第二类是由任职江苏的同乡官员和民商联合组成的,吴兴会馆是典型。第三类包括官商、绅商、民商在内,光绪七年(1881)创立的两广会馆是典型,捐钱修建会馆的人包括同乡官员二十五人,如都察院左副都御史陈兰彬、江苏巡抚丁日昌、江宁布政使梁肇煌等,同乡候补官员十二人,如江苏候补道唐廷枢,江苏候补道徐润等,以及一些小地域性的同乡商业团体。第四类是由绅商和民商共组的,宣州会馆是典型。第五类是由民商、官商、绅商联合组成的,东越会馆是典型。第六类是以民商为主体的会馆。显然,官和商是会馆建设的基本力量。在这六类会馆中,有官绅效力于其中的占十分之七,反映了官绅阶层对建设会馆的热衷。也正因为如此,有的会馆是在有本籍人任职于该地才建成的,如苏州的陕西会馆迟到乾隆二十六年(1761)才建立,是因为当时的苏州知府赵学山、苏州府同知陈如飞、吴县知县王式之三位陕西同乡官员的扶持。① 官绅加入会馆直至领导会馆,无疑提高了会馆的品位,这不但有利于会馆对外交涉,而且也是团结会馆组成分子的重要力量。所以有的会馆可能会出钱聘请有绅士地位的同乡,担任会馆的董事职务,像苏州的潮州会馆聘请进士马登云为董事,他便很愉快地承担整顿有问题的潮州会馆馆务的责任。②

官绅阶层一般都把致力于建设会馆作为自己的荣耀之举,视为惠泽乡里的最好方式。像在京师,叶向高、李光地、蔡新、陈望坡等皆舍宅为馆,全楚会馆为故相张居正之故宅。也有的或竭力出资为倡,有的或倾全力于会馆的修建与管理。譬如苏州的汀州会馆,创于康熙四十七年(1708),是汀州府属上杭县纸商组建的,咸丰十年(1860)太平军进占苏州时,会馆被毁,会馆所拥有的房地产也大半被毁。同治二年(1863)清军收复苏州后,上杭纸业的生意一直不振,会馆财产也被上杭商业华信园售押殆尽,直到同乡罗少耕观察奉调来苏,这种情形才有了转机,罗少耕在会馆商人张正益、傅慕连的请求下出面解决会馆问题。他请吴县知县高立夔立专案,追赎已经售押出去的馆产,终于把失去的馆产陆续赎回。其

① 石锦:《近代中国社会性质研究》,台湾李敖出版社 1991 年版,第 75 页。

② 《明清苏州工商业碑刻集》第 340 页,《潮州会馆碑记》。

时，上杭纸业仍无起色，纸商罕至，刚好汀州府属永定县皮、丝、烟帮商人正筹备建立本县的会馆。罗少耕召集了两县在苏商人，以同府之谊，说服他们合组会馆，并沿用汀州会馆旧名。光绪十三年(1887)，新会馆成立，经费由两县商人分任。不幸，新馆成立不久，同乡商人又因馆务发生争执，几乎酿成事端。罗少耕为避免会馆分裂，利用自己的政治影响力，援当时金陵会馆和福建会馆成例，把汀州会馆的管理权交由在江苏的同乡官员来督率，并获江苏巡抚批准，通令遵行。光绪三十一年(1905)罗少耕去世，其子罗笃甫观察继任其事，他倡修会馆大殿，捐资五百元。[①] 这样，官绅势力不仅拯救了濒于崩溃的会馆，而且使其聚合力更强，更多地团结了同乡，从而成为一个有效的整体。

商人阶层也抱有同样的心理追求，积极投身于会馆的建设事业中。就举京师龙岩会馆的创建者段潭波为例，他起初在京师以斗鸡为业，后渐有积蓄，又从事烟的贩卖，资本更为壮大。他面对龙岩特进为州，过去与漳平、宁化共用会馆，可是“迩年应乡会试以及廷觐候选者，人更加于昔日，地未辟于今兹，虽芝兰同臭，原容膝之可安，而肩趾相摩，恐停骖之实逼，且漳浦、龙溪有各自立馆之例”，因自己“抱志有年，私心未遂，爰将石头胡同房屋一所，大小十八间，价银五百两谨先捐出，以为之倡”。[②] 又如安徽歙县会馆在其新建与扩建改建之际，凑集出大部分经费的是官僚和扬州的盐商，官僚中也以与盐商有关系者为多，其后会馆的经费又不断地通过房租、喜金以及额外的捐助得以扩充，凭藉强大的实力，歙县会馆得以团结和激励本籍各阶层的应试子弟汇聚于其下。[③] 所有这些都充分显示了商人们对立德立功的执著

① 《明清苏州工商业碑刻集》第340页，《潮州会馆碑记》。

② 李景铭：《闽中会馆志》卷四《龙岩会馆》。

③ 《徽学通讯》，1980年第1期增卷。

追求。

可靠的经济基础是会馆实现其内部整合的首要前提。北京的闽中会馆“盖平时则以聚乡人,联旧谊,大比之岁,则为乡中试子来京假馆之所,恤寒畯而启后进也”。[①] 在聚乡人、联旧谊方面,各会馆经常举办一些同乡的活动,如逢年过节举行团拜活动,祭神明,祀乡贤,聚餐唱戏。如福州老馆每逢正月十三夕燃放焰火,福州新馆每逢正月十五夕放灯。乡人分别会饮于“燕誉”、“榕荫”之堂,在其中“一堂谈笑,皆作乡音,雍雍如也”。[②] 福州老馆建有一个乡情味浓厚的“麦饭亭”,楹联为“满目蓬蒿孤客泪,一盂麦饭故乡情”。近人李景铭先生追述至此,亦不免感慨:“一盂麦饭,故乡之谊犹敦,满目蓬蒿,孤客之泪犹湿。”[③]同乡们在会馆供奉自己故土的神灵,有的会馆甚至最初就是神庙的形式,像福建会馆奉祀财神,延邵会馆奉祀天后,汀州会馆祀明吏部尚书裴应章,莆阳会馆设景贤堂,奉祀郑樵、林光朝、陈俊卿、刘克庄等宋代四贤。餐聚唱戏等都在乡聚时进行。[④] 从《漳郡会馆录》中可见到漳州东、西两馆的祭祖活动有:

> 正月、八月十五日祭东西二馆。
>
> 清明、七月十五日祭外馆。
>
> 二月初三日祭西馆文昌帝君尊诞。
>
> 五月十一日祭东馆城隍尊诞。
>
> 五月十三日祭西馆关圣帝君尊诞。
>
> 文武会试年择日公祭东西二馆。东西二馆每逢宜祭之辰,馆长先期传单同人醵金交馆役预备一切,是日巳刻齐集,

① 李景铭:《闽中会馆志》卷首《陈宗美序》。

② 李景铭:《闽中会馆志》卷首《郭则云序》。

③ 李景铭:《闽中会馆志》卷一《福州会馆》。

④ 李景铭:《闽中会馆志》卷四《莆阳会馆》。

> 既馔具，赞礼者唱，就位上香，拜兴拜兴拜兴拜兴平身，跪爵酒，献爵读祝文，读祝者读讫，赞礼者又唱：拜兴拜兴拜兴拜兴平身，礼毕，焚楮币，与祭者东西向立，三揖，散班会饮。[①]

通过频繁而虔诚的祭神活动团结同籍乡人，京师及各省府的会馆为此做了大量工作。除了前面提到的向应试弟子提供应试卷资之外，还多设置了捐册名单和观光堂题名榜名单，这是对功名宦绩的不灭记录。据明北京歙县会馆的统计：明嘉靖以后，仅歙县一个县即出大学士一人，尚书一人，侍郎九人，寺卿五人，巡抚五人，巡按御史六人，给事中四人，检讨编修二人，廉吏四人，知府三人，督学一人，这还不包括未列名学士唐皋，都宪江东之，尚书殷正茂，“其同时以进士官部曹及令者约三十人，尚未及录”。[②] 有清一代，歙县一县本籍和寄籍进士即达二百九十六人，众科举中式者中，有状元五人，榜眼二人，武榜眼一人，探花二人，传胪五人，会元三人，解元十三人。歙县本籍和寄籍官京朝者，有大学士四人，尚书七人，侍郎二十一人，都察院都御史七人，内阁学士十五人，在京师各部曹和地方各级政府为官的歙县人就更多。[③] 仅歙县南吴氏一个宗族在地方当县太爷的就多达十二人。这会馆的题名榜既是对会馆过去成绩的一种展示，又成为进一步整合众士子的激励机制。有的会馆规定：乡人中有高中“三鼎甲（即状元、榜眼、探花）”的，要在会馆里设宴庆贺，还要在会馆门上或厅内悬挂一块匾额。有的会馆有宰相、状元、榜眼、探花、翰林、进士、大学士、大司马、大司徒、太师、总督等大小匾牌数十块之多。会馆或可得到新贵的惠施，规模得以进一步扩大，于是便出现了这样一种现象：哪个会馆

① 光绪《漳郡会馆录》卷首《祭祀事宜》。

② 《歙事闻谭》卷十一《科举故事》。

③ 《徽学通讯》，1989 年第 1 期增卷。

悬挂的鼎甲匾额越多,哪个会馆便越荣耀,越高屋华构。位于北京永定门外的“北京歙县义庄”亦规模宏大,四周有墙垣围住,内中所建的高敞厅堂即用于演戏,这既对久离故土的徽州人产生一种莫大的慰藉,亦使徽州地方戏剧到处流布。在北京的二十二所福建会馆也多有类似歙县会馆的题名榜。像漳郡会馆“凡缙绅先生与夫孝廉明经上舍游宦之往来,莫不送迎有礼,至有依而去有思,春秋享祀,岁时伏腊,聚膝而欢呼,以故宾至如归,万里天涯,犹然戚里过从也。由是百余年间,科名与宦迹并盛,冠盖络绎如织。吾郡一隅,遂甲七闽,而与天下名郡相雄长”。① 可见,桑梓之情是会馆内部整合的纽带,而官宦与科举的兴盛是京师会馆繁荣与发展的基础。

值得一提的是,绍兴的部分读书人舍弃了由科举入仕的光明大道,反而以“入幕”之径跻身官场,其中也不乏声名显赫者。他们在席丰履厚之后,亦有意于助落魄的同乡一臂之力,有的竟倡建会馆,让同类中的落魄者有容身之地。著名幕师许思湄在《致在直同乡官募捐资贴团拜经费》中甚至认为会馆团拜是仿上古乡饮之礼来联络桑梓之谊的,其意亦在于“得相赞,失相匡,喜相庆,灾相恤,忠孝友悌相与黾勉,道德艺术相与讲求”,其中亦包含了明显的社会整合的内容。正因为这乡土纽带的连结与牢固化,使得绍兴师爷几乎独占了“师爷”这块在明清特别是清由贫入富的风水宝地,他们甚至在一个更大的区间内形成网络,彼此声气相求,更加巩固了自己的恒久地位。②

京师的商人会馆在发挥内部整合功能中尤显重要,如正乙祠通过“答神庥、笃乡谊、萃善举”等手段,以求“奉神明,立商约,联乡谊,助游宴”,设立义园、义冢以救济贫乏,安葬无资之死者。

---

① 光绪《漳郡会馆录》卷首《初置会馆原序》。

② 王振忠:《绍兴师爷》,福建人民出版社 1994 年版,第 136 页。

"每至春秋假日，祀神饮福，冠裳毕集，献酬□错，相与为欢。其能敦桑梓之谊者，犹莫如建立义园一事，盖当时世会隆盛，乡先生贾于都者，率有士大夫风，每于店业之盈余，腋集而公存之，创作义事于永定门外，立土地祠，旁有隙地为义冢，乡人殁而无归者，皆殡焉。其后愈恢愈广。凡二郎庙、回香亭、葛家庙皆是，前后相承已二百年。本年[指同治四年，1865]又在二郎庙西，置地三十亩，名为新□，五处义冢，以千万计。每岁又有祭孤、修茔诸善举，莫不井井有条。"[①]会馆把神明崇拜放在首位是因为"人无论智愚，未有对明神而敢肆厥志者。爰鸠资为祠以宅神，别构楹为之宴所。岁时赛祀，集同人其中，秩秩然，老者拱，少者伛，以飨以饮，肃肃然，雍雍然。自是善过相规劝，患难疾病相维持，生者安矣，又恐没者无以瘗，乃捐金购地，以厝同人之没而无所归者，使不暴露"。[②] 像黄皮胡同仙城会馆设关帝神座，"里人升堂，奠位凝肃，瞻仰神明，若见若语，桑梓之谊，群聚而笃"。[③] 会馆神灵成为人们"联其情而洽其意"的联系纽带。在神灵崇拜的旗帜下，才有了会馆的合乐、义举、公约等整合途径。像晋翼会馆设置了火德真君、关圣大帝、增福财神的神位，"每逢圣诞日期，合行[布行]咸集拈香，商议公事"。[④] 靛行会馆"自修神殿三楹，东西配房八间。庶可妥神灵以壮其观，亦可敦行谊以赖其庇也"。[⑤] 河东会馆立三圣帝君之祠于其中，"每公会，在京同人远近咸集，拜祷之余，继以燕会。能敬且和，居然吾乡醇朴之风，敦睦之义也"。[⑥] 药行会馆"同行向在南药皇庙，同修祀礼，奉荐神明。命彼伶人，听笙歌之毕奏；昭我诚敬，

---

① 《明清以来北京工商会馆碑刻选编》第 11～12 页，《重修正乙祠碑记》。

② 《明清以来北京工商会馆碑刻选编》第 14 页，《重修正乙祠整饬义园记》。

③ 《明清以来北京工商会馆碑刻选编》第 15 页，《创建黄皮胡同仙城会馆记》。

④ 《明清以来北京工商会馆碑刻选编》第 38 页，《新建布行公所碑记》。

⑤ 《明清以来北京工商会馆碑刻选编》第 95 页，《新建靛行会馆碑记》。

⑥ 《明清以来北京工商会馆碑刻选编》第 60 页，《河东会馆碑记》。

戒礼度之无愆。既建地以酬神,亦行规而可议”。[①] 于是,在嘉庆二十二年(1817),北京的药行会馆就有了一套比较严明的规定,即:

一议:各铺家按生意,每月八毫捐钱,每逢初二,著看馆人取作公费。费用之外,余钱存公。

一议:各行每节按行用,捐银五厘存公。

一议:各客每年按生息,捐钱五十两,于八月二十六日交入公账,另行生息。

一议:众首事按月轮值,每逢初一日,上下首事齐到会馆交代银钱,毋得迟延。如午刻不到,罚银二两。

一议:新开铺子,家伙字号银每百两捐银一两,以存公用。系嘉庆十五年正月起。

一议:看馆人,众首事,公请公辞,毋得徇私束修工食,每月给钱二十千。

一议:殿上撣洁净。看馆人早晚点香烛,待烛尽,虽身不误。

一议:器皿什物,著看馆人小心谨慎,轮值首事检点查明。

一议:馆内不许赌钱酗酒等事,违议罚。

一议:同行人在馆演戏庆吊,不议家伙台费。

一议:圣诞演戏之日,轮值首事悉心办理。如值月首事不到,罚银二两。

一议:各项捐钱,除每月费用之外,余钱于每年八月廿六日到馆,众首事结算归入公账,交殷实存用生息。

一议:会馆逐月总账,轮流交管。如遇有存钱一百千,值

① 《明清以来北京工商会馆碑刻选编》第92页,《重建药行会馆碑记》。

月司月领用利八厘起息，约于八月廿六日，本利归公，另行出息。

东城各铺每月捐香资钱拾陆千壹百玖拾文。

东南城各铺每月捐香资钱伍千玖百贰拾文。

西城各铺每月捐香资钱捌千陆百伍拾文。

西南城各铺每月捐香资钱玖千叁百陆拾文。

同仁堂每月捐香资钱柒千文。①

其他像帽行会馆、颜料行会馆也都建立起自己的规约。在中国民间，神灵为普通人信奉不疑，会馆打出神灵的旗帜，便适应了人们寻求庇护的心理。像浮山会馆"其馆北位五圣像，神德灵应，佑我商人；南建演乐厅，依永和声，仰答神庥。我乡贸易诸公，每遇朔望，咸集于此，敬修祀神。虽异乡宛若同乡，皆得以敦亲睦之谊，叙桑梓之乐焉。且我邑士商，或观光于上国，或寄迹于市廛，举凡托业兹土者，靡不被神之佑，获福而平安也"。② 对神灵庇佑的笃信为会馆实施内部整合创造了便利的条件。通过参与市场行为的主体，以组织的形式、集体的努力来协调本籍或同行间的市场行为，其积极意义是显而易见的。

在各工商业都会，会馆建设亦首先是为了同籍人的内部整合。如上海的建汀会馆碑记说："仕宦商贾之在他乡者，易疏而难聚，易疏而难亲，于是立会馆以联络之，所以笃乡谊也。"③为了达到这个目的，会馆制订了较为完备的规章，大体包括如下方面：

（一）领导的产生及职责：会馆董事建郡公举一人，汀郡上杭、永定两邑各举一人。凡遇公事集议，由司事着馆丁传单咨照。

① 《明清以来北京工商会馆碑刻资料选编》第93页，《重建药行会馆碑记》。

② 《明清以来北京工商会馆碑刻资料选编》第100页，《浮山会馆金妆神像碑记》。

③ 《上海碑刻资料选辑》第278页，《重修建汀会馆碑》。

各项收支银钱出入,归上、永两邑各延司事递年经理,每年于上元节交替。所有田、房各产契据及器皿杂物等,由各董检查后交司事管理。如有缺少及擅用公款而未经集议者,惟值年司董是问。除田房各产数目业已勒石外,杂物器具另立两簿:一存会馆,一存司事处,以便随时核对。器具等逢节用毕,由司事查封,毋得外借。如有损坏,即行注册,以待修补。若馆丁任意作践,饬令照数赔偿。

(二)经费来源及管理:会馆捐项永邑龙冈会每年总捐洋五十元,上邑仍照月捐长生会旧章,归值年司事按期收取。建郡纸、棕各货捐,仍照旧章抽厘,归值年司事收取。捐款除常例支用各费外,积有成数,公择庄号,暂存生息,以备添置祀产。嗣后置产,须将坐落价目随时补勒石上,并于基址置立界石,以杜侵弊。馆丁所种余田,所住耳房,将工抵租,两相允洽,立有字据,以专责成。

(三)祭祀与殿堂管理:向例每逢圣诞演剧称觞,现因经费不敷,暂行停止。俟稍充裕,再议举行。会馆供奉圣母殿庭厅事,理宜洁净,应令馆丁随时洒扫。朔望神前香烛向司事处领点,不得稍有怠忽,并不得留宿亲友,以及匪类聚醵赌博等事。如违立逐,断不姑容。各同乡逢节到馆拈香,肩舆酌给折吃钱贰百文,小车柒拾文。

(四)丙舍义冢的管理:会馆丙舍冢地,系建汀两郡义举,他帮人棺木,概不得进厝埋冢。嗣后各司董如仍有徇私等情,公同从重议罚。棺木入厝及埋冢地者,均须保人向司事处报明亡人姓氏、籍贯、男女、大小,由司事给发对牌,方准入厝埋冢。倘有蒙混,一经查出,责成保人领去,再行议罚。如馆丁不凭对牌,徇私乱规,察出立逐。丙舍为暂寄之所,久停不葬,愈积愈多,不特朽烂堪虞,抑且无从位置。今定三年为期,逾期不来领回者,由会馆代瘗。棺木进厝,男女分停,毋得混淆。薄板棺不准进厝,随到随埋。徇情停留,馆丁是问。埋冢者将亡人姓氏、男女、大小登簿编号,当即插签标记。再用网板刊明号数姓氏,合埋棺头,以备日后检查。其葬法只准挨次排列,不得自择出向,致乱公举。起棺捡骨带归乡里者,先至司事处报明亡人姓氏,查对无讹,然后举办,不得擅自混起。同乡遇有路毙,无亲友承值者,准地方报明会馆,由司董查确,给棺掩埋。同乡中如有非因病身故者,须有确切保人,方准入厝埋冢。老义冢地形极低,虽经四面开沟,尚须随时疏浚,每遇雨后,应令馆丁勤加浚治,以消积水,用妥幽魂。扛棺力,大小南门、西门及城内县桥以南,定价八百四十元,大小东门、新老北门及城内县桥以北,定价一千一百二十文,洋泾浜北一千四百文;掩埋工钱五百六十文;小殓四百二十文;捡骨每具二百十文;进厝出厝,每具二百十文。①

建汀会馆章程具体而详密,涉及了同籍人的祭祀、合乐、义举诸方面,因而能有效地汇聚同乡人,对商帮的形成与壮大必然有积极意义。在天津的闽粤会馆也与此相类似。每年正月初一举行团拜,聚餐演戏,并供奉本乡信奉之神祇,还为客死天津的本籍人购买义地。《津门杂记》说:"粤人供奉神位在桌台下,曰德福土地神,又于门旁作神巢,书贴某某神,早晚炷香祀之。"②闽粤商人于航海事业中极信天后的灵响,所以闽粤会馆建成后,于每年阴历三月二十三日天后圣诞之前;将天后塑像接到馆内接受香火,宛若民间的回娘家。闽粤会馆设在梁家园的义冢,称闽粤山庄,又俗称洋蛮坟地,每届中元"醵资作会,高搭席棚,长有数百步,悬列灯彩无算,高低不一,照如朗日,又有巧匠扎成粤戏数出,人物如生,挂向坛前,延僧设醮,放焰火,抛施食物,锣鼓喧天,锭帛遍地,历年用款不止千金,鼓动游人不下万计"。③ 全汉昇先生还分析了上海的绍兴会馆公议,汉口的江西会馆公议等,都表明会馆为实现内部整合

① 《上海碑刻资料选辑》第279页,《重订建汀会馆章程碑》。

② 《津门杂记》第139页。

③ 《津门杂记》第83页。

做了大量的努力。上海的《楚北会馆征信录》中说:“事以培元为始,是必先立谊园,继创公所,而兴会馆为次第焉”,“会馆之所以联桑梓,公所之所以集众议,谊园之所以妥寒节,皆便于乡人者也”。[①] 在联络乡谊的前提下,工商性的会馆便进一步把彼此的共同发展作为自己的目标。台湾鹿港泉郊会馆规约便是一个典型的例子,其中规定:

> 一、清历三月二十三日庆祝圣母寿诞,诸同人务须到馆,定签首,以主一月事务,期满一易,苦乐相承,自上而下,上流下接,不得藉口乏暇,致废公事,违者罚银六元,以充公费不贷。
>
> 二、签首分别正副、兼办,以签首既订何号,则前一号为签副,以正签管传船帮,副签管看银钱,至月满,副签即将银钱缴交正签核符,正签月订薪水四元,副签月订薪水二元,苟费不敷,应公同议填,毋致签首独亏,如有不遵,罚银一倍充公不贷。
>
> 三、延师协办公务,主断街衢口角是非,应择品行端方,闻众公举,年满一易,签首不得徇私自便请留,我同人亦不得硬荐,臻废公事,合应声明。
>
> 四、炉主统合郊事务,然就全年抽分核按起来,除缴生息公费外,所入不供所出,并无别款可筹,集众公议,惟将每爿船,如四百石加抽分一百石,公议不易,此系专为公费不敷而设,关顾大局,倘有不遵,闻众公诛。
>
> 五、签首如有公事问众,诸同人均宜向前共商,公事公办,不得袖手,致废公事,违者罚银六元充公。
>
> 六、泉郊诸号船,每百石货额订抽银一元,以作公费,诸

① 《清国商业惯习及金融事情》(日文),上海东亚同文书店1904年版,第52页。

同人如有配载,应付出海收来交缴,不得隐匿,如有隐匿,察出罚银一倍充公。

七、船户如犯风水损失,有救起货额船货两摊,其杉磁茶叶药材,此无可稽之货,例应不在摊内,应与船另议,合应声明。

八、船户遭风损失器具,惟桅舵碇三款,应就照货若干,船主应开七分,货容应贴船三分,其余细款,胡混难稽,不在贴款,合应声明。

九、船户搁漏,货额湿损,缺本若干,货客应开七分,船主应贴货三分。船之修创,应费多少,船主应开七分,货客应贴船三分。

十、船户先后次第大小,分别帮期,不得奋先争载,赶纂出口,违者罚银,以充公费不贷。

十一、交关欠数,恃强横负,应当禀究,诸同人不论亲朋,能为苟完更妙,不得助纣为虐,察出罚酒筵赔罪。

十二、竹筏驳运,轻船重载,犯盗偷抢以及风水等因就存余同筏,苦乐共之,查时失所,禀官报请查究,诸同人不论有无货额在内,各宜向前协力,不得袖手旁观,合应声明。①

这份规约通过对会员权利与义务的规定使得泉籍船商整合在一个相对稳定的团体中,从而建立起有序的商业秩序。这里,同乡会馆亦具有同行的性质,这在北京、汉口等地也同样存在。这是因为新来的同乡人往往会在一定程度上依附于先来的,很自然地会倾向于经营同一种营生,而且传统行业内,同业会馆必然在其内部保持议价、交割等方面的优先权和统一规定,以便通过同乡同业垄断某一行业,求得商业经营的主动性与不败地位,这也为会馆的存在和

① 周宗贤:《血浓于水的会馆》,台湾行政院文化建设委员会1988年印行,第51页。

扩大提供了进一步的保障。

设在潮州的福建汀龙会馆的内部运作告诉我们:其在“祀神、合乐、义举、公约”等方面都有章可循,井井有条。它虽并不设立全馆公项,但在会馆的统一布置下,可以支使各纲来分担款项。另外又让各纲有自己组织祭神活动的机会。且看每年各纲庆祝前后分祭及敬神定期,就可见其中既有轮流坐庄,也有协作行动,从而保证了祀事的不辍与规模。从正月初五日到十二月二十四日举行二十六次神祭活动,其中有饮宴、演戏等活动,大体情况是:

正月初五日　福纸纲祈神,午刻饮福,演戏壹台。

二月初一日　运河纲祈神,午刻饮福,演戏壹台。

三月十八日　上杭纲分祭,预祝圣母诞辰,午刻饮福,演戏壹台。

三月十九日　运河纲分祭,预祝圣母诞辰,午刻饮福,演戏壹台。

三月二十日　九洲纲分祭,预祝圣母诞辰,午刻饮福,演戏壹台。

三月二十一日　本立纲分祭,预祝圣母诞辰,午刻饮福,演戏壹台。

三月二十二日　龙岩纲分祭,预祝圣母诞辰,午刻饮福,演戏壹台。

三月二十三日　汀龙众帮公祭,庆祝圣母千秋诞辰。预期各纲董理公择帖,请主祭与祭各执事前一夜习仪,众办主与祭执事二便席。是夜演戏,各纲分办酒席预祝,二十三日卯刻致祭,辰刻主与祭执事二面席,午刻饮福二席,由众办,其余各纲早晨观祭,午刻饮福,酒席俱各纲自行分办。是日演戏连宵,亦各纲自办夜席庆祝。

三月二十四日　篓纸纲分祭,庆祝圣母诞辰,午刻饮福,演戏壹台。

三月二十五日　福纸纲分祭，庆祝圣母诞辰，午刻饮福，演戏壹台。

三月二十六日　履泰纲分祭，庆祝圣母诞辰，午刻饮福，演戏壹台。

三月二十七日　武平纲分祭，庆祝圣母诞辰，午刻饮福，演戏壹台。

三月二十八日　莲峰纲分祭，庆祝圣母诞辰，午刻饮福，演戏壹台。

六月初三日　福纸纲预祝土地福德神诞，午刻饮福，演戏壹台。

每年秋九月　汀龙众帮公祭，庆祝圣母飞升，章程与春季同。

九月初六日　上杭纲分祭，预祝圣母飞升，午刻饮福，演戏壹台。

九月初七日　运河纲分祭，预祝圣母飞升，午刻饮福，演戏壹台。

九月初八日　九洲纲分祭，预祝圣母飞升，午刻饮福，演戏壹台。

九月初九日　汀龙众纲公祭，庆祝圣母飞升，午刻饮福，演戏连宵。

九月初十日　汀龙众纲预祝财神诞辰，午刻饮福，演戏壹台。

九月十一日　莲峰纲分祭，庆祝圣母飞升，午刻饮福，演戏壹台。

九月十八日　运河纲庆祝财神诞辰，午刻饮福，演戏壹台。

九月二十二日　福纸纲补祝圣母飞升，午刻饮福，演戏连宵。

九月二十三日　本立纲补祝圣母飞升，午刻饮福，演戏壹台。

十二月初一日　运河纲酬神，午刻饮福，演戏壹台。

十二月二十四日　福纸纲酬神，午刻饮福，演戏壹台。

换袍季　每年演戏壹台，午刻饮福。①

于娱乐中寓教化，促整合，祭祖活动成为聚会活动的载体。在各纲内，经费的收支与管理都有具体规条，从而保证了其规模的稳定与扩大。如其中福纸纲章程规定：

一、纲内向章出入银钱数目俱交会长经理，其上年簿据更换交代或存或失，日久难查，道光六年众议公同协办，长(汀)、连(城)、上(杭)、武(平)各执簿一本，一体订记，每年轮流交接，至十七年始议择经理，以三年为期，交代接办。同治六年始议以总理出入银钱，凡厘金店俱归支收，余人不得擅支，以专责成，期满交代，当众清查，结算如有漏款，亦惟总理承认。

二、馆中每年春秋众帮公祭使费，按各纲九股均派，本纲派缴四分，其神前香灯守馆工食作三分派本纲，派四个月，至纲内祭祀，预期总理，具帖择请主与祭编定执事，开行祭榜，约按人数办席饮福，其余庆祝起酬神演戏设席，俱载明定期于分纲内。

三、纲内以每年四季收清各行抽厘，三月初三日，六月初三日，九月初三日，十二月初三日，夏冬二季并算结数目，俱按人数办席。

① 同治《汀龙会馆志》。

> 四、自道光二十四年经众议额津贴花红程仪：文武乡榜肆元，文武甲榜捌元，恩拔副岁优各贡贰元，钦赐贰元……钦点翰林主事拾陆元，鼎甲加倍，倘有州县候补现任者至馆行香奉程仪捌元……府道以上临时酌议，若非本纲及外籍者未议额。
>
> 五、纲内有与他省之客合伙字号者，向章惟照字号一体抽厘。凡馆中祭祀宴饮，倘纲内字号应当与席，许仝与席，但日后不得藉称已共抽厘，为伊同籍绅士科甲花红银程仪、争论津贴及择经理混争纲业为公共。①

这个章程又规定了各类人等对本纲必须承担的义务，保证了其实现整合有必要的经济基础。

已有的研究成果表明：天启以前，佛山没有专门的行政机构。乡绅们“凡有公会，咸至止灵应祀，旋聚旋散，率无成规”。② 到天启元年（1621）李待问长兄李好问从福建泉州卫经历解绶还乡。冼圭、梁完善等也在此时致仕归乡，于是倡议于灵应祠右扩隙地建乡仕会馆，李待问颜其堂曰：嘉会。后见此处庭除湫溢，又议鼎建。天启七年（1627），以上四人与梁完赤、梁锦湾、陈玉京等共协而成，“数月而门庭堂奥焕然改观，规模宏远矣”。③ 乡仕会馆（嘉会堂）是佛山都市形成以来第一个民间机构，其主要功能是“处理乡事”和决定地方公益款项的使用。④ 这里乡仕会馆成为明末佛山社会的民间常设行政机构，有力地执行着阶级矛盾的协调工作，竭力保持着地方政治的平衡发展。笔者认为，这虽不是纯粹意义

① 同治《汀龙会馆志》。

② 庞景忠：《乡仕会馆记》，《明清佛山碑刻文献经济资料》第10页。

③ 庞景忠：《乡仕会馆记》，《明清佛山碑刻文献经济资料》第10页。

④ 罗一星：《珠江三角洲传统工商城市的发展形态》，厦门大学1992年博士学位论文。

上的会馆,但作为会馆的一般职能,它基本具备,可以视作会馆的一个特例。

其次,佛山会馆呈现多样化的倾向。有外地商人所建的山陕会馆、莲峰会馆、江西会馆、楚北会馆、楚南会馆,有本省各地商帮所建的潮蓝行会馆、南邑道祖庙等。有商业性行业性会馆如西货行会馆、筛择槟榔行会馆、当行会馆、布行会馆、绸缎行阐义会馆、油豆行会馆、苏扇行会馆、杉行集庆堂会馆、青靛行同福堂会馆、颜料行五云会馆、洋纸业华德堂会馆、云南外洋染料行裕安公所、西土药材行靖安堂会馆、京布行乐和会馆、铸发行江济堂会馆、源流会馆、楮公堂会馆等。有手工业会馆,如熟铁行会馆、炒铁行会馆、新钉行会馆、铁锅行西家堂陶全会馆、铸造行既济堂会馆、土针行会馆、金箔行会馆、一字铜行会馆、金丝行会馆、金银首饰行共贤堂会馆、兴仁帽绫行东家会馆、兴仁帽绫行西家会馆、轩辕成衣行会馆、绒线行会馆、染纸东家同志堂会馆、染纸西家宝祖社会馆、纽扣行会馆、香行会馆、金花行广怡会馆、蒸酒行会馆、唐鞋行会馆、泥水行荣盛堂会馆、建筑东家广善堂会馆、大料西家敬业堂会馆、熟药行寿世祖安堂会馆、参药行会馆等等。① 从上述会馆看,佛山会馆又从地域性进一步向行业性扩展,成为同业之间共同经济利益的协调者与仲裁者,并成为佛山中小商人成长与发展的摇篮。外地商人在会馆的基础上,还建义庄、义山,以供同省商人客死者的棺椋暂厝之地或埋葬之所,甚至为之“祭扫无缺”。山陕商人于嘉庆间在佛山修山陕会馆(联合一百九十一家山陕商号,到道光间增至二百零八家商号)。② 并置有“福地一所”。同治年间又“于

① 罗一星:《珠江三角洲传统工商城市的发展形态》,厦门大学 1992 年博士学位论文。

② 据《重修山陕会馆捐签碑》(嘉庆十七年)和《重修山陕会馆福地碑记》(道光十四年)算出,见《明清佛山碑刻文献经济资料》。

近地更置一义庄”，曰：“江西别墅。”[①]这所别墅中，“有若正厅，若楼房，若观音堂，若花圃亭榭及厅左右侧室”，它除供死者棺椋暂厝之处，更为病人养疴之所和供岁时游嘱之处。我们还看到莲峰会馆作为福建汀州纸商的会馆几乎形成了在广东地区的商业网络，在广州、潮州都有莲峰会馆，这无疑有利于莲峰帮的发展壮大。

再次，在佛山出现的东家行西家行会馆意味着业主、作坊主或手工业工场主与手工业工人各自会馆组织的并行，实际上标志着双方的矛盾的存在与矛盾的协调。东西两家共同制订行规、订立工价。在决定行会发展的方向上，也能体现西家行——手工业工人的集体意愿。由此可见，随着阶级的分化而在佛山手工业行会中分化出来的东、西家行，又在自身发展的过程中整合在一起，因工资收入而可能引起的纠纷在东、西两家行的通行公议下得到解决，西家行的阶级利益得到东家行的承认，东家行所代表的整个行业的发展利益也得到西家行的赞同。又由于共同祭祀的需要而结合在一起，因此两者便由对立状态转入调适状态。[②] 在佛山建立的专业性会馆亦是为了稳定行业秩序，乾隆时参药行建成会馆“皆相期以济世治人，以共垂为久远之业”，凭藉会馆来“明其约，释其疑，主客交孚，民物允赖，是自有会馆，其有裨益于用参药之人也甚大，而其所裨于执参药之业者又岂浅鲜矣”！[③] 在同行业经营中，有些不正当的竞争也可能渗入其中，以致引起同行矛盾，而会馆的设立意在“明约”、“释疑”，这自然也能缓解相互的矛盾，而且在确保产品的质量上起到重要作用。

明清时期，大量的移民进入乡村场镇，进入农村野外、深山老林。由于多数人把经济利益放在首位，所以时常引起土著居民的

① 《明清佛山碑刻文献经济资料》第 201 页，《江右义庄碑记》。

② 罗一星：《珠江三角洲传统工商城市的发展形态》，厦门大学 1992 年博士学位论文。

③ 《明清佛山碑刻文献经济资料》第 141 页，《参药会馆重修碑记》。

敌视,如河南舞阳因外商众多,土人有“银钱全被他人赚去,地土全被他人买去”之慨。在清代入川人中,“湖广入川之人,每每与四川人争讼”①,“川省遂大半皆秦楚之民杂处,因而欺隐侵夺,纷争告讦,遂无已时”。② 在湖北竹山,“邑鲜土著,附籍者秦人而外,武昌、黄州、江西人为多,皆各有会馆,亲戚族党,因缘接踵,聚族于斯,语言称谓,各操土音,气习风尚,亦各以其俗为俗,不尽从同”。③ 在土客矛盾之外,客客矛盾更显突出。雍正六年(1728)二月管承泽上奏说:“皇上高厚洪恩,兹查川省当日地广人稀,招民开垦,一时来川之民,田亩任其插占,广开四至,随意报粮。彼时州县惟恐招之不来,不行清查,遂因循至今,致日与土著人民互相争讼。又或当时朋名伙垦,原未各分界址,今欲各自立户而互相争讼,甚而始为人佃种,久之窥目间主人荒余田地私行报垦,交相控告。”④外界的纷乱驱使同籍移民在乡土神的旗帜下聚合起来,如新移往四川的“大都由楚秦闽粤赣各省迁往,嗣因来者纷纷,情志涣散,各建会馆以联乡谊,即供乡神以隆报享”⑤,“蜀都曰惠民宫,两湖曰禹王宫,两粤曰南华宫,福建曰天后宫,江右曰万寿宫,贵州曰荣禄宫……察各庙之大小,即知人民之盛衰”。⑥ 由此,各地会馆成为移民之“来自江南北、粤东西、山左右者之团聚精神所表现也”。⑦ “客籍人怀故土而会馆以兴,彼各祀其乡之闻人,使有统摄,于以坚团结而通情愫,亦人群之组织也”。⑧ 可以肯定,移民集中区域会馆最初也是以乡谊为纽带的社会组织,它首先是同乡内

① 康熙《东华录》卷九十二。

② 《宫中档雍正朝奏折》第5辑,雍正四年四月。

③ 《竹山县志》卷一《地理》。

④ 《宫中档雍正朝奏折》第9辑,雍正六年二月。

⑤ 《重修什邡县志》卷七《礼俗》。

⑥ 光绪《威远县志》卷一《六省会馆》。

⑦ 《西昌县志》卷六《祠祀志》。

⑧ 《灌县志》卷十六《礼俗志》。

部整合的基地。

二、会馆与地方社会的整合

会馆是同籍人在客地建立的一种社会组织，其内部的整合是第一位的，但是，仅仅发挥内部整合的作用仍不够。在移民集中区域，“乡市习俗异区而殊”[①]的局面却只能是一个个分立的会馆个体的林立，而无法构成一个整体的社会。

由于对经济利益的共同追求，在移民集中区域的会馆在经过了一番自我整合之后，又为自己与外界的交流开辟了广阔的前景。会馆作为一种对家乡观念的认同组织，首先是一个地域文化的集中体现，从而在移民社会中确立起自己的地位。通过会馆，地域文化可以展开与别地域或土著的对等文化的正式交流，这也许与中华民族流传至久的群体本位观念不无关系。在这种有组织的交流活动中，彼此各自保持自己的传统，同时又不断吸收别人的精华，必然导致一种新文化的产生。

据1910年上海公共租界的人口统计，除东三省和新疆、西藏、蒙古外，全国各省份都有移民流向上海，其中有十六个省的几十个地区移民在上海建立了他们的会馆。从1864年到1894年的三十年间，湖南、湖北、安徽、江苏、广东、广西、浙江、福建、四川、山东十省所属二十四个城市有具体年代记载的会馆活动中，可估算出有商业会馆一百零七个，手工业会馆七十六个；1882年到1891年据海关不完全调查资料，全国十八个商业主要城市，由各省商帮按地域组成的会馆共有一百七十五个。[②] 在汉口，以省区划分的大商帮就有江南帮、陕西帮、河南帮、山东帮、徽州帮、山西帮、本帮，其

---

① 《重修广元县志稿》第四编《风俗》。

② 彭泽益：《十九世纪后期中国城市手工业商业行会的重建和作用》，《历史研究》1965年第1期。

他以地区划分的小商帮更是不可胜数。如上海仅宁波人组织的各种帮会即有二十三个。[①] 城市中为数众多的各类会馆、帮会的存在,一方面将同乡与同行这两条人际关系纽带交织在一起,把移民的乡土情感和经济利益联系在一起,另一方面又使城市移民的本体文化结构发生变异,他们不得不开始对新的亚文化系统的认同与肯定,否则,便很难设想在五方杂处的大城市长久地立足生存。就是在这一过程中,城市成为不同文化聚集的熔炉,造成一种多元文化的渗透与相互吸收,进而形成了多元文化的重建与并存。[②]

在会馆集中之区,会馆间的竞相比富衍成风气。无论是对乡土神灵、乡土名贤的推尊,还是对本籍士、商的奥援,都相互攀比,逐渐升级。有的会馆不惜千里迢迢从家乡运来建筑材料,延请乡里的建筑匠人,按家乡的建筑风格,在客地构建一个乡土的环境,这其中除有使乡人有如归之感的意义外,实际上它也是一种势力的展示,一种地位的确定,像北京的汀州会馆即是如此。会馆建筑作为一种文化的象征物,一种文化的放射器,必然对别地文化产生影响。它增加了客地的人文景观,让人们在异籍文化的对比中开拓眼界。在汉口,当地流行这样的竹枝词:“四坊为界市廛稠,生意都为获利谋。只为工商帮口异,强分上下八行头。”说的是当时汉口镇设二分司,自桥口至金庭公店,立居仁、由义二坊,属仁义司。自此以下至茶庵,立循礼、大智二坊,属礼智司。银钱、典当、铜铅、油烛、绸缎布匹、杂货、药材、纸张为上八行头,齐行敬神在沈家庙;手艺作坊为下八行头,齐行敬神在三义殿。各地的商人竞相开展自己的商业活动,“茶庵直上通桥口,后市前街屋似鳞。此地从来无土著,九分商贾一分民”。汉口成为名副其实的外地商人的汇聚之地,即“一镇商人各省通,各帮会馆竞豪雄。石梁透白阳

---

① 《上海研究资料》(续集)第 300 页。

② 行龙:《人口问题与近代社会》,人民出版社 1992 年版,第 158 页。

明院,瓷瓦描青万寿宫”。徽州商人在汉口建立起自己的街道——新安街,成为当地楼宇最高,陈设最豪华的所在;江西商人在汉口以小生意发家,事业稳当而有发展,人们这样描述在汉口做生意的江西人:“银钱生意一毫争,钱店尤居虱子名。本小利轻偏稳当,江西老表是钱精。”有的会馆因为所择位置不好,却始终处于被动落后的状态,如“咸宁会馆后湖头,局面恢弘愿莫酬。每日人捐钱一个,一回大水一回丢”。各地风俗习惯亦在这里出现,“徽客爱缠红白线,镇商喜捻旱烟筒。西人不说楚人话,三处从来习土风”。①

有的会馆为提高自己的知名度与威望,甘愿超越本会馆从事公共建设,从而亦在客观上促进了地方社会的整合。施坚雅先生注意到“当新安会馆发起在宁波建立一个全市范围的消防站时,立即成为财政实力的标志,成为热心为当地人服务的一个声明,同时也是在全市各种商业社团中确立最高权力的宣言,那些仅为自己的成员开办的慈善学校、医院以及医务室,很容易被冠以吝啬的名声,特别是别的行会随之采取更为公开的政策以装出一副孔教贞德的样板的时候,更是如此”。② 会馆实际上在执行部分的“市政”管理权。又譬如“丹徒江口向有横、越二闸倾坏,后水势横流,船篁往来,迭遭险厄。道光年间,大兴会馆董事请伸筹画筑二闸,并挑唐、孟二河。比工告竣,水波不兴,如涉平地”。③ 会馆又在推进着地方水利事业的发展。我们还看到广东福建会馆参加对重庆城垣修缮的捐助。《乾隆二十八年重庆府捐修城垣引文及捐册》中说:

---

① 徐明庭辑校:《武汉竹枝词》引叶调元《汉口竹枝词》,湖北人民出版社 1999 年版,第 28 ~ 80 页。

② 施坚雅:《中国封建晚期城市研究》,吉林教育出版社 1989 年版,第 122 页。

③ 光绪《婺源县志》卷三十四《人物 · 义行》。

> 尔等墙偶缺,必及思补,所以固尔阛阓内外也;门稍坏,必及思整,所以宁尔止谨门户也。城垣及合郡绅士商贾人等外内门户独不为严保障、靖奸匪,计亲睦忠爱之谓何?夫补以周墙,整其门户,绅士商贾人等所以同为一郡谋也。劝尔绅士商贾人等,众力共擎,所以靖奸匪而严保障,必如一己一家之间外内、谨门户,究之保障永固,奸匪永戢。城外延烧之患永除,事事有备无患,何如一己一家谋,则守□□代为尔诸人通长图度也。责有专归,情难异视。且斯举制,为尔绅士商贾人等虑者至深且远,尔等捐数□□□□百两者,分别详情给予匾额,数至三四百者,即详请□□□部给予八品顶带,何乐不为!谅尔绅士商贾人等共享朝廷太平,□□□孙父子继继承承,引养引恬,方兴未艾,耕读者安其居,商贾者乐其业,饮甘泉必思源,所以求报效以急公,定有同心也,众志成城,大师维垣,其在斯乎!

在捐者名单中,有福建馆商民陈立起、卢玉楚共捐银二百五十两,广东馆商民黄尚仁、邓连共捐银一百八十两。[①] 对于地方社会的公共事业,会馆会员也积极投身其中,反映了其力求融入地方社会、整合于地方社会的努力。

在会馆集中之区,会馆间的相互交流也成必然趋势。会馆的神灵从一神转化为多神本身已意味着相互间的交流。在四川中江,其地先民“多由闽粤楚赣而来,先至者或恣睢自雄。今则靡相龃龉,互通婚姻,欢洽大和,无复南人来土之患也”。[②] 在大足县“清初移民实川,来者各从其俗,举凡婚丧时祭诸事,卒视原籍通行者而自为风气。厥后客居日久,婚媾互通,乃有楚人遵用粤俗,

---

① 《清代巴县档案汇编》(乾隆卷),档案出版社 1991 年版,第 231 页。

② 《中江县志》卷二《风俗》。

粤人遵用楚俗之变例”。[①] 在安县“前清时县属民皆由各省客民占籍，声音多从其本俗，有所谓广东腔者，有所谓陕西腔、湖广宝庆腔、永州腔者，声音多浊。近数十年来交通便利，声音皆入于清”。[②] 台湾台南的桐山营会馆镌刻着倡建人苏建邦撰写的楹联：“南海慈云辉联北极；西方法雨济普东瀛。”[③]更显示出其博大的开放胸怀。

在四川，各地域会馆还在彼此的交流中更走向融合。在大竹县原有楚、湘、粤、赣、闽五籍之人，他们各建会馆，互不统属，到光绪五年(1879)设立五馆公所以团结之。公所职员由五馆推举充当，地方公务，则由公所办理。到光绪三十三年(1907)邑绅为筹办地方自治，另组城乡公所，公举议员，并推议长，会议地方应兴应革之事，建议县令采纳执行，五馆公所方行停止，并将其管理之田租，移交新公所为经费。此项自治公所，自为五馆人士所支持，直到宣统三年(1911)城乡议参会成立，方告停办。[④] 在犍为县，“道咸时各场承办地方公务，有五省客长之目，治城所属场镇亦多建有各省会馆，顾省籍虽异，而无种界上之分歧，用能各安于无事，以生以息，相助相友，县境遂成东土彬彬然”。[⑤] 在灌县，旧有秦晋馆、湖广馆、广东馆、四川馆、贵州馆、江西馆、福建馆，到后来总称为“七省会馆”。“所谓七省会馆，是旧以客长轮总之，享荐各有其时焉……其在场集之会馆大率类是”。[⑥] 客长轮总成为彼此走向联合的先声。而重庆的八省会馆则包括了广东、浙江、福建、湖广、江西、江南、山西、陕西等会馆，他们的一致行动则表明彼此的融合。

---

① 《大足县志》卷二《风俗》。

② 《安县志》卷五十六《杂记》。

③ 周宗贤：《血浓于水的会馆》，第76页。

④ 《大竹县志》卷二《建置》。

⑤ 《犍为县志》卷四《居民志》。

⑥ 《灌县志》卷十六《礼俗志》。

八省会馆的联合，几乎取代了官府的全部“市政”管理权。

在其他一些县份，不同会馆的联合行动也有。如古宋县的湖闽模范学校即由两湖馆与福建馆共建，先是中区两湖馆于清光绪三十二年（1906），董事谢永升、蔡光廷、黄定三以庙租六十石并谢金和捐款银一百四十两，就该庙后殿改修教室四间，礼堂一间，教室厨房皆备，设初等小学一所。福建会馆董事卢署瞻、刘海州同时并将庙租创办学堂，至宣统元年（1909）以租谷三十石合并于本校，改称为“湖闽模范学校”。又如该县的赣粤联合小学校，先是于“清光绪三十二年由江西会馆首事李甫臣划拨会产日租六十石作经常费，创立初等小学堂一所，民国四年县视学陶思芹以广东会馆设立之小学堂并入该校，经费统筹，称赣粤联立小学校”。①

还应提到的是在移民社会中客籍之间的互相联系外，外来文化与土著文化亦相互影响，相互整合。仅以风俗而论，互相迁染而形成的风俗亦比比然。像在扬州，外籍商人“久而占籍，遂为土人，而以徽人之来为最早，考其时代，当在有明中叶。扬州之盛，实徽商开之，汪、程、江、洪诸姓皆徽人流寓而占籍者也，故丧祭有徽礼、扬礼之殊，而食物中如徽面、徽饼、徽包，至今犹以徽为名”。②这无疑丰富了扬州民俗文化的内容。在北京，绍兴会馆（山邑会馆）附近的北半截胡同，有清代著名饭庄广和居，该居以贵妃鸡、吴鱼片、江瑶柱等佳肴名冠京都。米市胡同南海会馆北侧的老便宜坊饭庄，是驰名中外的制售烤鸭的老字号，该店是由居住在南海会馆的明吏部侍郎何维柏所创设。享有臭中生香之盛誉的北京臭豆腐，是由康熙年间居住在延寿寺街安徽会馆的举子王致和所首创。清末居于南海会馆的谭篆青，留下了冠盖京华的谭家菜，这些

① 《古宋县志初稿》卷六《教育志》。

② 《江都县续志》卷二十《杂录》。

都进一步丰富了北京的饮食文化。[1]

在清代，四川灯会颇盛，灯会上演唱笙歌亦颇盛，其中最有名的《采茶歌》有这样的歌词："二月采茶茶叶青，茶树脚下等莺莺。三月采茶茶花开，借问情侬几时来？"考诸《岭南杂记》，潮州灯节时亦以唱《采茶歌》为盛，其中有这样的歌词："二月采茶茶发青，姐妹双双去采茶，大姐采多妹采少，不论多少早还家。三月采茶是清明，娘在房中绣手巾，两头绣出茶花朵，中间绣出采茶人。"[2]显然，四川的灯会茶歌与闽粤的灯会茶歌有源流关系。

再有各地会馆竞相在节日期间演戏以装点娱乐气氛，也吸引了大批的土客前来观摩。在四川，"各庙每年各有会期，临期各有首事安排庆祝"。[3] 每年六祖和天后的祭日是闽粤人演戏欢娱的重要节日。史载："八月初三日为六祖会，粤省人演剧庆祝，十月初一日为牛王神诞期，农民演剧庆祝。"[4]天全州"三月二十三日天上圣母会，演戏，各神祠祈禳春福"。[5] 在有些地方，每至会馆的会期，"演戏多至半月，各街骑街搭台演唱秋报之戏，自八月起至十月下旬止，城外大小两河各街亦于十一月起至腊月底止，凡唱演秋报戏文，每日必有酒席，衣冠文物，共乐太平，美酒言欢"。[6] 在金堂县，"清以来各寺庙会馆，赛神必演戏，任人观览"。[7] 各个会馆几乎都以上演本乡籍的地方戏来显示自己的特色，于是在四川的戏剧舞台上，秦腔、潮戏、闽剧、粤剧等与梆子并驾齐驱，争奇斗艳，呈现出一派生机盎然的气象。徽州的地方戏也因徽商而流布各地。

---

① 王仁兴：《中国旅馆史话》，中国旅游出版社 1984 年版，第 98 页。

② 《新修合川县志》卷三十五《风俗》。

③ 《万源县志》卷五《礼俗》。

④ 嘉庆《彭山县志》卷三《风俗》。

⑤ 咸丰《天全州志》卷二《祠庙》。

⑥ 《新修合川县志》卷三十五《风俗》。

⑦ 《金堂县续志》卷四《礼俗》。

在移民会馆集中的四川农村,外籍的农业技术、生产经验和作物品种等也在推广传布。如闽粤的种蔗种烟技术的传播便开辟了四川南溪、云阳等地新的致富之源。

总而言之,移民区域的客民会馆多以乡土神的设置确立了自己的特色,从而区别于一般试馆与其他工商城市的会馆。正由于移民们主要把经济利益放在首位,故他们更加务实,更加注重自我管理与彼此利益的协调,因而显得更加有序更加安定,这类会馆因为少受政治因素的影响,地方观念日显消融,这也与京师及省府城市会馆地方主义观念日见浓厚形成鲜明的对照。

在海外华人社会,会馆之间的整合往往通过祭祀、演戏及其他宗教活动来实现。如新加坡碧山亭举行春秋二祭和“万缘胜会”,凝聚了广惠肇三属的人心,参加和捐助万缘胜会的会馆包括南顺会馆、番禺会馆、顺德会馆、东安会馆、中山会馆、宁阳会馆、惠州会馆、肇庆会馆、鹤山会馆、冈州会馆、高要会馆、三水会馆、花县会馆、清远会馆、增龙会馆等会馆组织,社区性的民间艺术体育活动对当地华人社群整合也产生了一定的积极影响。

三、会馆与中外文化的整合

当大批的中国人怀着对新生活的憧憬漂洋过海流向南洋,流向日本等地时,他们一方面成了清政府的“弃民”,另一方面又要承受西方殖民者的压迫和奴役,本来不纳税的贸易一下子变成为非法的商业活动,因此不要说经商,即使是就业谋生亦成为大问题。严峻的客观形势使同一籍贯的人们焕发了相濡以沫的精神,少数在夹缝中求生而又能取得发展的优秀分子便成为捐资召集同乡的积极分子。会馆日益由庙、堂逐渐演进而成,人们力求通过会馆“联络商情,敦睦乡谊,团结乡亲,以达互助互惠之益处”①,具体

① 吴华:《新加坡华族会馆志》第1册,第72页。

地在为同乡排除困难、调解纠纷、代伸冤屈、抵御外侮、寻找职业以及病亡相助等方面开展活动。福建永春侨民便设置有马来亚永春联合会、马六甲永春会馆、麻城永春会馆、巴生雪兰莪永春公所、森美兰永春会馆、吉隆坡永春会馆、瓜拉庇朥永春公所、雅加达永春公所等。

显然,华人会馆最初亦以内部整合为起点,以其宗教和社会的功能、福利的功能来实现内部整合,同时,它还会在一定范围内发挥地方法庭的作用,解决不涉及政府的民事纠纷。据施坚雅先生的研究,“在曼谷,七个华人会馆的领导人,不论在什么时候出现影响整个社团利益的危机时,总是聚集在一起”。[①] 宣统二年(1910)成立于新加坡的福清会馆由德高望重的庄端先生担任总理,李春担任副总理,王万高、杨克贡主理财政,郑八十、郭本李负责核账,加上诸董事形成了三十三人董事会的坚强核心组织。他们在以下几个方面开展了工作:(一)迅速摸清旅新乡亲的散居地及具体人头,了解其生活状况;(二)解决乡亲就业的困难,如“在邮政局工作的杨枝海,颇得当局爱戴,凡我乡族人士欲进邮局工作者,有优先录取的机会”[②];(三)建立工商信息网络,交流商情。这使一些濒临倒闭破产的乡人企业得以东山再起。如李招仁、严德知、杨孙抚、林金城等人从商业转向交通业,集资购买七座位的巴士,开辟了被英国人忽略的大坡丹绒巴葛至牙龙车站的行车路线,避免了破产。“转移店址得以复兴的有郭义知、郑善春、王德魁等人的商号”。[③] 在此基础上,董事会还频频致函在印度尼西亚、马来西亚、菲律宾、高棉等国的融裔侨商,寻求同情和赞助,得到了热忱的支持。会馆成立之初的活动,使会员与非会员的乡

---

① 施坚雅:《中国封建晚期城市研究》第124页。

② 《福清会馆七十周年纪念特刊》第81页。

③ 杨武:《点点滴滴话福清人》,《福清文史资料》第9辑。

亲都受益匪浅，贫病交加者得到赈济，单身者居住在会馆内，不再流浪街头，年老欲还乡者，得到会馆的资助，免至客死他乡。这些活动无疑发扬光大了本民族扶危济困、舍己为人的优良传统，照顾老弱病残鳏寡者成为旅新乡亲们的良好习惯。

会馆的内部整合带来了基层移民社会的安定与自治，因而一般为客居国政府所认可，如前述的福清会馆向新加坡华民护卫司署呈请注册，马上便获批准。新加坡的永春会馆亦经注册，并得到政府授予的勋章。华人通过会馆已嵌入到当地社会中。有的会馆还积极响应并参与当地政府的政治活动和社会公益活动，如在争取合并及全民投票中全力支持政府，他们热烈响应筹募国防基金、文化基金以及救济灾民等等。[①] 会馆所做的这些“本土化”努力是中外文化整合的重要表现之一。

实现中外文化整合的另一条直接途径便是兴办教育，使华人及其后代既得到中华优秀传统文化的熏陶，又能学好英语及现代科学知识，从而实现华族移民文化素养上的飞跃。

总之，华人会馆竭力保持着中华文化的传统，又不断地吸收客居国文化的长处，经过长期的重新整合，而形成独具特色的海外华人文化，林其锬先生命其名曰“海外华人创业文化”，其内涵包括敢于冒险、勇于开拓、勤俭奋斗、坚韧不拔的创业精神，履信守义、热心公益、守望相助、同舟共济的隆帮精神，遵纪守法、廉洁奉公、赏罚严明、高效有序的法治精神。[②] 正是凭藉这些精神，海外华人在工商、科技、学术等领域取得了令世人瞩目的成绩。

其实，由于中外交流的开展，在中国本土首先是沿海通商口岸也同时存在中外文化的整合现象。魏源说到洋行会馆：

---

① 傅乃昭：《新加坡宗乡会馆的发展及其面临的问题》，《华侨华人历史研究》1993 年第 3 期。

② 林其锬：《海外华人创业文化》，《学术月刊》1993 年第 1 期。

> 粤东出口之货，则洋行会馆每石两抽内商三分，而三分必增诸货价。其入口之货，则每一大洋艘至黄浦，官费及引水通事使费约需银五千贯，皆在正税之外，虽不明取于鸦片，而夷则失诸彼者偿诸此，我则收其实而避其名。①

这里会馆成为处理内外贸易的机构，可以视作会馆的又一变种。傅衣凌先生早年也发现琉球会馆的史料，是为琉球商人设在福州水部河口的一所会馆，其上设有天后宫，为琉球商人进入福州和福建商人进入琉球提供中介服务，同样可以协调中日贸易中可能出现的纠纷。② 另外，在上海发生的四明公所与法租界的矛盾斗争也堪作为会馆执行调解中外矛盾之功能的事例：英国1842年后三年，条约规定在沪设立英租界，法国效仿之，四明公所位于其中，法国便对其占地而不纳税深表不满，立意废之。宁波人暴动，毁法、意、挪威三国侨民之住宅，可是为法兵攻击，死七人，事件由此尖锐化。公所董事方继善、严信厚与法领事往返磋商，迄无结果，遂视作外交问题，移往北京解决。光绪四年（1878）法公使与总理衙门间开始谈判，于是由中国方面赔偿暴动损失费三万七千两，由法国方面给予七名死者抚恤费七千两，并规定此后不准建筑有碍公所的道路、沟渠及住宅。可是法方面总不满意租界内有墓地的存在，遂于1898年5月28日发兵毁之。宁波人大怒，商店全关门，在汽船上的水夫全上陆，被雇于外人者举行总罢工，由此到处都暴动起来。南京总督刘坤一急派布政使聂缉椝与法国政府作强硬的谈判，同时上海的各外国人又皆袒护宁波人，故法政府不得已地在公所不放棺材的条件下容纳宁波人的主张。在上海的山东会馆亦提出了“若因会馆之成合，群策群力，共谋恢张，揽利权之

---

① 魏源：《海国图志》卷二。

② 《福建海外贸易史研究》，1943年福建省经济委员会编。

要,而驰域外之观”①的口号,这表明,在近代中外关系史上,会馆曾在维护国家主权、保护民族利益上做出了积极的贡献。在与外国政治经济力量的接触中,会馆亦成为吸收西方资本主义文明、整合中外文化的有效基地,这些都是中外文化整合的积极成果。

第三节 会馆与政府的关系

明清政府一直没有放弃对工商业者的管理。在工商业集中之区实行编审行户的制度。原一般是十年编审一次,嘉靖四十年(1561)改为五年编审一次。“令应天府各色商人清审编替,五年一次,立为定例。”②沈榜《宛署杂记》记载明代北京城市编审铺户的情况:

> 国初悉城内外居民,因其里巷多少,编为排甲,而以其铺业所货注之籍。遇各衙门有大典礼,则按籍给值役使,而互易之,其名曰行户。或一排之中,一行之物,总以一人答应,岁终践更,其名曰当行,然实未有征银之例。后因各行不便,乃议征银。其法,计生理丰约,征银在官,每遇有事,官中召商,径自买办。本意为行户、当行赔贱不赀,故征其银,不复用其力,取其物,即古免役钱,今徭编银差之例……万历七年核审编,科道题请,商贾去来无常,资本消长不一,更定五年清审一次,银则犹照旧数征收,除优免酒户银二百九十八两九钱外,每年两县实征银一万六千四百一十两三钱一分,逃亡随时补足。③

---

① 《上海碑刻资料选辑》,第195~196页,《创修山东会馆碑》。

② 《明会典》卷四十二,《户部·二十九·铺行》,中华书局1989年版。

③ 沈榜:《宛署杂记》卷十三,北京古籍出版社1982年版。

明开国后，朱元璋为防牙人坑骗，诏令“天下府州县镇店去处，不许有官牙、私牙……敢有称官牙，私牙，许邻里坊厢拿获赴京，以凭迁徙化外；若为官牙，其官吏全家迁徙；敢有为官牙私牙，两邻不首，罪同”。[①] 这与朱元璋力图全面复古的思想倾向相适应。后因为商业活动越来越多，官牙和私牙均得到恢复。官牙由官府设置，归官府管理。私牙则需经官府批准，领取牙帖，“凡买卖粜籴之事，多任牙侩官府帖，谓之经纪”。[②] 若无牙帖，私自营业，按律“杖六十，所得牙钱入官；官牙、埠头容忍者，笞五十，革去”。设置牙行是为了通过其说合和中介作用，促进集市贸易的有序化运行。天启时《士商类要》卷二说：“买卖要牙，装载要埠……买卖无牙，称轻物假；卖货无牙，银伪价盲。所谓牙者，权贵贱，别精粗，衡重轻，革伪妄也。”[③]牙人的作用就在于核定货物的价格、鉴定货物的质量、防止假冒骗、检验度量衡等。因为牙行熟悉市场行情，他们往往能客观核定价格，所以民间商书就告诫商人“好歹莫瞒牙侩，交易要自酌量”，“货之精细，实告经纪，使彼裁夺售卖。若昧而不言，希图侥幸，恐自误也”。[④] 牙行还时常帮助客商贮存货物，“客或外往赴席，因孤单房塌，将行李财物皆寄主家，视为已物，犹更珍重，不可怠意轻忽，一值疏失，赔抵难堪”。[⑤] 政府委托牙人、牙行代理税务。《明会典》卷三十五《商税》说：“务令牙人尽数开报收税，仍将收过数目，送付监察御史，主事稽考。”

牙人发挥作用的领域还有辨别银色，接受客商委托，代为出卖货物，代客雇请船夫、脚夫、挑夫，并充当保证。牙人、牙行在某一地方树立起一定的社会地位后，还能产生具有信用保证的效应。

---

① 万历《明会典》卷三十五。

② 《古今图书集成·方舆汇编·职方典》卷七六〇《扬州府部风俗考》。

③ 程春宇：《新安原板士商类要》卷二，明天启六年刊本。

④ 程春宇：《新安原板士商类要》卷二，明天启六年刊本。

⑤ 李晋德：《客商一览醒迷》，山西人民出版社1992年版，第292页。

客商往往赖牙行的中介而达成生意。万历《扬州府志》说:“凡鱼盐豆谷,觅车船,雇骡马之类,非经纪关说则不行。”可见,牙人在当时的商业活动中的地位是得到了普遍认可的。明代希望通过编审行户,方便官府和买、采造。遇有不应役者则按户征银。

明代对牙行在法律上是有严格控制的,不许私充牙行,也不许高抬低估物价,更不许把持行市。如“凡城市乡村诸色牙行及船埠头,并选有抵业人户充应,官给印信文簿,附写客商船户住贯姓名,路引字号,物货数目,每月赴官查照”。“凡诸物行人评估物价,或贵或贱,令价不平者,计所增减之价坐赃讹己者,准窃盗论,免刺”。“凡买卖诸物,两不和同,而把持行市专取其利及贩鬻之徒,通同牙行,共为奸计,卖物以贱为贵,买物以贵为贱者,杖八十。若见人有所买卖在傍,高下比价,以相惑乱而取利者,笞四十。若已得利物计赃重者,准窃盗论,免刺”。以上规定了牙行的职责及应遵守的行为,不许欺行霸市,不许任意抬高或压低物价,稳定和维持市场秩序,但实际执行起来往往大打折扣。好牙和坏牙分化较为严重。史料记载:“经纪之家,若客蜂聚乐投,为其忠厚笃实,勤谨志诚,资本可托,则相传喧呼而至。”“有等经纪,惟图牙用,不当买之物,撺令客买,不可卖之货,撺令客卖,以致折本徒劳,其过岂小。”①

清代复原明初政策,对商民的管理更显严厉。“世祖入关,有编置户口牌甲之令,即每户立一门牌,十户立一牌头,十牌立一甲长,十甲立一保正……各省驻防营内,(商民)往来贸易,必取具行户邻左保结。”②对于业商者,还必须持有营业执照,上书姓名、性别、经营地点、范围等,并依照纳税。“如无印照,即属盗卖。除不

① 李晋德:《客商一览醒迷》,山西人民出版社 1992 年版,第 283、284、290 页。

② 《清史稿·食货志·户口》。

准更名外,定行查究不贷,至执照者。"[①]对于那些无固定摊位的小商小贩,由市官税吏,甚至由部队维护秩序。"步军统领及督理街道衙门,随时稽查,如沿街铺户及(牙)侩等,支棚露积,致碍官街者,即押令移徙,以利径途。"[②]政府还竭力统一度量衡制度,以保证商业活动在有序的环境中进行。如康熙三十四年(1696)规定:"各地民间用斛,大小不一,升斗面侈,底狭,弊端易生,……敕造铁斛、斗、升,颁行中外,划一定制。"[③]《大清律例》规定:"凡在京各牙行,领帖开张,照五年编审例,清查换帖。"[④]康熙十六年(1677)苏州府饬令"长(洲)、吴(县)两县官吏铺户人等知悉",各铺户必须"按户给帖输税,毋容县胥市棍人等,增添□夺,借端滋扰。及私行(中缺十九字)究治罪,决不宽贷"。[⑤] 社会上出现了一些不依规定乱摊派的现象,或者是来自胥吏阶层的,或者是依仗势力私行设置派项的,官府才需要出示禁令。乾隆六年(1741),编审已变得没有太大意义。商业的发展更加自由,朝廷及各级官府的需用往往直接由市场购买。

这以后官府更加注重对市场的管理和规范,制定了相关的政策法规,如"大小衙门公私所须货物,务照市价公平交易,不得充用牙行、纵役私取,即有差办,必须秉公提取,无许借端需索"。[⑥]政府制定的这些保护商人的措施往往得不到执行,各级地方总是反复出现违背这些规定的现象。胥吏们或利用同行祭神的时机"乘机滋扰,任意借用",如果不能满足其要求,他们就会设法设置

① 《简明中国历史图册》第8册《商照》。

② 《大清会典·户部》。

③ 王庆云:《石渠余记·记铁斛铁斗》。

④ 《大清律例通考校注》卷十五,中国政法大学出版社1992年版,第530页。

⑤ 苏州历史博物馆等编:《明清苏州工商业碑刻集》,江苏人民出版社1981年版,第11页。

⑥ 《大清律例通考校注》卷十五,中国政法大学出版社1992年版,第534页。

障碍,或让商人办理手续的时间延长,或使商人遭到克扣,商人单个人的力量往往无法进行反抗。同行的联合有时会主动与官府联络,主动承担合理的负担,防止意外的苛索。于是这时的“行”较之过去便发生了某些性质上的变化。先前是官府管理市场的产物,到这时已变成驻地相同的商人们共同应付官差需要而自发产生的联合。这种联合往往因为同乡的纽带而得以建立,也较为强固。于是它既可以是商人们的同业组织,也可以是联络乡谊、彼此互助,且能壮大自己力量的场所。正因为如此,商人们往往与官员们相互结合,从而谋求在驻地的生存空间。

清代牙行受到重视,主要是因为“凡市廛交易,但设牙帖,令牙侩评估物值”。[①] 牙行、牙人必须持有官府颁发的牙帖(官帖)才具有合法身份。《清会典》就规定:“凡城乡衢市,山场集镇,舟车所辏,货财所聚,择民之良者授之帖,以为牙侩,使辨物平价,以通贸易,而税其帖,曰牙税。质库商行,操奇赢以逐利者,有行铺税。”[②]清代法律要求充任牙行、埠头的人,必须身家清白,家产丰厚,还须有同行联保,取得官府开具的牙帖,遵章缴纳牙税。牙行在当时的市场交易中起着重要的中介作用,沈之奇说:“凡城市集镇,贸易货物去处,则必有牙行。各路河港,聚泊客船去处,则必有埠头。此二项人,皆客商货物凭籍以交易往来者也。有司官必选有抵业人户充应,彼重身家,自知顾惜,而无非分之为,诓骗之弊,即或有之,亦有产业可以抵还,无亏折之患。官给印簿,附写查照,则客商货物,皆有所稽查,且可以防意外非常之变,此立法之意也。”官府希望通过牙户对市场行为加以规范管理。乾隆四年(1739)定例:“民间行户,地方官于请领牙帖时查其为人诚实,家有产业者,取具邻保甘结,方准给帖承充。其素无赖,毫无产业者,

① 《光山县志》卷十一《市集》。

② 《钦定大清会典》卷十七,乾隆二十九年武英殿聚珍版。

不许滥给。仍将承充牙行经纪姓名,按季册报布政司存查。如有滥行给帖,以致吞欠客本,即行揭报,将滥给之地方官,照滥给牙帖例,降一级调用。"[①]对于地方官滥给牙帖而上司失察者,其上司罚俸一年,司道罚俸六个月。上司徇纵者,降二级调用。[②] 在实际执政过程中,清代地方政府依据牙行法规对牙行实行管理,这种情况在一些档案材料中也有反映。四川巴县档案就记载了多起牙行开业、转顶的报官备案手续。

在这种情况下,当商人们的利益和财产受到牙行侵蚀的时候,他们可以依法向当地官府对相关牙行提出诉讼,请求追还货物或款项。巴县档案记载有乾隆四十八年(1783)商人杨东来状告牙行王芳兰侵没货款案:

> 为奸牙吞骗,叩恩究追事
>
> 缘蚁在叙府贸易,买姜黄二万五千斤来渝发卖,前月二十日抵渝,投王芳兰行内发卖。本月初三日,芳兰已将蚁姜黄发卖,现钱二百四十一千一百文。殊奸牙欺蚁异孤,以为弱肉可嚼,将钱悉行鲸吞,一文不给……叩宪拘究追钱给领,法除吞骗。如稍有□,倍罪。伏乞太爷台前施行。
>
> 县正堂批:候讯追。[③]

对于一些特许行业来说,行户之间相互担保既可以保证交易按照共同约定的行业规范运行,减少国家行政管理费用,又可以保障国家税费收入源源不断。如典当、钱庄、食盐等行业,均属于特许经营性质。咸丰九年(1859)发生了严重的官开钱商亏短官项

① 《钱谷指南》,郭成伟、田涛点校《明清公牍秘本五种》,中国政法大学出版社 1999 年版,第 416 页。

② 同上书,第 418 页。

③ 《巴县档案汇编 · 乾隆朝》,档案出版社 1984 年版,第 270 ~ 271 页。

的事件,清政府对相关的商户进行了严厉的查处。从该案的查处可以看出要求互相保结的实际意义。

实际运行中,有时还会出现官府势要的亲属、衙门胥役等充任牙行的情况,此时亏短官项的情况更难以被查处。乾隆八年(1743)的上谕说:

> 民间贸易,官为设立牙行,以评市价,所以通商便民,彼此均有利益也。是以定例,投认牙行,必系殷实良民,取有结状,始准给帖充应。盖殷实则有产可抵,良民则无护符可恃,庶几顾惜身家,稟遵法纪,不敢任意侵吞,为商人之害。乃闻各省牙行,有以衿监任充者,每至侵蚀客本,拖欠货银,或恃情面而曲为迟延,或藉声势而呈其勒捐,以致羁旅远商,含忍莫诉,甚属可悯。从前外省衙门胥役,有更名换姓兼充牙行者,已经降旨敕部定议,严行禁革,积弊始除。而衿监充任者,即行追帖,令其歇业,永著为例。嗣后如有仍蹈故辙,而州县官实于查察者,著该上司查参议处。①

这里表明:违规经营牙行、把持牙行的现象广泛存在。法律虽然规定要严厉打击,但法不执众,许多碑刻表明当时严重存在牙行苛待客商的事实,虽然官府有打击此类行为的案例,但离彻底清除还相距甚远。乃至于明清时期流行的《商贾便览》中有《江湖必读》,其内容是专门教授客商识别和选择妥实可靠的牙行,对各种牙行、埠头有非常具体的分析,它还告诫客商:

> 凡写船必由船行经纪,前途吉凶,得以知之,间有歹人窥视,虑有根脚熟识,不敢轻妄……买卖要牙,装载须埠。买货

① 光绪《钦定大清会典律例》卷一三三,光绪十二年本。

无牙，称轻物假；卖货无牙，银水低假。所谓牙者，权贵贱，别精粗，衡重轻，革伪妄也。写船不可无埠头，车马不可无脚头，船无埠头，小人乘间为盗，车无脚头，脚子弃货中途，此皆因小失大。①

明朝政府曾经制定了一系列防范奸牙的措施，譬如严禁私牙，公牙牙人必须是拥有一定财产、为人公平谨慎者，牙商必须具有良好的职业道德，牙商的不法行为将遭到严厉的惩处。但是事实上不法牙商是铲除不尽的，只有商人们自己注意辨别，时时刻刻绷紧一根弦。像《客商一览醒迷》、《天下水陆道程》都力求给客商以经验的指导。《客商一览醒迷》告诫商人寻求托付之人要找讲诚信的。“老实则托之无虞，彼好胜繁华之徒，虽介物至轻，不宜投托。”②《天下水陆道程》说饶州牙行中良莠搀杂，不可冒昧相信。③《一统路程图记》则告诉人们芜湖、瓜洲的牙行较为诚信。④《客商一览醒迷》说选择牙商要选择有一定财产的牙人，选择熟悉的牙人是避免受骗的常用办法。《醒世恒言》中讲施复作为一个小本布商带着自己织就的四匹布“到个相熟行家来卖”。⑤《型世言》中描写武昌米商蒋誉让儿子蒋日休随其舅父柳长茂到汉阳籴米的情况说：“汉阳原有蒋誉旧相与主人熊汉江……甥舅两个便渡江来到汉阳，寻着熊汉江寓下。这熊汉江住在大别山前，专与客人收米。与蒋誉极其相好，便是蒋日休也自小儿在他家歇落，里面都走

① 鞠清远：《校正江湖必读》，《食货半月刊》，1935 年第 5 卷。

② 《客商一览醒迷》第一节，《商贸醒迷》，山西人民出版社 1992 年版。

③ 《天下水陆路程》卷七“祁门县至湖口县水”条，山西人民出版社 1992 年版。

④ 《一统路程图记》卷七《江南水路·大江上水由洞庭湖东路至云贵》，上海古籍出版社 1994 年版，《明代驿站考》附录本。

⑤ 《醒世恒言》卷十八《施润泽滩阙遇友》。

惯的。”①

商书中还告诫商人们善于与各种牙商建立好私人关系,要注意了解牙人的底细,如《士商类要》中说:“到彼投主,须当审择。不可听其中途邀接之言,须要察其貌言行动。好讼者,人虽硬而心必险,反面无情。嗜欲者,性虽和而事多疏,见人有义。好赌者,起倒不常终有失。爱嫖者,飘蓬不定或遭颠。以上之人,恐难重寄。娇奢者行必懒,富盛者必托人,此二等非有弊,而多误营生。直实者言必忤,勤俭者必自行,此二般拟着实,而多成买卖。语言便佞扑绰者,必是诓徒;行动朴素安藏者,定然诚实。予先访问客中,还要临时通变。”②《客商一览醒迷》中说:“投行三相:相物、相屋、相人。入坐试言:言直、言公、言诈。物古不狼,老实节俭(凡观人家所用物件,不可因其古旧,即云为贫。但物不至狼藉破坏不堪者,必是节俭老实、不务奢华之家,而内财充溢可知)。屋新而焕,标致奢华(人家屋宇精致,山节藻棁,物件研明,分外巧样,所是好奢华、务外之人,其内必不能积聚)。百结鹑衣,贫穷之辈(非老实而真贫者,则衣垂补结,油腻蚜光,履袜不完,裙裤褴褛,人形猥缩,肩从目光。巾帽寒暑不处,衣袂冬夏无替。此皆穷寒之极矣)。异妆服饰,花子之流(衣冠随世,不古不华。若巧异妆扮,服色变常,此皆花子下流,终非守业受用者)。不以布衣而曰贫,天然质朴。若以丝罗而曰富,多是虚头(各省虽富贵之家,惟布衣布服。两京吴越之地,以绮罗为常服。布者,富贵悠长。衣帛者,储无隔宿。所以贫多在市,富多在乡。饥寒生于大厦,饱暖处于草茅。此皆奢俭之效也)。左右顾而呼号,矜夸卖富(对客座谈而大声呼喝奴婢,或左顾右盼,如有所事,此皆卖弄豪华、夸逞骄侈之态也)。上下视而吐语,料量算人(乍见会语之间,便不出口,以目上下估看,

① 《型世言》卷三十八《妖狐巧合良缘,蒋郎终偕伉俪》,中华书局 1993 年版。

② 《士商类要》卷二《客商规略》。

方露微言，则其心中打量，必有所计较耳）。礼貌谦逾，心中叵测。起坐真率，面亦无阿（谦逾重礼之人，其心中必诈。面颜不能谄媚，则起坐无恭）。问价即言，大都不远。论物口慢，毕竟怀欺（初到牙家问货，价值随口而答，则亦相近不差多少。若口慢，应对含糊，非迟即快，其间必怀欺诈也）。相见恭而席丰，货锋有价（主人初会，恭敬盎然，出于分外，酒席破格丰盛，跟从欢腾，情意甚炽，则知货有价而锋快也）。跟随缓而款略，本少且迟（客到主家，而主仆不甚紧随，款待疏略，不以为意，非货迟而印本少也）……门虽无货，但物精地洁，不妨。店纵有人，若蒲网凳尘，可惧（观人家之盛衰，在宅居之垢洁。行中虽无货物，但精洁不尘，必是兴旺之家。若莓苔满地，尘网盈庭，纵有人居，必为废败无人拘管之室）。"①加强对牙人的观察是防止上当受骗的好办法。

牙行、埠头本来是为船户提供保障的，官府也竭力使其运行规范，如《江苏省例续编》关于船行埠头的规定说：

> 官埠一项，现经禁革，差事改归船行承办，而行户众多，事宜专责。饬经各行议禀，以汝公信薛万兴值长洲县，陶公兴夏开祥值元和县、言全兴顾大兴值吴县，但恐复启把持勒索之渐，应令将现在所有船行，匀分三起，各值一旬，预将行名编定先后，开列清册，送县在案，每旬挨次轮派二行承值，周而复始，其江广江北各项划子黄跨子船行，一切照此办理。②

该省例还说明："设立船行，原为代客写载，俾无欺骗。若商民向有熟识船户，彼此相信，雇载亦属例所不禁……惟自雇之船，如有疏失等事，应与船行无涉。"这无异于表明经官方确认注册的

① 《客商一览醒迷》第一节，《商贸醒迷》，山西人民出版社 1992 年版。
② 《江苏省例续编》，同治十二年，臬例。

船行具有更好的运载安全保障。

能真正把这些规定落到实处的官府实在是很难找到,江苏省在一定程度上注重了制度的建设,因而也在一定程度上建立了相对良好些的商业环境,但客观地说,这种制度环境往往较难维持,商人利益受到侵害的现象还是屡有出现。这便要求商人通过团结起来,形成抵制这种侵害的自我机制。

在较为兴盛的乡间集镇,一些地区为维护市场公平交易秩序,还调动了乡规民约来进行管理。在广东大埔县百侯镇百侯街尾伯公座侧旁立有一块通乡公碑,碑长119厘米,宽47厘米。详细镌刻了乾隆时合乡父老公立的斗、秤和集市管理条文。转抄如下:

《法言》云:一间之市,必立公平,矧在万室之聚乎?倘权量不画一,殊非盛世醇厚之风。兹通乡绅耆会议,公置铁字斗八个,铁字升八个,并编乾、坎、艮、震、巽、离、坤、兑字样,公置天平针秤五杆,编公正协人心字样。斗、秤俱付圩长收掌。斗、升用七进一,秤用三留二,依序轮换较对,永杜弊端。所有条约详具于右:

一、米、谷、盐食随价昂,俱铁斗平量交易。如用私置斗升,予受同非,并罚油三觔归本圩福德祠用;

一、杂货卤鱼猪鸡及一切食物用秤之处,总以对针为准,如不及针,则过在牙人及卖货者;若既对针而仍额外多取,则过在买者;如牙人及卖者奉承势要,瞻循情面,于对针外暗送便宜,则予受同过,以上等弊,一经察出,并罚三觔;

一、屠行除肠血外,一切花油肚脏,俱一上秤,无论时价高低,总以对针为准,其卖猪买肉价钱,原省行情大势,听其照依时值买卖,毋庸拘定;

一、瘟、母畜不许屠宰,如敢混卖,察出罚戏一本;

一、斗升轮换,每圩期一次较对,针秤轮换,每月朔一次较对；

一、圩长工食议定：圩日每斗一个，给钱五文，早晨扛猪，每十觔卖猪人给钱一文，其闲铺者，遇节给钱十文，过年给钱十文。

以上并经乡绅耆公议，演戏闻勒永遵，如犯弊款，鸣众处罚，倘敢抗顽，呈官究治。

大清乾隆十八年(1754)癸酉孟秋吉旦合乡公立。[①]

这表明商业活动本身就是社会正常发展的一部分，必须加以一定的管理，无论是来自官府，还是来自民间，适当的管理都是保持商业活动正常进行的机制。

长途贩运的商人或商人集团在与牙人、牙行打交道的过程中，认识了许多的"奸牙"、"虎牙"。这些人或勾结酷吏欺压外商；或串通社会黑势力，抢夺财物。乾隆五年(1740)曾下谕："近闻外省衙门胥吏，多有更名捏姓兼充牙行者，此辈依势作奸，垄断取利，必致鱼肉商民。被害之人，又因其衙门情熟，莫敢申诉，其为市廛之蠹，尤非寻常顶冒把持者可比。"[②]陈学文先生把奸牙的不法行为总结为如下七个方面：1. 高抬物价，擅收佣金；2. 压价短秤；3. 用假银诓骗商民；4. 以重报轻，以昂报低；5. 抢夺货物；6. 拖欠货款，久欠不还；7. 勾结奸吏，陷害客商。所有这些，都严重地制约着商人的经营活动，商人们往往需要依靠自己的团体力量，与之展开针锋相对的斗争。

会馆是明以后异乡人在客地建立的同籍人的一种社会组织，它不同于一般官方的公馆或宾馆，它是私立的，属于民间的自发性组织，故在"正史"中无人论及，即使是明清地方志也都多有缺略。

---

① 《工商行政管理》1993 年第 13 期，封二影印件。

② 《清高宗实录》卷一二六，乾隆五年谕。

民国《上海县续志》说:"会馆公所前志从略。因思贸易于斯,侨居于斯,或联同业之情,或叙同乡之谊,其集合团体之行为,与社会甚有关系,似未可阙而不书。至于或称会馆,或称公所,名虽异而义则不甚相悬,故不强为区分。"[①]该志的编纂者正是看到了会馆的社会整合作用,才执意要将其列入地方志之中。在四川、湖南、江西、东北、新疆等地的地方志中经常也有会馆的记载,虽语焉不详,但其社会整合功能却是显而易见的。

会馆作为民间自发性组织能够有效地执行社会整合功能是由会馆本身与封建政府两方面的因素决定的。从会馆本身而言,会馆的设置者们多把建立有序的社会状态作为自己的追求,他们竭力创造这样的环境:既为自己的经济政治活动提供良好条件,同时也切合了政府对社会稳定的愿望,因而,会馆的自发设立既有内驱力,又有合法性。从封建政府看,传统的封建管理体制仅适用于管辖安土重迁户籍严明士农工商各安其业的社会格局,行政体制仅设至县,县以下的基层社会则通过乡党乡族等势力来执行管理功能,因为堪称"熟人社会",故这种管理一般还能收效。可是,士、农、工、商的阶层界限不仅多有变化且显得模糊的明清社会却使固有的社会管理体制出现危机,而社会流动的经常化又逼着封建政府不得不绞尽脑汁来思考管理社会的新途径。

此时,地域性会馆成为对流寓人员实行有效管理的最佳社会组织。面对经常性的社会成员的阶层流动与区域流动,传统的户籍制度已无法胜任其管理户籍的职能,流动人员无法在户籍中准确得到体现,相对于不同区域的不同时期,同籍人的流动又不断变幻,时有涨落,唯有用地域性的会馆才能有效把握其变化。建立会馆的乡土范围又可以根据实际情况或伸或缩,有的以两省为单位,有的则小到以一镇一乡为单位,这正如窦季良先生所说,乡土从来

---

① 《上海县续志》卷三《建置下》。

就没有一个绝对的界线。[1]

当政府看到会馆这一自发性社会组织刚好能执行这一功能时，它又不便于像支持家族制度那样大张旗鼓地宣扬鼓励，因为人口流动虽为封建统治所需求，但又是侵蚀封建统治的力量。在清初的广东、湖南等地，许多鼓励移民的优惠政策竟引起移民移出地的土地抛荒现象，这简直是对当地农业的摧残。而且，移民群的混杂又可能在新移民聚集地形成一支反政府的力量，这些都是封建统治者稍一思及便会毛骨悚然的问题。明中叶在闽浙赣边界、在湖北郧阳山区、在陕西巴山老林地区的移民都曾掀起过反抗官府的巨浪，统治者们都对此刻骨铭心。但是，这流动着的人口又必须有所约束，有所统属。在京师、工商都会、移民区域，有了会馆这种既谋求自我发展又谋图自我约束的社会组织，确实是政府本意想为而又力所不及的事情。鉴于这一情况，政府与会馆的关系实际上经历了一个从观望到默认到支持到保护的发展阶段。这其中既包含了会馆与封建政府日见接近的过程，同时也包含了封建政府对会馆这一社会组织的接受的过程，实际上体现了二者的相互调适。

由于会馆最初就是由官绅建立的，因而这便大体奠定了其后会馆的基调，官绅阶层在各类会馆中便程度不同地存在和保持。他们深受儒家“修身、齐家、治国、平天下”理念的熏染，多在力图规范或引导着会馆的发展方向。如北京的广德州会馆是由康熙间一位担任御史的同乡所捐助而建立的，台湾鹿港金门会馆是由进士郑用锡当董事，台南潮汕会馆是由知县杨允玺、游击林梦熊等倡建。[2] 安徽芜湖的江西会馆也于同治十年（1871）由安徽巡抚吴坤

---

① 窦季良：《同乡组织之研究》，正中书局1946年版。

② 周宗贤：《血浓于水的会馆》第62页。

修捐,其购置住宅复经旅芜赣人集资改造为全省旅芜士商集会之地。[①] 在苏州的陕西商人颇有势力,但陕西会馆却迟到乾隆二十六年(1761)才由当时的苏州知府赵学山、苏州府同知陈如飞、吴县知县王式之三位陕西同乡官员倡导建立。反之,有的商人势力很大,却未见建立会馆。这表明,官绅的介入经常成为会馆建立或得以保持的重要条件。明人刘侗、于奕正曾考究会馆来历,认为:

> 尝考会馆之设于都中,古未有也,始嘉、隆间,盖都中流寓十(倍)土著,游间屣士绅,爰隶城坊而五之,台五差,卫五缉,兵马五司,所听治详焉,惟是四方日至,不可以户编而数凡之也。用建会馆,士绅是主。凡入出都门者,籍有稽,游有业,困有为也。不至作奸,作奸未形,责让先及;不至抵罪,抵于罪则籍得之耳,无迟于补。[②]

此处,刘侗、于奕正讲明了会馆起于社会管理的需要,旨在让士绅以会馆招谕流移,使其有所把握,不至伦于封建统治之外,故一般会馆多以同籍为纽带,以士绅为领导,以神灵作为精神支柱,这无疑切合了封建统治的要求。有人说会馆的建设体现出“此固幸际我国家文明之治渐被海隅,而亦其邑之贤士大夫振起而陶育之为能应运而生,相与沐隆化而作新也”。[③] 由此,会馆的设置意味着封建统治的延长。

在工商业城市,为追求稳定社会秩序而建立的会馆亦很多。大约在康熙四十二年(1703),苏州府吴县纱缎业者就确定行业规范,雍正元年(1723),经官府批准勒石成碑。具体内容是:

---

① 《芜湖县志》卷十三《建置》。
② 刘侗、于奕正:《帝京景物略》卷四,《稽山会馆建唐大士像》。
③ 《镇海县志》卷十一《会馆》。

一、议得我行执帖经营生理，各宜秉公守□，每缎一匹，照常取用。机户行家，忠信相待，不得抑此扶彼，□客坑商，违者公罚。

二、议得给帖原□一人执业，止可传之子孙。若兄弟婿侄等辈，不得在内越卖，渐□明充暗顶之□，违者公罚。

三、议得我行同业在外营生，遇有无帖擅行夺卖之人，即系光棍，立即邀众□逐。如有暗行故□，不即声扬共逐者，察出罚。

四、议得我辈同业者，不与现在行家亲戚，以及管账之人，合伙合业，以防明充暗顶之渐，违者公罚。

五、议得同业之中，或有不愿营生歇闲者，应将原帖缴付行头。俟有顶替之人，当官禀明交替，通知□□众友，出具同行互保外，议还给帖所费，违者罚。

六、议同业中在前原有印帖，后经缴出更替者，不得仍旧在行执业，违者罚。

七、议得行家走账及亲戚之人，向机户私相对手买缎，无论有无识面，察出□查实据，仍向机户索取用金。同业知而不举者，公罚。

雍正元年十二月十九日

苏州府吴县知县　杨□绍①

这一条规与国家律例关于牙行的从业条件和经营规范方面的原则保持一致，可以被看作是《大清律例》中“私充牙行埠头”律例条文的具体实施细则。

乾隆十年（1745）三月，湖北巡抚晏斯盛上奏说：“汉口一镇，

① 苏州历史博物馆等：《明清苏州工商业碑刻集》，江苏人民出版社1981年版，第13～15页。

商贾辐集,请令盐、当、米、木、花布、药材六行及他省会馆各建社仓,择客商久住而乐善者,经理其事。”此时,封建政府已利用会馆这种社会组织,作为社会管理的工具,会馆成为一种合法的社会组织镶嵌于中国传统社会团体网络中,俨成一个细胞为封建秩序尽忠效力。就在同年晏斯盛又曾上《请立商社疏》,表达了自己对会馆作用的认识:

> 如楚北汉口一镇,尤通省市价之所视为消长,而人心之所因为动静者也,户口二十余万,五方杂处,百艺俱全,人类不一,日消米不下数千。所幸地当孔道,云、贵、川、陕、粤西、湖南处处相通,本省湖河帆樯相属,粮食之行不舍昼夜,是以朝籴夕炊,无致生困。然而乾隆七年水泛大歉,积雪连朝,遂亦甚惫……查该镇盐、当、米、木、花布、药材六行最大,各省会馆亦多,商有商总,客有客长,皆能经理各行、各省之事。①

依此,会馆已被融入封建政府的管理体系之中,发挥着“行”所无法发挥的作用。

北京的颜料行业基本由山西平遥商人控制,雍正十二年(1735)以来,他们遭到来自陕西同州府的牙人的干涉。颜料等行商人联合起来据守惯例,在诉讼中赢得了把牙人拒绝在行业外的成功。乾隆十八年(1753)的《公建桐油行碑记》是一个关于颜料行商人与牙人斗争的完整记录:

> 从来国家之定制,除弊犹急于兴利,而都会之成规,安商即所以惠民。至于久而相安,人人称便之事,更不容平地生波,以滋扰累也,如颜料行桐油一项买卖者,惟吾乡人甚伙,自

① 《清经世文编》卷四《户政》,晏斯盛:《请立商社疏》。

> 生理以来，绝无开行店口，亦绝无经纪评价，必本客赴通自置，搬运来京，报司上税，始行出卖。无何网（罔）利傅天德者，既不开行，又不平价，不知执何年之帖，平空索取牙用，捏词叠哓不已。幸蒙都宪大人执法如山，爱民如子，无事听断之烦，而宵小之奸洞悉。牌批云：凡一切不借经纪之力者，俱听民便，毋得任其违例需索，扰累铺户，致于未便。煌煌铁案，炳如日星，不数日而弊绝而风清，冰消瓦解。□哉定国复生，允矣龙图兼生，其安居乐业者，固应歌功而颂德，即彼营私妄作者，亦自当畏威而远罪也夫。用敢勒石以志不朽。①

这一碑石中的规定一直得到官府的认可，也能够很好地被遵守，到光绪九年（1883）依然成为赢得与牙行官司的依据。

由商人们把这些规约交官府备案认可，具有了与国家法律同等的效力，在处理行业内部纠纷方面发挥着积极作用，其在实施社会控制方面，具有着较高的效益，对某些社会关系的调整能较国家行政组织及国家法律更为有效。

清朝政府曾致力于统一西北边疆的战争，为提供军需，山西等地商人随军贸易，功绩显著。雍正帝曾说："西北两路用兵，筹饷事宜，朕心甚费区画，北路军粮，范毓香宾承领运送，诸事谙练，朕甚嘉奖。"②统一战争后，清政府鼓励内地商民前往新疆贸易，乾隆二十一年（1756）五月，清廷根据平定阿睦尔撒纳战争的需要，议准陕甘总督黄廷桂关于放宽西路贸易的奏请。③ 乾隆二十五年（1760），清廷下令取消了前往新疆贸易必须绕道去乌里雅苏台领取将军所给执照的限制。这样由张家口、归化城去新疆的商人，可

① ［日］加藤繁《中国经济史考证》第3卷，商务印书馆1973年，第107页。

② 《清实录》雍正九年（1731）五月辛未条。

③ 《清实录》乾隆二十一年（1756）五月丙申条。

节省一、二个月的时间。乾隆二十七年(1762)三月,上谕军机大臣,新疆贸易自应流通,全听商民自便,不可官办勒派,有愿往者,即给以印照。乾隆五十八年(1793)九月,清廷又下令取消禁止商民从内地贩运钢铁铜锡的禁令,还于伊犁等地免征商税,吸引内地商民。① 山西商人正是在这诸多优惠和鼓励政策下来到新疆,并在势力发展到一定规模时建立起山西会馆。乾隆三十一年(1766),乌鲁木齐山陕商人联合修建了晋陕会馆。会馆的楹联这样表述:“设馆以叙乡情,芳草天涯,不越归心之念;集会如归故里,桃源塞上,同聚联手之欢。”会馆供奉圣关帝君,俗称关帝庙,每年农历五月十三日过会,酬神演戏三天。关帝庙的楹联是“史家拟议曰矜误矣,视孙曹诸人,原为无物;后世尊称以帝敢乎,论春秋大义,还是称臣”,体现了强烈的自我管理意向。在奇台,三层高的春秋楼金碧辉煌,各层楼檐下悬有各式匾额十一块,楼上供奉关公。在巴里坤、焉耆、塔尔巴哈台,都建有山西商人的会馆。在伊犁,除了山西会馆外,还有直隶会馆、两湖会馆、江南会馆、山东会馆、陕甘新会馆等。②

在移民区域,这种追求亦很明显,譬如民国《江安县志》中说:“江安自宋元以来夷汉杂处,神道设教,相沿既久,习俗辄以寺观代易地名,琳宫梵刹,金碧灿烂,触处皆是,诗书礼乐所不能感者,悚以罪福之说而有余,此士大夫所以乐为助成,以辅王化之不逮,非仅供雅聚备游观已也。”③这里的会馆同样反映了士大夫们管理好社会的企求,会馆成为移民区域“以神道设教”的有效基地。

下面的几块碑刻都体现了封建政府对会馆的要求。如乾隆四

① 张韶梅、张华军:《论清代新疆山西会馆》,《新疆职业大学学报》2002 年第3 期。
② 张韶梅、张华军:《论清代新疆山西会馆》,《新疆职业大学学报》2002 年第3 期。
③ 《江安县志》卷二《地理》。

十二年(1777)苏州的《重修东齐会馆碑记》载:

> 盖会馆之设,所以答神庥,睦乡谊也。前贤经始之,后贤慎葺之,其何以缵事功而不隳,垂久远而无替……历观大江以南之会馆,鳞次栉比,是惟国家休养生息之泽久而弥厚,故商贾辐辏,物产丰盈,因以毕集于斯也。然其制作,旷敞靡丽,即陬区僻壤,欲求其位处阳阴,地通灵秀,朴斫而不陋,藻雅而完固者,盖亦鲜矣。①

可经历长期的发展,和人们的"丹垩缮葺",建筑设置亦大有改观,"金碧晃耀,轮奂晶莹,无复向时之黝暗矣"。其目的在于"以抒诚敬,以肃观瞻",使"后之人礼斯意,而绵绵延延,则千秋俎豆长新,奕祀乡情永固矣"。

乾隆四十九年(1784)《潮州会馆碑记》又说:

> 圣朝景运日隆,都会名区,五方士商辐辏,于是有会馆之设。迓神庥,联嘉会,襄义举,笃乡情,甚盛典也。我潮州会馆,前代创于金陵,国初始建于苏郡北濠,基址未广。康熙四十七年乃徙上塘之通衢,列层五楹,为殿者一,为阁为台者各一。闬闳高敞,丹雘翚飞。敬祀灵佑关圣帝君、天后圣母、观音大士。已复买东西旁屋,别祀昌黎韩夫子,兼设客厅厨舍。凡岁时伏腊,祝釐受祉,宾朋叙会,饮爵献酬,咸集于是,规制焕然一新矣。②

这里会馆的建设,商业的发展被看作是封建王朝兴盛的标志,这些

---

① 《明清苏州工商业碑刻集》第337页,《重修东齐会馆碑记》。
② 《明清苏州工商业碑刻集》第340页,《潮州会馆碑记》。

会馆都竭力使自己的目标与封建政府统治的目标相吻合，会馆的高屋华构、庄严敬肃，意味着基层自我管理体系的建成。对此，封建政府是颇有嘉许的，以致在乾隆十六年（1761）皇帝南巡路经上塘时，“天颜温霁，赏赐彩缎二十匹”。这无疑成为会馆继续发展的推进器，它们“盛沐鸿恩异数，兴情鼓舞，式廓日增。吾郡七邑，首海阳，次澄海、次潮阳、次饶平、次惠来、次普宁、次揭阳，议定规条，将历置房产设立册簿，所有现带租银征收，以供祭祀，余充修葺诸款动用，并襄义举。延请董事经理，三年一更，七邑轮举。一应存馆契券，递交董事收执。先后更替，照簿点交，永为定例。所以敦请董事，必择才具贤能、心术公正之人，综理巨□，其责郑重。我郡同人，互相勉励，善保始终，尤会馆之第一要务也”。[①] 用才具贤能、心术公正之人以达到善保始终的目的，实际上包含了会馆的维持发展即是对封建政府的效忠的意义。果然，皇帝不久又第二次驾临该馆，人们“敬设歌台灯彩，众商踊跃相将，输诚欢庆。伏念帝泽覃敷，海氛永息。风帆顺利，渤澥安澜。凡我潮之懋迁于吴下者，日新月盛，可不谓遭逢之幸欤！夫立基期于永赖，创业贵乎守成。继自今治守前规，勉思善后，于贸易往来之地，敦里党洽比之情；当丰亨豫顺之时，务撙节爱养之道。公平处事，则大小咸宜；忠信相孚，则物我各得。一切仰体圣天子优恤商民之至意，垂诸永久。式睹神歆其祀，锡福延禧，众协一心，千秋弗替”。[②] 对于社会的变迁与发展，会馆采取了顺应的对策，在发展中保持规范，在发展中寻求平稳，是会馆角色的主要方面，它力求协调好各方面的矛盾，以保证建立起良好的经济秩序，以秩序的安定来保证经济的向前发展。

上海《潮惠会馆二次迁建碑记》说：“会馆之建，非第春秋伏腊

---

① 《明清苏州工商业碑刻集》第340～341页，《潮州会馆碑记》。

② 《明清苏州工商业碑刻集》第340～341页，《潮州会馆碑记》。

为旅人联樽酒之欢，叙敬梓恭桑之谊，相与乐其乐也，亦以懋迁货居，受廛列肆，云合星聚，群萃一方，讵免睚眦，致生报复，非赖耆旧曷由排解？重以时势交迫，津梁多故，横征私敛，吹毛索瘢，隐倚神丛，动成疮痏。虽与全局无预，而偶遇株累，皇皇若有大害。踵乎厥后，既同井邑，宜援陷阱，凡此皆当忧其所忧者也。纵他族好行其德者，亦能代为捍卫，而终不若出于会馆，事从公论，众有同心，临以明神，盟之息壤，俾消衅隙，用济艰难，保全实多，关系殊重。推之拯乏给贫，散财发粟，寻常善举，均可余力及之。无烦类数，此会馆之建，所不容缓也。"[①]会馆把消除矛盾、相互规监作为首要任务，然后把拯乏给贫等善举放在第二位，并以此作为整合同籍流寓人士的手段，后者显然是服务于前者的。在其他会馆的碑记中类似的记载还有不少，如苏州金华会馆"为想春风秋月，同乡偕来于斯馆也，联乡语，叙乡情，畅然蔼然。不独逆旅之况赖以消释，抑且相任相恤，脱近市之习，敦本里之淳。本来面目，他乡无间"。[②] 如苏州的钱江会馆"堂之中祀神，以义合者宜有所宗也。封疆大吏暨藩伯监司，咸书额以张其事，盖体圣天子通商惠旅之至意，而吾乡人之至者，得以捆载而来，僦赁无所费，不畏寇盗，亦不患燥湿。自今以始，毋以为唐肆，徇情以馆私人；毋以为过所，畏执而称使客。守之以恒，协之以和，传之永永可也"。[③] 通过官绅和富商的努力，以微薄的经济便利聚合同籍流寓，使他们在都市的氛围中保持乡土的恬静、相熟与互劝的逸雅。

乾隆四十二年（1777）浙江嘉兴府《重建江西万寿宫会馆碑记》说："照得各省商民设立公所，原备稽查而资足托也。浙江省嘉兴府秀水县正堂汪为勒石示遵，以垂久远事：江右商人于乾隆

---

① 《上海碑刻资料选辑》第 331 页，《潮惠会馆二次迁建记碑》。

② 《明清苏州工商业碑刻集》第 330 页，《金华会馆碑记》。

③ 《明清苏州工商业碑刻集》第 20 页，《吴閶故会馆碑记》。

十二年公捐已赀,在秀邑灵光坊置买房屋地基一亩二分,设造江西万寿宫会馆。又二十年,又置田七亩九分,立许旌阳户内,每年收息,以为办粮备朔望香烛及看司启闭、饭食之需,然斯时房屋尚属草创,未得规模,迨于二十五年间鸠工改造,今甫一律告成,堪往来栖止。去岁奉署道遵宪张持檄饬查之后,据该司事李宪章、吴殿良、许砥中、谢文连等票陈建造原委,并谋立碑,到县,随经据情转请,已奉宪批允可,合行勒石示遵,为此,仰该司事人等遵照:凡江右商民听其出入馆,其余杂事人等,漫无稽查,一概不容出入,所有房屋田产均当协力稽管,持守之道,以垂久远……大清乾隆四十二年五月中浣立碑记。司事:李宪章、屈云茂、毛广文、许砥中、谢友远、聂邦珍、吴殿良、王佑才、熊鹤州。”①这表明会馆的设置已得到地方政府的允准,并有效地执行管理辖区内的同籍流寓的功能。有时甚至能帮助官府杜绝沿海接济洋匪行为。如嘉庆十一年两江总督铁保奏请在上海设立闽广浙江会馆,各个会馆董事多人,“凡是商船到口,先令董事审办,果系真商出具保结,准其进口,迨销完后置货而归,或商民雇募出口,何省之船即由何省会馆出结,计口酌给米粮;然后放行。倘有假冒进口私运出口等事,该董事一并治罪”。②

同治时潮州《汀龙会馆志·馆志序》中说:

> 或曰会馆非古制也,而王律不之禁者何耶?予曰:圣人治天下,使民兴于善而已。会馆之设,有四善焉:以联乡谊明有亲也,以崇神祀明有敬也,往来有主以明礼也,期会有时以明信也。使天下人相亲相敬而持之礼信,天下可大治,如之何

① 《嘉兴府城镇经济史料类纂》第417页,《重建江西万寿宫会馆碑记》。

② 《清仁宗实录》卷一六七,嘉庆十一年九月下。

其禁耶?[①]

“亲”、“敬”、“礼”、“信”等等规范的建立实际上奠定了封建统治长期维持的基础。因而统治者不但不禁止,反而形成依恃之势。延至近代,在上海的宁波会馆、徽州会馆与重庆的八省会馆则更是与封建官吏一道共同参与地方社会事务的管理,更包含了会馆与封建官府的相互依存关系。应该说,封建政府能容纳会馆组织的发展以及会馆对社会事务的管理,本身已意味着封建政府已作出了对社会形势变迁的新适应。有人说,雍乾时期,中国社会体制的诸多变革日渐适应中国社会的变迁,成为中国近代化的基础。笔者认为:从会馆这种社会组织看,它几乎成为中国社会从传统过渡到近代的中介和桥梁。

正因为会馆体现了较多的与封建政治相同的目标追求,封建政治也逐渐地竭力调解会馆的纠纷,维护会馆的利益。如《明清苏州工商业碑刻集》中的“元长吴三县为元宁会馆赎回造屋给示晓谕碑”(光绪九年,1883),“吴县为盖印给发吴兴会馆公产照契抄册给示晓谕碑”(光绪十八年,1892)、“吴兴会馆房产新旧契照碑”(光绪二十五年,1899)[②]等都表明了官府对会馆财产的承认。

有的会馆纷纷向官府申请立案,更表明会馆在竭力谋求封建官府的承认,同时亦希求得到官府的保护。在谋求承认时,它的宗旨就必须是合法的;要得到保护,则是希望以官府的政治强力来压服那些企图侵害自己的势力。这正如“梅园公所”董事所说:“公议规条,捐资董办。惟虞私约无常,客居招侮,业经具禀常宪,蒙批准勒石示禁遵守等谕。”[③]人们想通过向官府立案确立其规条的权

---

① 同治《汀龙会馆志·馆志序》。

② 《明清苏州工商业碑刻集》第37、45、48页。

③ 《明清苏州工商业碑刻集》第349页,《昭文县为梅园公所卜建存仁堂给示勒石碑》。

威性,避免“私约无常”,同时又要谋求发展,并避免“客居招侮”。

在申请立案的会馆中,封建政府一般都承认了各会馆规条的合法性,并且因为这些规条多把“赈贫恤弱”等放在显目的位置,所以政府经常自然而然地把会馆议定的“规条簿”保存在官府的公文档案中。光绪十八年(1892)《吴兴会馆碑记》中说:

> 现闻上海、江西等会馆,所有产业契据等项,皆因公产,系轮流经管。恐难一律慎密,均须禀库存贮,另置产簿二本,呈请盖印。一存县档,一存会馆,永远执守,历无贻误。今吴兴会馆产业,事同一律。既查存上海、江西等会馆成案,并核与义庄公产契据,可以存司盖印,例章大略相同。①

这里,地方官员把会馆产业与家族义庄归并办理,这表明二者虽作用领域不同,可是出发点是一致的。

会馆作为客籍人的经济象征有时会引起土著中恶人的觊觎,起而滋事的事件时有发生,这也是驱使会馆申请立案的重要因素。这时,官府对会馆的保护的态度至为明确,如《江苏抚院严禁游勇地棍向宣州会馆作践滋事碑》说:

> 钦命护理江苏巡抚部院刘为给示晓谕事:据安徽省宣州会馆绅董汪应森等禀称,集捐购买吴邑北亭一上图吴殿直巷房屋一所,兴复宣州会馆,公同修理完竣,妥议规条,延请司事,次第进行,第因合郡仕商,寄居客籍,未能常聚,会馆空旷,难保无业游棍滋扰及入馆作践等情,禀请给示勒石,前来合行出示禁约。为此示仰该绅商司事及诸色人等知悉,嗣后务各

① 《明清苏州工商业碑刻集》第45~46页,《吴县为盖印给发吴兴会馆公产照契抄册给示晓谕碑》。

恪守规条，共同筹办，以敦桑梓而垂久远，如遇游勇地棍闯入作践、借端滋事者，许即严拿禀解惩办，凛之，特示遵。

同治四年闰五月初十日告示。①

又如该年二月的《江苏善后局禁止土匪地棍向宣州会馆滋索阻挠碑》、闰五月的《苏州府禁止游勇地棍向宣州会馆作践滋事碑》，六月的《吴县谕禁游勇流民向宣州会馆阻挠作践碑》也都表明了同样的态度。又如《长元吴三县严禁地棍向武安会馆滋扰碑记》记载：

江南苏州府元和、长洲、吴县正堂程、王、马为给示禁约事，据武安会馆董事阎步锦等禀称，吾等武安一帮，向在苏城置买绸缎运汴销售，因店号众多，未能划一。今董等佥议设立会馆，以便会馆章程均归一律，兹于吴县北正三图都巷创建会馆一所，诚恐该处有地棍无赖人等，借端滋扰，乞赐给示禁约等事到县。据此除批示外，合行给示禁约，为此示仰该地保及诸色人等知悉。自示之后，如有地棍无赖人等向该会馆借端滋扰情事，许即指名禀县提究，地保容隐，察出并处，各宜凛遵毋违，特示遵。

光绪十二年十一月初九日示。②

另外如《吴县为元宁会馆基地经该馆董事收回改为江宁会馆无论何人不得阻挠准予立案碑》③则表明民国时期会馆的合法性继续得到承认。

---

① 《江苏省明清以来碑刻资料选集》第 216 条。
② 《江苏省明清以来碑刻资料选集》第 232 条。
③ 《江苏省明清以来碑刻资料选集》第 237 条。

我们以为：会馆作为一种民间社会组织,最初存在于封建行政体系的视野之外,但因为儒士商人化和商人儒士化而造就的庞大士绅队伍程度不同地干预了会馆的建设和发展,从而使会馆自发地演化为一种官方机构之外的补充机构,这种机构既为官方所不能为,又颇能补官方统治的不足。这实际上也意味着中央集权政治的局限性。表面的中央集权必须依靠众多的间接途径才能达到,这些间接途径构成了中国传统社会长期延续的基本方面,但这些间接途径(或称为“私”的系统)固有的两面性时常使传统社会更替上演着治与乱的活剧,显示出传统社会中央集权与地方分权力量的相互消长。

会馆作为一种民办社会组织,势必存在着自己小集体的利益。前已述及,有的会馆就是在抵御牙行的敲诈勒索的情况下成立的,它们或许包含对官府不法官吏的抵制,或许也包含了小集体利益心的膨胀。故有人认为,会馆始终处于与官府相互抗衡、相互调适的过程之中。会馆又是阶级矛盾、土客矛盾尖锐激化的产物。如在北京有学徒或手工业工人单独建立的会馆,史载:“京师瓦木工人,多京东之深、蓟州人,其规颇严。凡属徒工,皆有会馆,其总会曰九皇,九皇诞日,例得休假,名曰关工。”①这种工人会馆成为维护工人利益、并与工商业主和封建把头进行交涉的有效工具。在道光年间,南京丝织业机匠亦“拜盟结党,私设公所,竟有数十处之多”。② 再有苏州的踹匠会馆的流产则是流寓踹匠与政府抗衡的极端例子。苏州踹匠原皆为离开土地的贫苦农民,所谓“苏城内外踹匠不下万余,均非土著,悉系外来”③,“俱从江宁属县远来□工者甚多”④即是写照。自康熙至乾隆时,苏州、松江两地的踹

① 枝巢子:《旧京琐记》卷九《市肆》。

② 俞德渊:《默斋公牍》卷下。

③ 《明清苏州工商业碑刻集》第55页,《苏州府为永禁踹匠齐行增价碑》。

④ 《明清苏州工商业碑刻集》第77页,《苏州府议定踹匠工价碑》。

匠就创建踹匠会馆,提出“索添工银”。康熙三十七年(1698)又有踹匠刘如珍等“敛钱演戏开衅……千百踹匠景从,成群结队,抄打竟无虚日……或曰某日齐行……或曰某匠无业”。[①] 到五十四年(1715),又有王德等“煽惑踹匠,加价敛银,欲助普济院、育婴堂,结党创立会馆等情”。[②] 又譬如康熙五十二年(1713)九月,江西兴国“衣锦乡顽佃李鼎三煽惑闽广流寓,创田骨田皮许退不许批之说,统众数千赴县门,挟县官,要求勒石著为例,群奸一时得志,创为会馆,远近传关,每届有秋,先倡议八收七收有差,田主有执原额计租者,即号召多人,碎人屋宇,并所收租攫入会馆,罹其害者,案山积”。[③] 会馆由富贵者们维护社会秩序的有效工具演变为劳动者维护自己利益的组织,这是阶级矛盾趋向激化的表现,对于这些类型的会馆,封建政府则采取了严厉的取缔政策,使之无法发展成很大的势力。因而,明清会馆多把合法性作为自己的主旨。

由于一般的会馆多以同乡或同行为纽带,它就包容了社会上的多种阶层,这又使得会馆成了一种类科层化的层级结构。它与政府的关系十分密切,成员分布广,数量多,且管理职能、经济职能以及为会馆成员切身利益服务的职能都十分突出。加上会馆多贯彻自愿原则,有的也有强制性,上至中央官员,下至一般商民,形成了多种成分并存、颇类似家族制度的结构形式。正是由于这些特征,使它们能或多或少地推动本集团的正常发展以至与整个社会相整合,从而保持基层社会秩序不致因社会变迁的加剧而发生大的震荡。因而它引起了政府的重视,政府采取了一系列扶助其发展的措施,给予更多的支持与关注,从而使会馆这一民间自设组织在谋求自身发展的同时,也为社会的稳步发展发挥了作用,所以它

① 《江苏省明清以来碑刻资料选集》,《遵奉督抚各宪定例永禁碑记》。
② 《江苏省明清以来碑刻资料选集》,《奉各宪驱逐跨染流棍禁碑》。
③ 同治《兴国县志》卷四十六《杂记》。

实际上成了明清政府与重要的新型社会成分建立互动关系的联结纽带和沟通的桥梁。

在中国传统社会中,离开乡土的人们或被客地的主人所排挤,或者还不习惯以个人的力量去开拓自己的发展道路,这时投靠同籍的官绅是明智的选择。为官者亦颇为乐意于此,他们可以用政治影响力来阻止别籍人的排挤,可以以雄厚的经济力来扶植会馆的建设。反过来,官绅又可以用雄壮的会馆来向世人(包括本乡人)炫耀实力,这样便构成了会馆与官绅相互联姻的现实基础。

官绅的加入会馆显示了他们对会馆的厚恩,他们在会馆中也影响至深。他们以治国平天下的精神来管理会馆,从而规定了会馆的发展方向。

社会学认为:权力可分为强制的(以力制人的)、利禄的(以利诱人的)、名分的(以义服人的)权力三种,第一种权力经常会使其实施的对象面服而心不服,第二种权力会随利害的变化而变化,第三种权力则追求心悦诚服。而这名分的权力能容许社会变迁,能使社会组织在社会变迁中不断地由不均衡走向新的均衡。笔者认为,中国封建社会一向是依靠名分的权力凭藉中央集权与基层的自治相辅而行来实现其统治的,会馆主要成为流动人员中的一种有效的社会整合工具,因而为政府所支持,这是大批官僚介入兴办会馆行列的政策原因。官僚的介入保证了会馆的封建性,而商人的投入则代表了明清社会的变迁趋向。会馆在中国传统社会的变迁中既保存了传统,又容纳了社会变迁,因而在保持社会的平稳转变中发挥着重要作用。

进入民国以后,因为会馆这种民意代表角色给官府造成了巨大的压力,官府命警察厅监督会馆切实保障其成员不致影响固有的社会秩序。会馆也纷纷申请立案,并向政府承诺:入馆居住者必须遵守政府法令,馆内的活动不得违背官府规定。在京师的警察厅那里,“凡在京城建有馆舍,用各省及各郡县名义为旅京同乡集会之所,均为会馆”。该厅于1915年4月15日颁布的十六条《管理会馆规则》中还规定,会馆须由各地旅京同乡选举董事、副董事加以管理,如无确定之董事负完全责任者,由警察厅“径行管理或暂予封锁,俟举定董事后再行发还”。住馆人员“有妨碍同寓安宁之举动及其他过当之行为者,应即劝止或禁止之”。规定对六种人应禁止住宿并报警察局,即:携带违禁品及枪支子弹者,语言动作行迹可疑者,违犯烟赌等禁令者,招致娼妓到馆住宿或侑酒弹唱者,患传染病者,审知为未发觉之匪人或犯罪之在逃者。1918年3月,该厅又对规则加以修订。鉴于以前规定董事任期一年过短,选举频繁,被选人往往借故不肯担任,各省馆也因地区利益不同,在人选上意见相左,致选出董事无法工作。为此,修订的规则规定,董事的任期改为两年,得连选连任,董事名额也酌情增加。政府要掌握会馆管理者身份情况及住宿者的身份情况,“凡公共建筑馆舍,仅为各地方旅京同乡集议,或工商团体会议之用者,应举有正当职业之管理人员,报明警察厅备案”,“住馆人员之迁移、异动、死亡等事,应由董事责成馆役(即长班)按照调查户口章程,随时报告该管警察署”。① 这表明会馆作为一种民间组织已被纳入官方的社会管理系统之中。会馆董事尽管并不能获得政府薪俸,却早已成为官府意志的执行者,俨如执役。他们必须承担起确保会馆秩序安宁的责任。

1930年3月26日,政府又对会馆的内涵作了新的规定,即“在本市区购建房舍为同乡集合、居住或工商团体会议”的为会馆,对会馆的管理、规定由各会馆公举董事或委员会负责,会馆有了更大的灵活性。

待卢沟桥事变后,北平很多机构南撤,不少会馆的董事已不能正常履行职责,以致发生有的会馆馆产被盗卖的事件。1939年11

① 《北京会馆档案资料》,北京出版社1997年版,第45页。

月就发生了裘家街颍州会馆被盗卖的事件,伪北平市长余晋和及财政、社会、警察三局局长共同签署布告,加以制止。布告指出:“各省府县馆系各省府县乡人之公产,不得私自买卖或典押。如系公意处分,亦须先行呈报,否则不准转移。”[①]1938 年 10 月 3 日,日伪北京新民会曾通令各会馆向社会局和警察局登记,1939 年 7 月 8 日,北京特别市公署关于修正管理会馆规则的训令又提到,“据报京市各省会馆同乡会管理废弛,时有不法情事,推原其故,大抵由于近十余年来,京市屡经事变,各省会馆所公举董事、委员不免因事离京,或虽有董事、委员而不克尽其保管之责任,以致被人盗卖、侵占之事,不一而足,甚至甲省人士盗卖乙省会馆,若不亟申禁令,甚非所以保全各省公产之道也”。[②] 这些新情况的出现都促使官方不断采取措施修改旧章。

1940 年 11 月 22 日,北京特别市公署又下达了《关于严禁盗卖会馆公产的布告》,规定:“凡属会馆公产,不得私行买卖。如系公意处分,亦须先行呈报,否则不准转移。”“查各省府县会馆,系各省府县乡人之公产,各会馆值年、馆长或董事,应负有保护管理职责,绝无典卖处分之权,乃近来发见会馆盗卖馆产,或私擅典押等案件已数见不鲜,殊属违背保管职责,除分令警察、财政、社会三局遵照注意取缔外,合亟布告严禁,凡属各会馆公产,不得私行买卖或典押,如系公意处分,亦须先行呈报,否则不准转移,倘有故违,定予严究法办不贷。”[③]

1942 年 11 月 20 日,江朝宗则发起组织“北京各省会馆调整处”,拟定章程 11 条,对会馆进行整理。该章程规定,像会馆一年一度的团拜也要向警察局申请备案。如 1942 年 3 月 16 日肇庆会

① 《北京会馆档案资料》,北京出版社 1997 年版,第 153 页。
② 《北京会馆档案资料》,北京出版社 1997 年版,第 162 页。
③ 《北京会馆档案资料》,北京出版社 1997 年版,第 196 页。

馆《呈报警察局为本馆开团拜大会函》中就说:“为呈报事。窃敝会馆向例每年新春招集同乡团拜茶会,以资联络乡情,并选举委员掌理会馆事务。兹拟于3月29日下午3时(新点)在敝会馆客厅举行。为此呈报贵局查照,谨呈北京警察局。”[①]许多会馆制定馆规,表示与政府保持一致,发现下列人等,即:1. 妨害同居人之安宁,不服管理人之劝告者;2. 言行可疑者;3. 携带违禁物品者;4. 吸售烟毒及其代用品者;5. 招致娼妓或赌博者;6. 患急性传染病者;7. 发觉有其他犯罪行为者都得报告警察局。[②] 1943年10月8日,伪市警察局发下通告,颁布《北京各省会馆整理要纲》14条,《要纲》指出:“本市各省会馆管理废弛,时有闲杂人等占据房舍,直同己有。”“而各省旅京政学各界贫苦同乡反不能问津,喧宾夺主,莫此为甚,且将房屋租让,招人居住,殊背当时建馆本意。若不明订办法,亟为整理,甚非所以保全各省公产。”“不得寄居或租借与外省外县之人。”住馆者以本籍在北京委任之公务员或清寒中学生为限。[③] 1944年9月14日,伪市社会局拟定《北京市会馆管理办法》,经伪市政府批准下发,这个《办法》是在1943年10月《整理要纲》的基础上修改而成的。1948年3月,《修正北平市会馆管理规则》中规定:“各同乡会管理会馆,应遵守左列各款之规定:1. 凡各县联合组织之同乡会,不得由该会理事会管理各该县具有单独性之会馆,仍应第二、第三、第四暨第六款之规定,应由各该县旅居本市人士选举管理人;2. 单独一县之同乡会,不得超越范围,管理各县联合购建之会馆,含有省性者亦同;3. 省同乡会不得管理非全省性之单独各会馆。”[④]1949年,扬州会馆的管理章程提到:“住馆同乡严禁私藏违禁物品,扰乱秩序,并不得私将房屋

① 《北京市档案馆全宗》J19 案卷号293,北京档案馆藏。

② 《北京会馆档案资料》,北京出版社1997年版,第245页。

③ 《北京会馆档案资料》,北京出版社1997年版,第261页。

④ 《北京会馆档案资料》,北京出版社1997年版,第277页。

转让他人居住,及容留馆外之人寄居。""馆房原为旅平同乡暂时济急居住,每户住屋至多不得过二间,住期利益均沾。""本馆房屋因年久失修,为免除倒塌计,凡住馆同乡,均应按月缴纳房屋修理费,其数目由理事会议决定之。""前项修理费得按同乡经济情形酌量减免之。""本馆经费,以住馆同乡修理费、馆外房屋租金为经常费,由理事会量入为出,造具年度预算及每月计算,其额数于年终报告同乡。"[①]会馆的经费维持日益制度化,亦日益明显地被纳入政府的视野之内,这与会馆的政治走向是相联系的,此前会馆遭遇政府的干预绝没有这么多。

会馆作为一种民间社会组织,越来越引起各级政府的重视,越来越成为它们加强管理的对象。因为民国以来社会形势的变化,使会馆面临许多新的挑战。科举制度的废除,革命党与非革命党的交锋经常都可能借助会馆为基地,另外,社会上许多丑恶现象亦可能假会馆以庇护之,因此,政府正当的管理和干预就可能使其在传统的积极意义上继续运行,否则,就可能会变成有人担心的"藏污纳垢"之所,即"会馆林立,住馆之人流品不齐"。[②] 会馆在运行过程中或者因为理事董事"任期短促,选举频繁,被选之人往往借故不肯担任,即应选之董事,亦因任期短促之故,对于馆务多传舍视之,不克尽其管理之责任。至各省会馆,因分道之关系,财产上事实上各有特殊之情形,而董事名义只有一人,选举之时,往往发生窒碍,即或抛强举定董事,以各道属同乡不能一致,转苦难于整理,有此两条原因,各该会馆馆务即不免因之废弛"。[③] 这是官方对会馆运行过程中可能出现问题的描述,而这却是过去政府所不及的,也反映了会馆日益成为政府关注的一个社会焦点。

---

① 《北京会馆档案资料》,北京出版社 1997 年版,第 315 页。

② 《北京会馆档案资料》,北京出版社 1997 年版,第 315 页。

③ 《北京会馆档案资料》,北京出版社 1997 年版,第 295 页。

晚清京师的社会变乱使同乡对捐资逐渐失去了兴趣，摊捐拖欠的现象也越来越多。北京嘉应会馆通过免租和享受永久使用权的办法，鼓励富裕乡人在会馆空地上自建房屋，“馆内余地同乡自行出资建筑之房屋，毋庸纳租。如本人迁出会馆，其子弟接住仍免纳租。如借予他人居住，或自行封锁以一年为限，一年后该房屋即归公有”。[①] 会馆的凝聚力已日益减轻，有些会馆的维持靠出租房舍支撑，有时同乡住馆也得交纳一定的维持费。

1937 年后，京师局势更糟，各省会馆管理废弛，“大抵由于近十余年来，京市屡经事变，各省会馆所公举董事、委员不免因事离京，或虽有董事、委员而不克尽其保管之责任，以致被人盗卖、侵占之事，不一而足”。[②] 如当时的惠州会馆就因“董事仓卒南归，馆事几于无人过问”。[③] 可以说是政治变故直接导致了北京会馆的衰微。

① 《北京会馆档案资料》，北京出版社 1997 年版，第 138 页。

② 《北京会馆档案资料》，北京出版社 1997 年版，第 12 页。

③ 《北京会馆档案资料》，北京出版社 1997 年版，第 155 页。

第四章 “敦厚仁恕，保全信义”

——会馆的文化内涵

对于会馆这样一种社会现象，过去论者已不胜屈指，许多认识已成公论。譬如，有的从政治角度出发，认为会馆类似于同乡会，会馆是地域政治观念的产物，由于会馆的存在，地域政治观念愈加发展，以致互成壁垒，各不相融，可是我们说这种会馆也曾推进着科举的发展和人才的成长。有的从经济角度出发，认为会馆就是行会，可是会馆追求相互济助，鼓励同乡同行发展，而行会则更多致力于相互利益的平衡，不惜以限制竞争为代价。有人认为会馆、公所各不相同，前者是地域性组织，后者是行业性组织，可验之史实，却非尽如此。有的认为会馆和公所皆以同乡关系为纽带，而进入“商会”阶段，就彻底消除了地域观念；还有人认为会馆、公所在“商会”出现之后就自然消失，可事实上不仅在商会出现之后，会馆公所继续存在，而且会馆、公所有时以团体会员的名义加入商会，地域观念也时常在商会的权利分配中显示出来。有鉴于此，笔者认为仅仅从政治或经济层面去认识会馆，无法切实把握会馆的全部意义，必然是各执一端，聚讼不下。而当我们把会馆的研究引向深层的文化领域时，便觉得别有洞天，无论是会馆的由小到大，由弱到强，或合并，或分立，或孤室衰颓，或高屋华构，或此起彼落，或兴衰无定，姿态各异，情景万端，然而，它们几乎都有着相近的文化内涵，即“敦厚仁恕，保全信义”。这一文化内涵像来自高山峻岭的涓涓细流汩汩流淌，从而流入会馆的江、河、湖、泊，乃至奔腾入海。由此，在会馆文化中蕴涵着我们民族积极进取的入世精神，带动了社会的向前发展，亦在社会发展中不断地实现自我更新。

当然，在会馆的发展过程中，有的会馆仅把“敦厚仁恕，保全信义”写在自己的旗帜上，实际行动却并不依循，甚至多有悖逆，笔者认为这多半成为其必然走向衰落的潜在基因。因此，会馆文化内涵是有积极意义的，但其真正发挥作用时，既可能被传承更新，亦可能遭到践踏废弃。从历史事实看，前一方面是主要的。

第一节　会馆的建筑设置与区位分布

会馆是明清社会政治、经济结构变迁的必然产物，同时又不断地与社会变迁相适应，从而有效地执行其社会整合的功能。作为其实物形态的建筑设置与区位分布势必映衬出当时社会文化的演进趋向。

一、建筑设置

人们常说：“建筑是凝固了的文化。”而会馆的存在正是以其建筑及其设置表现出来的。考察具体的会馆史料与遗迹，我们觉得：会馆的建筑设置并不整齐划一、自始而定，而是千姿百态、各具形式，又时时在变迁之中的。

先看京师的会馆，有人说绝大多数类似大型住宅，这有一定的合理性。因为确实就有许多会馆是由住宅演变而来。有的会馆是由官商“舍宅为馆”的，有的会馆是由官商出资购买的民房、官宅转变而来。前者的例子如福建的“叶文忠向高、李文贞光地、蔡文恭新三相国、陈望坡尚书……皆舍宅为馆”。[①] 又如戴璐引陈泽州《三晋会馆记》云：“尚书贾公，治第崇文门外东偏，作客舍以馆曲沃之人，曰乔山书院。又割宅南为三晋会馆，且先于都第有燕劳之

① 李景铭：《闽中会馆志》卷首《陈登澥序》。

馆,慈仁寺有饯别之亭。”还有“寄园为高阳李文勤公别墅,其西墅又名李园,狄主人亿于此设宴,见姜西溟诗,其后归赵恒夫给谏吉士,改名寄园……给谏,休宁人,子占浙籍中式,被某劾之,谪官助教,久住京师,以寄园捐作全浙会馆”。[①] 又有福建龙岩商人捐舍为龙岩会馆等。后者的例子如京师的福建漳郡东馆是由在京众官僚捐资购置民人郭永温“故父遗下瓦房两所,共门面五间,通后连厢房,大小共计房拾陆间”[②]而建的。延平会馆、建宁会馆、同安会馆、莆阳会馆亦都由同籍官僚合资购得民房而建。道光四年(1824)创建的广东南海会馆是由当时都察院右副都御史吴荣光以及李可琼、邓士宪各捐五百金倡导,最后筹得一万三千两购得宣武门外米市胡同董文恪故第进行修治而成的。这里“形势安恬,堂庑爽恺,花木竞秀,邱壑多姿”。[③] 湖南的浏阳会馆是同治十一年(1872)由户部主事谭继洵等购宣武门外北半截胡同北头路西官房一所建成的。无论是舍宅为馆,抑或购房为馆,都表明民房官房都可转化为会馆。许多会馆就是标准的四合院结构,因此说会馆类似于大型住宅也未尝不可。不过,笔者更关心的是这种由民宅官房到会馆的转变本身就是一种信义之举,而且,会馆的建成又为信义的树立与普及提供了一个良好的基地。

由此,会馆建筑往往并不以类似于大型住宅为满足。李家瑞在《北平风俗类征》中记载:“宣武门外大街南行近菜市口有财神会馆,少东铁门有文昌会馆,皆为宴集之所,西城命酒征歌者多在此,皆戏园也。”[④]“凡得鼎甲省分,是日同乡京官开会馆,设宴演戏,遍请以前各科鼎甲,迎新状元,其榜眼探花亦如之,鼎甲传胪用

① 戴璐:《藤荫杂记》卷六《东城》。

② 光绪《漳郡会馆录》卷首《券抄二》。

③ 清道光十五年吴荣光书撰石碑刻。

④ 李家瑞:《北平风俗类征·宴集》第317页,引《京尘杂录》。

大红长条贴门,与得试差同。”[1]由此可见,会馆是同籍官员为本籍科举考试成绩优异者举行庆贺仪式的场所。据夏蔚如《旧京琐记》云:“堂会演戏,多在宣外财神馆、铁门文昌馆。至光绪甲午后,则湖广馆、广州新馆、全浙会馆继起,而江西馆尤为后进,率为士大夫团拜宴集之所,以此记载观之,是财神馆当时本为堂会演戏之所,非专属于闽人,他省人亦可借用之。郑稚辛孝廉孝柽亦云,同光间常至该馆观剧,闽浙总督巡抚新到任者,出京时,闽之同乡京官恒借此演剧饯之,成为定例。光绪初年,始改作福建会馆,是王可庄殿撰之所倡也。”[2]这表明有些会馆并非类似大型住宅,它是娱乐场所蜕变为会馆的一种类型。

乾隆嘉庆时人汪启淑说:“数十年来,各省争建会馆,甚至大县亦建一馆,以至外城房屋基地价值昂贵。”[3]这表明政府对传统信义观的倡导与人们的景从。有人说:“盖士之至京师者多,则设会馆不能俭。”[4]人们竞相攀比,以致会馆渐趋华奢,与当时整个社会的奢侈享乐之风相仿佛,人们说会馆的建筑设置“大都视各地京官之多寡贫富而建设之”。[5] 这既揭示了京师各会馆建筑规制之不同的本质原因,同时也表明士绅阶层对这被看作信义之举的会馆建设的热衷。商人们致力于会馆建设亦可看作是其笃信信义的表现。

比较完备的会馆当然是高屋华构的,它们多追求符合礼制,在中轴线上布置主要房屋,坐北朝南,最南端为戏楼,次为客厅,再次为正厅和东西两厢房,有的会馆还设有魁星楼,有的会馆则设置假山,建亭挖池。如建于北京的长吴会馆,于清嘉庆八年(1803)扩

---

① 李家瑞:《北平风俗类征·宴集》第328页,引《南京旧事》。

② 李景铭:《闽中会馆志》卷一《福建会馆》。

③ 汪启淑:《水曹清暇录》卷二。

④ 李家瑞:《北平风俗类征·市肆》第336页,《会馆》。

⑤ 徐珂:《清稗类钞》第1册,第85页。

建重修，“筑堂五楹”，“堂之北为广厦，亦五楹，以祀神。其前起台，以为祀神歌舞之地。此则昔之所未备也。至于衎宴之所，憩息之处，庖湢所在，舆仆所栖，以迨守棺之人所托止者，靡不井然毕具。其为制则华而不侈，朴而不陋”。① 这大体是一般会馆的基本规制。

湖广会馆位处宣武门内虎坊桥路东，正中心是会馆的主体，主要建筑布置在中轴线上，最北端即是正厅，中间是客厅，最前端建戏楼，三者以游廊相连。戏楼坐北向南，据该会馆志书载：“前院演戏有戏台一座，后台十间，北东西三面为看楼，上下共四十间，中为广场，可容千人，旧式之大戏院也。”而据张驭寰先生的实地勘查记载，该戏楼“南北九间，东西六间，两层共计五十四间，舞台的两侧和前面均有方形采光窗。第一层雅座与池座隔栏杆互相衔接，第二层楼座各柱间，下设栏杆，上装花格，在花格上悬金匾，书写‘一等侯爵’、‘世袭一等侯爵’、‘大学士’、‘协办大学士’、‘状元’、‘榜眼’、‘探花’、‘会元’等等，其中有熊伯龙之顺治乙丑科榜眼是最早的一块”。② 金匾排列，不难看出其荣耀乡里的意味。而会馆聚集乡人观戏与缅怀先贤亦包含了传统文化美德的教化意义。河南会馆在正厅设置了一座岳飞神像，亦包含同样的意义。

四川会馆在宣武门外储库营路，创建于清代中叶，内设戏楼、客厅、佛堂、魁星楼等。该馆平面呈方形，中间部分是会馆主要部分，这里原为“四川义园”的旧地，故建成会馆后多能符合仪制。在中轴线上由南向北分布着戏楼、客厅、佛堂，佛堂和客厅之间，房间数目甚多，魁星楼建在院子的前端。西半部亦为四合院相连，房屋数量多，高大宽敞。会馆的大门开在中部和东半部的院子中心，旁设八字影壁，布局井井有序，舒展自如。据张驭寰先生介绍，该

---

① 《明清以来苏州社会史碑刻集》，第 249 页，苏州大学出版社 1998 年版。

② 张驭寰：《古建筑勘查与探究》，江苏古籍出版社 1988 年版，第 315 ~ 318 页。

馆戏楼“建在中轴线上的南端面北，平面长方形，楼内四周有柱环列，有大有小，舞台亦设在正南处，面北。楼内空间甚高大，光线十分充足，周围设楼座，做栏杆，是一座重楼建筑，楼顶做勾连搭式，前大后小，东西北三面带有斜坡，背面为硬山到顶，西北东三面第一层做承重墙，第二层做采光窗，背面砌硬砖墙，戏楼建筑虽然形体高大，但是处理得玲珑秀巧，没有笨重之感”。“魁星楼建筑在戏楼正东的院子东端，在会馆方向的东南角，平面六角形，高二层并带平座，楼顶亦用六角形，屋顶曲线甚缓，檐角翘起甚多”。“佛堂，……四川会馆之佛堂建立在正厅内，供奉文昌帝君，因而名叫佛堂，平面五间，前端带抱厦，抱厦亦为五间，北房构造梁架，用料粗壮，进深和举架都很宽，结构坚牢，在梁坊外檐，都绘有彩画，气势不凡”。[①] 会馆建筑的恢宏为人们提供了敦睦修义的理想场所。

李景铭《闽中会馆志》为我们描述了设在京师的福建省、府、县各级共二十二所会馆的建筑设置情况，一般也多有戏楼、正厅、神殿、厢房等设置。对于具体会馆而言，会馆的建筑设置经历了一个不断变迁的过程。仅以汀州会馆为例，它是在京汀州同乡集资购买京民施以仁居室而建，坐落正阳门外正东坊方向，后经过改造，“湫溢者高而大之，颓圮者修而葺之，为栋宇凡三，前为堂余，名之以旅萃，取易卦义也。堂之东为门，中栋中室供事郡城隍神，西为官房，东募守馆者居之，以司洒扫启闭，后稍卑小，为从室，为厨舍。既落成，规模轩豁，焕然改观矣”。由此知，汀州会馆由民房加以改进而成，庙貌更加庄严，前后共三进，也是传统的四合院落，但它又融入了汀州乡土色彩，其建筑材料中的木材是清流、宁化一带出产的红杉，屋面为硬山合瓦，起坡平缓。房屋明间大，次间小，稍间大，分隔自由。前出廊上部天花板棚做成各种形式的“轩”，造型美雅而富有变化。挑尖随梁是双象形蜀柱，梁头雕饰

① 张驭寰：《古建筑勘查与探究》，江苏古籍出版社1988年版，第317页。

有天马、神牛等多种装饰。青砖墙、红色窗,显得整个建筑形式独特,雕工精湛,彩绘和谐,色调素雅,颇具南方民居建筑风格。到乾隆年间,这些房屋进行了一次较大规模的维修,形成汀州会馆的北馆,又用一百两银子典买本巷南口民房一所,共八间,重新增建汀州南馆。① 我们觉得一次次的会馆房舍的扩建、修缮实际上是一次次重倡和发扬信义的结果。反之,在信义得不到发扬时,会馆的没落便不可避免。泉州人王朝端就曾发出感慨:"顾旅居乡人,时行时止,来去无常,而执掌馆务者亦随时变更,京兆五日,势所难免。旧都会馆林立,产业纷如,在在需人管理,但年湮代远,管理乏人,或为居民侵占,或为馆丁窃据,致使先达苦心,将归泯灭。"②由此看来,京师会馆规制的不同多少可以映照出不同地域政治势力宦海沉浮的奋斗历程。泉州籍的洪承畴政治地位一度显赫就成为泉郡会馆兴旺的政治保障。显然,在政治中心的京师,会馆除了有积极的文化建设外,也时常会滋生出不健康的地域政治观念。

明清会馆中有的呈现出园林化的发展趋向,如安徽休宁会馆原是明代相国许维祯的宅第,屋宇宏敞,廊房幽雅。内有三大套院和一个花园。套院里有专门悬挂写有皖籍中试者姓名匾额的文聚堂,有祭祀朱熹和历代名臣的神楼,有戏台,还有碧玲珑馆、奎光阁、思敬堂、藤间吟屋等。花园里有云烟收放亭、子山亭、假山、池水,会馆总面积达九千多平方米。李慈铭曾在该馆的碧玲珑馆中宴请朝鲜使臣,他记述此处景物"颇有竹石,清池曲栏,重杨映之,为最佳处"。③ 像中山会馆内亦建有十二柱的方亭,四坡水顶,周围控池为水,水旁叠石,颇有园林之美。园林化的趋向为会馆创造了陶冶乡人性情的良好场所,为文化的世俗化开辟了又一条新的

① 王其森:《略谈北京汀州会馆》,载《长汀文史资料》第8辑。
② 李景铭:《闽中会馆志》卷三《泉州会馆》。
③ 李慈铭:《桃花圣解庵日记》卷三。

途径。

由此，我们认为会馆的规模由小到大，这既包含了当时社会风气的趋向浮靡，同时也表明人们为追求理想所作的努力。仪制的庄严敬肃并不仅仅是一种浪费，它实际上是一种积极的文化建设。但是，这会馆建筑规模的大小既与创建者是否有美好的理想有关，还与创建者、管理者及客籍同乡官员多少、情趣爱好都直接相关，所以有的会馆可能由强转衰，也有的会馆可能由统一而分立，这其中亦包含了文化建设中的消极现象，它有时足以抵消文化建设的积极成果。

在京师，还应提到不少商人独建的会馆，其中亦多设有戏楼、正厅、客厅、左右厢房，有的还设置义冢，其目的在于"俾旅客生者有所聚欢，而没者有安厝"。①这表明商人们在市场经济氛围内"敦厚仁恕，保全信义"方面所作的不懈努力。

在工商都会，商人会馆更加发展。商人会馆的壮大一般随着其产业的壮大而不断增宏。如清初番禺顺德新会南海四县来湘潭做买卖的人合建会馆，后随着各县经济实力的加强，一分为四，南海有粤魁堂，番禺有番山堂，顺德有风城堂，新会有古岗堂，各自设立规约，处理同县人事务，其与四县人有共同利益者则取一致行动。他们往汉口贸易时，亦于康熙五十一年（1712）建立会馆，乾隆九年（1744）又复增建，式样仿湘潭。四十余年后，堂宇荒废，乾隆五十四年（1789）遂又改筑，增大规模，太平天国运动时遭破坏，咸丰以后又由同县人合修成功，到光绪年间，经商者开始以课税收入作改筑增设之用，到光绪十七年（1891），一座宏大的岭南会馆便告落成。这表明商业会馆与经商的同籍人的多少、客籍同乡官员多少、社会环境的治乱的关系都甚密切。

开封山陕甘会馆起先只有关帝庙，接檐香亭五间，旁设两庑，

① ［日］仁井田陞：《北京工商ギルド资料集》第3册，第1043页。

前为歌楼,外设大门。嘉庆四年(1799)重修。道光四年(1824),神殿扩建为和卷棚、拜殿连为一体的宏伟建筑。次年又增建六柱五楼牌楼一座。道光十四年(1834),又重修牌坊,将东西两庑各扩大为八间,并建起钟楼和鼓楼各一座,铸置钟鼓。同治四年(1865),又重修后道院,从而形成一组壮丽的建筑群体。开封山陕甘会馆现存建筑有照壁、戏楼、钟楼、鼓楼、牌坊、厢房、拜殿、卷棚、大殿和东西跨院。跨院有上房、卷棚、廊房和堂戏楼,是当时堂会之所在地。会馆借用关帝之名,把建筑规格提高。会馆用料考究,雕刻繁复。木雕内容包括了许多三国故事,显示了对传统文化的弘扬意味。

在汉口,从顺治十三年(1656)到1917年,可考会馆数量达一百八十一所,其建筑多高墙广厦,精美坚实。绍兴会馆的梁柱都是方大数抱的汉白玉;江西会馆的墙壁均为瓷砖,屋瓦全是描青的瓷瓦;清军火焚汉口时,九处火头环绕安徽会馆,会馆却依然完好无损。史籍记载,康熙七年(1668),徽属六邑歙县、休宁县、祁门县、婺源县、黟县、绩溪县仕商在汉口修建新安公所。康熙三十四年(1695),新安公所扩建为新安书院,创办学堂,为本籍子弟提供求学场所。雍正十三年(1735),在汉水边开辟新安码头,修建苏星阁和紫阳坊。山陕会馆始建于康熙二十二年(1683),毁于咸丰四年(1854),复兴于同治九年(1870),光绪二十一年(1895)竣工。山陕会馆是汉口规模最大的会馆。山西平遥人冀麟在《汉口西会馆总图记》中写道:汉口“国朝以来,繁盛称最,庙宇随在竞胜,金碧照耀,惟西会馆规模正大,雅冠众构”。《汉口山陕会馆志》是在会馆完工后的次年1896年修撰成功的。山西灵石县人何厚康在《序》中说:“山陕秦晋姻好之国,地近而人亲,客远而国亲,适百里者见乡之人而喜,适千里者见国之人而喜,适异域者见似国之人而亦喜。汉上去秦晋益远,秦晋人于汉上益亲。其会而有馆也,亦然。”山陕两省的商人的联合自然势力较大,该会馆的建筑群包罗了照壁、门楼、回廊、钟楼、鼓楼、月台、圣泉井、佛殿、启圣祠、司事馆、魁星楼、诚敬堂、天后宫、三官阁、乐厅宫、财神殿、吕祖阁、文昌宫、戏台、戏楼、报功祠、斋厨、七圣殿、轿厅等。山西商人是汉口金融业的主导力量，山陕西烟商亦势力雄厚，关圣帝正殿就是该帮首人出资于同治二年(1863)修建的，也叫西关帝庙，又有关夫子春秋楼，或称夫子庙，供奉关夫子读《春秋》像。

在工商城镇，商人创建的会馆是便利商业活动的处所，在有的地方，会馆的建成是与当地土著斗争的结果。在江西吴城有一所广东会馆，起初，广东商人倡建会馆，可当地的封建势力禁止他们动用本地的一砖一瓦，广东商人只好在粤糖运赣的船中，每袋糖中夹带一块砖瓦，仅用了不到两年的时间便建成了一座规模较为宏敞的广东会馆。由此可见，客帮要取得发展，有时会遇到土著封建势力的阻挠，但是这种阻挠作用是有限的。在江西吴城，全楚会馆、山西会馆、浙宁会馆、湖南会馆、徽州会馆、潮州会馆、麻城会馆等纷纷建立起来，再加上本省各地的会馆在内共有四十八所，于是吴城已不仅是一个地域性集镇，而且与全国连为整体。①

山东聊城山陕会馆是山陕商人商业成就的一个集中体现，该会馆于清乾隆八年(1743)始建，历经四年，山门、正殿等主体工程竣工。其后历有扩修，至嘉庆十四年(1809)，达到现在所能见到的规模，院落建筑、雕刻、牌匾、门楼、戏楼、享亭、看楼、钟鼓楼、春秋阁、财神大王殿、文昌火神殿一应俱全。会馆东西长 77 米，南北宽 43 米，占地面积 3 311 平方米。会馆山门为三间牌记式门楼，顶部呈歇山式，有六层如意斗拱承托着金碧辉煌的玻璃瓦顶。山门正中为大门，两侧为便门。大门门框用灰石砌成，其文饰是 20 只不同姿态的仙鹤飞翔于祥云之中，上部两角部位是用浮雕手法雕成的凤凰，中间是麒麟。两便门门框为青石雕成，文饰是祥云蝙

① 《江西内河航运史》，人民交通出版社 1991 年版，第 102 页。

蝠，取其福比天高之意。正楼顶下有木质浮雕垂花门罩，内容为托塔天王等佛教人物和大象、骆驼、麒麟等吉兽。其下为“山陕会馆”的石雕匾额，笔力遒劲，浑厚大方。戏楼为三层三间重檐歇山建筑。背面门上有石雕横匾一方，“岑楼凝霞”四字端显上方。门两侧有近 2 米高的大幅线雕石版画，左为松鹤，右为梅鹿，体现了商人们对寿禄的企求。门楣上刻有约一尺见方的五幅人物活动图画，为深线线雕手法刻成。正面为三间台口。台基高两米有余，中间为一通道，上有二寸厚的木板平铺。檐下五块额坊，均为透雕。中间一方主雕福、禄、寿三星故事，两边为飞龙、花卉等。做工精细，形象生动。四根檐柱为石雕。次间柱础刻有花卉图案，明间柱础正面，左为“吉庆”，右为“如意”，均为变形叠篆。柱身刻有楹联，内柱上联是“宫商翕奏，赏心是金榜题名洞房花烛”，下联是“扮演成文，快意在坦道骏马高帆顺风”，表明了商人们把生意兴隆和金榜题名同样看成是人生价值的最高实现。外柱上联是：“结五万春花，奏雅宣和，无戾风骚称杰构”，下联是“谱大千秋色，镂金错彩，有裨世教即奇观”，建筑本身亦凝聚了教化的意味。戏台立柱的楹联是“响遏行云，一曲笙簧欣乐利；歌翻白雪，八方舞蹈荷升平”，颇有歌颂盛世的意向。两立柱之间还有“绚丽多彩”的匾额悬挂着。前台两侧斜伸出的八字形折壁上镶有石刻古典人物山水画各一幅，左为“天台胜景”，右为“海市蜃楼”。均高 1.80 米，宽 0.58 米，用减底平面雕手法刻成。戏楼顶部的建筑形制与四个挑角的传统形式不同，而是沿东北、东南各伸出两个挑角，向西北、西南各伸出三个挑角，成十翼角。如凤凰展翅，似俊鸟争飞，犬牙交错，争奇斗胜，显示出极高的建筑技艺。楼内藻井，彩绘着鸟兽花卉、人物山水。特别是精工细作的复台结构，简直具有帝王宫殿的雅致。戏楼两侧有南北对称的夹楼，为二层三间单檐建筑。中间一间屋顶高起，下有拱门内外通行。东向门上各有石雕匾额一方，左为“对岳”，右为“望海”。两间楼上均开有东向圆窗。上部都有木质垂花莲柱装饰，西向则为大花棂窗，供演员化妆和休息。钟鼓二楼南北对称地分布于夹楼外侧，均为单间二层重檐歇山十子脊式建筑。二层各有十二根檐柱承托着第一层屋檐。一层楼门西向，左为钟楼，右为鼓楼，二层楼门向南，门楣上有石刻"振声"横额一方，两侧石柱上阴刻楹联一副"其声大而远；厥意深且长"。右为"鼓楼"，二层楼门北向。门楣上方有石刻阳文"警聩"横额一方。两侧石柱上阴刻楹联一副"当知听思聪；岂可耳无闻"。其钟鼓二楼正体现了神庙中晨钟暮鼓之习，是会馆与神庙相结合的显例。

戏楼正对面为九间享亭，与南北两侧对称、面阔五间高二层的看楼，围成了一个四合院落。看楼的东首有月圆门和夹楼相接，圆门内小院有茂盛的竹子，构成一个独立的小景区。看楼西首为南北碑亭，镶嵌或竖立着十幢石碑。南碑亭西墙上镶有乾隆八年(1743)"山陕会馆建修南北亭等费用开支碑"。竖立的四幢石碑西数第一幢为嘉庆十四年(1809)立的"山陕会馆众商重修关圣帝君大殿、财神大王北殿、文昌火神南殿暨戏台、看楼、山门并新建享亭、钟鼓楼序碑"。第二幢为嘉庆十四年(1865)立的"春秋阁碑"。第三幢为同治四年(1865)立的"山陕众商会馆拨厘金碑记序"。第四幢为嘉庆十四年立的"会馆大工告竣碑记序"。北碑亭西数第一幢为乾隆三十一年(1766)立的"山陕会馆重修戏台、建立看楼碑记"。第二幢为嘉庆二十二年(1817)立的"山陕会馆拨厘头碑记"。第三幢为乾隆十一年(1746)立的"山陕会馆碑记"。这十幢碑刻，基本上较完整地记载了会馆买地、始建、历次重修、各次修建所用银两开支数目等，特别是八幢立碑的背面，还刻有各商号名称及其捐银数目，可见出当时会馆演化的具体历程。

四根檐柱的上方，镶有三块木质透雕额坊。中间一块为八仙人物，左右两块额坊分别刻有"斗牛宫"、"竹林行"等道教故事。正门上方悬有一木质阳刻"大义参天"匾额。用笔苍劲有力，意气飞扬。北享亭设在财神大王殿前,进深四间。正面四根檐柱上用阳文匾额“功司利济”。门下台阶两侧的扶手上,刻有四个阳文七叠篆字“福自天来”,与南享亭“天下太平”相呼应。在享亭、看楼、戏楼围成的四合院里,还有十分引人注目的一对石狮,两棵古槐。在南碑亭西边,有一通往西南院的便道。便道南墙上有五块石碑,东部立有两块石碑。其中有一块是太汾公所碑,其他均为维修会馆的收支情况明细账目碑。正殿位于中享亭之后,檐部有天沟相接,将两殿连在一起,成复殿式结构。顶部为硬山起脊,上有脊兽装饰。正殿中间偏后部,原有一暖阁,关圣帝君的楠木雕像供在里边。周仓、关平的雕像分列两侧。暖阁前有一丈余长的大香案,案两头各放有一个特制的大蜡烛台。每个上边有一支特制的大蜡烛。据说这对大蜡烛是山西的一个经营蜡烛的商人特意制作的。每年在关帝生日前,他就用一头小毛驴驮着两支大蜡烛起程。当关帝生日这一天他正好赶到聊城送来新蜡烛,这对蜡烛点上后可以燃一年。第二年关帝生日这一天,这个商人又送来蜡烛。年复一年,从不间断。由此可见山西商人对关帝的虔诚。正殿的南北两厢分别塑有刘备、张飞像。北殿是财神大王殿,进深四间。原来檐部也有天沟与前面享亭连接。南殿为文昌、火神殿,结构与北殿同。春秋阁面阔五间,进深二间,高二层,歇山顶。阁前檐柱间之额坊均为木质透雕,有三国人物,同样寓有教化色彩。

山东阿城运司会馆位于山东阳谷县城偏北百里的阿城镇南端,该会馆主要采取北方传统的民族形式,砖木结构,飞檐斗拱,悬山式屋顶,顶覆青布瓦。会馆在海会寺西侧,两进院落,独成一体。大门前有一道几十米长的大影壁,系砖瓦结构建筑。大门两侧便门上分嵌着两块方石,上面用阴文镌刻着“运司会馆”四字。当地俗称山西会馆,又称南会馆。因阿城地当运河孔道,盐当二业发达。盐运使署专理盐务,简称运司。阿城旧有十三家盐园子,管理运盐的组织设有盐巡,有专用运盐的石道。会馆就是由居住于阿城的山西盐商捐款修建的。会馆崇祀关圣帝君，设关夫子庙、暖阁。东西配殿供奉关平和周仓。会馆前院设有一戏院。每年春秋两季两次庙会，“每会百货云集，买卖兴盛，演戏八天，十余日贸易不绝”。

安徽亳州有一座山陕会馆，清顺治十三年(1656)，药商“王璧、朱孔颖，皆籍系西陲，东行于亳，求财谋利，连裾偕来，亟谋设会馆，以为簪盖之地”。① 会馆坐北朝南，最前方的戏楼建成于康熙十五年(1676)，平面凸字形，凸向院内三间为戏台，台口中二柱作垂莲柱，以减少视线遮挡，上覆高耸的歇山屋顶。戏楼底层兼为门厅，楼的两耳面阔各一间，也是歇山。钟鼓二楼紧接戏楼东西，仍为歇山。戏楼以北隔庭院为大殿，分前后两部。前部明轩三间，卷棚顶。后部高大，硬山顶，两座屋顶作勾连搭相接。殿内供关羽像，也是宴饮大厅。庭院东西两侧为楼厢，各六间，朝向院子，上下都有前廊，可以看戏。亳州山陕会馆以砖雕、木雕的华丽多彩闻名。砖雕主要体现在门墙砖牌楼上，内容多为戏曲故事，如郭子仪、长坂坡等。由于亳州地近江南，更较开封、社旗会馆多了一些江南的精巧玲珑之美。②

在广东潮州，有两浙会馆、镇平会馆、汀龙会馆、茶阳书院(大埔会馆)、嘉应会馆(后称梅县同乡会)、鹏湖书院(又称丰顺会馆)等。其中两浙会馆内有厅堂亭院，绿竹名花，前有池塘，清幽雅致。汀龙会馆“在潮州城开元街之西福胜庙右手下畔，坐北朝南，馆门当街正中为大门，门檐外加木栅门，左右二角门，门侧左右各一门房，直入中门，内为春秋演戏台，正中为天井、雨坪，左右二廊，道光戊戌年改建东西二酒楼，正厅堂为奉祀天后圣母，正殿左耳厢为财神殿，右耳厢为福德祠，均祀本主，设神龛，前为天井，俱有门与酒

① 《重修大关帝庙碑记》。
② 中国艺术研究院：《中国建筑艺术史》下册，文物出版社1999年版，第688页。

楼相通,由财神殿左横屋一直深与馆基等,上为客厅,咸丰癸丑年改修,兹仍京都汀州郡乡馆额为'旅萃堂'"。[①] 作为纯粹的商人会馆,汀龙会馆也表现出对京师汀州会馆"旅萃堂"的认同。在汉口、重庆、佛山、上海、天津等地的商人会馆亦有同样的心理追求。如天津的广东会馆在南门内大街,会馆内有门厅、大殿、配殿、戏楼、跨院、套房等建筑。天津的福建会馆整个建筑包括戏楼、旗杆、山门、牌坊、前殿、大殿、后殿、配殿、钟鼓楼、藏经阁等。[②] 由于工商业会馆多有较丰富、稳定的摊派捐项、抽厘、房租等,建筑规制或更显恢弘,亦更能保持延续一贯的发展。

在仁化县长江墟,坐落于新兴街(俗称上兴街,今东风街)的广州会馆分上下两座,上座又分上下两厅,拾二级而上。顶高 12 米,面积 264.8 平方米。左右有走廊,中是 28 平方米天井,四水归流,水从用熟砖砌成的曲弯暗渠排出院外水沟。右侧有厢房,左侧为厨房。天井边沿摆设有直径 50 厘米圆形的釉彩紫色陶盆精制盆景。前厅大门上砌有一块宽 325 厘米,高 80 厘米的辉绿岩石制横额,阴刻"广州会馆"四个楷书大字,用天蓝色颜料填刷。右款刻有"光绪乙酉仲秋创建",左边落款"梁辉枢书"和"臣梁耀枢","辛未状元"两颗篆体方印,均为阴刻,漆红。前厅大门前为八角石柱二柱作为大门廊支柱,两侧石梁上中间处各有石狮一个,两边外墙上各有古雅、形象逼真的人物石凿浮雕等装饰。厅正中设关圣帝君神位。厅脊用熟砖砌成,北为屏风工字墙,高约 80 厘米。两边墙体之上也用同样熟砖 80 厘米高工字墙。厅脊正中饰以彩瓷双龙戏珠和葫芦顶,显得高大、美丽、壮观。厅内的顶墙之下均绘有彩色壁画,共一百零八幅。画为古典人物或山水、花卉,描绘精美,栩栩如生。厅的右侧走廊墙上镶嵌有长方形阴刻"新建广

① 同治《汀龙会馆志》。

② 董坤清主编:《天津通览》,人民日报出版社 1988 年版,第 54 页。

州会馆碑记”石牌一方，共三百五十余字。下座为一间朝着上座的敞口大厅，面积98.7平方米，作为集会或议事之用，均为熟砖双层瓦面和琉璃瓦结构，灰沙作栋。上下座大厅前均有花岗岩条石阶梯，地面用方阶砖铺设，干爽，冬暖夏凉。上下座大厅的中间是一大院，院中有一水井和一腊梅花池；左右两侧均是走廊院墙，两走廊均是圆形石座木柱，琉璃瓦顶。会馆大门宽3米，深2.6米，设在上下座两大厅东面的中间，门前是南北走道，可通往前后街道，前门设一木栅门，后设砖墙后门。豫章会馆建于清代，由江西省的大余、崇义、上饶等县来长江的商贾捐资兴建。该馆分上下两厅，中为天井，左侧有厨房和居室，建筑面积121.93平方米。其门楼面临街道，熟砖、黑瓦，呈弧形屏风式。大门上有一幅工艺精美、灰沙塑成的“八仙”等人物图景，形象生动，维妙维肖。长江墟上还有楚南会馆、嘉应州会馆等都建筑华丽。①

在移民区域，会馆的建置大多起初简陋，日后渐有转宏的趋势：“各处会馆之建筑物，崇宏壮丽，可为其团结力最富之明证。”②如四川省南溪县城南顺城街的广东会馆，清乾隆四十二年（1777）粤籍人醵资公建。光绪中于庙东偏建镇江楼，颇壮观。这里的福建会馆于乾隆十七年（1752）由闽人包国栋、陈怀孟、罗观权等倡率募资购地创建，历时七年落成，四十七年（1782）又施金髹漆，更为华丽。③ 大竹县的东粤宫，自雍正元年（1723）建成后，在乾隆、同治及光绪年间一直修葺不已。绵竹县城的福建会馆，道光十九年（1839）创建，次年落成，光绪二年（1876）又重修。广东会馆于乾隆七年（1742）县令吴一璜督邑中绅士创修，嘉庆十三年（1808）续修，光绪六年（1880）增修。④ 新都县城内的广东会馆建于乾隆

① ［法］劳格文主编《客家传统社会》（上编），中华书局2005年版，第157～160页。

② 《犍为县志》卷一《建置》。

③ 《南溪县志》卷一《舆地志·寺观》。

④ 《绵竹县志》卷十二《典礼·会馆》。

五十八年(1793),当时只建了正殿,光绪十四年(1888)增修两廊及戏台,光绪三十二年(1906)重修大厦;福建会馆建于城内南街,乾隆十六年(1751)买置基地,四十三年(1778)建宫殿,嘉庆十二年(1807)建乐楼山门。① 富顺县大岩乡境内的一所南华宫为清初广东移民的会馆,砖木结构,面积为900平方米,正门向西偏北,三重鳌角,顶部檐下浮雕五龙缠绕“南华宫”匾额,中部刻有“曹溪香远”四字,大殿高约18米,横阔15米,进深111米。② 自贡市大山铺的南华宫,建于清嘉庆十年(1805),坐南向北,总建筑面积1 440平方米,砖木石结构,四合院式布局,由牌坊式的大门、东西走楼、正殿及东内厅组成,大门左右有石雕座狮一对。“戏楼高十三米,台面宽九米,进深八点三五米,木质楼栏,上雕有人物故事、戏剧场面的浮雕,还有花草、纹样走边。栏板垂花均雕刻上彩。正殿前铺七级,垂带踏通,石质素面台基上施石质雕花栏板。殿高九米,宽二十三点八五米,进深十一点五米,两侧为砖砌燕尾五花马头风火墙,用彩色细瓷片及彩绘装饰”。③ 规模不断扩大,装潢更加富丽成为移民区域会馆发展的一般趋势,它体现了人们在谋求发展中的竞争与成就。

西秦会馆是陕西盐商在自流井聚敛致富之后,在乾隆元年(1736)合资共建的。据《西秦会馆碑记》记载:“爰卜井街东北,新构圣祠”,历时16年才竣工。主供关羽神位,又称关帝庙。道光七年(1827)至九年(1829),扩建培修,总面积达3 200平方米,先后耗银五万两之多。西秦会馆按照我国古代传统建筑法式营造,背依龙凤山,在长80米的轴线上,依次建造了武圣宫大门,献技、大观、福海诸楼,大丈夫抱厅、参天奎阁,中殿和正殿;轴红两侧,依次对

① 《重修新都县志》第二编《政纪·教育》。

② 《富顺县地方概况》第三章《文物保护》,1985年油印本。

③ 《新修自贡市大安区志》,四川辞书出版社1991年版,第490页。

称建造了金镛、贲鼓二阁，左右客廨以及神庖、内轩等建筑，这些建筑通过山墙和廊楼的环绕与衔接，有机地组合成多层次的署合式建筑群体。从武圣宫大门进入西秦会馆，是一个宽敞的大坝，由石板铺成，名为天街，面积约800平方米，以天街为中心，献技、大观、福海诸楼相望，结构完整。

在成都，禹王宫、南华宫保存完好。在金堂县土桥镇，康熙、乾隆时即有湖广会馆（禹王宫）、南华宫（广东）、江西会馆、黄州会馆、贵州会馆等。禹王宫坐落在镇东，始建于清乾隆三十二年（1767），为清初入川定居于土桥的湖北、湖南移民集资建造，占地四万多平方米的四合院，牌楼式正门高达三丈，开有三个门洞，正门内有可作戏台的万年台，为九脊硬山屋顶。进院可见高朗的大殿，为悬山式，前有卷席棚拜台，两侧配以廊庑，对应于左右的钟鼓楼为六角重檐盔顶式。庭院内有高大挺拔的古柏、黄桷树，整个建筑气势恢弘。南华宫为广东移民建造于乾隆二十八年（1763），光绪六年（1880），又续建，是神庙与会馆结合的建筑，占地四万多平方米，为走马转交式的全封闭四合院，以楼阁凉亭、鱼池、假山、回廊小苑为特色，华美绝伦。广汉广东会馆（南华宫）坐落于广汉城内古北街，坐西向东。整个建筑沿中轴线展开，由乐楼、广庭、正街、正殿、玉皇楼和四合院、花园等组成。龙门面临古北街，龙门内为大门，门内为高七尺的乐楼。乐楼旁有耳楼。正殿与正厅之间有左右钟鼓楼，天井中配以水池、雕石栏杆，正殿屋面有各种装饰，殿后为玉皇楼。正殿两侧的花园、四合院，为同乡人居住休息之所。

洛带镇有广东会馆和湖广会馆。广东会馆即南华宫，位于成都市龙泉驿区洛带镇上街，始建于清乾隆十一年（1746），为广东移民集资建造，馆坐北向南。据《成都市建筑志》记载："前殿为卷棚式，绿色琉璃筒瓦盖顶，面阔5间，进深1架，通高7米，素面台基高0.42米。在后门通道及殿两侧，筑有三道曲线花草图案风火墙。大殿之上,刻有楹联‘云水苍茫,异地久栖巴子国;乡关迢迢,归舟欲上粤王台’。”表达了对乡土的挂念。湖广会馆即禹王宫,始建于乾隆十一年(1746)。其大殿楹联为“传子即传贤,天下为公同尧舜;治国先治水,山川永奠重湖湘”,气势亦不凡。

由于会馆汇聚众力,往往可以把当时人们心目中一般建筑的理想形态化为现实,因而多在客地形成鹤立鸡群的态势。不同地域的会馆以各自不同的建筑风格、建筑材料、建筑设置争奇斗艳,成为移民区域的一大文化景观。

近代以来,会馆的建筑布局也有所变化,如上海的四明公所“摈弃了传统的老式会馆建筑,而选择了高大的西式建筑;改变了四明公所的传统规程,大力采用民主化主张,公开会议议程,不断厘订章程以臻完善;成员亦不再局限于工商,而扩及到其他各界,使同乡会的组织更加规范,更富现代意味”。①

二、区位分布

明清时期的京师基本上已形成了商业区、文化区、官绅区和居民区的明朗格局。至明末,北京的会馆仍以官绅会馆和服务于科举事业的试馆为主,有的是由官绅集资购买民房而建,有的则为官绅舍宅为馆,因而会馆多集中于内城。如福建漳州会馆“旧有会馆在内城西南,祀吾郡(指漳州)城隍之神,以主其福”。② 而进入清代,会馆的分布便直接受到朝廷“内城禁喧嚣”和“满人居内城,汉人居外城”等规定的限制,于是,明代遗留的内城会馆递废,而外城会馆则日兴。光绪《漳郡会馆录》说:“清戈定鼎,内城皆为紫禁重地,会馆既湮,神像移祀别室,数年来勋臣大官仕宦公车及明

① 李瑊:《上海的宁波人》,上海人民出版社2000年版,第269页。
② 光绪《漳郡会馆录》卷首《原序》。

经诸辈望至，止长安，辄相与叹息。”[①]到乾隆时，工部郎中汪启淑便说：“数十年来，各省争建会馆，甚至大县亦建一馆，以至外城房屋基地价值腾贵。”[②]与此同时，在外城一带，商业会馆亦纷纷勃兴，有人说：“京师为天下首善地，货行会馆之多，不啻计百倍于天下各外省，且正阳、崇文、宣武门外，货行会馆之多，又不啻计百倍于京师各门外。”[③]显然，会馆的分布从明代的内城的分散走向清代的外城的集中，这与明清政府不同的文化政策密切相关，这或许包含了清朝政府试图重建大传统的努力。京师会馆的分布还可反映这样的文化信息：它既是政治中心，官绅文人荟萃之地，同时也成为商业中心，为满足官僚们的奢侈生活之需，商人阶层势必插足其间，商业的发展适应了政治发展的需要，商业又傍附政治，赢得了图谋厚利的一席之地，以至与官绅冶游，为官僚队伍输送人才，从而形成彼此相互支撑的兴盛局面。同时亦为明清以来士商的能量交换与彼此融合奠定了坚实的基础，影响及于全社会。

在商业都会，会馆集中分布在商业区内，像苏州有半数以上的会馆分布在阊门外一带，可见会馆集中区域正是商业发达之区。在这个商业区内，闽粤商人又特别活跃，雍正年间苏州织造胡凤翚说：“阊门南濠一带，客商辐辏，大半福建人民，几及万有余人。”[④]李果也说：阊门一带“闽粤徽商杂处，户口繁庶”。[⑤] 可以说大商帮的发达依赖于托足在商业发达之区的会馆，这又推进了商业的更加发展。

上海、汉口是晚近兴起的商业都会，因为会馆多为商人设置，亦多为商人服务，故更集中于商业区。上海见于史载的会馆

---

① 光绪《漳郡会馆录》卷首《原序》。

② 汪启淑：《水曹清暇录》卷二。

③ 《宸垣识略》卷二。

④ 《雍正朱批谕旨》，雍正元年四月五日胡凤翚奏。

⑤ 道光《苏州府志》卷三十九《艺文》。

有三十九所,最早的一所为康熙五十四年(1715)的商船会馆,由无锡、金匮、崇明沙船众商共建。其后的会馆仅有两所明确记载由绅商共建,其他皆为商人。它们多分布在十六铺大小东门和老城内外的洋行街咸瓜弄、棋盘街、董家渡、斜桥以及城隍庙一带,以致形成了会馆集中密布的会馆街。[①] 汉口的二十七所会馆中则只有一所明确记载由士商共建。[②] 会馆的繁盛实际上表明了商业的繁荣。

即使在江南新兴的商业城镇,商业会馆亦成为商业发展水平的标志。顾禄《清嘉录》中说:"(江西)吴城五方杂处,人烟稠密,贸易之盛,甲于天下,他省商贾各建关帝祠于城西,为主客公议规条之所,栋宇壮丽,号为会馆。"[③]在浙江宁波,东渡门与奉化江间有一块狭长地带叫江夏,是宁波城外最繁盛的商业区。这里不仅是钱庄的集中地,而且还是海产、砂糖、木材、麻布、谷物等商业的集中地。北号和南号等进行南北沿海贸易的大商人,在这里都开设有自己的商店。船厂、福建会馆、天后宫、庆安会馆(漕运业会馆)也都设在这里。[④]

在湖南洪江,会馆几乎都沿沅水而建,主要是近码头方便经营,后来基业发展,购置的房产增多,便向洪江街中心的巷子里延伸。或坐落在深巷之中,或建筑在高坡之上。每个会馆大致有正殿、偏殿、正厅、客厅、客房和戏台等,设施考究,桌椅门窗都雕以花草鸟虫。当地竟流行起一句谚语:"江西会馆的银子,贵州会馆的顶子,宝庆会馆的拳子",说的是江西人有钱,一切靠钱开路;贵州人在湖南当官的不少,给会馆撑起了不少面子;邵阳(宝庆)人则

---

① 叶树平、郑祖安编:《百年上海滩》,第 141 ~ 143 页。

② 南京大学编《中国资本主义萌芽研究论文集》,江苏人民出版社 1981 年版,第 361 页。

③ 顾禄:《清嘉录》卷五《关帝生日》。

④ [日] 斯波义信:《宋代江南经济史研究》,江苏人民出版社 2001 年版,第493 页。

会武功，好打抱不平，重义气。“当是之时，列肆如云，川楚之丹砂、白蜡，洪白之胶油，木材之坚美，乘流东下达洞庭，接长江而济吴越，连帆大舳衔尾而上，环货骈积，率以花布为大宗，南连桂林，西趋滇黔，利市三倍，居市者长子孙，百工技艺之流镪至而辐辏，地窄人众，至劈山湮谷，连屋层楼，栉比而居，俨然西南一大都会。”①这里的会馆亦大多设有戏台，有的甚至有两个戏台。如江西会馆、贵州会馆、宝庆会馆等都建有两个戏台。前台给老百姓和同乡会的众人观看，后台则给富贾、军阀们观看。前台唱的是连本戏、武打戏；后台看的是折子戏、点戏，多为文戏、情戏。戏台经常分两层，楼上为女宾，楼下为男宾。因为遇过节及各种喜事都在会馆演戏，因而带动了当地戏曲业的发达。辰河戏、常德汉戏、祁剧、黄梅戏、京剧、阳剧以及后来的歌剧、话剧都竞相在会馆戏台上表演。

一般而言，在手工业较为发达的城市，会馆的分布相对分散。如佛山的会馆分布：当行会馆在祖庙大街，莲峰会馆在汾水长兴街，山陕会馆在升平街，楚南会馆在升平街，源流会馆在祖庙大街，琼花会馆在大基尾，山陕福地在西边头，潮蓝行会馆在东庆街，楮公堂会馆在瓦巷上街，熟铁行会馆在走马路，江西会馆在豆豉巷，新钉行会馆在新安街，金丝行会馆在快子街，筛择槟榔行会馆在直义街，楚北会馆在青云街。② 在景德镇的徽州会馆、苏湖会馆、都昌会馆、饶州会馆、临江会馆等（如右图所示）均分布在景德镇周围。③

手工业者的会馆的分散原因当在于它们更注重取给原料、燃料的便利。会馆可以在生产规模、产品质量与价格等方面发挥切实的协调作用，因而手工业会馆的兴起也是社会管理趋于有效化的标记。

在移民区域，会馆一般分散设置在郡县场镇。如在四川大竹：

---

① 乾隆《洪江育婴小识》。

② 道光《佛山忠义乡志》卷五《乡俗》。

③ 《江西内河航运史》，人民交通出版社1991年版，第102页。

禹王宫即湖广会馆分布在县城东街及其下的二十三个乡镇,万寿宫即江西会馆分布在县城东街及其下的十个乡镇,东粤宫即广东会馆分布在县城南街及其下的八个乡镇。[①] 在四门会理州,江西会馆设于州城及各场镇,禹王宫设于州城及黎溪站、迷易所,州大北门外又有临江会馆,州大北门外小西关又有庐陵会馆,州大北门外小西关又有太和会馆、吉州会馆。福建会馆设于州城及迷易所、披砂,黔省会馆设于州城及迷易所、凤山营、披砂。广东会馆设于州城及迷易所、披砂。[②] 会馆的分布与移民所及地区、移民规模、移民经济实力直接相关,不是每个场镇都是多馆并存,有的只有一个会馆,这表明,这类会馆起初是移民社会同籍人士的社区中心。

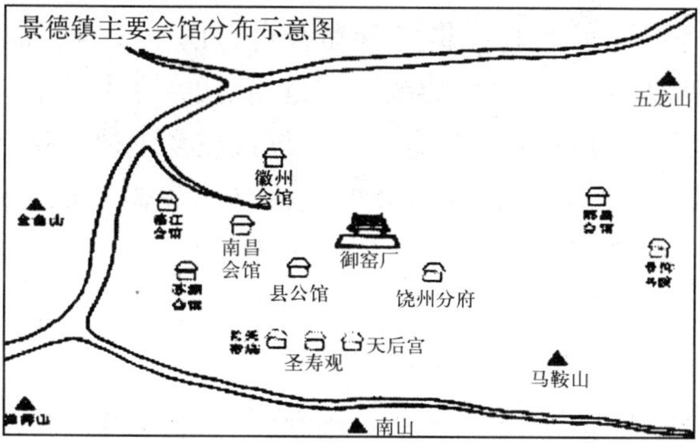

第二节 会馆的神灵崇拜

在会馆的建筑设置中,神灵设置是保持其完整性的首要条件和重要部件,可以说,会馆神灵是明清会馆赖以生存的精神支柱,它凝聚了社会环境的熔冶,也规范了会馆的发展方向。

---

① 《大竹县志》卷三《祠祀志》。

② 同治《会理州志》卷二《寺观》。

一、会馆的神灵设置

在京师的会馆或奉祀财神，或奉祀福禄神、关帝、乡先贤及其他乡土神，在工商城镇有些会馆奉祀乡土神，有些会馆则又奉祀行业神，而在移民集中区域，则几乎是以乡土神为主又不断包容其他的诸神崇祀。

在会馆设置的最初阶段，乡土神是最基本的崇祀对象。不少地方很便利地就确立了自己的乡土神，如江西人奉许逊为"吾乡福主旌阳许真君"①，福建人奉林默娘为天后圣母，山西人奉关羽为关圣大帝，江南人祀准提，浙江人奉伍员、钱镠为列圣，云贵人奉南霁云为黑神，广东人奉慧能为南华六祖；再如湖北麻城人奉"帝主"，长沙人奉"李真人"等。同乡籍神灵是寓外同乡人最易认同的旗帜。但是，实际上并非乡乡都有自己的乡土神，而且就说乡土，本身就难断界域，乡土的范围总是相对的，可大可小。因此，乡土神作为会馆的一部分，其意义并不仅仅在乡土神本身，而关键在于神灵的设置为会馆这一社会组织树立了集体象征。四川宣汉《重修禹王宫碑记》说：

> 天下郡邑之有会馆，其始皆由同乡共里之人，或游宦于其地，或商贩于其区，醵金以为公廨，因得于岁时会议有故，商筹以联桑梓之情，而使寄寓异地者均不致有孤零之叹，其意良厚也。其后各祀其乡之神于馆，则其意又惧人心不齐，或有相欺相诈者，因质诸明神以为凭，而培修禋祀之不绝，以致其尊崇而抒诚敬。然予尝观天下各郡国之会馆，皆祀其乡所产之神，而独楚人之建馆于蜀，则特奉神禹之像，因而称之曰禹王宫。询之楚民之居于川者，皆莫识其所自。窃尝伏而思之，东南之水莫大于江，其次莫如汉，而皆发源于蜀，江自岷至澧，经武昌，会

① 《上海碑刻资料选辑》，第333页，《创建豫章会馆劝疏碑》。

> 汉始益大,汉自嶓冢至大别入江,皆楚境也。楚人之入蜀者,必由二水泝流而上,所历如巫峡滟滪诸处,皆怪石隐见,惊涛怒浪,为舟楫危险之地,而楚人之往来商贩如履坦途,以至货累巨万,家裕千金,均若不知有蜀道之难,其士大夫之游宦于其地者亦觉布帆之无恙,藉非赖有大禹疏凿之功,曷克臻此,则以思明德之留贻而群钦而奉之,未必非楚人之微意也。①

这段文字为我们描述了在移民区域乡土神的设置情况,湖北人设置在四川的会馆却崇祀“神禹之像,因而称之曰禹王宫”,这便超越了狭隘乡土的意义。因为起初湖北人自认“藉赖大禹疏凿之功”,才得以把足迹展向四川,故慕之仰之,奉之祀之。可是,当若干年后人们以此再“询之楚民之居于川者,皆莫识其所自”,可见后来的奉祀者对本会馆神灵已只是知其然而不知其所以然了。在他们那里,是否乡土已不重要。

正因为如此,考寻各地寄籍同乡会馆,其祠祀神灵便存在互有异同的现象。如湖广会馆亦有祠祀关羽的,在四川中江,关帝宫即湖广会馆建。② 安徽徽州人在江苏苏州兴建的大兴会馆、徽宁会馆都造殿阁以“祀关帝”。③ 浙江兰溪县内的关帝宫亦是乾隆二十六年(1761)徽州众商所建,“华安阁亦祀关帝,徽商程士章等首建”。④ 设在苏州的浙江金华会馆亦祀关帝。广东会馆也有祠祀林妃的,如河南林县的“天上圣母宫”为闽粤人所共建,渠县“龙母宫”为广东人所建,海南儋县的天后宫“在城东门外大街尾,一名朝天宫,明万历丁酉(1597)吏目周行率商人创建,清初为广府会

① 《宣汉县志》卷三《祠祀》。

② 见中江县《乾隆丙戌林念蓄增修关圣宫记》(碑刻)。

③ 《明清苏州工商业碑刻集》第356页,《徽宁会馆碑记》。

④ 光绪《兰溪县志》卷三《祠祀》。

馆”。[①] 上海的商船会馆本来是崇明籍船商出首共建，亦崇奉天后圣母。[②] 像关帝、天妃本属全国通祀之神，却也可以成为人们联络乡土关系的精神纽带。

正像民间普遍供奉多神一样，许多会馆也并非以仅供一神为满足。徽州商人所建会馆大多最初奉祀乡土神朱熹。如湖北汉口市镇内有新安商人建的新安会馆，专祀徽国文公，栋宇宏敞。[③] 在江西景德镇，婺源商人滕昌檀等筹划新安会馆，“阅二十载，竣事，奉朱子入祠”。[④] 在蓼六，经商此地的徽人颇多。因岁时伏腊，聚集无所，徽商汪嘉就与众商商量，“为会馆以祀朱子”。[⑤] 而设在吴江盛泽镇的徽宁会馆则亦把拜祭烈王汪公大帝（即汪华，当隋季保有歙、宣、杭、睦、婺、饶六州，称吴王，封越国公）、张公神（即张巡，唐代的忠臣良士）[⑥]也放到同等重要的地位。山西商人在北京的会馆也不仅单祀关帝，如雍正时的晋翼会馆“中厅，关夫子像，左间，金龙大王，右间，玄坛财神”。[⑦] 光绪时的临襄会馆内供“协天大帝、增福财神、玄坛老爷、火德真君、酒仙尊神、菩萨尊神、马王老爷诸尊神像”；[⑧]清康熙年间，很多绍兴商人到北京开店营业，一些经营银号和金店的商人在外城西河沿建立的正乙祠，“正殿祀正乙、玄坛祖神、关圣帝君、增福财神等十余个神”。[⑨] 而颜料业祭的神是“真武大帝、玄坛祖师、梅（福）仙、葛（洪）仙”。[⑩] 在天津的

---

① 光绪《儋县志》卷四《祠祀》。

② 《上海碑刻资料选辑》第196页，《重修商船会馆碑》。

③ 乾隆《重修古歙东门许氏宗谱·观察遽园公事实》。

④ 光绪《婺源县志》卷三十二《人物·义行》。

⑤ 嘉庆《黟县志》卷七《尚义》。

⑥ 程尚宽：《新安名族志》卷上。

⑦ 《明清以来北京工商会馆碑刻选编》第37页，《重建晋翼会馆碑序》。

⑧ 《明清以来北京工商会馆碑刻选编》第23页，《修建临襄会馆碑记》。

⑨ ［日］加藤繁：《中国经济史考证》第3卷，第102页。

⑩ ［日］加藤繁：《中国经济史考证》第3卷，第106页。

天后宫大殿内，除供奉天后外，还有多尊神座，如“眼光娘娘即眼光明目元君，子孙娘娘即子孙保生元君，耳光娘娘即耳光元君，瘢疹娘娘即瘢疹回生元君，千子娘娘即千子元君，引母娘娘即引母元君，乳母娘娘即乳母元君，百子娘娘即百子元君。此外还有王三奶奶、南海大士、曹公、马公、报事童子和马夫。在大殿后楼上供泰山娘娘、散行瘟疹童子、随胎送生变化、逐姓催生郎君、兼管乳食宫官、救急施药仙官、散行天花仙女、送浆哥哥、挠司大人以及白老太太。天后宫中大殿配殿所供之神有一百余位”。[①] 简直成为众神的大聚会。

有的会馆则前祀天妃，后祀关帝，也有的会馆既祀关帝，又祀乡土众神，同样显示出多神的交汇。如上海潮惠会馆“前祀天妃，后之堂为楼，以祀关帝，其左右祀财星，双忠”。[②] 苏州的潮州会馆“敬祀灵佑关圣帝君、天后圣母、观音大士，已复买东西房屋，别祀昌黎韩夫子”。[③] 上海的豫章会馆“正殿供许圣真君，旁殿供奉五路财神，厅楼供奉文昌帝君诸神像”。[④] 上海的商船会馆，乾隆二十九年（1764）“重加修葺，添造南北两厅，祀福山太尉诸大神于北厅，祀成山骠骑将军于南厅”。[⑤] 佛山的天后宫福建会馆“中奉天后元君暨地藏仁师、龙母夫人，上祀文武二帝，旁祀惠福夫人”。[⑥] 在重庆的诸所会馆亦奉祀纷杂。如广东会馆，在“六祖”的神殿内，左龛附祀“敕封紫云台上镇江王爷”、右龛附祀“福禄财神”。湖广会馆初建时在禹殿的西厢便附祀着财神和关帝，后来又附祀“文昌”，建奎阁。湖广的咸邑会馆，中龛祀朱公，附祀财神。云贵会馆既在正殿崇祀着“忠烈福主”、“福禄财神”、“关圣大帝”和

---

① 侯杰、范丽珠：《中国民众宗教意识》，天津人民出版社 1994 年版，第 140 页。

② 《上海碑刻资料选辑》第 326 页，《创建潮惠会馆碑》。

③ 《明清苏州工商业碑刻集》第 340 页，《潮州会馆碑记》。

④ 《上海碑刻资料选辑》第 336 页，《新建豫章会馆始末碑》。

⑤ 《上海碑刻资料选辑》第 196 页，《重修商船会馆碑》。

⑥ 《明清佛山碑刻文献经济资料》第 128 页，《重修天后列圣碑》。

"镇江王爷",又"为祠左右,用馐于乡贤,云南自汉唐以迄国朝商贾十有其三,而昆明钱南园先生位其祀;贵州自汉唐迄国朝为贤十有其四,而遵义郑子尹先生位其祀"。[①] 而在北京的邵武会馆则设置多块木主,实成为乡土贤能与会馆创建人的纪念馆。其中有:宋风雅宗匠沧浪严公讳羽老先生神座、宋理学名儒果斋李公讳方子老先生神位、宋理学名儒德言刘公讳刚中先生神位、国朝修辟本馆诸先生神位、明始创建本馆诸先生神位、建馆以来凡有在馆中物故诸先生之位、在馆已故无祀诸公神位、本郡在京已故诸公之神位。[②] 龙岩会馆"馆内有一精致之大神龛,内祀历代乡先达神位,暨关圣帝君神位、文昌帝君神位、城隍尊神位及创馆段潭波先生神位"。[③] 神位、木主的设置反映了会馆的神灵崇拜具有较强的道德导向性。邵武会馆祀乡贤是为了"俾后之览者知先辈之礼让,足为后起诸贤法"。[④] 佛山《重修天后列圣碑》亦认为祀神灵"凡所为护国家、庇民人、扶名教、植纲常、利后嗣者,胥于乎在"。[⑤] 像重庆的福建会馆正殿神龛内有帝后衣冠的林妃偶像,前祀有"当今皇帝万岁万万岁"的木主。[⑥] 这鲜明地反映了会馆对封建政府的极端依附性。

二、会馆的神灵脸谱

有人把会馆神灵分成三类,即福禄财神、行业神和乡土神。笔者认为这三者实际上界限并不明显,有的神灵可能既可作福禄财神,又可作行业神和乡土神,以下的一些主要神灵的脸谱的简单白

① 窦季良:《同乡组织之研究》,正中书局 1946 年版,第 65 页。
② 李景铭:《闽中会馆志》卷三《邵武会馆》。
③ 李景铭:《闽中会馆志》卷四《龙岩会馆》。
④ 李景铭:《闽中会馆志》卷三《邵武会馆》。
⑤ 《明清佛山碑刻文献经济资料》第 128 页,《重修天后列圣碑》。
⑥ 窦季良:《同乡组织之研究》,正中书局 1946 年版,第 76 页。

描也可说明这一点。

关羽——字云长，本字长生，美须髯，三国时蜀汉大将，河东解县（今山西临猗西南）人。东汉末年亡命奔涿郡，从刘备（当时为平原相）起兵，与张飞任别部司马，义结兄弟。“先主（指刘备）为曹操所败，奔袁绍，时羽为操所执，拜偏将军，礼之甚厚。后羽斩绍将颜良，以报操德，操表封羽为汉寿亭侯，羽尽封其所赐。拜书告辞而奔先主。先主既收江南诸郡，以羽守襄阳，及西定益州，羽乃督荆州事。拜前将军，攻败曹仁，威震一时。孙权用吕蒙计，袭破荆州，羽与子平皆被害，谥号壮缪”。[①] 宋时曾加封武安王。明代因《三国演义》在民间的流传，关羽作为忠、诚、信、义的典范更深入人心。明万历二十二年（1594）因道士张通元之请，进爵为帝，四十二年（1614）又敕封三界伏魔大帝神威远镇天尊关圣帝君。[②] 明季多内祸外患，用兵频繁，后崇关帝为武圣，人们很重视关帝信仰，以致“宫中旧规，上每年冬底书符召仙或召将，叩以来岁事无不应者。至是年召之不至，良久，玄帝下临乩，批云：‘天时皆已降生人间，无可应者。’上再拜叩问：‘天将降生，意欲何为？尚有未降生者否？’乩答云：‘惟汉寿亭侯受明厚恩，不肯降生，余无在者。’批毕，寂然，再叩不应矣”。[③] 此事在崇祯末年，可见关帝简直被看作政权的保护神。明代仅北京地区就有关帝庙五十所。[④] 清代统治者对关羽的崇祀有增无已。顺治九年（1652）敕封关羽为忠义神武关圣大帝。雍正时，追封关羽父祖三代为公爵，命“天下府州县卫等地文武守土官，春秋二祭如文庙仪制，牲用太牢”。[⑤] 乾隆三十三年（1768）以“关帝历代尊崇，迨经国朝尤昭灵贶”，故

① 参见《中国人名大辞典》。

② 赵翼：《陔余丛考》卷三十五。

③ 《三朝野记》卷七。

④ 《宛署杂记》卷十九。

⑤ 萧奭：《永宪录》续编，雍正六年二月甲午条。

又加封忠义神武灵佑关圣大帝。[①] 同时规定祭文由翰林院撰拟，祭品由太常寺备办，官建祠宇牌位座数由工部制造，还特准地安门外关帝庙正殿及大门瓦色改用纯黄琉璃，与孔庙一致。嘉庆十九年(1814)，以“屡荷关帝灵爽翊卫”，加封“神勇”二字[②]，道光八年(1828)，因“关帝屡彰灵佑”，再加封“威显”，咸丰二年(1852)加“护国”，三年增“保民”，六年添“精诚”，七年再增“绥靖”。到光绪五年(1879)，清政府加封关羽计有二十二字，合称为：忠义神武灵佑神勇威显保民精诚绥靖翊赞宣德关圣大帝。[③] 从封建政府的立场出发，关羽成了消除祸乱辅佑民生的守备武士。各种有关关羽显灵的传说更使统治者的造神活动推向了民间。正如雍正帝在《御制关帝庙后殿崇祀三代碑》中所说：“自通都大邑，下至山陬海澨，村墟穷僻之壤，其人自贞臣贤士仰德崇义之徒，下至愚夫愚妇、儿童走卒之微贱，所在崇饰庙貌，奔走祈禳，敬思瞻依，凛然若有所见。”[④]关羽由人变成了神，这其中既有统治者的竭力营造，又有全社会民众由对忠信仁义的笃信而产生的对圣神的顶礼膜拜。会馆中的关羽崇拜是与当时的社会氛围相合拍的。

林默娘——生于960年，卒于987年，是唐邵州刺史林蕴的七世孙女。林蕴兄弟七人，俱官至刺史，世称“九牧林”。高祖林圉，五代时仕闽；曾祖林保吉，仕后周，任统军兵马使，鉴于当时天下纷乱多事，弃官隐于湄州湾贤良港；祖父林孝官福建总管；父亲名惟悫(一作愿)曾官都巡，即负责沿海治安巡逻的官员；母亲王氏，生一男六女，林默娘是其中最小的女儿。她的家庭可谓世代沐浴皇恩，因她“自始生至弥月，不闻啼声，因命名曰默。幼而聪颖，不类诸女。甫八岁，从塾师训读，悉解其文义。十余岁，喜净几焚香，诵

① 光绪《清会典事例》卷四三八《礼部·中祀》。

② 《清仁宗实录》卷二八二，嘉庆十九年正月丙寅条。

③ 光绪《清会典》卷三十五《礼部》。

④ 《日下旧闻考》卷四十四《城市》。

经礼佛，旦暮未尝少懈，婉娈季女，俨然窈窕仪型。十三岁时，有志道士玄通者往来其家，妃乐舍之，道士曰：若具佛性，应得渡入正果，乃授妃玄微秘法。妃受之，悉悟诸要典。十六岁窥井得符，遂灵通变化，驱邪救世，屡显神灵”。[1] 当地人说她熟悉水性和海洋气候变化规律，又乐于助人，常常奋不顾身地营救遭遇海难的乡亲和过往客商，以致以二十八岁的年轻生命殉难于出海救护事业中。由此可见，林默娘接受过良好家庭的熏陶与佛经的修炼，是一个舍己为人、慈悲为怀的圣女形象。人们奉其为地方保护神、海神、全国通祀神。先是由沿海的商人捐建庙宇，到宋仁宗天圣年间又扩建，并初具规模。其后历朝敕封便不断：在宋凡十四封：1. 徽宗宣和五年(1123)(或作四年，1122)给事中路允迪使高丽，八舟溺其七，允迪舟遇神获安，奏上赐庙额“顺济”。2. 高宗绍兴二十六年(1156)封“灵惠夫人”，赐庙额“灵应”。3. 绍兴三十年(1160)(或作二十七年，1157)，海寇至江口，神现风涛中，寇溃就获，泉州上其事，封“灵惠昭应夫人”。4. 孝宗乾道二年(1166)，兴化疫，神降于白湖，得甘泉，饮者立愈，又海寇至，雾迷其道就擒，奏上封“崇福夫人”。5. 淳熙十年(1183)助剿温台寇，奏上，封“灵惠昭应崇福善利夫人”。6. 光宗绍熙元年(1190)以救旱晋封“灵惠妃”。7. 宁宗庆元四年(1198)以救潦加封“助顺”。8. 开禧改元(1205)，金兵至淮甸战花厌镇及紫金山，神显形，三战皆捷，遂解合肥之围，加封“显卫妃”。9. 嘉定改元(1208)，救旱获海寇，加封“英烈”。10. 理宗嘉熙三年(1239)，钱塘潮决，祷于神，至艮山祠，若有限而退，加封“嘉应”。11. 宝祐二年(1254)救旱，加封“协正”，三年(1255)加封“慈济”。12. 宝祐四年(1256)以浙江堤成，加封“善庆”。13. 宝祐五年(1257)，教授王里请于朝，封妃父“积庆侯”，母“显庆夫人”，女兄以及神佐皆有锡命。14. 开庆改

① 《大清会典》，乾隆林清标《敕封天后志》。

元，以火焚强寇有功，加封“显济”。[①] 在元代凡五封：1. 世祖至元十八年（1281）以海运得神佑，封“护国明著天妃”，二十六年（1289）加封“显佑”。2. 成宗大德三年（1299），以漕运效灵，加封“辅圣庇民”。3. 仁宗延祐元年（1314），加封“广济”。4. 文宗天历二年（1329）加封“护国辅圣庇民显祐广济灵感助顺福惠徽烈明著天妃”。5. 至顺元年（1330）赐庙额曰“灵慈”，皆以海运危险，历见显应故也。明代封圣妃一，改封天妃一，改封元君二，凡四加封：1. 太祖洪武五年（1372）封“昭孝纯正孚济感应天妃”。2. 成祖永乐七年（1409）封“护国庇民妙灵昭应弘仁普济天妃”。3. 宣宗宣德五年（1430）、六年（1431）遣官诣湄屿致祭，并修庙宇。4. 庄烈帝崇祯年间封“天仙圣母青灵普化碧霞元君”，又封“青贤普化慈应碧霞元君”。到清代，加封更多。如康熙十九年（1680），助剿厦门寇显圣，提督万奏上，封“护国庇民妙灵昭应弘仁普济天妃”，二十年（1681），助剿澎湖寇显圣，将军侯施奏上封“昭灵显应仁慈天后”。五十九年（1720），册封琉球使海宝徐葆光奏请奉旨春秋致祭，编入祀典。雍正四年（1726），御赐“神昭海表”匾额。乾隆二年（1737）（或作三年，1738），福建总督郝玉麟奏请加封“护国庇民妙灵昭应弘仁普济福佑群生天后”。二十二年（1757），册封琉球使全魁周煌奏请加封号，奉旨加封“诚感咸孚”四字，诏普天行三跪九叩礼。五十三年（1788），台湾大功告成，请加封号，奉旨加封“显神赞顺”四字。嘉庆五年（1800）以册封琉球，请加封号，奉旨加封“垂慈笃祜”四字。道光六年（1826）为海运请加封号，奉旨加封“安澜利运”四字。[②] 历朝的加封终于使林默娘从一个官僚世家的女子变成了全智全能的通祀之神，民间俗呼为“妈祖”。福建寓外人士多奉其为乡土神，流布福建、广东、台湾、海

① 同治《汀龙会馆志》不分卷《历代敕封》。

② 同治《汀龙会馆志》不分卷《历代敕封》。

南、香港、澳门以及国内其他省份以至海外。

大禹——是传说中古代部落联盟领袖,姒姓,鲧之子,奉舜命以疏通之法治理了洪水。在治水十三年中,他三过家门而不入,终于建立了卓越的功业。据扬雄《蜀本纪》说:"禹本汶川郡广柔县人也,生于石纽。"又据谯周《蜀本纪》载:"禹生地在石纽刳儿坪",因禹母"上山行见流星贯昴,梦接意感又吞神珠薏苡,胸坼而生禹"。[①] 有人说:"禹母孕年有三月,以六月六日而生禹。"[②]这样便划定了禹的出生地,揭示了其作为神灵的超人之处。人们确信他曾跨逾蜀地,导江自夔门以下,并导汉沔诸川以入江,潴为云梦,平生之业,亦及荆楚,故荆楚之民亦神之。据《湖北通志》载:汉阳等十九县均建有禹王庙,而建庙多在濒江之地,如汉阳的禹王庙建在大别山麓,下临大江,钟祥的禹王宫在县西护城堤上,绵竹县北三十里牛鼻堤上的禹庙名"镇江神"庙,县东门外的禹庙名"靖江"庙。[③] 由此可见,禹在人们心目中是一个全能的治水之神的形象。人们不仅期待着大禹能治水,后又希望他能在天旱时致水,从此禹王便承担了"雨神"的角色。据载,天顺庚辰(1460)岁旱,巡抚湖广都宪南宫白公圭率官属祷于祠(即禹王庙)下,不逾时甘雨大霈足,官僚称庆,民获乂安。又如谷城县禹王庙"颇显著灵,祷雨辄应"。[④] 祈雨与祈雨后的"甘雨大霈足"更坚定了人们建庙再祀的信心。于是,在湖北当地奉祀禹神便蔚成风气。对于由湖广移川者来说,他们同样面临着对水的畏惧,因为长江自巴东以上,入夔门,历丰都,滩险水恶,人们仍在喟叹:"蜀道之难,难于上青天。"他们唯有寄望于在家乡素有灵应的禹王,从此,禹王庙便随着入川的湖广人的增加而到处遍布。这时禹王庙不仅是湖广人自己的保

① 窦季良:《同乡组织之研究》,正中书局1946年版,第73页。

② 罗泌:《路史》。

③ 嘉庆《绵竹县志》卷七《祠祀》。

④ 道光《谷城志》卷五《祠祀》。

护神，而且同时又成了他们之区别于别地移民的最初标识。他们“各别其郡，私其神，以祠庙分籍贯，故建置相望”。[①]

许逊——李世熊《钱神志》中说到：“许真君为旌阳县令，民有贫欠租赋者，悉令衙后锄园作工，阴点成金埋园内，民掘得之，悉以输纳，然不知其为真君所化也。夫术不轻用，用必济世，又无炫耀之迹，此造化在手，是为众仙之伯。”[②]这里许逊被传说为儒家传统美德的一个完型人物。

在福建邵武的江西会馆流传的关于许仙真君的神话式的传说是这样的：说是许仙小时和一位同学下河洗澡，那个同学在河里拣到一颗龙珠吞进肚里，以后变成了龙。这条龙说要荡平江西成大海，许仙为了拯救江西人免遭毁灭之灾，矢志学求法术，结果得了道。那个同学变成龙后，其妻怀孕，结果生了五条小龙，临产时刚好许仙来到，当即斩去四条，并斩去第五条的尾巴，这只没尾巴龙长成后竟大肆残害江西人，许仙和它斗法，降服了这条孳龙，将它囚禁在南昌西山庙殿下井中，使江西人避免了一次大灾难，所以江西人都崇奉许仙，称他为“江西福主”。[③] 应该说，各地的江西会馆多崇奉许仙真君依据了这则传说。据《大清会典》载：“许姓，名逊，晋旌阳令，得道术，斩蛟除害。旧祠南昌，曰铁柱宫，宋封神功妙济真君。”也有的人说他是“晋汝南人，家南昌，字敬之。学道于吴猛。举孝廉，拜旌阳令，以晋室棼乱，弃官东归，周行江湖诸郡，殄灭毒害，宁康（按：即永康、永宁两个年号）初于洪州西山举家四十二口拔宅上升，鸡犬亦随逐飞去，年百三十六岁。宋封神功妙济真君，也称‘许真君’”。[④] 铁柱宫，亦名“万寿宫”，在南昌广润门内，晋代建，而许逊得道处，相传在江西新建县西三十里之西山，一

---

① 同治《新宁县志》卷二《建置》。

② 李世熊：《钱神志》卷六《庆府第十·济世成道》。

③ 吴钟：《邵武江西会馆概述》，《邵武文史资料》第3辑。

④ 见《中国人名大辞典》。

名南昌山，建有“万寿宫”，每年八月远近士女入山进香者络绎不绝。[1] 宫名“铁柱”，据传说是因许真君当日斩蛟于铁柱之上而杀之，亦有以“万寿宫”名，大概又是因为许仙的年寿甚高而得名。总而言之，许仙是以除暴安良的人物形象留在了人们的印象深处。

六祖——据《大辞源》引《正宗祀》载：“佛教禅宗衣钵相传凡六世，即初祖达摩，二祖慧可，三祖僧璨，四祖道信，五祖弘忍，六祖慧能，是为震旦六祖。”六祖是佛教中的道德完型人物。民国《南川县志》记载该县南华宫的建置云：“刘健庵茂才，原籍广东，宫即其先世来南，于清乾隆年间举本籍人同建，具言所奉为佛教之六祖慧能大鉴禅师。中国当南梁时，达摩自印度来，传法东方，初祖至五祖弘忍大满禅师，将选徒授衣钵时……（慧能）受法。五祖圆寂，众僧嫉之。……逐六祖向庙后南岭逃逐，急跃入枯井恒化……井中有梅花，花字古作华，后神游粤东显灵，守护众生，称活佛，信徒建道场奉之，即名南华，为成佛纪念，邑庙成后，知县伦显圣题额曰：南天佛地。”[2]而《酉阳州志》又有一种说法：“南华宫以南华山得名，六祖慧能之道场也。六祖为广东韶州人，悟道后爱曹溪水香，遂于基地择一道场，求之地主，曰：但得一袈裟地足矣，地主从之，六祖以袈裟覆地，周南华宫方圆八十里焉”。[3] 总之，南华六祖是一老实本分的佛家之人，他的德行可嘉，成为广东人的乡土之神。

列圣——指伍员、钱镠等。伍员为春秋时吴国大夫，字子胥，楚大夫伍奢之子。楚平王时，伍奢被杀，伍员由宋郑转道入吴，后帮助吴王阖闾刺杀吴王僚，夺取王位，整军经武，使吴国力日盛，后

① 《江西年鉴》，转见窦季良：《同乡组织之研究》，正中书局1946年版，第75页。

② 《南川县志》卷五《礼仪》。

③ 同治《酉阳直隶州志》卷九《祠庙志》。

又攻破楚，以功封于申，又称申胥。可在吴王夫差时，因劝王拒绝越国求和并停止伐齐而被疏远，以致被迫自杀。钱镠则是五代时吴越国的建立者，字巨美，杭州临安人。在位期间，曾征发民工，修建钱塘江海塘，又在太湖流域，凡一河一浦，都造堰闸，以时蓄泄，不畏旱涝，并建立水网圩区的维修制度，从而推进了该地区的经济发展，他们皆为利国利民的英烈。

金龙四大王——据朱国桢《涌幢小品》记载："金龙大王，姓谢名绪，晋太傅安裔，金兵方炽，神以戚畹，愤不乐仕，隐居金龙山椒，筑望云亭自娱。咸淳中，浙大饥，损家资，饭绥人，全活甚众。元兵入临安，掳太后、少主去。义不臣虏，赴江死，尸僵不坏。乡人义而瘗之祖庙侧。大明兵起，神示梦，当佑圣主。时傅友德与元左丞李二战于徐州吕梁洪，士卒见空中有披甲者来助战，虏大溃，遂著灵应。永乐间，凿会通渠，舟楫过洪，祷亡不应，于是建祠洪上。"①《古今图书集成》也记录了金龙四大王由贤人而成神的过程："谢绪为南宋谢太后戚畹，愤权奸当道而隐居金龙山巅，筑望云亭读书其中，元人灭宋掳太后北去，谢绪叹曰：'生不能图报朝廷，死当奋勇以灭贼。'作诗自悼，书讫赴水死。水势汹涌高丈许，若龙斩状，尸为不流，颜色如生人，咸异之。元末预梦乡人曰：'吾饮恨九泉百余年，今幸有主，越数日，黄河北徙，其验也，汝辈当归新主。明春吕梁之战，吾其助之。'丙午春，黄河北徙，九月，明太祖取杭州，丁未二月，傅有德与贼大战吕梁，见金甲神人空中越马横槊擒贼，众大溃。成祖议海道不便，修漕运，凡河流淤壅力能开之；舟将覆溺力能拯之。……嘉靖中，奉敕建庙鱼台县。隆庆中遣兵部侍郎万恭致祭，封金龙四大王。"可见，金龙四大王是因为谢绪居于金龙山读书，而他家兄弟四人，他是老四，被认为是漕运的保护神。人们编造了许多他显灵的传说，使

① 朱国桢：《涌幢小品》卷十九《河神》。

其受到人们的顶礼膜拜。

三圣——指川主李冰、土主冯绲、药王孙思邈，他们皆堪称于人民有功德者。

帝主——姓张名七相，传为初唐时四川璧山人，七岁好道，弱冠弃家至楚经商，以毁淫祠，事系麻城三年，梦受紫微法，岁旱通霖，火灾熄火，明万历加“威显灵化”封号，清同治加“灵感普救”封号，麻城人尊为帝主，“迁蜀者亦崇祀之”。[①] 这是麻城一小区域的乡土神，是移民社会中区别于其他群体的重要标志。

黑神——云南、贵州人祀南霁云，称为“黑神”，亦名其庙为“忠烈庙”，又名“福禄宫”、“荣禄宫”。南霁云史事载在《旧唐书》。但据四川《荣县志·社祀第十一》载：“荣禄宫，供黑神。黔人祀之尤虔恪，继见富顺坊刻，乃知刘本者，富顺人。明天顺丁丑科进士也，官贵州按察御史，多惠政，殁而见兆于上，为上恳恩，上惊寤曰：‘刘本死矣，犹乃心民瘼。’乃按荣禄大夫，为黑煞福神，由是祠祀遍西南……”但在四川简州黑神竟又是守州牧李大全，广西省黑神为平章也八吉尼。[②] 湖北西南部各县亦有祀黑神的，如监利、鹤峰、恩施、来凤等县。来凤县黑神为南霁云，公安县黑神为张巡，湖南零陵县黑神庙祀汉医邢道荣。总之，黑神之祀，因地而异，但都是历史上名臣烈士之貌黑者。

除了上述列举的主要神灵外，其他各类行业神、附祀福禄财神更是不胜枚举。总观众多神灵，或来源于不同阶层，或来源于不同性别，或执行着一种护佑功能，责有所专，或者神通广大，无所不能，脸谱千变万化，但却有一个共同点：他们或有功于国家，或有功于人民，哪怕是杜撰，哪怕是附会，都基本上是传统文化中的完型人物的体现。

---

① 窦季良：《同乡组织之研究》，正中书局1946年版，第65页。

② 郑珍：《遵义府志·祠祀》。

三、会馆神灵崇拜的文化内涵

对于会馆神灵崇拜，仅仅斥之为迷信肯定是有失偏颇的。笔者认为它至少包含了如下几点文化内涵：

（一）明清会馆神灵崇拜经历了从单一神（多为乡土神）到以乡土神为主的众神兼祀的发展演变。会馆最初多为仅设一神，有的是一邑之神，如湖北麻城的帝主，有的是一省之神，如江西许真君，有的是两省以上乃至全国的通祀之神，如关圣、林妃、神禹等。会馆祀神越往后却日益纷杂，不同神灵同坐一庙，这表明众多神灵内在之精神有其共通性，也因为会馆在不断发展过程中从互异走向一致，从而必然走向融合。当然，正像民间的多神崇拜一样，会馆的多神并存亦包含了浓厚的实用功利性，附会现象甚多。正如“后世求福情胜，不核祀典，往往创为臆说，曰某事某神司之，某业某神主之。支离附会，其可笑如老君之为炉神，何可殚述”。[①] 会馆神灵的兼容有时并不意在消融个性，特别是在政治中心的京师省城，会馆神灵的设置更偏重于对乡贤的炫耀，从而使会馆成为地域观念发展和强化的基地。如北京的福建邵武会馆、漳州会馆、泉州会馆等。而在工商业城市与市镇，神灵的兼容则又包含了同乡人追求的目标的多样性，从而显示出极强的实用功利色彩。如重庆诸多会馆都力图在政治、经济、文化等方面开辟自己的发展道路。

（二）明清会馆神灵的设置又较多地反映了封建统治的政治要求。奉祀的神灵皆为传统文化美德的化身，因而能发挥规范人心的作用。设置者们认为“人无论智愚，未有对明神而敢肆厥志者，爰鸠资为祠以宅神，别构楹为之宴所，岁时赛祀，集同人其中，秩秩然，老者拱，少者伛，以飨以饮，肃肃然，雍雍然，自是善过相规

---

① 《明清以来北京工商业会馆碑刻资料选编》第 40 页，《重修炉神庵老君殿碑记》。

劝，患难疾病相扶持”。[1] 对于处于流动中的客籍人来说，会馆神灵实际上是一种有效的整合纽带，在明清社会变迁中，它在很大程度上保存了优秀的文化品德。如佛山参药会馆力图“祀祖师列圣以辑众心，昭忠信也”。“以神道设教”是过去封建政府弥补行政统治之不足的经常手段，到明清时期亦被引入会馆中，利用神灵“以范围尘世人之心，使之震慑而罔敢越，故人心顺应，即以克享夫天心”，让人们“体此意，而检其身，而慑其心，无敢慢，无敢渎，无作坏，无作恶”[2]，从而有效地维持了社会的稳定。清末冯桂芬说：“大抵圣人之施教有常，而神与佛施教不测，故愚民敬畏，圣人之心每不如其敬畏神与佛，佛之教广大慈悲，神之教威灵显赫，故愚民敬畏诸佛之心每不如敬畏诸神。”[3]以神道设教，更贴近一般民众，也更能从心灵上感化民众，从而收到稳定统治、巩固统治的作用。正由于此，明清政府也不惜大修祀典，像禹在明洪武时敕按庙例塑免衮坐像，关圣在明万历中封“协天护国忠义大帝”，顺治元年(1644)定制以五月十三日特祭，九年加封号为“忠义神武关圣大帝”，雍正三年(1725)封三代以公爵，春秋仲月荐飨与孔庙同。对林默娘的封赠更是登峰造极，在宋代即多达十四次，元代五次，明代四次，清代至同治时，竟加封成“护国庇民妙灵昭应宏仁普济福佑群生诚感咸孚显神赞顺垂慈笃祐安澜利运泽覃海宇恬波宜惠导流衍庆靖洋锡祉恩周德溥卫漕保泰振武绥疆天后之帝”共六十四字的封号。神灵设置合法性的被确认实际上标志着封建统治对处于流动状态中的人们的管理的加强，也意味着流动状态下的人们曾一度脱离了封建政府的管理，认可其神灵崇拜即是接受其归队的一种表现。仅以关羽崇拜为例：对于统治阶级而言，主

① 《明清以来北京工商业会馆碑刻资料选编》第 14 页，《重修正乙祠整饬义园记》。
② 《明清佛山碑刻文献经济资料》第 128 页，《重修天后列圣碑》。
③ 冯桂芬：《显志堂稿》卷一《关帝觉世真经阐化编序》。

要是通过忠义勇的精神感化来激发人们维护既成社会制度。且关羽是“建大义于颓朝,扶纲常于草昧”的人物[1],“盖以关帝植纲常,扶名教,立人伦之极,故不惟不欲于名贤硕士其他神明等量齐观”。[2] 对商人而言,关羽被推至福禄财神之位。苏州是商业兴盛之区,五方杂处,而构造的会馆都把关羽奉祀于其中,以此可消除人们对商人“重利轻义”的固有观念,以此可培育商人间的联盟与互助互信关系,以此作为保护神,又可祈求在不测的变故与风险中立于不败之地。对于移民而言,他们奉祀关羽,既有祈求消灾祛病、伸张正义等要求,同时也构成了在当地取得了一块立足之地的许可证与本乡籍群体的精神纽带。会馆神灵崇拜是会馆得以实现社会整合的精神中枢。

（三）明清会馆神灵的设置中,作为行业的保护神亦受到重视,如木石匠业祀鲁班、缝衣业祀轩辕、茶业祀陆羽、药业祀“药王”、厨工祀伊尹、铁匠祀老聃、酒业祀杜康等。窦季良先生把这视为神的职业化,但无论如何,这种神灵崇拜成为一面旗帜,一种约束,在吸引同籍同行商人,激励人们向外发展,以集体力量来共同开辟发展道路方面都发挥了积极作用。正像北京《重建药行会馆碑记》中所说:“古帝神农氏,史言其尝百草以作医药,著灵素本草之书以疗疾病,所以济稼穑之功而扶民生者,其教历亿万祀而无穷也。京师商贾云集,贸易药材者,亦水陆舟车,辐辏而至,奈人杂五方,莫相统摄,欲使之萃涣合离,非立会馆不为功。”由此会馆神灵崇拜对行业的健康发展亦产生了积极作用。

（四）明清会馆神灵崇拜事实上并不为会馆所专有,会馆众神在会馆之外亦为人们所崇祀。如山东德县的“天后宫……清道光

---

① 魏裔介:《兼济堂文集》卷十三《重修关帝庙碑记》。

② 《宫中档雍正朝奏折》第8辑,第122页。

间本邑驻防旗人武状元昌伊苏自台湾总镇任旋里后建”。[①] 在湖南长沙“凡元旦、冬至、万寿三大节，文武各官皆朝服，五鼓诣万寿宫，行庆贺礼”。[②] 湖北罗田也把“万寿宫……（当做）邑朝贺处”。在江西义宁州“天后宫……皆本邑各都人士所建，非闽籍客民所建”。[③] 这表明地方乡土神也可能被输出或输入，山东德县的天后宫由任官台湾而归籍的乡人输入，湖南长沙的官员则自觉到万寿宫行礼，是仰慕许真君为民做好事的精神，江西义宁州的天后宫是江西本籍人崇奉天后的结果。可见，会馆神灵可能影响地方神灵的设置，神灵的互渗现象实际上也是文化的传播和文化交流的必然结果。

第三节 会馆文化的取向

每一个会馆都是一个地区一个行业文化的集中体现，众多会馆的文化活动及其相互作用，就决定了明清会馆文化的发展取向，主要表现于以下几方面。

一、海洋文化与内陆文化的互渗

中国自古广土众民，地理条件的差异不仅直接导致生产方式的差异，而且影响亦及于社会习尚。司马迁在《史记·货殖列传》说：“楚、越之地，地广人稀，饭稻羹鱼，或火耕而水耨，果隋蠃蛤，不待贾而足，地势饶食，无饥馑之患，以故呰窳偷生，无积聚而多贫。是故江、淮以南，无冻饿之人，亦无千金之家。沂、泗水以北，宜五谷、桑麻、六畜，地小人众，数被水旱之害，民好畜藏，故秦、夏、

① 《德县志》卷四《建置·祠庙》。
② 同治《长沙县志》卷十一《仪礼》。
③ 同治《义宁州志》卷十《祠祀》。

梁、鲁好农而重民，三河、宛、陈亦然，加以商贾。齐、赵设智巧，仰机利，燕、代田畜而事蚕。”有人提出在那时已形成了七个文化圈：即长江中游的楚文化圈、长江下游淮水流域的吴越文化圈、黄河下游的齐鲁文化圈、黄河中游的中原文化圈、中原北面（包括赵国北部、中山国、燕国等）的北方文化圈、西南的巴蜀滇文化圈以及陕甘的秦文化圈。[①] 这多源的文化确实丰富多彩，但笔者觉得它们都还能共存于大一统的封建政体之下，并且在以农立国的封建王朝中各竭其力，实际上都具有内陆文化的共同特征。但到唐宋以后，在东南沿海地区渐渐成长起一种与内陆文化迥然有别的海洋文化。如果说内陆文化讲究定居性、苟安性、封建性和忍耐性的话，那么海洋文化则追求流动性、冒险性、开放性和斗争性。沿海地区的人们渐渐“以海为田”，舍弃了传统的农业经营方式，而把海水养殖、海水制盐、海水捕捞与海洋航运作为自己的基本营生，譬如“晋泉土人煮海为盐，酿秫为酒，煮鱼虾为食”。[②] 像蚶江作为泉州的外港，渐成为“民居稠密，蕃舶所经滨海之地”。[③] “石湖、安平番舶去处，大半市易上国岛夷”。[④] 海洋航运的发展给沿海人民寻到了新的生存之径，这进一步推进了人们生活方式的变更。“滨海舟楫通焉，商得其利而农渐弛，俗多种橘，煮糖为饼，利数倍，人多营焉。烟草者，相思草也，甲于天下，货于吴于越广于楚汉，其利亦较田数倍”。[⑤] 厦门一带“服贾者以贩海为利薮，视汪洋巨浸为衽席，北至宁波、上海、天津、锦州，南至粤东，对渡台湾，一年往来数次”。[⑥] 商品经济由航运的兴起而发展，这又为沿海地区

---

① 李学勤：《东周与秦汉文明》第一章《导论》。

② 《新元史》卷七十二《食货五・市舶课》。

③ 《读史方舆纪要》。

④ 万历《泉州府志》卷九《市易》。

⑤ 嘉庆《漳州府志》卷二十六《风俗》。

⑥ 道光《厦门志》卷七《海船贸易》。

扬长避短地发展经济创造了条件。在福建沿海,经济作物如蔗、烟、蓝、橘、香蕉、荔枝等大量种植,从而适应了向外发展商品交换的要求,而从外地调入粮食又甚便利,人们“望海为田,藉……之利,征贵贱于他邦,以其所有易其所无”。[①] 惠安“数百家皆业海利,远近趋利,足迹辐辏”。[②] “漳泉之民,自明季多航海外浮,以谋生计”。[③] 海外贸易也由此兴盛,“海上操舟者,初不过取捷径往来贸易耳,久成渐习,遂之夷国,东则朝鲜,东南则琉球、吕宋,南至安南、占城,西南则满剌迦、暹罗,彼此互市若比邻,然又久之,遂至日本矣,夏去秋来,率以为常,所得不赀,什九起家,于是射利愚民,辐辏竞趋,以为奇货”。[④]

应该指出,海洋文化的发展往往构成了对内陆文化即农业性定居化为主的文化的否定,因而时常受到封建政府的抑制,有时甚至是“片板不许下海”,即从根本上否定海洋文化的合法性,以求使之返归内陆文化状态,显然,这种逆客观规律而行的政策不仅不能达到目的,反而会因矛盾的尖锐激化造成对政治统治和人民生活的极大殃害。对此,明清政府曾不断地游离于这禁海与开海政策的两端,对于沿海地区的人们而言,他们顽强地与政府政策周旋,从而推进了海洋文化的长足发展。

明清经济的繁荣首先便在沿海沿河地带呈现出来,闽粤的广州、佛山、潮州、厦门、福州,浙江的宁波、温州,江苏的上海、苏州,山东的烟台、青岛,天津到东北的锦州等都处在沿海经济带上,沿海城市之间的贸易往来带动了彼此经济的发展,会馆的设置就是最有力的实证。在广州有潮州八钦会馆、湄州会馆、宁波会馆。[⑤]

---

① 谢肇淛:《五杂俎》卷四《地部下》。
② 《古今图书集成·职方典》卷一〇五二《泉州府部》。
③ 咸丰《同安县志》卷三十六《人物录·华侨》。
④ 谢肇淛:《五杂俎》卷四《地部下》。
⑤ 周伟光编:《广州指南·会馆》。

在福州有两广会馆、广东会馆、浙江会馆、浙绍会馆、兴安会馆等。[①] 在上海有潮州会馆、三山会馆、泉漳会馆。[②] 在青岛有三江会馆、齐燕会馆、广东会馆等。[③] 沿海地区的经济发展也吸引着内陆地区的人民向沿海方向流动以谋求发展，于是沿海地区便出现了大批来自内陆地区商人设置的会馆。如广州有云南会馆、四川会馆、新安会馆，潮州有汀龙会馆，福州有山陕会馆、河南会馆、湖南会馆、延平会馆、清城会馆等。内地与沿海的相连使内地的经济文化得到带动发展，同时，海洋文化又不断地向内地辐射，经受过海洋文化熏染的人们再把足迹伸向内陆，自然就推进了内地商业文化的发展，因此，内陆会馆的设置多少实际上也可看出其经济开放的程度高低。位于沿江沿河的地区又先受其惠，然后才完成向内陆的辐射。作为移民地区，由于其自身颇具开放的胸襟，因而其变迁的速度就可能较快。在会馆云集的内陆地区，其受到海洋文化的辐射势必较强。像四川荥经县亦设有湖广会馆（雍正间重修）、江西会馆（康熙甲申年，1704 年建）、福建会馆（乾隆三十八年，1773 年建）、陕西会馆（康熙三十四年，1695 年创修）、广东会馆（光绪年建）、贵州会馆（乾隆四十五年，1780 年知县吴缙建）。[④] 在湖北当阳有禹王宫（即湖南会馆，一在西门外长坂坡下，湖南商民建，一在河溶下街，同治初年长沙郑敦祐倡捐鼎建）、关帝宫（山陕会馆，一在东门外，乾隆五十二年，1787 年西商建，咸丰中重建，一在清溪）、万寿宫（即江西会馆，一在西门外，乾隆四十七年，1782 年豫章商民公建，一在河溶）、天后宫（即福建会馆，在河溶镇）、鄂城书院（即武昌会馆，一在南门内，道光十七年，1837 年修，一在河溶镇，道光八年，1828 年建）。编志者感叹："当邑民风淳

① 郑拔驾：《福州旅行指南》。

② 《上海县续志》卷二《建置》。

③ 庄维民：《近代山东的商人组织》，《东岳论丛》1986 年第 2 期。

④ 《荥经县志》卷二《建置志》。

朴，务重农桑，市井中懋迁服贾者大半自远方来，侨居既久，各建祠宇以为恭桑敬梓地，耸翠流丹，足令山川增色矣。旧志止山陕、江西两馆，兹推而广之，附于古祠后，亦见商贾辐辏，为民物滋丰之一助云。”[①]会馆的建立使内陆与沿海的市场联系了起来，推进了内陆经济的发展与国内市场的形成。

其次，沿海的先进生产技术、经营手段也传入内陆地区，譬如在四川南溪“大约土著之民，多依山耕田，新籍之民，多临河种地。种地者，栽烟植蔗，力较逸于田，而利或倍之。然力田子弟，利微而不敢懈，种地之子弟，利厚而易骄”。[②] 首先是外籍移民占据厚利，既而本籍土著亦纷纷仿效，所以经“百年递衍，遂为大宗，县中富室士户，多以制糖起家”。[③] 在四川云阳，起初“业烟草者，多闽人，赖、卢诸姓皆清中叶来，以其业名县中，利颇饶，今多土人承之，烟草出金堂诸县，由渝、万转运”。[④]

再者，沿海与内陆的社会风尚亦相互渗透，以致内陆地区在受到海洋文化的迁染后奢靡风气日渐养成。在陕西，“传染南方风气，竞尚奢华”；在三原，“强半似扬州，习俗兼南北”。[⑤] 嘉万年间，温纯说：“吾三原，士半商贾，衣饰大率袭吴越、广陵。”[⑥]万历时，袁宏道到陕西主持乡试，目睹当地习俗，曾感叹不已，他说：“窃料今天下浮艳之习，始于东南而渐于西北者不少。”[⑦]清康熙五年(1666)屈大均来泾阳、三原，亲自观看了二月初二日泾阳汉桃洞东岳庙会，后又参观了三原县的市场，他说：“陕地繁华，以三原、

---

① 《当阳县志》卷九《祠宇》。

② 同治《南溪县志》卷三《风俗·农事》。

③ 《南溪县志》卷二《食货·物产》。

④ 《云阳县志》卷三十一《社俗中·商人》。

⑤ 《河滨遗集·诗选》卷四《赠林三原》。

⑥ 光绪《三原县新志》卷八《杂记·温恭毅公雅约序》。

⑦ 《袁宏道集笺校》卷五十四《陕西乡试录序》。

泾阳为第一,其人多服贾吴中,故奢丽相慕效","妇女结束若三吴"。[①] 由于富人的增多,也有一部分人在地方多兴义举。如渭南县的巨商贺达庭于嘉庆二十四年(1819),"乃于(西安)贡院门修渭南会馆,命于振甲董其事。越三年工竣,计屋百四五十间。屋各设九榻,费三万五千金",专供渭南县人来西安乡试之用。[②] 在这风俗相互迁染的过程中,会馆是文化互渗的重要基地。

二、士绅文化与庶民文化的交融

在中国传统社会,士绅文化与庶民文化交融的途径主要是通过各级官僚机构以及各级学校,包括乡里的庠、序、书院等。在明清时期,实现交融的途径显然较过去要多了些。自隋唐开始的科举制度到明清时成为上至勋戚显贵下及村闾穷民们的子弟共同研习儒家学说的指挥棒,士绅文化得以更广泛地传播;明清时期小说等文学形式的发展发挥了使"怯者勇,淫者贞,薄者敦,顽钝者汗下。虽日诵《孝经》、《论语》,其感人未必如是之捷且深"[③]的作用,成为"六经国史之辅"。[④] 它们以"话须通俗方传远,语必关风始动人"的情怀,使士绅文化通过娱乐形式浸滋民间;明清"以神道设教"的政策亦通过许多传统美德的完型人物形象为庶民们树立起正面人物的范式,从而规范着人们的行动,影响着人们的道德观、是非观。笔者认为,明清会馆的发展恰成为士绅文化与庶民文化交融的基地,无论是官绅性会馆、商工性会馆以至移民会馆,都体现出这一共同的走向。

首先,会馆越向后发展,越谋求封建政府的承认,有的申请备案,有的求其庇护。不少会馆都有本籍士绅的捐助。如嘉庆元年

① 屈大均:《翁山文外》卷一《宗周游记》。

② 张海鹏、张海瀛主编:《中国十大商帮》,黄山书社 1993 年版,第 99 页。

③ 冯梦龙:《喻世明言·序》。

④ 冯梦龙:《醒世恒言·序》。

(1796)苏州的《重修江西会馆乐输芳名碑》中汇入了江宁布政使陈、云南布政使司前任江苏按察使司熊、山西布政使司前任江南河库道谢、两淮都转盐运使司曾、江苏常镇通道查、江苏安徽宁池太庐凤淮扬十府粮道赵、原任松太兵备道张、户部员外郎李、江苏太仓州知州魏、原任长洲县杨、元和县分县黄、江苏督粮道库户、丹徒县丹徒巡厅杨、南汇县三林巡厅陈、江苏候补州李、昆山县正堂魏等人的捐助。[①] 如道光十年(1830)《重修三山会馆勷助姓名碑》中列了江苏布政使司梁章钜、江苏海门州分府陈经、常州阳湖县正堂廖鸿苞、徐州沛县正堂李鸿钧、兵部主事陈等的名姓。[②] 这些都表明了士绅文化在其中的地位与影响。

其次，会馆的神灵崇拜也从初发期的单纯乡土神的崇拜日渐过渡到崇祀乡贤、名士的阶段，祀神从单纯的寻找纽带发展到进一步谋求教化。士绅们积极投身于会馆建设，同时，封建政府亦多给各地乡贤名士以封赠或崇其祀典。从这个意义上说，明清会馆神灵画廊之内容的不断丰富实质上是封建统治对处于流动状态中的人们的管理的加强，使他们接受士绅文化的教化。封建王朝历朝都有对神灵的敕封，不断把造神运动推向极致，譬如像林默娘从一介民女成为海上保护神、医药保护神直至全智全能的通神，这恰好适应了普通百姓对圣贤全智全能的心理要求，于是会馆便神上加神，日显复杂，既有体现自己乡土的乡土神，又有了其他各类神灵的渗入。无论如何，通过这众多神灵的设置，士绅文化中的忠、孝、节、义便悄然地融入庶民文化之中。

再者，会馆一般都把戏台设于其显著位置，各地戏曲娱乐活动得以在节日的会馆戏台上一展其姿，这既推进了戏曲说唱艺术的发展，同时这戏曲也是士绅文化与庶民文化相互交融的载体。

---

① 《明清苏州工商业碑刻集》第 345 页，《重修江西会馆乐输芳名碑》。

② 《明清苏州工商业碑刻集》第 352 页，《重修三山会馆部助姓名碑》。

王云先生对山东聊城山陕会馆戏台演出的剧目进行了分析，发现山陕商人既看秦腔，也看徽戏、河北戏等。如属于秦腔的《宋江杀楼》、《八义图》、《蝴蝶杯》、《黄河阵》、《法门寺》等既显示了乡土艺术的魅力，也提高了山陕商人的文化品位，凝聚起同乡的感情，沟通了士绅与民众的情感联络。徽班同庆班在同治三年正月初一就在山陕会馆演出过《大赐福》、《龙虎斗》和《赶三关》等。咸丰二年八月十四日有河北梆子戏班演出《明月珠》、《云罗山》、《武当山》、《春秋笔》、《审律》等，还有一些本地戏班也乐于为山陕会馆演出，如咸丰年间"本城小三班"、"本城盛凤班"、光绪年间"茌平万庆班"都曾在山陕会馆戏楼演过戏。这样的演出活动，客观上加强了各地区间的戏剧文化交流，亦丰富了人民的精神生活。①

三、文化继承与文化更新

文化的发展进步必然包括文化的继承与文化的更新两个方面，明清会馆文化正好包含了文化的继承与文化的更新的双重文化取向。

1. 文化继承

在明清时期相对激烈的社会变迁中，传统的四民规制、传统的道德规范都会因人员的流动与阶层的模糊而失去效用。在市场经济的背景后面，传统伦理又较易于被人们所舍弃，彼此为了谋利，可以肆意妄为，因此，许多会馆都把"崇乡谊，敦信义"作为建馆的最初宗旨，在流寓同乡人中建造一个乡土氛围的环境，通过定期或不定期的集合便可以彼此互相监督，互相劝励，从而在继承优秀传统方面有所作为。同治《新城县志》中说：

① 王云：《明清山东运河区域社会变迁》，人民出版社2006年版，第258～262页。

君子之所以敬其乡者,盖乐与其乡之人共循夫敦厚仁恕之习焉,力之所可为者,则竭其力以图其安,事之所当尽智者,则竭其智以正其事。昔孔子言观于乡而知王道之易。而其居乡党也,以似不能言著。夫乡党所相沿之理而行之,可以兴王道,以孔子之圣,处事而其言如不出诸其口,然则君子之所以敬其乡者信乎?其不以才智相先,而惟以敦厚仁恕相尚也。士大夫之官于京师者,非一邑之人也。其与其邑之人相聚,则犹之乎其乡也。①

他们认为“国朝大一统,建首善,自京师者始。士大夫崇敬乡之谊,于是有府州县各建之馆”。建设会馆固然受到地域政治观念的影响,但建馆者中亦多有人倡议“不徒以科第仕宦为荣,而以敦厚仁恕为尚……乐故乐诸君子之奋于义而更为宣其意”。史实表明,在明清大一统的王朝统治下,各地士大夫都有荟萃于京师者,激发他们的乡谊之情是京师府州县会馆之建交的最初契机。全闽会馆供奉关帝、文昌帝,因“关圣倾心汉室,奉醴牲者,所以教忠;文昌累叶士夫,敬馨香者,所以劝善”。② “教忠”与“劝善”被放到重要地位。山阴会稽两邑会馆强调设置会馆“是不徒夸科目之盛,竞闾里之荣,特虑就试之士离群废学,有以聚而振之也”。③ 会馆设置的义举活动能使客居异地者心有寄托,像福州会馆“一盂麦饭,故乡之情谊犹敦;满目蓬蒿,孤客之泪犹湿”。④ 官绅们投资于兴建会馆包含了其对传统文化的继承的强烈愿望,这是不难觉察的。北京《重修歙县会馆记》中说:

---

① 同治《新城县志》卷二《建置》。
② 李景铭:《闽中会馆志》卷首《自序》。
③ [日] 仁井田陞:《北京工商ギルド资料集》第1册,《山阴会稽两邑会馆记》。
④ 李景铭:《闽中会馆志》卷一《福州会馆》。

> 京师为首善之区,声教所被,莫不向风慕义,延颈接踵,于于然而来。各省凭轼结荆至者,自服官入觐,以迄偕计游学之士不可亿计,然各随其所隶州县设立邸舍,使鞍马仆夫有所休息,以纾栉沐之劳,岁时伏腊,有所燕集,以敦和好之谊,是以宾至如归,有适馆授粲之乐,而无采菖依樗之叹。吾歙为秦旧县,黄山练水,世毓名贤。程朱遗范,渐摩熏染。情谊深而风俗厚,虽侨居寄籍他郡邑者,类皆不忘其乡,依依水源木本。矧京师为冠盖所集,可无会聚之区,以讲乡谊而崇古道哉![1]

北京的浙江绍兴会馆也强调"诸君子能以古道率邑人,而首善之地有此群萃之区,得以示乡方而兴道义,联声气而宏切磋,所赖不独在乡国也"。[2] 东元宁会馆亦追求"型仁讲让,共知王道之易"。[3] 由此,有的会馆竭力以本乡土的人文传统加以营造,有的会馆则强调彼此的相互勉励,其目的都是要使会馆成为流寓客籍的乡邦之人发扬乡土优势和尊崇古道的必需之所。

在工商都会,无论是官商共建的会馆,抑或商人独建的会馆,亦都把"敦乡谊,崇信义"放在首位,并提出了"脱近市之习,敦本里之淳"的口号,以此"通情愫,达音问,疾厄相扶,有无相资,为义甚大"[4]。在佛山的会馆把"劝诱德业,纠绳愆过,所以风励流俗,维持世教"作为自己的宗旨,体现了对传统社会秩序的认同与维护。以下几块碑记都体现了同样的追求。

同治四年(1865)十月《重修正乙祠记》:

> 正乙祠在正阳门外、护城河之西偏。其始建于康熙六年。

---

① [日]仁井田陞:《北京工商ギルド资料集》第3册,第1172页。

② [日]仁井田陞:《北京工商ギルド资料集》第1册,第108页。

③ [日]仁井田陞:《北京工商ギルド资料集》第1册,第117页。

④ 李景铭:《闽中会馆志》卷四《龙溪会馆》。

> 浙人懋迁于京者，创祀之，所以奉神明，立商约，联乡谊，助游宴也。每值春秋佳日，祀神饮福，冠裳毕集，献酬交错，相与为欢。其能敦桑梓之谊者，尤莫如建立义园一事，盖当时世会隆盛，乡先辈贸于都者，率有士大夫风。每于店业之赢余，腋集而公存之，创作义事于永定门外，立土地祠，旁有隙地，为义冢，乡人没而无归者皆殡焉。其后愈恢愈广，凡二郎庙、回香亭、葛家庙，皆是前后相承，已二百年，本年又在二郎庙西置地三十亩，名为新庄。五处义冢以千万计。每岁又有祭孤修茔诸善举，莫不井井有条，而经理商酌，皆又是祠为众善公议之所。其积德愈久，其店业愈隆，而神之福之者就愈厚。然则神之福愈厚，店之业愈隆，而诸君子之德之积亦将愈久而无穷也。①

商人们“虽阛阓中人亦蠲除鄙吝，彬彬然有士君子风”。② 彼此共处会馆，多能体验到“肃肃然，雍雍然，自是善过相规劝，患难疾病相维持，生者安矣”。再为死者设义冢，又使寓外之人死有所归。由此，我们觉得，这种商人建立的会馆与西欧的行会已相去甚远，它更像是同乡同行间的互助组织，这里有浓郁的“讲信修睦”氛围，养成了一代儒商之风。

嘉庆十四年（1809）七月《重修仙城会馆碑记》：

> 吾乡转毂郡国，萃于京师，物产之华甲于他省，筑馆城南，以时会聚，由来旧矣。吾犹及见老成，其所以能致富饶，非徒趋时审势，逐什一之利，以获奇赢也。盖必有忠信诚悫之行，淳谨节俭之风，以修于己而孚于人。故能长享其利，

① ［日］仁井田陞：《北京工商ギルド资料集》第1册，第109、110页。

② ［日］仁井田陞：《北京工商ギルド资料集》第1册，第111页。

阅数十百年不衰。考之史传所载,若鲍叔之分金,弦高之犒师,陶朱之三致千金,白圭之为治生祖,皆卓然有过人之行,而后能拟千户之封,此岂有今古之殊者哉。昔斯馆之设,以为岁时祀神祈报,退而与父兄子弟燕饮谈论,敦乡情,崇信行,而为此也。①

在这里,会馆的设置者们把发扬传统美德看作是求得商业发展的先决条件。以会馆作为"祀神祈报"的场所并不是建馆的唯一目的。而"敦乡情,崇信行"却是建馆者们的深层心理追求。

乾隆五十四年(1789)六月《纸行会馆创立会馆义地碑记》:

聿考,至治之世,化行俗美。民生其时,出入相友,休戚相关,养生丧死者无憾。盖大道之行,天下为公。惠无不周,而功不必自己出;人无失所,而名不必自己立。故君子观于乡,而知王道之易易也。我朝仁政遐敷,太和翔洽,凡士庶商贾之沐浴圣化者,涵育熏陶,莫不存心利物,思于人有所济。而京师为首善之地,其乐善好施,见诸云为,尤难枚举。晋省密迩京师,经营贸易于斯地者实繁有徒,临汾襄陵之人,于乾隆四十八年在彰仪门内之白纸坊、古林禅院创为义举。事阅七载,积累千金。既置有器用,为岁时联聚宴会之需。而久于禅院之旁购买义地,使缓急有备焉。夫羁旅之子,越在异地,每不胜离乡背井之感。今两县之人,推睦姻任恤之意,以敦乡谊,俾旅客生者有所聚欢,而没者有所安厝,不至寥落而无倚,暴露而无归。而又虑夫时移势殊,忘其所自,善举之久而或废也。……余既嘉两县之人有好行其德之举,而益欢盛世德化

① 《明清以来北京工商会馆碑刻选编》第19页,《重修仙城会馆碑记》。

之渐摩,沦肌浃髓,使人乐善而动于不容已也。①

会馆把对传统美德的倡导建立在“盛世德化”的基础上,显示了会馆对“盛世德化”的景从。

乾隆二十七年(1762)苏州《新修陕西会馆记》说:

余惟会馆之设,所以联乡情、敦信义也。吾乡幅员之广,几半天下,微论秦陇以西,判若两省,即河渭之间,村墟鳞栉。平时有不相浃洽者,一旦相遇于旅邸,乡音方语,一时蔼然而入于耳,嗜好性情,不约而同于心,加以岁时伏腊,临之以神明,重之以香火,樽酒簋铺,欢呼把臂,异乡骨肉,所极不忘耳。抑余犹有进焉者,吾乡土厚水深,风醇俗朴,人多质直慷爽,词无旁枝,不侵为然诺,意所不可,不难面折人非,而胸中朗朗,无几微芥蒂,以故四方之士,乐其易与而谅其心,然局于闻见,斤斤自好,不克振拔者亦所时有。吴门为泰伯端委地,有季札、梁伯鸾遗风,现以财赋雄东南,人情日趋于华靡,月异日新矣。吾乡人耳濡目染,得无有是效者乎!夫习俗移人,贤者不免。惟土物是爱,厥心斯臧,矧国家久道化成,薄海同风,士商之游处四方者,道德无燥湿之虞,行李有聚处之乐,相与敦古处,以讲洽比之谊,山水人文之盛。都丽恢宏,足以游目而骋怀者,固自不乏,又不在园亭林麓之观已也。异时天假之缘,乘兴为东南之游,尚愿与吾乡人士,班荆道故,访缔造之艰难,联任恤之淳诣,相勖相劝,期无替前修焉。其以斯记为息壤之约可也。②

① [日]仁井田陞:《北京工商ギルド资料集》第1册,第56页,《纸行会馆创立义地碑记》。

② 《明清苏州工商业碑刻集》第331~332页,《新修陕西会馆碑记》。

又如北京《延邵纸商会馆碑文》记该会馆“计纸出金以为敬神、演戏、会饮之资，其羡则公存备馆，行之永久，不衍不怠，庶几长敦乡谊，而妥神庥于勿替也”。[①]《上海北市钱业会馆碑记》也说“自商政失修，市师贾师之职，旷绝无闻，阛阓之地，散无友纪，而钱业诸君子，独恳恳务尚同，群谋众力，以集斯举，大而征贵征贱展成奠贾之则，小而相通相助讲信修睦之为，胥赖是以要其成”。[②]

作为会馆的初建者把对传统美德的继承放在首位，而会馆的后继者们亦多受熏染，且信之弥坚，有的人提出“以光前人之志，禧后人好善向义之端”。[③] 有的提出“是以继续先贤遗志，兢兢业业，励精图治，而树后人之模型”。[④] 所有这些都说明会馆在文化的继承方面做出了努力，其中亦包含了对明清社会风气趋向浮靡的一种反拨、一种矫正，亦弥补了封建政府在这方面的管理空隙。

会馆的建设在某种程度上是同乡籍人事业成功和弘扬道义的象征。于是捐助会馆往往编入地方志的义行之中，如陕西三原李延佐“救荒歉，完逋租、恤孤寡、立义学，修桥梁、施棺木、修京师及省城会馆、尊礼贤士，不可胜纪”。[⑤] 渭南贺士英“里中子弟因贫废读，为立义学，延师教之……创修省城渭南会馆，计屋百四五十间，置备器具共费三万五千金；补葺京师会馆，捐银若干，以惠士子”。[⑥] 捐助能倡导一种向善好义的社会风气，保持优良文化品德的延续。

---

① 《明清以来北京工商会馆碑刻选编》第98页，《延邵纸商会馆碑文》。

② 《上海碑刻资料选辑》第401页，《上海北市钱业会馆碑记》。

③ ［日］仁井田陞：《北京工商ギルド资料集》第1册，第11页，《重修长春会馆碑》。

④ ［日］仁井田陞：《北京工商ギルド资料集》第1册，第24页，《颜料行会馆碑记》。

⑤ 乾隆《三原县志》卷十九《人物》。

⑥ 《续修陕西通志稿》卷八十七《人物志》。

2. 文化更新

会馆文化的追求更新主要体现在对近代社会变迁的适应上,即如同治《汀州会馆志》所云:“时势不同,礼以义起,岂无当变通之处,第以其议自前贤,则亦仍之而已。且数十年来,同乡之至京师入会馆者禀遵前例者,亦有罔顾前规者。苟不自爱,望其规,规守之得乎?第士君子学古入官,行将出身加民为世表率,讵甘偭越以干物议。”士绅性会馆力图以自己能适应时势变化的规条的严格执行为会馆的发展演变起到表率与仪范的作用。具体来看:

首先,许多会馆由官绅管理、商人出资的经营体制本身即意味着对传统四民观的观念更新。

在工商城市,商人设立的会馆不少为工商业者服务,对社会的发展进步有积极作用。《泉漳会馆兴修碑记》阐述建馆设保护神的目的在于“吾邑人旅寄异地,而居市贸易,帆海生涯,皆仰照天后尊神显庇,俾使时时往来利益,舟顺而人安也”。[①] 即使是这对神灵的笃信也使他们更坚定地开拓商业道路,为加强地区经济文化交流发挥着积极作用。在会馆向公所的转变中,经济意义更见上升,在会馆或公所的规条中越来越多地加入了发展商业手工业的具体条款,对同业招收学徒、新立牌号、外来开作投行、伙友工价、产品质量和价格都制定了一些具体的规定,从而适应了中国发展近代经济的要求。会馆由乡土化走向行业化,反映了人们对地域观念不合理成分的摒弃,更加注重行业精神的凝聚与发扬,这克服了过去行业之间的地域壁垒和地域垄断,对行业的成长与发展势必是很有利的。

其次,明清时期义利相得是全社会较为风行的新的价值观,会馆是这种价值观发生和滋长的一个渊薮。北京《创建黄皮胡同仙城会馆》如是说厥馆所由:

---

① 《上海碑刻资料选辑》第325页,《兴修漳泉会馆碑》。

李子曰：由利，乡人同为利，而利不相闻，利不相谋，利不相一，则何利？故会之，会之则一其利，以谋利也，以是谓由利也。

马子曰：由义，乡人同为利，而至利不相闻，利不相谋，利不相一，则何义？故会之，会之则一其利，以讲义也。

夫以父母之赀，远逐万里，而能一其利以操利，是善谋利也。以为利，子知之，吾取焉。抑以乡里之俦，相逐万里，而能一其利以同利，是善笃义也。以为义，子知之，吾重取焉。然而利与义尝相反，而义与利尝相倚者也。人知利之为利，而不知义之为利；人知利其利，而不知利自有义，而义未尝不利。非斯馆也，为利者方人自争后先，物自征贵贱，而被幸以为赢，此无所救其绌，而市人因得以行其高下刁难之巧，而牙侩因得以肆其侵凌吞蚀之私，则人人之所谓利，非即人人之不利者耶？亦终于忘桑梓之义而已矣。惟有斯馆，则先一其利则利同，利同则义洽，义洽然后市人之抑塞吾利者去，牙侩之侵剥吾利者除，是以是为利而利得也，以是为义而义得也，夫是之谓以义为利而更无不利也。①

新的义利观的树立冲破了过去“君子罕言利”的窠臼，提出以利为义、以义为利的新思维，这对经济发展与道德的完善都颇有裨益。

再者，会馆对政治事务的干预、对社会管理事务的承担都反映了其不断适应形势所进行的自我更新。前者如福建会馆曾涉足省长的选举以及赈济事宜，后者如重庆八省会馆对重庆整个地方事务的管理。还有，像京师的本来服务于科举的会馆在科举制度废除后也能适应形势发挥新功能。如京师闽中会馆设置了京师闽学堂，其后又有春明女子中学以及宣南法政专门学校，在教学内容上

① 《明清以来北京工商会馆碑刻选编》第19页，《重修仙城会馆碑记》。

也设有外语、法律、代数、物理、化学、生物、生理、外国历史、西洋音乐、百科知识等①,并聘请海外留学人员入校任教。

我们认为,文化继承与文化更新是会馆存在与发展的基础与动力。而会馆的存在与发展是在封建体制的缝隙中不断地开辟自己的发展道路的,因此,与其把会馆看成是与明清社会政治、经济、文化发展相适应的产物,不如说它也是一种创造,会馆始终自觉地奉行积极进取的宗旨,从而在中国传统社会的变迁中既保存了传统,又推进着社会变迁,因而,会馆在中国社会的近代化过程中是功不可没的。在当今的海外华人社会中仍继续发挥着其积极的作用。

① 李景铭:《闽中会馆志》卷一《福建会馆》。

结语：由社会变迁
反观会馆的历史地位

通过前面四章的论述与分析，我们基本上理清了中国会馆的演进过程、会馆兴盛的社会背景、会馆的内部结构及其运作、会馆的社会功能以及会馆的文化内涵，从而勾画出会馆与社会发展的互动关系。在结语部分，笔者将从社会变迁的大背景下观照中国会馆的历史地位。

一、会馆与诸种社会组织

会馆作为一种社会组织，在社会的结构性变迁中发挥了自己的作用。事实上，明清时期基层社会组织颇多，有的是官设基层组织如里甲、保甲、厢坊等，有的是民间自发组织，其中又有合法的家族、乡族、会社，有非法的秘密会社等。会馆属于民间自发的合法的基层社会组织，它的出现可以说是明清社会结构性变迁的集中体现。

我们知道，家族依然是明清社会的基本细胞，经常得到封建政府的提倡而普遍存在于士、庶族阶层中。它通过族谱、祠堂、族产等在维护君主权威和地方社会秩序方面起着基层政权的一些作用，成为明清皇权统治的基础。祠堂活动贯穿着等级制的精神，与王朝的等级统治恰相吻合。家族能够适应不断变迁的社会形势，具有极强的社会适应性，王朝的更替有时也不直接导致它的瓦解。对于明清时期日益成长起来的市场经济，它也能迅速适应，有的在家族内便实行了子弟的职业分工，如《醒世恒言》中说到一位身居尚书之位的“老贵人”，“家财万贯，生得五个儿子，只教长子读书，以下四子农工商贾各执一艺”，旁人认为此举“非上人之所为”，劝他让五子皆“习儒”，而老尚书为之哈哈大笑，说“世人尽道读书好，只恐读书读不了，读书个个望公卿，几人能向金阶走？……农工商贾虽然贱，各务营生不辞倦……春风得力总繁华，不论桃花与菜花……一脉书香付长房，诸儿恰好四民良”。[①]“士农工商”的等级观念很便利地首先在大家族中被冲破。有的家族可以通过集资、合股经营发展工商业、发展公共事业，有的甚至可以举族移植到城市中，形成族工、族商的局面，因此，家族这种社会组织不仅在农村而且在城市都产生着它的巨大影响力。

家族观念还不断泛化，以致血缘、地缘与利益关系都可以成为宗族发展的联系纽带，于是出现了许多宗族的拟制形式，成为基层社会的集团组织。[②] 除此而外，乡族势力日显壮大，各类会社、善堂组织亦纷纷出现并成为整合的工具。[③] 即使在佛山这样的新兴工商业城市，乡族组织也通过大魁堂（嘉会堂）这样的准官僚机构以地方绅士来把持佛山的社会事务。“嘉会足以合礼，盖礼以忠信为质，毋徒周旋揖让以饬弥文，斯其会为可嘉也。今而后务矢合簪之谊，岁有会，会有规，劝诱德业，纠绳愆过，所以风励流俗，维持世教，厥功诚伟，将俎豆而尸祝之无愧矣。”[④]乡绅势力成为乡族组织的政治领袖与精神领袖，恰好弥补了封建政权鞭长莫及的缺憾。

除了上述以家族为主的自发的社会组织外，明清政府在基层仍另设编制，明初设有里甲制度，在农村设里，城市设坊与厢（近城曰厢，城中曰坊），一百十户为里、坊、厢，从一百十户中选出丁粮多的十户为里长、坊长、厢长，余一百户组成十甲，甲设甲首，每甲十户。

---

① 《醒世恒言》卷十七《张孝基陈留认舅》。

② 郑振满：《明清福建家族组织与社会变迁》，湖南教育出版社 1992 年版。

③ 陈宝良：《中国的社与会》，浙江人民出版社 1996 年版。

④ 《明清佛山碑刻文献经济资料》第 10 页，《乡仕会馆记》。

譬如,明时重庆城(即巴县治城)编有八坊二厢,八坊为太平、仁寿、壁仙、安静、通远、龙台、忠孝、宣化,二厢为内江、外江。[①] 巴县乡村则设置七十二里。里甲、坊厢的责任都在于负责赋役及劳役税的征收、地方治安的维持、征收祭祖费用及主持地方上的乡饮酒礼等等。早在明初,朱元璋还在里甲制度之外辅以老人制度以实现对基层社会的管理,在洪武二十三年(1390)倡设的老人制度就提出"若欲尽除民间祸患,无若乡里年高有德人等,或百人,或五六十人,或三五百人,或千余人,岁终议赴京师,面奏本境为民患者几人,造民福者几人,朕必凭其奏,善者施之,恶者移之,甚至罪之"。朱元璋坚信:如果城市乡村耆民智人"肯依朕言,必举此行,即岁天下太平矣"。[②] 他要求里甲老人在纠查地方盗贼逃军逃囚及生事恶人、负责户口工作、旌善惩恶、劝诱农功、敦睦乡俗方面竭其所能,目的就在于建立一个以里甲为单元的能够自给自足的、气氛恬静、秩序安定的社会。里甲老人制度在其实施过程中特别是其初期对社会经济的恢复和发展起了一定的积极作用,但是,到宣宗时,老人制度就开始变质,"比年所用多非其人,或出自仆隶,或规避差科,县官不究年德如何,辄令充应,使得凭藉官府,肆虐闾阎,或因民讼,大肆贪饕,或求公文,横加骚扰,妄张威福,颠倒是非,或遇上司官按临,巧进谗言"。[③] 老人制度遂走向了它的反面。到明中叶以后,里甲制度又受到冲击,以致"一甲而寥寥数亩,一甲而积亩数千"。[④]

商品经济的发展对里甲制度提出了无情的挑战,清政府曾试图通过均田均役等行政性强制措施以重行明初推行的里甲制度,但终究不能解决土地流转与人口流动等因素的迅速变化的问题,

① 乾隆《巴县志》卷二《建置》。

② 《明朝开国文献》第1册,朱元璋《御制大诰》五十九《乡民除患》。

③ 《明宣宗实录》卷四。

④ 李渔:《资治新书一集》卷十二《文告部》,顾高言《均田示》。

均田均役或行之效果有限，或徒具虚文，户口编审与田土编审都有待新的制度来推行。雍正六年(1728)在各省推行顺庄法，要求以人户现居村庄为编查依据，散落各地(不同里甲)的田亩，一概归于其户主名下，登册纳粮，这打破了里甲组织对土地与人户的限制，否定了过去的均田均役法，实现了从注重里甲组织变为注重能实际管理人户的村庄的转变。既而把顺治初即要推行的保甲制与之结合起来，“按保甲之实户，问田产之坐落，以田产之的名，编行粮之图甲”。[①]“造保甲顺庄清册，收贮分限清单，交保面令单首传催。”[②]保甲确实在许多方面克服了里甲的缺陷，如保甲在承担催粮与编查人户方面更为有效，有人说“理户口之法，莫善于保甲”。[③] 也有人说“保甲不但可解盗，稽田赋则钱粮不能欠，田土之案无虚假矣”。[④] 乾隆二十二年(1757)，清政府的保甲条文规定，保甲长要负责户口迁移登记，并负责随时报明[⑤]，各地大力推行保甲循环册，用来登记户口及其流动情况。保甲组织统计的人口数比以前里甲的户口编审更接近实际，“奉行者惟谨户口之数，大致得其实矣”。[⑥] 这样，保甲组织就不仅为封建国家提供了户口资料，而且也成为加强封建统治的一种手段。又如保甲组织还承担起地方的各种社会事务。它可以负责处理和上报地方词讼、殴斗等案件。清代地方州县在处理案件时，常常借助于保甲组织，“凡户婚田土，词讼事件，不待证佐，已可悉其大半”。[⑦] 有的州县规定“乡约、保正各司一事”。保正可剖决地方曲直。此外，保甲还参

① 《皇朝经世文编》卷二十九，徐升《请稽保甲以便征输疏》。

② 《朱批奏折》，乾隆元年三月二十八日俞兆岳奏。

③ 《皇清奏议》卷五十，胡泽潢《请饬整保甲疏》。

④ 徐栋：《保甲书》卷三《广存》。

⑤ 嘉庆《清会典事例》卷一三四《户部》。

⑥ 王庆云：《石渠余记》卷三《纪停编审》。

⑦ 徐栋;《保甲书》卷二《成规》。

与负责乡约月讲、办理赈济事宜。其后,保甲还进一步军事化,以致形成团练、义兵等。清政府以维护、强化保甲的办法,加强其在基层社会的控制,造成了国家在地方上“唯保甲是赖”的局面。可以说,家族组织与保甲制度对明清基层定居着的人们的管理是至纤至悉的。

但是,明清市场机制的发育与成长,赋税徭役制度的变更,为人口的迁移及人身依附关系的松解提供了便利。在不少地方,形成了土著与客籍的区别,有的地方,流寓人口甚至超过了土著,如果说土著适合于用家族里甲保甲来实施管理的话,那么对于流寓,就不是里甲保甲等的管理所能收效的。这里存在着行业的多重性、人员的流动性、文化的复杂性、规模的庞大性,在商品经济影响下的各类城市这些特性便更加显著。“夫京师者,四会五达之庄也,阛阓周通,肆廛错列。车则毂击,人则肩摩。水陆于是乎会同,货财于是乎偕集。”[①]来京师者“其世家巨族,读书而务实学,而其次者则商贾江湖,以阜其财,而其又次者则操奇赢,权子母,以博三倍之利。逐所便易,则不惮涉山川,背乡井,往远至数十年而不返”。[②] 这里表明,迁移者身份也很复杂,不仅有穷人,也有富人,不仅有思入仕者,而且有思经商或放高利贷者,总之,求利、求富、求名成为驱动人们离籍他徙的主要目标。于是“游手纷于镇集,技业散于江湖,交驰横骛,而上之人不得问焉”。[③] 而这求名、求富、求利在传统熟人监督机制失去而又来不及建立新的机制的时期,便颇易跨越礼仪、道德、法规的禁限,而易使社会变得无序,甚至动荡。这时,会馆的管理功能便在官府的行政管理之外显示出自己的优越性来。明时刘侗、于奕正就说:“盖都中,流寓十(倍)

① [日]仁井田陞:《北京工商ギルド资料集》第2册,第412页。

② 《明清以来北京工商会馆碑刻选编》第10页,《正乙祠碑记》。

③ 张海珊:《小安乐窝集》卷十八《聚民论》。

土著，游闲屣士绅，爰隶城坊而五之，台五差，卫五缉，兵马五司，所听治详焉，惟是四方日至，不可以户编而数凡之也，用建会馆，士绅是主，凡入出都门者，籍有稽，游有业，困有为也，不至作奸。作奸未形，责让先及，不及抵罪。抵于罪，则籍得之耳，无迟于补。"①自发建成的会馆都由同籍的绅商捐资而兴，这既不需封建政府出资，又弥补了封建政府社会管理中的空白区间。陈宗蕃便说："夫欲国之治也，必自乡始。礼曰：'君子观于乡，而知王道之易也。'吾国治乡之法，一业有一业之规约，一族有一族之规约，一乡有一乡之规约，在外之会馆，亦其一也。规约明则事无不举，规约不明，则事无由行。"②即是说会馆是作为在行政管理之外的又一种管理体制，发挥着与乡约、族规等相同的作用。

在新兴的工商城市，会馆的管理功能更显突出，举上海为例：这里"五方杂处，侨寓之民实多于土著，故各处之旅沪者，皆立会馆以通声气，宁波人最多，所立者为四明公所。粤人次之，所立者为广肇山庄、潮惠会馆。他若湖南、楚北、泉漳、浙绍、锡金、徽宁、江宁、江西等处，各有会馆，此外未设会馆之处，每月有开同乡会者，亦联络乡情之意也"。③ 他们以同乡作为建立社会联系的基点，还因为"籍同里井者，其情较洽，籍同里井，而于他乡遇之则尤洽"。④ 故会馆的建立更便于树立彼此的认同意识，便于管理，容易维持长久。这也使流寓之人掌握了个人适应新环境和群体生存的关键，从而在商品经济有所发育但又很不完备的形势下，抵御强霸势力欺诈或贪官污吏的勒索，研究商情，协调内部关系，进而订立规约，交换行情，议论价格，共守信誉等，并谋求建立起工商业活动的和谐秩序。被推举出来的会馆会首或者有一定的政治地位，

① 刘侗、于奕正：《帝京景物略》卷四。

② 李景铭：《闽中会馆志》卷首《陈宗蕃序》。

③ 李维清：《上海乡土志》第29页，《会馆》。

④ 《明清以来北京工商会馆碑刻选编》第23页，《修建临襄会馆碑记》。

或者有较雄厚的财力，他们有权出面排解本会馆内部或会馆与会馆之间发生的纠纷，他们有义务为会馆众人谋福利，如创办学堂，解决子弟教育问题，救济同乡中的困难户，发放救济粮，购买坟地以葬同乡死者，资助缺少路费的过境同乡，组织演戏、看戏、打球等娱乐活动。有的会馆甚至建立固定的居民区，形成社区化的社会基层管理组织。如汉口的宝庆码头与宝庆会馆的居民区极大，上至大水巷，下至沈家庙，内至广福巷、武圣庙，道光间有数千居民。[①] 汉口的新安会馆建成新安街、新安书院。这种"移民集结而成的"城市"地方社会"保留着强烈的团体意识，"共同的社会惯例以及高度有效的共同控制"。[②] 延至清末，会馆的社会管理功能更见明显，各会馆章程的详细，对执掌者的身份地位的要求之严格，会馆的申报备案，以及对社会事务的全面干预都明显地反映了这一点。这种以"自给自立"为特色的工商业控制系统，实际上弥补了官方管理机构在这一界域内的薄弱控制。直到20世纪以来，它们对内继续兴办公益事业，如丧葬与公祭、康乐与公庆、医疗、济贫与职业介绍、教育、调解内部纠纷、积谷等，对外它维护同乡个人的权益和本乡的利权。诚如乐正先生所说："进入本世纪以来，各大城市中的近代商会组织纷纷建立，但旧式的会馆、公所仍然是城市工商业中的重要经济组织，它把传统的地缘关系与现实的行业纽带融为一体，把旧式的人际关系与职业行规与近代的社会契约和民主意识结合起来，在经济发展中起着重要的作用。因此中国城市经济功能结构的近代化过程，既有新旧事物间的矛盾冲突，也有它们之间互补共进的发展。传统因素直到1949年仍在城市经济中起着重要作用。"[③]在中华民国七年（1918）修《大中华浙江地理

① 李树：《汉口宝庆码头与宝庆会馆》，《武汉文史资料》第15辑。
② ［美］R. E. 帕克：《城市社会学》第208页，华夏出版社1989年版。
③ 乐正：《城市功能结构的近代变迁》，《中山大学学报》1993年第1期。

志》中便有这样的记载："浙江杭州总商会，在保佑街，城北商务分会，谓之会馆，如米业、绸业、丝业、机业、木业、柴业、茶业、药业、酒业、扇业、典业、钱业、衣业、布业、烟业、箔业。凡各业能组合会馆者，其业必盛。湖州、绍兴、四明、奉化、余姚，在省各有会馆，其商人亦自成一团体焉。"①《鄞县通志》说："我国民众之有团体，盖滥觞于商贾，商贾以竞利为鹄的，垄断饮羊自周已然。而同行嫉妒一语亦为方俗口头禅，于是，其中有翘楚者出，知己相倾轧必致两败俱伤也！乃邀集同业订立行规，相约遵守，俾有利则均沾，有害则共御，此商业团体之成立所以为最古也。其资力较雄厚者，或建造会馆，或设立公所，以为同业集议联欢之所，公举董事柱首掌理评议经济之诸务。"②

梁漱溟说："离开家族的人们没有公共观念、纪律习惯、组织能力和法治精神，他们仍然需要家族的拟制形态。"③笔者认为，会馆就是一种既以家族为摹本但又超越家族的社会组织，它标志着中国传统社会的社会管理体制的进一步完善。由于它管理的对象是流寓客地的同籍之人，它所树立的精神支柱是乡土神、通祀神以及会馆的创业者，它要求众会员在变迁的社会中既能发扬传统，又能适应社会变迁，为众会员提供各种可能的便利。它能满足同乡人在外籍寻找乡情依托的需要，能使同乡人走向仕途走向商场时不仅凭个人的奋斗，更能依恃团体的资助，因而取得成功的可能性就更大。专业性的同乡同行会馆一般也不以限制同行的竞争为目的，而更在于为同行的发展创造更公正更合理的环境。当我们了解到明清时期家乡观念日益浓厚的事实时，我们便易于理解会馆的历史地位了。它超越家族组织，使明清社会群体组织又有了大

① 《大中华浙江地理志》卷十《商会》。

② 《鄞县通志》卷十二《商业团体》。

③ 梁漱溟：《中国文化要义》，学林出版社 1987 年版，第 80 页。

的发展。因此，会馆在从家族观念走向更广大的乡的观念直至国的观念的过程中起着中介作用，如今海外华人会馆的发展也明显地说明了这一点。

二、会馆与文化交流、文化融合

文化的进步必须依赖于文化的交流与融合，而文化的交流融合又必须在异质文化相互接触的基础上才能进行。明清会馆在促进文化交流与文化融合方面发挥了其他许多基层社会组织所无法发挥的作用，由此，我们说会馆的意义就不仅是行业协会所能包容的。

首先，会馆促进了不同地域间文化的交流。会馆最初是原籍文化的集中体现物，有的建筑材料建筑风格都因袭故土。在会馆内部，操乡音、叙乡情、演乡戏、食乡味、依乡俗、过乡节，按家乡的习惯制度规范，按家乡的习惯实施义举……会馆几乎成了"移民乡井"。在京师、工商都会以及移民集中区域，这类移民乡井或疏或密地分布着，实际上就是建立起了不同区域的文化据点。保存自我的目的并不是封闭自我，它们势必要寻求发展自我的道路，必然要展开与别的文化据点的联系，文化的交流与融合势在必行。如在上海，"至于方言，此乡与彼乡异，浦东与浦西异，或杂以英语，或代以反切，细言之不致几百种"。"大致分为数项，第一广东话，第二宁波话，第三苏州话，第四北方话，第五始及上海本地话。除城南城西一带尚有完全土著外，其余一变再变，所谓上海白话，均宁波苏州混合之语言，而非通商以前之旧"。[①] 多种语言在上海混用、杂交、互借，实际上正是不同文化背景的人们在上海相互沟通对互融合的结果。又如饮食，这里汇聚了粤菜、徽菜、京菜、扬菜、川菜、本地菜各种风味流派，这些流派在注重保持自己的特色

---

① 张恂孔：《上海历史演义》上，第57~58页。

的基础上，又互相学习，以致创造出一些新的菜式，形成独具特色的“海派风味”。再看娱乐生活，不仅各地区杂糅，而且中西混存，有中国传统的京剧、花鼓戏、黄梅调，亦有西洋的歌剧、交响乐。在建筑形式上，各地会馆既汇集了中国各地的建筑风格，又有西式的哥特式尖顶、塔式等建筑，彼此争奇斗艳，互相映照，从而使近代上海成为一个文化的大熔炉。又像重庆，各地移民会馆的相互交流导致了彼此大规模的融合，八省会馆达成一致行动，保证了重庆地方社会的有序管理，重庆在近代的发展中能够保持开放的姿态与移民会馆促成的重庆人的开放性格密切相关。

其次，会馆作为客居同籍人的社会组织，它容纳了不同的社会阶层，有官僚士绅、应试举子，也有工农商贾，这种具有等级特征的结构形式不仅保持了其自身较强的稳定性，同时也为士绅文化与庶民文化的交流与融合创造了一个良好的基地。在明清时期，士绅文化曾通过家族组织、庙祀、戏剧小说等渠道传播到广大庶民之中，会馆在这方面兼擅其长。它通过官绅商贾的自致的与非自致的捐助来体现、发扬着士绅文化中的信义精神，通过神灵崇拜来贯彻士绅文化中的忠、孝、节、义观念，通过戏台演出传统剧已使人们在娱乐中接受士绅文化的教化。汉口《竹枝词》提到“岳神诞日进香来，人海人山挤不开。名是敬神终为戏，逢人啧啧赞徽台”①，徽台成为戏台的泛称，观看演出的可以是同乡、异乡人，也可以是当地的土著。为了吸引更多的观众，“各帮台戏早标红，探戏闲人信息通。……但随他去不愁空”。② 同时，士绅阶层在纯朴的乡风乡情氛围中，自身也受到了传统庶民文化中淳厚风气的熏染，会馆提供给他们实行自律的一个基地。许多官绅商贾把对会馆的捐助视

① 叶调元：《汉口竹枝词》卷二《时令》，见徐明庭辑校《武汉竹枝词》，湖北人民出版社 1999 年版，第 49 页。

② 叶调元：《汉口竹枝词》卷二《时令》，见徐明庭辑校《武汉竹枝词》，湖北人民出版社 1999 年版，第 94 页。

为自己的荣耀之举,这不能不说是文化熏染的必然结果。

再者,会馆还在明清城乡文化的交流与融合方面发挥作用。会馆本是城市中同乡官宦复制乡井氛围的一种社会组织,它最初纯粹是为了寄托乡思,但其后又加入了商人及应试弟子,商人会馆又更多地出现于工商业城市。见于都市的会馆迅速成为寓外同籍人的社会组织,又很快在有移民的工商城镇遍地开花,于是,会馆这种过去曾被认为是行会的组织就不仅存在于城市,也存在于墟市场镇乃至村庄,连寄籍的农民也依恃会馆与地主展开抗租斗争,这不能不说是乡村之模仿城市的典型事例。傅衣凌先生曾举过一个例子,即建国前福州市郊区后屿有一种号称"牛福"的耕牛行业组合,是由后屿的耕牛拥有者于每年正月末二月初以牛神生日为题,聚集宴会一次,商议本年牛工工资、分配牛力、防止外村耕牛拥有者来村等事项,于是尽管前屿牛工工资低,后屿牛工工资高,而后屿人却不敢请前屿牛工,前屿牛工亦不敢越界而耕。① 所以傅先生说"会馆便不那么单纯只是代表工商业者的利益,而更多的是代表着地缘乡缘的联系"。② 显然,这是会馆最初阶段实行自我保护的体现。由此可见,中国城市的会馆这种组织形式可以移植到乡村,显示出了中国城市乡村的互相纠合与一体化。施坚雅先生曾说:"同乡关系使中国的城市与农村的关系一直颇为密切地联系着,官僚、衙门、科举、商业(包括市场信息的传递、货物的发送。金钱的贷款以及经济特产)都把同乡关系作为主要的联系纽带。"在长途贩运中,"风险正由于同乡关系而被限制在最低限度"。③ 以同乡关系为纽带的会馆便利地实现了城乡文化的交流与互渗。

---

① 傅衣凌:《我是怎样研究中国社会经济史的》,《文史哲》1983 年第 2 期。

② 傅衣凌:《明清封建土地所有制论纲》,上海人民出版社 1992 年版。

③ 施坚雅:《中国封建晚期城市研究》,吉林教育出版社 1991 年版。

三、会馆与道德建设、道德维护

明清时期市场经济决不是完全意义上的市场经济，它仍然受到各种非市场因素的掣肘，如主客之间的矛盾，交通影响下的地区差价，商品买卖过程中的垄断，实质上即存在着不正当的竞争。于是，有的人为了追求厚利，不惜舍弃礼义道德。有的人为了高档次的生活，不惜肆意践踏他人的利益。社会风气趋向奢靡，许多士大夫深感“人心不古，江河日下”，道德的保持与重振迫在眉睫。我们认为，明清会馆在推进明清市场经济走向规范化的过程中，又特别注重了市场经济建立中的道德建设与道德完善。像佛山《参药行碑记》说：“顾从前未建有会馆，窃恐众志或有不齐，久□变不如今也，兹乃佥谋卜地，协力筑宇，堂寝轩宏，木石坚致，祀祖师列圣以辑众心，昭忠信也，洵长远之规模，垂诸后而不弊欤！……诸肆既同会馆，盖矢慎矢诚，吾知仁术永流，食报当亦有在。”[①]像正乙祠公议条规也说：“吾行公所，敬神以聚桑梓，有联络异姓以为同气之义，故人有患难，理宜相恤，事逢横逆，更当相扶。”由于明清会馆多为有习儒经历的商人、官僚等组建，故特别注重对义与利关系的强调。李晋德说：“钱财物业，来之有道，义所当得者，必安享永远。若剥削贫穷，蒙昧良善，智术巧取……亦守之不坚。”[②]明代晋商王文显认为：“夫商与士，异术而同心。故善商者，处财货之场，而修高明之行，是故虽利而不污。……故利以义制，名以清修，各守其业，天之鉴也。”[③]清代徽商舒遵刚说：“生财有大道，以义为利，不以利为利。”他认为那些以狡诈生财的人只能是自塞其源，“以吝惜而不肯用财者，与夫奢侈而滥于财者，皆自竭其流也”。[④]商人们时常会聚于会馆，彼此交流商业活动中的经历，倡导起一种

① 《明清佛山碑刻文献经济资料》第 78 页，《参药行碑记》。

② 李晋德：《新刻合并客商一览醒迷天下水陆路程》。

③ 李梦阳：《空同集》卷四十四《明故王文显墓志铭》。

④ 《黟县三志》卷十一《舒君遵刚传》。

以义为先,取利有道的风气。正是由于会馆积极致力于这方面的事务,才使明清市场经济在发展过程中,克服了许多消极的因素,从而树立了中国近代商人“义利兼顾”的良好形象。

凝聚在会馆旗帜下的商人还注重职业道德的建设,重然诺,崇信誉,诚信不欺,公平交易。一些会馆规章强调:“交易之时,即要讲明价钱银水,若含糊图成,齿下不清,至会账必然涸赖争竞。买卖允与不允,决于当时,既已成交,转身鬼相嗟怨,此皆非君子交谊也。”对于度量衡要绝对老实,不能弄虚作假、短斤少两。这样才能建立起与客户的相互信任。

良贾还把乐善好施作为自己的追求。会馆往往就给商人们提供了一个舞台。会馆还力图促成平和的商业环境,提倡忠恕之道,不强买强卖,“凡处财治事,须宽弘大度……怀人以德”。提倡以和为贵,“和能处世”,提倡容忍,豁达待人,“能忍能容,其德乃大”。对于商业上发生的纠纷,会馆也竭力寻求化解之道。

商业性会馆还把规劝商人勤俭、敬业、乐群作为自己的宗旨。引导他们熟悉商品、市场,掌握货物盈缩吐纳的规律,学会审时度势,掌握天文地理水陆路程知识,积累写船雇脚找牙的经验,慎择帮手伙计,善于识别度量衡和货币。选人和用人往往亦以才德兼备为上。

在会馆等机制实行的道德建设和道德维护中,明清商贾主体能遵循职业道德、行为规范,因而推动了商品经济的良性发展,促进了商品流动渠道的畅达。

会馆的道德建设还体现在济贫恤寡、设义冢、建殡舍、资助死者归葬故乡、赈济灾异、兴办学校、维持治安上。为同乡同业中的贫困者补助生活费用,提供住宿、资助同乡路费、延医治病等。如四明公所长生会规定:“夫妇或均年迈,不能力作,或壮年身生疯病等症,难以生活,报明会中,夫妇按月各结洋壹元伍角,以资赡养。或上有祖父母、父母,按口每月亦结洋壹元,伙下有儿女尚在幼小，亦按口每月结付洋壹元，过十六遂不结。”[①]苏州七襄公所规定：“同业中有老病废疾不能谋生者，有鳏寡孤独无所倚藉者，有异乡远客贫困不能归里者……于公费中量为资助。”[②]1877 年至 1878 年的江苏海州，山东青州、直隶河间及山西、河南等地区灾害中，上海丝业会馆与上海果育婴堂、广东东华善堂、浙江湖州仁济堂等，“各捐集巨款，综计不下五十余万两”。清政府为表彰上海丝业会馆这种“好义急公，有裨荒政”的善举，特御制“仁敷地纪”的匾额。[③]

徽州商人一向注重设学进行道德建设，其设在汉口的新安会馆，干脆就叫紫阳书院，确实亦具有书院的规模和实质，但它又与一般的书院不同，它所着意的是寓居汉口的商人和商人之子弟。该书院崇祀同乡朱熹，目的在使“阛阓贸易之人，咸知尊道乐文”，“必也从事于伦常日用之间，不悖孝弟忠恕之道”。[④] 雍正十三年（1735），任湖北巡抚的吴应棻“甫下车，即渡江至书院，宣讲圣谕，凡孝弟农桑，讲信修睦，皆一一为父老子弟亲加劝勉”。[⑤] 至于徽商仕宦，凡过汉口者，亦皆拜谒书院，行讲学之举。《汉口紫阳书院志略》中记载的大量题咏可资佐证。

汉口紫阳书院建有御书楼、藏书阁，收藏有大量经、史、子、集，满足了贾而好儒的徽商的需要。徽人查景璠在《汉口紫阳书院藏书阁序》中说：“一登斯阁，见夫玉轴牙签、青箱缥帙，煌煌乎大观也。追徘徊其中，抽甲乙之编，检丙丁之籍，循循乎俨然与圣贤相酬酢，即俨与夫子相晤对，谁谓积简成编不足以启人之奋发而可弁髦视之哉！夫吾乡不乏奇俊之士，尚冀于斯阁之是非得失之实、子

① 四明长生同仁会条规捐助花名碑，《上海碑刻资料选辑》，第 268 页。

② 《明清苏州工商业碑刻集》，第 28 页。

③ 丝业会馆，《中国工商行会史料集》下册，第 781 页。

④ 《汉口紫阳书院志略》卷七《尊道堂序》。

⑤ 《汉口紫阳书院志略》卷七《义学记》。

集百家则寻求其辅经赞史之意，津津焉，娓娓焉，酝酿而粹精焉，则采其华而撷其实，于以深究夫格物致知、诚意正心、修身齐家、治国平天下之旨，达为名臣，处为鸿儒。则是书也，不啻为束诸高阁之载籍；是阁也，不啻为庋藏奇秘之渊薮，而直作良士之菑畲也矣。”[①]徽商不仅在经商前有业儒之经历，而且在经商期间亦可以继续接受文化道德氛围的熏陶。他们为自己有这样一所集传统书院、会馆功能于一体的设置而感到骄傲，时任湖北汉阳知府的赵玉在序中说：“盖尝论之，各省之会馆遍天下，此之书院即会馆也，而有异焉：崇祀者道学之宗主，而不惑于释道之无稽；参赞之源流，而不堕于利名之术数；入学有师，育婴有堂，燕射有圃，御藻有楼，藏书有阁，祭仪本《家礼》，御灾有水龙，通津有义渡，宾至如归，教其不知，恤其不足，皆他处会馆之所无，即有，亦不全者。”[②]汉口紫阳书院成为道德建设和辅助同乡开拓商业事业的基地，实现了维护传统和开拓创新的双重目标。[③]

汉口的山陕会馆里有一座汉关夫子春秋楼，其碑记这样写道：“夫子庙面江背湖，创开巨丽，后起危楼，宏模壮观，与晴川黄鹤二楼鼎峙……吾愿登斯楼者，无徒咏汉阳芳草之句，与晴川黄鹤同作眺览嬉戏之想。盖所以作忠臣义士之准，而非以供骚人墨客之娱。此春秋楼之所以有也。”这里充分反映了山陕商人较为坚定的坚

---

① 《汉口紫阳书院志略》卷七《汉口紫阳书院藏书阁序》。

② 《汉口紫阳书院志略》卷七《紫阳书院志略序》。

③ 商业会馆名“书院”的还有清康熙四十二年（1703）新安盐商在杭州建的紫阳书院（初名紫阳别墅），乾隆四十五年（1780），江西抚州商人在汉口建的昭武书院。有同治年间汉口内河上埠粮食行帮，在清远巷正街建的凌霄书院；光绪十五年（1889），汉口命理业在安乐巷河街建的三才书院，道光中叶由湖北咸宁淦川公所扩建而成的钟台书院，以及三皇殿琴溪书院等，曲彦斌先生认为：“以书院名会，显然意在避俗趋雅以自重，寓取‘雅聚’之意。”（见《行会史》，上海文艺出版社 1999 年版，第 22 页）笔者以为这其中必有类似书院的某些方面，主要在于崇祀乡贤，并为本籍名儒提供讲学之用。

持传统优良道德的情怀。《山陕两省重修瘗旅所碑记》这样说："盈虚消长，万物之理。悲欢离合，斯人之情。然生离固可悲，而死别尤为最惨。我山陕之人，寄此江汉之地，不远千里，本冀锦旋，讵料无常，忽遭落魄，虽存亡有数，为斯世之常，然而骸骨无栖，绝此心之难忍。爰谋净地，聊作佳城。"一座会馆，修建一个管理埋葬事宜的瘗旅之所，以解除同乡人客死他乡的后顾之忧，可以说是功德之事。按瘗旅公所章程，寄存灵柩可达五年之久，逾期不去领取者，即送义地安葬，并标名立碑。山陕会馆还创办了水龙，《水龙局挂牌式》公告明示："本会馆置备广龙，以防不虞。今招募夫头散役，各执各业。鸣锣不到、临场偷安者，革出另招。"会馆招募夫役四十六名，其中夫头四名、锣夫一名、吹角夫一名、座旗夫一名、高照夫二名、拿叉夫六名、拿梯夫一名、轿夫二名、拉龙夫十六名、挑水夫十二名。端午中秋两节各发酒资四百九十文，过年给酒资六百文。出龙工价夫头二百八十文，挑水夫八十文，其他一百四十文。如夜闻警报火者，给钱一百文，灯烛钱一百六十文。体现了一种把公共事务当作自己事务的公德心。

会馆、公所还制定规约约束同仁遵守公共秩序，如长沙绸布庄业组织要求"同行人务须循规蹈矩，各守本分，倘有苟且不法情弊，一经查实，公同议革，永不准本行贸易，毋得徇情隐匿"。[①] 对于不法者，一方面预防，一方面严处。如武陵刻字店"恐有不法之辈，贪图重利，私刻官印、钤记、功牌以及匿名谣词、红式、假票等项者，有关法纪，务须验明，毋得滥刻"。[②] 长沙刻字业对"不法之辈，无藉之徒，矫功牌而伪造关防，假军务而冒称奖赏，藉我等之镌刻，遂此辈之骗奸"，"值年稽查严密，复定规条井井"。[③] 许多会馆、公

① 彭泽益：《中国工商行会史料集》上册，第 259 页。
② 彭泽益：《中国工商行会史料集》上册，第 300 页。
③ 彭泽益：《中国工商行会史料集》上册，第 296 页。

所还制定了防奸防盗匪等措施，以保证商业社会的正常秩序。

总而言之，会馆是中国传统社会变迁中颇具特色又不可或缺的社会中间组织，它标志着社会变迁的程度，映照了社会的演进，包容了封建官绅、商人及其他各阶层人们对社会变迁的适应，意味着在封建行政体系之外的自立自治精神与有序社会秩序的建立，从而在推进中国社会由传统走向现代的过程中发挥着积极作用。

在近代激剧的社会变迁面前，会馆曾被动地出现了分化现象，有的或者竭力去适应西方资本主义式的商会、工会模式，有的或又固守着长期遗存的小农意识，甚至反而把应该保存的优良传统弃之若敝屣，这样就注定了中国尽管出现了商会、工会，堪称中国商人、工人自己的机构，但是力量薄弱，先天不足，对帝国主义依附性多，而自主性少，他们依然无法找到使中国达到独立富强的道路，显然这是特定时代的特定产物。

就在国内会馆日渐销声匿迹之后，海外华人会馆却勃然兴盛且至今不衰，它们不断适应着时势的变迁，继续在宗教与社会、福利与教育、协调与仲裁等领域发挥着积极有益的作用。在创造海外华人经济高速发展的奇迹方面，华人会馆功不可没。

在结束全书之前，我们大体可形成下列结论：

（一）会馆是中国的明清时期社会政治、经济、文化变迁的必然产物，先是士绅的会馆在明初即已产生，到明中叶以后，商业性会馆纷纷建立，随着移民的经常化的出现，移民性会馆到清康乾时呈现出兴盛的景象。在这三类会馆中，士绅、士商或绅商发挥了重要作用，商人的士人化，士人的商人化是明清市场经济发育的直接产物，也注定了这一时期从商人员尽管众多，却并无明确的政治地位，自我独立意识亦不显著，从而使明清社会在总体上尚未脱离传统社会的轨道。

（二）会馆的发展是明清中央集权加强与基层社会自我管理机制不断建立与完善的结果。官绅阶层在市场经济的浪潮中跻身商海，为自己改善经济处境，收到了明显的成效。但同时，“修齐治平”的政治使命感仍然没有消失，他们在会馆中竭力谋求本会馆成员间的感情联络、信息交流与稳定发展，实际上也维持了基层社会的稳定，弥补了封建管理体制管理社会的不足之处。如户籍制度的变化，需要会馆在管理流动或未入籍的人们方面发挥作用，只要一会馆有一定的经济基础与政治后盾，该会馆都竭力保持日益缜密的规约的执行。如各类神灵设置，无疑强化了封建意识形态的教化，保存了许多优良的道德规范。从社会整合的角度看，会馆的建立程度不同地减轻了社会变迁而造成的行为失范与社会震荡。

（三）会馆在自身的发展过程中亦不断谋求对社会变迁的适应。从历时性角度看，会馆随时势变化呈现出明显的阶段性，会馆规约多有变化，体现了不同阶段的不同功能与目标指向。从共时性角度看，会馆的地域差异亦颇显著，沿海与内地、政治中心与经济中心，商业城市与手工业城市的会馆都各具特色。在会馆内部，官、商交融，商人虽然并没有鲜明的独立意识，但他们却更加务实，更重实效。商人曾借助官绅的政治影响力来开辟自己的发展道路，为自己寻求保护伞，以致逐渐改变着社会对商人的固有偏见，他们在客观上推进了明清经济的发展与明清社会的进步。

市场经济的发育与建立必然伴随着政府职能的间接化与社会中间组织的建立，会馆实际上可视为明清市场经济出现后自发产生的一种社会中间组织。由此，对中国会馆史的研究又具有不可忽视的现实意义。希望本书能成为引玉之砖。

附录　主要参考文献

一、史料

1．史籍、政典

张廷玉：《明史》，中华书局 1974 年版。

吴相湘主编：《明朝开国文献》，台湾学生书局，1965 年至 1985 年版。

陈子龙选辑：《明经世文编》，中华书局 1967 年版。

中央研究院历史语言研究所校勘：《明实录》上海古籍出版社 1983 年版。

《大清会典》，台湾大通书局 1984 年版。

《清朝文献通考》，台北新兴书局 1965 年版。

《清实录》，中华书局 1987 年版。

蒋良骐：《东华录》，中华书局 1980 年版。

《清稗类钞》，中华书局 1986 年版。

2．会馆志、碑刻、地方志

李景铭：《闽中会馆志》。

同治《汀州会馆志》。

光绪《漳郡会馆录》。

同治《汀龙会馆志》。

《明清以来北京工商会馆碑刻选编》，文物出版社 1980 年版。

胡春焕、白鹤群：《北京的会馆》，中国经济出版社 1994 年版。

《江苏省明清以来碑刻资料选集》，江苏人民出版社 1959 年版。

《明清苏州工商业碑刻集》，江苏人民出版社 1981 年版。

《明清以来苏州社会史碑刻集》，苏州大学出版社 1998 年版。

《上海碑刻资料选辑》，上海人民出版社 1984 年版。

《明清佛山碑刻文献经济资料》，广东人民出版社 1985 年版。

《广西少数民族地区石刻碑文集》，广西人民出版社 1982 年版。

仁井田陞：《北京工商ギルド资料集》，东京大学东洋文化研究所。

《中国工商行会史料集》,中华书局 1995 年版。

《清代工商行业碑文集粹》,中州古籍出版社 1997 年版。

《嘉兴府城镇经济史料类纂》,浙江省社会科学院历史研究所、经济研究所、嘉兴市图书馆合编,1985 年版。

陈学文编:《湖州府城镇经济史料类纂》,1989 年版。

《清代康雍乾巴县档案选编》,四川大学出版社 1989 年版。

谢国桢编:《明代社会经济史料选编》,福建人民出版社 1980 年版。

民国《奉天通志》,1983 年东北文史丛书编辑委员会点校本。

民国《沈阳县志》,奉天作新印刷局 1917 年排印本。

光绪《皋兰县志》,光绪十八年(1892)刻本。

光绪《乐亭县志》,清光绪三年(1877)刻本。

光绪《滦州志》,清光绪二十四年(1898)刻本。

康熙《成安县志》,康熙二十九年(1690)刻本。

光绪《续修曲沃县志》,光绪六年(1880)刻本。

乾隆《五台县志》,乾隆四十一年(1776)刻本。

康熙《浮山县志》清同治年间版本。

光绪《平定县志》,1985 年重印本。

宣统《泾阳县志》,宣统三年(1911)刊本。

光绪《临榆县志》,光绪四年(1878)刻本。

民国《续修陕西通志稿》,1934 年刊本。

道光《胶州志》,台湾成文出版有限公司影印本。

民国《莱阳县志》,台湾成文出版有限公司影印本。

同治《黄县志》,台湾成文出版有限公司影印本。

光绪《文登县志》,台湾成文出版有限公司影印本。

康熙《清河县志》,台湾成文出版有限公司影印本。

光绪《峄县志》,台湾成文出版有限公司影印本。

民国《福山县志稿》。

光绪《馆陶县乡土志》。

民国《德县志》,台湾成文出版有限公司影印本。

同治《滑县志》,台湾成文出版有限公司影印本。

嘉庆《密县志》,中州古籍出版社 1990 年影印本。

光绪《嵩县志》,台湾成文出版有限公司影印本。
康熙《睢州志》,台湾成文出版有限公司影印本。
道光《舞阳县志》,台湾成文出版有限公司影印本。
乾隆《林县志》,台湾成文出版有限公司影印本。
嘉靖《光山县志》,上海古籍书店影印本。
光绪《祥符县志》,台湾成文出版有限公司影印本。
民国《芜湖县志》,江苏古籍出版社 1998 年影印本。
民国《歙县志》,江苏古籍出版社 1998 年影印本。
嘉靖《徽州府志》,江苏古籍出版社 1998 年影印本。
嘉庆《黟县志》,江苏古籍出版社 1998 年影印本。
光绪《婺源县志》,台湾成文出版有限公司影印本。
民国《吴县志》,台湾成文出版有限公司影印本。
同治《苏州府志》,台湾学生书局 1965 年版。
道光《江阴县志》,台湾成文出版有限公司影印本。
康熙《扬州府志》,齐鲁书社 1996 年影印本。
民国《江都县续志》,台湾成文出版有限公司影印本。
民国《上海县续志》,台湾成文出版有限公司影印本。
同治《南浔镇志》。
民国《双林镇志》。
乾隆《乍浦志》。
民国《德清县志》,台湾成文出版有限公司影印本。
光绪《唐栖志》。
天启《平湖县志》,台湾成文出版有限公司影印本。
民国《乌青镇志》,上海书店影印本。
万历《嘉定县志》,台湾学生书局 1987 年版。
崇祯《外冈志》。
光绪《慈溪县志》,上海书店 1993 年影印本。
万历《杭州府志》,中华书局 2005 年影印本。
康熙《浙江通志》,台湾成文出版有限公司影印本。
乾隆《宣平县志》,台湾成文出版有限公司影印本。
同治《龙泉县志》,台湾成文出版有限公司影印本。

民国《镇海县志》,上海书店 1993 年影印本。
光绪《兰溪县志》,上海书店 1993 年影印本。
乾隆《浮梁县志》,江西省图书馆 1960 年油印本。
乾隆《青原山志》,台湾成文出版有限公司影印本。
同治《南昌府志》,江苏古籍出版社 1996 年影印本。
同治《新建县志》,江苏古籍出版社 1996 年影印本。
同治《上高县志》,台湾成文出版有限公司影印本。
同治《乐平县志》,同治九年(1859)刻本。
同治《萍乡县志》,台湾成文出版有限公司影印本。
同治《鄱阳县志》,江苏古籍出版社 1996 年影印本。
同治《德化县志》,江苏古籍出版社 1996 年影印本。
嘉庆《宁国府志》,江苏古籍出版社 1996 年影印本。
民国《吉安府志》,1941 年铅印本。
同治《清江县志》,江苏古籍出版社 1996 年影印本。
道光《万安县志》,江苏古籍出版社 1998 年影印本。
同治《袁州府志》,台湾成文出版有限公司影印本。
同治《万年县志》,江苏古籍出版社 1996 年影印本。
同治《兴国县志》,江苏古籍出版社 1996 年影印本。
康熙《新城县志》,江苏古籍出版社 1996 年影印本。
民国《夏口县志》,1920 年刻本。
光绪《荆州府志》,台湾成文出版有限公司影印本。
同治《东湖县志》,台湾成文出版有限公司影印本。
乾隆《竹山县志》,台湾成文出版有限公司影印本。
万历《承天府志》,书目文献出版社 1991 年影印本。
光绪《京山县志》,台湾成文出版有限公司影印本。
乾隆《天门县志》,1922 年天门县署石印本。
同治《郧阳县志》,台湾成文出版有限公司影印本。
同治《石首县志》,同治十一年(1872)清刻本。
光绪《均州志》,光绪十年(1884)刻本。
乾隆《随州志》,乾隆五十五年(1790)刻、嘉庆间增刻本。
民国《当阳县志》,台湾成文出版有限公司影印本。

民国《宣汉县志》，巴蜀书社1992年影印本。
民国《郧西县志》，台湾成文出版有限公司影印本。
道光《建始县志》，台湾成文出版有限公司影印本。
光绪《德安府志》，台湾成文出版有限公司影印本。
同治《房县志》，台湾成文出版有限公司影印本。
同治《咸丰县志》，江苏古籍出版社2001年影印本。
乾隆《蒲圻县志》，乾隆四年(1739)刻本。
光绪《京山县志》，光绪八年(1882)刻本。
民国《荥经县志》，巴蜀书社1992年影印本。
民国《永顺县志》，1930年刻本。
乾隆《湘潭县志》，乾隆二十一年(1756)刻本。
同治《龙山县志》，台湾成文出版有限公司影印本。
民国《慈利县志》，台湾成文出版有限公司影印本。
嘉庆《善化县志》，嘉庆二十三年(1818)刻本。
康熙《浏阳县志》，台湾成文出版有限公司影印本。
光绪《会同县志》，台湾成文出版有限公司影印本。
同治《罗江县志》，台湾成文出版有限公司影印本。
同治《长沙县志》，台湾成文出版有限公司影印本。
民国《绵竹县志》，巴蜀书社1992年影印本。
光绪《大宁县志》，巴蜀书社1992年影印本。
嘉庆《四川通志》，巴蜀书社1984年影印本。
宣统《成都通览》，巴蜀书社1987年版。
民国《广安州新志》，台湾成文出版有限公司影印本。
光绪《大邑乡土志》。
民国《郫县志》，巴蜀书社1992年影印本。
嘉庆《成都县志》，巴蜀书社1992年影印本。
民国《简阳县志》，巴蜀书社1992年影印本。
同治《新繁县志》，巴蜀书社1992年影印本。
民国《南充县志》，巴蜀书社1992年影印本。
民国《双流县志》，巴蜀书社1992年影印本。
同治《阳高县志》，台湾成文出版有限公司影印本。

嘉庆《宜宾县志》,台湾成文出版有限公司影印本。
同治《万县志》,台湾成文出版有限公司影印本。
同治《会理州志》,台湾成文出版有限公司影印本。
民国《大足县志》,台湾成文出版有限公司影印本。
咸丰《开州志》,台湾成文出版有限公司影印本。
民国《江安县志》,台湾成文出版有限公司影印本。
民国《松潘县志》,巴蜀书社 1992 年影印本。
乾隆《江油县志》,巴蜀书社 1992 年影印本。
嘉庆《夹江县志》,巴蜀书社 1992 年影印本。
民国《续修安岳县志》,巴蜀书社 1992 年影印本。
民国《温江县志》,巴蜀书社 1992 年影印本。
民国《中江县志》,巴蜀书社 1992 年影印本。
民国《安县志》,四川人民出版社 1994 年影印本。
民国《犍为县志》,巴蜀书社 1992 年影印本。
民国《灌县志》,巴蜀书社 1992 年影印本。
民国《古宋县志稿》。
民国《金堂县续志》,巴蜀书社 1992 年影印本。
咸丰《天全州志》,巴蜀书社 1992 年影印本。
民国《新修合川县志》,巴蜀书社 1992 年影印本。
民国《新都县志》,巴蜀书社 1992 年影印本。
光绪《秀山县志》,台湾成文出版有限公司影印本。
《富顺县地方概况》,1985 年油印本。
《新修自贡市大安县志》,四川辞书出版社 1991 年版。
嘉靖《大埔县志》,大埔县人民政府整理本。
康熙《饶平县志》,上海书店出版社 2003 年影印本。
乾隆《潮州府志》,上海书店出版社 2003 年影印本。
宣统《东莞县志》,台湾成文出版有限公司影印本。
光绪《海阳县志》,台湾成文出版有限公司影印本。
乾隆《澄海县志》,台湾成文出版有限公司影印本。
康熙《平乐县志》,台湾成文出版有限公司影印本。
道光《佛山忠义乡志》。

光绪《儋县志》,台湾成文出版有限公司影印本。

嘉庆《梧州府志》,台湾成文出版有限公司影印本。

民国《邕宁县志》,台湾成文出版有限公司影印本。

道光《遵义府志》,台湾成文出版有限公司影印本。

《新疆志稿》,台湾成文出版有限公司影印本。

道光《厦门志》,鹭江出版社 1995 年版。

康熙《平和县志》,台湾成文出版有限公司影印本。

道光《永定县志》,台湾成文出版有限公司影印本。

万历《泉州府志》,台湾成文出版有限公司影印本。

咸丰《同安县志》,台湾成文出版有限公司影印本。

嘉庆《漳州府志》,台湾成文出版公司影印本。

顾炎武:《肇域志》,上海古籍出版社 2004 年版。

周亮工:《闽小纪》,福建人民出版社 1985 年版。

郑拔驾:《福州旅行指南》,商务印书馆 1934 年版。

周伟光:《广州指南》,广州市政府 1934 年版。

李待琛:《海南岛之现状》。

3. 笔记及其他

王庆云:《石渠余记》,北京古籍出版社 1985 年版。

刘侗、于奕正:《帝京景物略》,北京古籍出版社 1983 年版。

吴长元:《宸垣识略》,北京古籍出版社 1981 年版。

夏仁虎:《旧京琐记》,辽宁教育出版社 1998 年版。

汪启淑:《水曹清暇录》,上海古籍出版社 1995 年版。

朱国桢:《涌幢小品》,江苏广陵古籍刻印社 1995 年版。

沈德符:《万历野获编》,中华书局 1959 年版。

戴璐:《藤荫杂记》,北京古籍出版社 1985 年版。

顾禄:《桐桥倚棹录》,道光二十二年(1842)刻本。

王文禄:《策枢》,中华书局 1985 年版。

张瀚:《松窗梦语》,中铃书局 1985 年版。

顾起元:《客座赘语》,中华书局 1987 年版。

王临亨:《粤剑编》,中华书局 1987 年版。

李翊:《戒庵老人漫笔》,中华书局 1982 年版。

何良俊:《四友斋丛说摘抄》,中华书局1985年版。

沈尧:《落帆楼文集》,顾廷龙主编:《续修四库全书》,上海古籍出版社1995年版。

李光庭:《乡言解颐》,中华书局1982年版。

龚炜:《巢林笔谈》,中华书局1981年版。

王有光:《吴下谚联》,中华书局1982年版。

宣鼎:《夜雨秋灯录》,黄山书社1985年版。

李维祯:《大泌山房集》,安徽大学出版社2001年版。

归有光:《震川先生集》,四库丛刊本。

周顺昌:《烬余集》清康熙刻西河合集本。

唐甄:《潜书》,中华书局1963年版。

范守己:《曲洧纪闻》。

包汝楫:《南中纪闻》,中华书局1985年版。

屈大均:《广东新语》,中华书局1985年版。

李世熊:《钱神志》,清同治十年(1871)活字本。

冯桂芬:《显志堂稿》,《续修四库全书》,上海古籍出版社1995年版。

王士性:《广志绎》,中华书局1981年版。

魏源:《海国图志》,陈华点校,岳麓书社1998年版。

二、研究文献

1. 专著、著作

何炳棣:《中国会馆史论》,台湾学生书局1966年版。

窦季良:《同乡组织之研究》,正中书局1946年版。

傅衣凌:《明清农村社会经济》,三联书店1961年版。

傅衣凌:《明代商人与商业资本》,人民出版社1958年版。

谭其骧:《长水集》,人民出版社1987年版。

吴承明:《中国资本主义与国内市场》,中国社会科学出版社1985年版。

段本洛、张福圻:《苏州手工业史》,江苏古籍出版社1989年版。

韩大成:《明代城市研究》,中国人民大学出版社1991年版。

蒋兆成:《明清杭嘉湖社会经济史研究》,杭州大学出版社1994年版。

严昌洪:《中国近代社会风俗史》,浙江人民出版社1992年版。

冯尔康、常建华:《清人社会生活》,天津人民出版社 1990 年版。

侯杰、范丽珠:《中国民众宗教意识》,天津人民出版社 1994 年版。

朱英:《辛亥革命时期新式商人社团研究》,中国人民大学出版社 1991 年版。

虞和平:《商会与中国早期现代化》,上海人民出版社 1994 年版。

唐力行:《商人与中国近世社会》,浙江人民出版社 1993 年版。

张仲礼主编:《近代上海城市研究》,上海人民出版社 1990 年版。

隗瀛涛主编:《近代重庆城市史》,四川大学出版社 1991 年版。

罗澍伟主编:《近代天津城市史》,中国社会科学出版社 1993 年版。

全汉昇:《中国行会制度史》,新生命书局 1934 年版。

郭蕴静主编:《天津古代城市发展史》,天津古籍出版社 1989 年版。

张静如、刘志强主编:《北洋军阀统治时期中国社会之变迁》,中国人民大学出版社 1992 年版。

张海瀛、张海鹏主编:《中国十大商帮》,黄山书社 1993 年版。

陈运栋:《台湾的客家人》,台湾台原出版社,1978 年版。

颜清湟:《新马华人社会史》,中国华侨出版公司 1991 年版。

川胜守:《明清江南农村经济史研究》,东京大学出版会 1992 年版。

寺田隆信:《山西商人的研究》,张正明译,山西人民出版社 1986 年版。

仁井田陞:《中国の社会とギルド》,日本,岩波书店 1951 年版。

戴均良主编:《中国城市发展史》,黑龙江人民出版社 1992 年版。

《新疆与内地关系史》,新疆人民出版社 1992 年版。

路遇:《清代和民国山东移民东北史略》,上海社会科学院出版社 1983 年版。

王振忠:《徽州社会文化史探微》,上海社会科学院出版社 2002 年版。

刘正刚:《闽粤客家人在四川》,广西教育出版社 1997 年版。

唐力行:《商人与中国近世社会》,商务印书馆 2003 年版。

张海英:《明清江南商品流通与市场体系》,华东师范大学出版社 2002 年版。

王笛:《跨出封闭的世界——长江上游区域社会研究(1644~1911)》,中华书局 1993 年版。

周宗贤:《血浓于水的会馆》,台湾"行政院"文化建设委员会 1988 年印行。

行龙:《人口问题与近代社会》,人民出版社 1992 年版。

施坚雅:《中国封建晚期城市研究》,吉林教育出版社 1989 年版。

王仁兴:《中国旅馆史话》,中国旅游出版社 1984 年版。

张驭寰:《古建筑勘查与探究》,江苏古籍出版社 1988 年版。

加藤繁:《中国经济史考证》,吴杰译,商务印书馆 1959 年版。

刘秀生:《清代商品经济与商业资本》,中国商业出版社 1993 年版。

胡昭曦:《张献忠屠蜀考辨——兼析"湖广填四川"》,四川大学出版社 1986 年版。

王卫平:《明清时期江南城市史研究》,人民出版社 1999 年版。

陈学文:《徽商与徽学》,方志出版社 2003 年版。

陈学文:《龙游商帮研究》,杭州出版社 2004 年版。

陈学文:《近世中国的经济、社会和文化》,方志出版社 2005 年版。

樊树志:《江南市镇:传统的变革》,复旦大学出版社 2005 年版。

彭南生;《行会制度的近代命运》,人民出版社 2003 年版。

赵华富:《徽州宗族研究》,安徽大学出版社 2004 年版。

李瑊:《上海的宁波人》,上海人民出版社 2000 年版。

朱正海主编:《盐商与徽州》,江苏古籍出版社 2001 年版。

钱杭、承载:《十七世纪江南社会生活》,浙江人民出版社 1996 年版。

刘凤云:《明清城市空间的文化探析》,中央民族大学出版社 2001 年版。

陈衍德:《集聚与弘扬:海外福建人社团》,湖南人民出版社 2002 年版。

陈亚平:《清代法律视野中的商人社会角色》,中国社会科学出版社 2004 年版。

孙丽娟:《清代商业社会的规则与秩序》,中国社会科学出版社 2005 年版。

施坚雅:《中华帝国晚期的城市》,中华书局 2000 年版。

夫马进:《中国善会善堂史》,商务印书馆 2005 年版。

骆玉安:《会馆文化丛书》第 1 辑,郑州大学出版社 2006 年版。

William T Rowe: Hankow: Commence and Society in a Chinese City, 1796 - 1889, Stanford University Press, 1984.

William T Rowe: Conflict and Community in a Chinese City, 1798 - 1895, Stanford University Press, 1989.

吴振强：Trade and Society：The Amoy Network on the China Coast 1683 - 1735, Singapore University Press,1983.

2. 主要论文

吕作燮：《明清时期的会馆并非工商业行会》,《中国史研究》1982 年第 2 期。

吕作燮：《明清时期苏州的会馆和公所》,《中国社会经济史研究》1984 年第 2 期。

汪士信：《论明清商人会馆》,《平准学刊》第 3 辑下册。

林国平：《福建科举会馆的兴衰嬗变及其原因》,《福建论坛》（文史哲版）1993 年第 1 期。

罗一星：《珠江三角洲传统工商城市的发展形态——明清佛山的经济发展与社会变迁》,厦门大学 1992 年博士论文。

刘正刚：《清代四川的闽粤移民研究》,厦门大学 1993 年博士论文。

黄福才、李永乐：《论清末商会与行会并存的原因》,《中国社会经济史研究》1999 年第 3 期。

冯筱才：《中国商会史研究之回顾与反思》,《历史研究》2001 年第 5 期。

后　　记

我于1994年以《明清会馆史研究》一文获得厦门大学历史学博士学位，并以《乡土之链：明清会馆与社会变迁》于1996年5月由天津人民出版社出版。该书的出版和相关论文的发表，引起了学界较好的反响，学界关于会馆的研究也迅速呈现出兴盛的局面。我一边继续潜心于会馆资料的搜集，一边就会馆诸问题展开思考，零星发表了相关论文，认为会馆作为明清时期社会变迁状态下既能继承传统又能趋新变化的一种社会组织，凝聚了中国传统文化精神，值得深入挖掘。

《乡土之链：明清会馆与社会变迁》出版后不久，我即接到东方出版中心张爱民先生的信函，寄望我能写作一本《中国会馆史》，以纳入该社的"中华文化专题史"系列丛书。我接到该任务后，便积极致力于此，一方面密切关注学界有关会馆研究的新成果，包括海外中国学者的研究成果，一方面广泛搜集会馆志，梳理排比，经数年努力，写成了这本小著。

值得庆幸的是，本书的写成还获益于2005年厦门大学新世纪人才支持计划(NCETXMU)和2006年教育部新世纪人才支持计划(NCET)的资助。

希望本书能反映中国会馆史研究的新水平，也希望本书能推进会馆研究继续健康地向前发展。

谨向支持本书写作和出版的各位老师傅衣凌先生、杨国桢先生、林仁川先生、陈支平先生、李伯重先生、刘秀生先生、郑振满先生、陈锋先生、常建华先生、施伟青先生等，我的博士研究生覃寿伟、任国英、王亚民、何锋、周惊涛、江涛、曹斐，我的硕士研究生李振松、于运全、李娜、徐萍、张学立、杨颖、张宗魁、雷妮、张萍、赵家才、张先刚、吕小琴、冯月娟、陈瑶、刘庆、苏惠苹、张小丹等以及我的亲人，表示衷心的感谢！感谢他们给予我的教诲、辅助和关心，并希望能在这种氛围中继续开展我的研究工作。

书稿的成型得到了张爱民先生的大力指导，褚赣生、何小颜先生细致地审读了书稿，纠正了文稿中的若干错误，使书稿在质量上有了较大的提高，谨此致以衷心的感谢。

另外，本书部分校样读样的工作是在台湾中正大学台湾人文研究中心提供的宁静环境中完成的，汪荣祖主任、颜尚文副主任给予我极大的帮助，在此亦深表谢忱！

王日根

2007年4月10日于厦门大学海滨新村

图书在版编目(CIP)数据

中国会馆史/王日根著.—上海：东方出版中心，2007.7

(中华文化专题史系列丛书)

ISBN 978-7-80186-667-7

Ⅰ.中… Ⅱ.王… Ⅲ.会馆-历史-中国 Ⅳ.D691

中国版本图书馆 CIP 数据核字(2007)第 051894 号

中国会馆史

出版发行：东方出版中心
地　　址：上海市仙霞路 345 号
电　　话：62417400
邮政编码：200336
经　　销：新华书店上海发行所
印　　刷：昆山亭林印刷有限责任公司
开　　本：890×1240 毫米　1/32
字　　数：360 千
印　　张：14.5　**插页**：2
版　　次：2007 年 7 月第 1 版第 1 次印刷
ISBN　978-7-80186-667-7
定　　价：36.00 元